FIREDOM

Stejjer ta' Indipendenza Finanzjarja ta' Immigranti Afrikani

OLUMIDE OGUNSANWO

&

ACHANI SAMON BIAOU

FIREDOM: STOJER TA' INDEPENDENZA FINANZJARJA TA' IMMIGRANTI AFRIKANI

L-ewwel edizzjoni.

2023-12-29
Abbona għan-newsletter tagħna: firedom.substack.comIbgħatilna
email: hello@myfiredom.com
Żur il-websajt tagħna: myfiredom.com

Werrej

1: Introduzzjoni

Olumide Ogunsanwo: Nixtieq nibda billi nilqa' lil kull min xtara dan il-ktieb. Aħna grati u nittamaw li l-ktieb jgħinek fil-vjaġġ tiegħek ta 'skoperta personali, żvilupp personali, indipendenza u libertà.

F'dan il-kapitlu introduttorju, se nkopru ħames suġġetti: min aħna, kif iltqajna, għaliex iddeċidejna li noħolqu dan il-ktieb flimkien, għaliex forsi ma tkunx <u>idea</u> tajba li noħolqu dan il-ktieb u x'rridu li l-qarrejja joħorġu minn dan. ktieb.

Samon, nixtieq nibda billi nitgħallem aktar dwarek u l-isfond tiegħek.

Achani Samon Biaou: Jisimni Samon Biaou. Jien twelidt fil-Benin, l-Afrika tal-Punent u għext f'aktar minn 20 pajjiż madwar id-dinja u żort madwar mija. Jien nitkellem 8 lingwi. Kelli diversi ħajjiet: bdejt bħala inġinier, mort fil-konsultazzjoni tal-ġestjoni, u issa niffoka fuq l-intraprenditorija u l-investiment. L-interessi ewlenin tiegħi huma nifhem il-kulturi, nara postijiet differenti, u nsolvi l-problemi.

Olumide Ogunsanwo: Liema tliet lingwi titkellem l-aktar?

Achani Samon Biaou: Jien nitkellem bl-Ingliż l-aktar spiss, segwit mill-Franċiż u Joruba.

Olumide Ogunsanwo: Żomm. Jien Joruba, u bilkemm nitkellem Joruba. Għaliex tipprattika ħafna Joruba? Huwa minħabba l-ġenituri jew il-familja tiegħek?

Achani Samon Biaou: Tabilħaqq, jien nitkellem Joruba ma 'ommi u l-membri tal-familja tiegħi. Hawn sfond qasir għall-qarrejja tagħna: Yoruba mhux biss grupp etniku iżda wkoll lingwa mitkellma fl-Afrika tal-Punent. In-nies Yoruba jistgħu jinstabu wkoll f'pajjiżi oħra, inklużi l-Brażil u Kuba.

Nixtieq naqsam żewġ ċaħdiet għall-qarrejja tagħna. L-ewwel, inħobb il-ferħ tajjeb għax trabbejt madwaru. Kollox idur madwar il-kuntentizza u r-relazzjonijiet tajba mal-ġirien fi tfuliti fil-Benin. Inħobb inkun imdawwar bil-ferħ!

Olumide Ogunsanwo: [Daħk]

Achani Samon Biaou: It-tieni, spiss nuża l-interlingwa, li jfisser li meta nitkellem, inħallat is-sintassi minn xi wħud mis-seba' lingwi l-oħra li naf. Xi drabi nibda naħseb b'lingwa waħda u nispiċċa b'oħra. Għalhekk, jekk tisma' mod stramb ta' kliem ta' sentenzi, x'aktarx ikun minħabba taħlita ta' Għarbi, Franċiż, Ingliż u Joruba.

Olumide Ogunsanwo: Tal-biża'! Nista' ntejjeb il-Franċiż tiegħi jekk tarmi xi kliem Franċiż. Anki l-mod kif inti fformulajt dik is-sentenza preċedenti dwar li togħġob "good cheer" huwa differenti minn kif jien (kelliem nattiv bl-Ingliż) kont nifrażiha. Kapaċi nitgħallem ħafna minn dan il-proċess. Ninsab ħerqan li ntejjeb il-Franċiż tiegħi.

Achani Samon Biaou: Għandek bżonn tgħarrafni liema tip ta' Franċiż trid titgħallem: Franċiż Franċiż, Franċiż Ivorjan, jew Franċiż Beniniż? Huma lingwi kważi kompletament differenti [Rires].

Olumide Ogunsanwo: [Tbissem] X'inhuma l-interessi tiegħek?

Achani Samon Biaou: L-interess globali tiegħi huwa fehim aktar profond tal-esperjenza tal-bniedem, li jinkludi fehim għaliex in-nies jaġixxu b'ċerti modi u x'jimmotivahom. Dan l-interess li nifhem il-kundizzjoni tal-bniedem huwa dak li jqanqal il-passjoni tiegħi biex nesplora kulturi differenti permezz tal-ivvjaġġar.

Rigward kif żviluppa dan l-interess, nattribwixxih għat-trobbija tiegħi fil-kultura Joruba, fejn l-anzjani kkomunikaw bl-użu ta' proverbji. Il-ġenituri jew iz-zijiet tiegħi setgħu jkollhom konversazzjonijiet sħaħ sempliċement bil-li jiskambjaw il-qawlijiet. Dan għallimni nagħti attenzjoni mill-qrib mhux biss lill-kliem li jużaw in-nies, iżda wkoll lill-indikazzjonijiet u l-imġieba mhux verbali tagħhom.

Olumide, wara li naqsam ftit dwari nnifsi, jien interessat li nitgħallem aktar dwarek. Min int?

Olumide Ogunsanwo: Jien min jien? Din tinstema' qisha mistoqsija filosofika profonda. Jisimni Olumide Ogunsanwo.

Il-valuri ġenerali tiegħi huma r-relazzjonijiet, is-saħħa, l-awtonomija/il-libertà, it-tagħlim, l-eżekuzzjoni (kiseb il-ħmieġ), l-avventura, u l-eċċellenza finanzjarja.

Dawn il-valuri jispiraw l-interessi speċifiċi tiegħi, li jinkludu t-teknoloġija, il-finanzi personali, l-iżvilupp personali, il-kotba, ix-xjenza, il-matematika, il-podcasts, l-istorja, l-għaqdiet u l-akkwisti (M&A), l-istorja tal-kumpaniji, in-nutrizzjoni, l-ivvjaġġar, iż-żfin u l-programmi ta' premjijiet tal-ivvjaġġar.

Interessanti, aħna naqsmu mill-inqas żewġ interessi komuni: l-ivvjaġġar u l-finanzi personali.

Achani Samon Biaou: Iva. Ma stajtx ma nħossniex daqsxejn megħlub waqt li kont qed titkellem. B'tant interessi, kif issib biżżejjed sigħat fil-ġurnata biex issegwihom kollha? Tiffoka fuq dawn il-valuri fi żminijiet differenti f'ħajtek, jew issegwihom kollha f'daqqa?

Olumide Ogunsanwo: Jien ngħix ħajti f'konformità mal-valuri tiegħi, li huma sodi fija. Ma nsegwihomx b'mod attiv, huma jiggwidawni fit-teħid tad-deċiżjonijiet u jgħinuni nipprijoritizza l-ħin tiegħi meta jkolli opportunitajiet multipli u għażliet li jikkompetu disponibbli.

L-interessi tiegħi ħafna drabi jikkoinċidu, u minħabba li nsibhom interessanti u divertenti, nipprijoritizzahom b'mod li jippermettili nagħmel ħin għalihom kollha.

Achani Samon Biaou: Kif tiżviluppa interessi ġodda?

Olumide Ogunsanwo: Jien kbir fuq l-esperimentazzjoni, u ħafna mill-interessi tiegħi ħarġu minn esperimenti tal-passat. Kull xahar nipprova esperiment ġdid, uħud jeħel filwaqt li oħrajn le. Barra minn hekk, li ngħix fi bliet multikulturali bħal Lagos, Chicago, Londra, Boston, u Miami esponietni għal varjetà wiesgħa ta 'nies bi stili ta' ħajja u perspettivi differenti.

Ngħaqqadha kollha flimkien, nagħmel tliet affarijiet differenti. Jien investitur, podcaster, u konsulent (u awtur wara li nippubblikaw dan il-ktieb):

1. Investitur: Ninvesti fi startups Afrikani permezz tal-Fond Adamantium [1].

2. Podcaster: Jien il-ko-host u l-ko-fundatur tal- podcast Afrobility [2]. Jekk jogħġobkom dan il-ktieb, jista' jkun li jħobb il-podcast. Hija tinkludi stejjer u analiżi ta 'kumpaniji Afrikani tat-teknoloġija.

3. Konsulent: Nagħti parir lil startups. Għandi wkoll negozju ta' konsulenza dwar l-indipendenza finanzjarja; Nagħti parir lin-nies dwar kif isiru finanzjarjament indipendenti (simili għat-tema ta 'dan il-ktieb).

Dan il-ktieb jesplora l-aktar l-interessi tiegħi fil-finanzi personali u l-indipendenza finanzjarja, iżda għandi varjetà usa' ta' interessi li probabbilment se joħorġu hekk kif ngħaddu mill-istejjer tagħna.

Achani Samon Biaou: Fejn tgħix?

---

1. http://adamantiumfund.com

2. http://afrobility.com

Olumide Ogunsanwo: Naqsam il-ħin tiegħi bejn bliet differenti abbażi tal-ġeostrateġija tiegħi:

Miami 50%, Lagos 20%, New York 5%, Londra 5%, Bliet oħra 20%

Achani Samon Biaou: Se nkun naqas biex ma nsemmux li l-konsulent fik jibqa' għaddej b'kollox strutturat tajjeb. Kbira biex titkellem ma' konsulent sħabi ieħor u biex tagħraf l-istruttura.

Olumide Ogunsanwo: [Tbissem]. Dan huwa ftit dwari. Kif iltqajna?

Achani Samon Biaou: Is-sieħbi qalli dwar Olumide f'Awwissu 2022, u qalli li se nieħu pjaċir nitkellmu ma' xulxin. Dak iż-żmien, ma kontx naħsibha ħafna. Il-quddiem għal Ottubru 2022, kont qed inżur Miami u isem Olumide reġa' ħareġ, peress li jgħix fil-belt. Imbagħad is-sieħba tiegħi semmiet li Olumide kienet fl-indipendenza finanzjarja, u hi immedjatament kellha l-attenzjoni tiegħi. Morna d-dar ta 'Olumide, mort għal konverżazzjoni ta' indipendenza finanzjarja u bqajt għall-awtentiċità u l-ġenwinità tal-bniedem.

Olumide Ogunsanwo: [Tbissem] Oh, hekk ħelu.

Achani Samon Biaou: Għandna ħafna affarijiet komuni. Int ġenwin u awtentiku. Dik hija t-tip ta' persuna tiegħi biex noħroġ magħha. Għaddejna ammont eċċessiv ta' ħin, nitkellmu dwar l-esperjenzi tagħna, bħal żewġt itfal tal-iskola sekondarja. Ħadna gost!

Olumide Ogunsanwo: Iva! Hekk ħassu. Kienet wieħed minn dawk iż-żminijiet fil-ħajja meta istantanjament tikkonnettja ma 'persuna. Kellna dan l-interess komuni fl-indipendenza finanzjarja, u bqajna nidħlu aktar u aktar fil-fond. Aħna saħansitra qabżu dritt fi spreadsheets u baġits. Ħadt gost! Dak il-vjaġġ kien il-ġenesi tal-ħidma flimkien fuq dan il-proġett għax ħsibt li inti persuna potenzjalment interessanti biex issir taf aħjar.

Għaliex trid tikteb dan il-ktieb?

Achani Samon Biaou: L-ewwelnett, biex nippreservaw il-memorji tal-konversazzjonijiet tagħna u l-pjaċir li nitkellmu ma 'ħabib.

Olumide Ogunsanwo: Fl-2030 u lil hinn, nista' nirrifletti fuq dan il-ktieb u niftakar il-konnessjoni mill-isbaħ li għamilt ma' Samon. Ħloqna xi ħaġa speċjali biex naqsmu l-istejjer ta' ħajjitna, u huwa ta' ferħ li tkun taf li din l-esperjenza se tinżamm għal dejjem fil-paġni tagħha. Hemm xi ħaġa mill-isbaħ dwar il-kodifikazzjoni ta 'dik l-esperjenza għal dejjem b'dan il-ktieb.

Achani Samon Biaou: It-tieni nett, narah bħala opportunità għalina biex nitgħallmu u nikbru permezz tal-konversazzjonijiet tagħna.

Olumide Ogunsanwo: Nemmen li nista' nitgħallem ħafna mill-approċċ tiegħek għall-indipendenza finanzjarja peress li ħadt triq differenti. Dan il-ktieb huwa opportunità kbira għat-tnejn li aħna biex nitgħallmu mill-esperjenzi ta' xulxin.

Achani Samon Biaou: Ħabbejt il-konnessjoni tagħna u kemm konna miftuħa ma 'xulxin mill-bidu. Li nkun f'ambjent fejn nista' naqqas il-gwardja tiegħi, u l-istinti ta' sopravivenza bil-kompetizzjoni mhumiex meħtieġa, huwa tassew qawwi għalija. Ħbiberija kbira hija ambjent fejn ma nkunx inkwetat, ansjuż, mistħija minn min jien u x'għamilt. Dan huwa aktar qawwi minn kwalunkwe ammont ta' 'flus.

It-tielet raġuni tiegħi biex nikteb dan il-ktieb hija li naqsam l-istejjer tagħna ma' ħaddieħor. Madankollu, għandi sentimenti mħallta dwarha għax ma rridx li n-nies jaslu għal konklużjonijiet ħżiena mill-esperjenzi tagħna. It-teħid ta' deċiżjonijiet tajbin huwa kumpless, u huwa riskjuż li sempliċement tikkopja dak li għamlu ħaddieħor mingħajr ma jifhmu l-prinċipji sottostanti li użaw. Minflok, huwa aħjar li titgħallem minn dawk il-prinċipji u tapplikahom b'mod li jaħdem għas-sitwazzjoni tiegħek u tagħmel xi ħaġa differenti minn dak li għamilna aħna.

Olumide Ogunsanwo: Naqbel. Huwa l-proċess tal-ħsieb wara d-deċiżjonijiet, mhux id-deċiżjonijiet infushom.

Jien ikkunsidrat l-għażliet disponibbli f'kull stadju ta 'ħajti, dak li allinjat mal-personalità u l-interessi tiegħi, u għamilt l-aħjar luminata mil-lumi li kelli. Żgur li ma segwejtx il-pjan ta' xi ħadd ieħor.

Hekk kif taqra l-istejjer tagħna, inħeġġuk taħseb dwar kif tista' tagħmel għażliet għal ħajtek minflok sempliċement tikkopja dak li għamilna. It-teħid ewlieni minn dan il-ktieb huwa li tgħix intenzjonalment u bi skop.

Achani Samon Biaou: Dawk kienu r-raġunijiet tiegħi. X'inhuma r-raġunijiet tiegħek biex tikteb dan il-ktieb?

Olumide Ogunsanwo: L-ewwel raġuni hija li nixtieq nieħu pjaċir u nesperjenza xi ħaġa ġdida. Għalkemm irreġistrajt aktar minn 100 siegħa tal-podcast Afrobility, qatt ma ktibt ktieb qabel, għalhekk se tkun opportunità interessanti biex titgħallem xi ħaġa differenti.

Jien u Samon kellna diskussjoni dwar kif nippożizzjonaw il-ktieb u nippreżentaw lilna nfusna. Qsamt li l-awtentiċità hija l-aktar ħaġa importanti, peress li nippreferi nqatta' ħin ma' nies li huma ġenwini u jippermettuni nkun jien. Għall-kuntrarju, jekk wieħed ikollu jaħbi partijiet minnu nnifsu, il-ħajja ssir inqas pjaċevoli. It-tama tiegħi hija li billi noħolqu dan il-ktieb, inkunu nistgħu nitkellmu liberament, nirrilassaw, u ngawdu l-vjaġġ.

Raġuni oħra għall-kitba ta' dan il-ktieb hija l-aspett uman tar-rakkont tal-istejjer. L-istejjer huma kif in-nies jgħaddu l-għarfien minn ġenerazzjoni għal oħra.

F'dan il-ktieb, Samon se jistaqsini xi mistoqsijiet dwar il-vjaġġ tiegħi lejn l-indipendenza finanzjarja, u jien se nagħmel l-istess u nistaqsih mistoqsijiet dwar il-vjaġġ tiegħu. Dan il-format tal-konversazzjoni għandu jkun pjaċevoli, u nittama li l-qarrejja jistgħu jiġbru xi nuggets siewja mill-istejjer tagħna.

Achani Samon Biaou: Għaliex m'għandniex <u>noħolqu</u> dan il-ktieb?

Olumide Ogunsanwo: Tliet raġunijiet:

1. Biża 'minn dak li mhux magħruf: Meta nipprova affarijiet ġodda, ħafna drabi ninkwieta dwar kif ser jiġu riċevuti u kif ser nippinġi lili nnifsi. Dan il-ktieb se jkun hemm għall-bejgħ u miftuħ għall-kritika. Għalkemm issa ninsab anqas imħasseb għax diġà bdejt podcast u fond VC, il-biża' ta' kritika għadha tinsab x'imkien fis-subkonxju tiegħi.

2. Disponibbiltà wiesgħa ta 'informazzjoni dwar il-finanzi personali: Diġà hemm minjiera ta' informazzjoni dwar il-finanzi personali disponibbli f'diversi formati bħal blogs, podcasts, u kotba, iżda m'iniex inkwetat żżejjed dwar dan peress li dan il-ktieb jieħu approċċ differenti. Il-ktieb tagħna jiffoka fuq l-istejjer u l-esperjenzi personali tagħna u jaħseb għall-underdogs u l-barranin. Filwaqt li naqsmu l-vjaġġi finanzjarji tagħna bħala immigranti Afrikani, il-prinċipji tal-indipendenza finanzjarja huma applikabbli b'mod universali, irrispettivament mir-razza jew l-isfond tiegħu.

3. Livell ta' żvelar u privatezza: In-natura tal-ktieb tinvolvi l-qsim tal-vjaġġi finanzjarji personali tagħna, li jista' jqajjem tħassib dwar il-privatezza u d-dettalji kondiviżi. Madankollu, aħna se nistinkaw biex il-ktieb isir azzjon-abbli u relatabbli għall-qarrejja billi noffru prinċipji u strateġiji ġenerali li huma kważi dejjem utli. Aħna se ninkludu wkoll informazzjoni speċifika kull meta jkun meħtieġ biex ngħinu lill-qarrejja jifhmu l-implimentazzjoni tal-is-trateġiji u l-kunsiderazzjonijiet ta' kompromess.

Dawk huma xi wħud mir-riżervi li għandi nidħol fihom, imma jien ser nipproċedi xorta waħda. Huwa proprju bħalissa li nħossni daqsxejn nibża' li naf li rrid nibqa' nimbotta 'l quddiem.

Achani Samon Biaou: Jien ukoll imqatta'. Minn naħa, irrid li nagħmlu l-ktieb tanġibbli kemm jista' jkun għan-nies. Min-naħa l-oħra, jista 'jwassal għal fokus wisq fuq il-valur nett u kwistjonijiet oħra ta' privatezza.

Olumide Ogunsanwo: Xi rridu li l-qarrejja joħorġu minn dan il-ktieb?

Achani Samon Biaou: Irrid li l-qarrejja jħossu li jistgħu jirrakkontaw l-istorja tagħhom. L-istorja tagħhom hija importanti li jaqsmuha u tista' potenzjalment tispira lil oħrajn.

Olumide Ogunsanwo: Il-filosofija tiegħi dwar dan hija sempliċi: "Just do it!" bħall-motto Nike. Jista' jkun li xi drabi tħoss li l- gwardjani qed iżommuk milli tagħmel dak li trid, jew li m'intix kwalifikat jew lest biex tagħmel xi ħaġa. Iżda ħafna minn dawn l-ostakli huma f'rasna. Ir-realtà hi li l-bnedmin huma b'saħħithom immens u nistgħu nwettqu dak kollu li trid. Trid ikollok biss il-kuraġġ li tagħmel dan. Ħafna mill-affarijiet huma aktar faċli milli jidhru, speċjalment wara li tħaddan il-falliment bħala konsegwenza naturali li tipprova affarijiet ġodda. L-iżvilupp tal-kumdità b'esperimentazzjoni ripetuta u falliment potenzjali huwa muskolu li tista 'tibni.

Forsi tkun qed taqra dan il-ktieb u taħseb, "Samon u Olumide qattgħu seba' xhur jippjanaw, kellhom pubblikatur, u editur. Kellhom jiksbu ftehim dwar id-drittijiet." Fir-realtà, iltqajt ma' Samon, iddeċidejt li nħobb lil dan il-bniedem u għandna niktbu ktieb dwar l-indipendenza finanzjarja. Ħriġna bi pjan u malajr ħafna bdejna nwettqu u l-prodott lest huwa dak li għandek f'idejk.

L-akbar ostaklu biex nilħqu l-għanijiet tagħna ħafna drabi huma l-biżgħat u d-dubji tagħna stess. Noħolqu viżjonijiet tal-affarijiet kollha li jistgħu jmorru ħażin u qatt ma nieħdu l-ewwel pass. Jeħtieġ li "Just do it" stil Nike.

Il-bnedmin mhumiex l-aħjar magni tal-bidu, iżda aħna magni eċċellenti tal-irfinar. Ladarba tibda biċċa xogħol, inti ħafna aktar probabbli li tispiċċah. Ħalli lilek innifsek tikber u tesplora. Ikkultiva mentalità ta' esploratur u esperimentatur biex tagħmel l-affarijiet.

Jien grat li jien u Samon iltaqgħu flimkien biex niktbu dan il-ktieb, u nittama li jispira lill-qarrejja biex jagħmlu bidliet pożittivi f'ħajjithom u joħolqu affarijiet. Kemm jekk huwa prodott, ktieb, podcast, newsletter, jew xi ħaġa oħra kompletament, agħmel xi ħaġa li INT trid, mhux dak li s-soċjetà tgħid li għandek. Hemm xi ħadd hemmhekk li jrid jisma l-istorja tiegħek. In-nies huma wkoll speċjali u differenti. Kulħadd għandu storja unika. Normalment ikun hemm xi ħadd hemmhekk li japprezza dak kollu li tkun għaddejt minnu. Dak kien id-diskors ċkejken tiegħi u ftakar: "Just do it"!

Achani Samon Biaou: Din hija waħda mir-raġunijiet għaliex inħobb inkellem lil Olumide. Diġà qed nieħu ħafna vibrazzjonijiet pożittivi. Tant minn dak li għidt iħossni. Ħajti hija mifruxa b'tant affarijiet li ridt nagħmel. Għandi ~10 artikli li ridt nippubblikahom imma bqajt nistaqsi jekk hux interessat fihom.

Xi drabi nara artikli li ma jidhrux interessanti, u naħseb għaliex din il-persuna saħansitra ddejqet tikteb dan. Imbagħad nara l-kummenti fejn xi nies isibu l-artikoli jispiraw. Tinduna li d-dinja mhix miġnuna, u forsi int miġnun talli taħseb li hemm uniformità globali. Id-dinja hija tal-għaġeb diversa. prodott li huwa interessanti għal persuna waħda jista 'ma jkunx interessanti għal oħra.

Olumide Ogunsanwo: Ikkoreġi. Jekk int barrani, minoranza, jew immigrant, jista' jkun li kiber tħoss li kellek bżonn il-permess mill-ġenituri, l-għalliema jew il-maniġers biex tagħmel l-affarijiet. Maż-żmien, dan is-sentiment jsir sodi fis-subkonxju tiegħek, u inti tkompli tfittex gatekeepers anke f'żoni fejn ma jkunx hemm. Imma m'għandekx bżonn gatekeepers. Tista 'tagħmel dan. L-internet huwa mimli riżorsi qawwija, u kulma għandek bżonn huwa ftit aptit għar-riskju u fehim li r-riskju potenzjali ta 'tnaqqis huwa normalment minimu.

Ħu dan il-ktieb bħala eżempju. X'inhu l-agħar xenarju? Forsi ħadd ma jaqrah, imma dan tajjeb għax ma ktibniex biex nagħmlu l-flus. Xorta kien ikolli ħin mill-aqwa nirrekordja u nibdel stejjer ma' Samon.

Ħafna nies jistmaw iżżejjed ir-riskji negattivi, iżda huwa aħjar li tifhemhom u tikkwantifikahom sew sabiex tkun tista' timmaniġġjahom minflok ma timmaġinahom biss. Ibda tesperimenta u agħmel dak li taf li trid tagħmel imma tibża' tibda. M'għandek bżonn permess minn ħadd. Int speċjali bil-mod tiegħek u għandek tagħmel dak li trid fil-ħajja. Aqbad u agħmel dan!

Achani Samon Biaou: Olumide, kull darba li titkellem, inħoss li qed titkellem direttament lir-ruħ tiegħi. Irrid inżid żewġ perspettivi ma' dak li għidt.

L-ewwel, naqbel kompletament li ħafna mill-ostakli li niffaċċjaw huma mentali. Noħolqu barrieri għalina nfusna li ma jeżistux verament.

It-tieni, filwaqt li huwa minnu li hemm ħafna ostakli f'rasna, xi drabi jkun hemm gatekeepers reali li jippruvaw iżommuna milli nilħqu l-għanijiet tagħna. Kull darba li rnexxieli nkisser minn xi xatba, ma kienx għax iffukat fuq il-gwardjani. Minflok, kien għax lanqas kont naf li kienu hemm, jew rajthom u ħsibt, "Fuck it. Jien nagħmel dan xorta waħda."

Jekk trid tagħmel xi ħaġa, aqbad u agħmel dan. Int ser titgħallem il-partijiet potenzjalment kumplessi kif tmur. Waħda mill-affarijiet li nħobb fl-Istati Uniti hija li aktar nies hawn huma lesti li jieħdu riskji u jippruvaw affarijiet ġodda. B'kuntrast, f'xi pajjiżi oħra li għext fihom, jista' jkun hemm sens li xi ħadd dejjem qed jarak u jiġġudikak.

Meta kont ggradwat, kont ninkwieta ħafna dwar jekk kontx permess nagħmel ċerti affarijiet jew jekk kinux kontra l-liġi jew ikkunsidrati strambi. Imma issa nirrealizza li dak l-inkwiet kien qed iżommni lura. Il-parir tiegħi lil kull min irid jipprova xi ħaġa ġdida huwa li jinjora l-gwardjani u l-naysayers, u sempliċement imorru għaliha!

Olumide Ogunsanwo: Il-proċess ta 'żvilupp personali u t-tneħħija ta' xi esperjenzi bikrija huwa speċjalment importanti. Wieħed mill-aħjar modi biex tespandi l-orizzonti tiegħek huwa billi tesponi lilek innifsek għal ideat, kulturi u esperjenzi ġodda. Jekk ma tisfidax lilek innifsek u ma tfittexx għarfien ġdid, jista' jkun diffiċli li tikber u tiżviluppa.

Achani Samon Biaou: Nemmen li żewġ partijiet jeżistu flimkien f'kull wieħed minna. Titlob għall-permess versus sempliċiment tagħmel l-affarijiet direttament.

Nixtieq naqsam esperjenza li kelli f'Miami ma' Olumide biex nagħti eżempju. Ġurnata waħda, huwa ssuġġerixxa li nirrilassaw u noqogħdu ħdejn l-ilma, peress li hu jgħix ħdejn l-ilma. Imxejna ftit distanza tul passaġġ li jdawwal quddiem il-bini tiegħu sakemm sibna post fejn noqogħdu u ngawdu l-veduta. Hekk kif tkellimna, in-nies imxew ħdejna, u bdejt inħossni skumdità, nistaqsi jekk konniex inxekklu jew jekk kienx saħansitra permess noqgħod hemm.

Ħarist lejn Olumide għal xi serħan il-moħħ, iżda deher li ma jagħtix każ dan kollu, sempliċement jirrilassaw u jgawdi l-mument mingħajr kura fid-dinja. Għall-ewwel, bdejt niddubita lilu u l-attitudni rilassata tiegħu, naħseb "min ipoġġi fuq il-bankina hekk?" Kont skomdu għall-ewwel ftit minuti.

Madankollu, malajr indunajt li kont jien li kkawża l-iskumdità bil-mono-logu ta' ġewwa tiegħi. Olumide kellha l-idea t-tajba li sempliċement tgawdi l-mument mingħajr ma tinkwieta dwar dak li ħasbu ħaddieħor jew ir-regoli ta' madwarna. Ġegħlitni niddubita l-mentalità tiegħi stess u kemm-il darba nħalli l-ħsibijiet u l-perċezzjonijiet tiegħi stess jillimitaw it-tgawdija tiegħi tal-ħajja.

Olumide Ogunsanwo: Haha! That's umoristiċi. Kont rilassat.

Achani Samon Biaou: Irrealizzajt li kultant inżomm ruħi lura għax għandi ċerti inibizzjonijiet u ideat dwar dak li hu xieraq u permess. Filwaqt li huwa tajjeb li tkun meqjusa, l-imbuttar tal-konfini huwa dak li jmexxi l-evoluzzjoni tar-razza umana.

Dik hija waħda mill-affarijiet li nħobb fl-Amerika. Jinkoraġġixxi lin-nies biex ikunu immaġinattivi, jippruvaw affarijiet ġodda, u jimbuttaw il-konfini. Min jaf, xi ħadd jista 'jagħmel xi ħaġa mhux tas-soltu, u titwieled negozju jew idea ġdida.

Li tkun ħielsa minn inibizzjonijiet hija ħaġa qawwija, u l-kisba ta 'in-dipendenza finanzjarja tista' tkun għodda utli biex naslu s'hemm. Mhijiex l-unika għodda, u xi wħud jgħidu li lanqas hija l-iktar waħda ewlenija. Imma li jkollok indipendenza finanzjarja tista' tagħtik il-libertà li tagħmel l-affarijiet tiegħek stess fil-ħajja u tesplora possibilitajiet ġodda.

Olumide Ogunsanwo: Huwa disinn tal-istil tal-ħajja. Iddisinja ħajja li taħdem għalik. M'għandekx għalfejn issegwi t-triq tradizzjonali. Tista 'tagħżel kwalunkwe triq, iżda teħtieġ intenzjoni, skop u ppjanar. Inti mhux biss tqum għall-ħajja li trid. Jekk issegwi l-istatus quo, tispiċċa b'ħajja status quo, li tista' ma tkunx dak li trid.

Achani Samon Biaou: Inti għidtha ħafna aħjar milli stajt nagħtiha jien. Dan il-ktieb huwa għal kull min hu kurjuż li jsegwi xi ħaġa differenti fil-ħajja minn dak li "suppost" jagħmel. It-tama tagħna hija li l-qarrejja jneħħu l-meta intuwizzjoni minn dan il-ktieb: li hemm mogħdijiet oħra biex isegwu lil hinn mill-istatus quo.

Il-ktieb jipprova jagħtik sens ta' possibbiltajiet ġodda. M'għandekx għalfejn issegwi t-triq konvenzjonali. Nittama li l-qarrejja jifhmu li din l-is-torja fil-fatt ftit li xejn għandha x'taqsam mal-flus.

Olumide Ogunsanwo: Il-ktieb żgur <u>mhux</u> dwar il-flus. L-indipendenza finanzjarja tfisser li jkollok biżżejjed riżorsi finanzjarji biex iddum għall-bqija ta' ħajtek, iżda dan il-ktieb huwa dwar aktar minn hekk.

Achani Samon Biaou: L-indipendenza finanzjarja kienet faċilitatur kbir għalina. Dan il-ktieb se jiddiskuti kif bdejna f'din it-triq u kif tana s-setgħa li nkomplu nkomplu nkomplu nwettqu l-ħolm tagħna.

Olumide Ogunsanwo: It-tagline tal-ktieb tagħna huwa "Stejjer ta 'Indipendenza Finanzjarja ta' Immigranti Afrikani." Il-ktieb huwa strutturat kronoloġikament, hekk kif inħarsu lura u nirriflettu fuq id-deċiżjonijiet li ħadna li wasslu għall-indipendenza finanzjarja tagħna f'nofs it-tletinijiet tagħna.

Minbarra li naqsmu l-istejjer personali tagħna, niddiskutu wkoll prinċipji ewlenin li kienu kritiċi għall-vjaġġi tagħna. Dawn il-prinċipji jinkludu kemm strateġiji wesgħin kif ukoll azzjonijiet speċifiċi li l-qarrejja jistgħu jieħdu biex jiksbu l-indipendenza finanzjarja. Aħna nemmnu li l-kultivazzjoni ta' dawn il-prinċipji bħala parti mill-istil tal-ħajja tiegħek hija essenzjali biex tikseb suċċess finanzjarju fit-tul.

Biex ngħinu lill-qarrejja jipprattikaw u jinkorporaw dawn il-prinċipji f'ħajjithom, aħna ninkludu wkoll rakkomandazzjonijiet ta' kotba li jallinjaw ma' kull prinċipju. It-tama tagħna hija li billi naqsmu l-istejjer u l-prinċipji tagħna, nistgħu nispiraw u nagħtu s-setgħa lil oħrajn biex jieħdu l-kontroll tal-futur finanzjarju tagħhom.

Achani Samon Biaou: Olumide, x'tixtieq li l-qarrejja jieħdu minn dan il-ktieb?

Olumide Ogunsanwo: L-għan tiegħi għal dan il-ktieb huwa li nispira lill-qarrejja biex jgħixu l-aħjar ħajjithom, ikunu komdi bħala nfushom awtentiċi tagħhom, u ma jħossux li jridu jikkonformaw mal-aspettattivi tas-soċjetà. Nittama li l-qarrejja jieħdu dak li hu utli mill-ktieb u jinjoraw dak li mhux rilevanti għalihom.

Fuq kollox irrid inħeġġeġ lill-qarrejja biex isibu modi kif ikunu ħielsa. Dan ma jfissirx biss libertà finanzjarja, għalkemm dan huwa suġġett importanti f'dan il-ktieb. Ifisser ukoll libertà soċjali, libertà tal-ħin, u libertà ġeografika. Irrid li l-qarrejja jħossuhom is-setgħa li jieħdu riskji u jagħmlu għażliet li jgħinuhom isiru aktar ħielsa f'kull aspett ta' ħajjithom.

Achani Samon Biaou: Fejn taħseb li l-libertà finanzjarja tikklassifika fost il-libertajiet l-oħra kollha?

Olumide Ogunsanwo: L-aktar żewġ aspetti importanti tal-ħajja huma

11

x'aktarx il-libertajiet relatati mar-relazzjonijiet u s-saħħa. Xi nies jistgħu jargumentaw li saħħa tajba hija l-aktar importanti għaliex huwa diffiċli li tikseb xi ħaġa mingħajrha, filwaqt li oħrajn jistgħu jgħidu li relazzjonijiet b'saħħithom mal-familja u l-ħbieb huma ċ-ċavetta għal ħajja sodisfaċenti.

Wara dawn it-tnejn, il-libertà finanzjarja hija x'aktarx it-tielet jew ir-raba 'aspett l-aktar importanti. Filwaqt li huwa importanti, ma jżommx l-istess piż bħar-relazzjonijiet u s-saħħa. Kieku xi ħadd kellu jargumenta li l-libertà finanzjarja hija l-iktar ħaġa importanti, nagħtih parir biex l-ewwel iqis is-saħħa u r-relazzjonijiet tiegħu.

Achani Samon Biaou: Jiena nara l-libertà finanzjarja bħala faċilitatur ta' libertajiet oħra. Per eżempju, xogħol stressanti se jaffettwa s-saħħa tiegħek. Imma jekk inti f'pożizzjoni li tagħżel dak li tagħmel jew li ma taħdimx xejn, allura l-libertà finanzjarja tista 'tgħin saħħtek.

Olumide Ogunsanwo: Il-libertà finanzjarja tippermettilek tiffoka fuq l-affarijiet importanti fil-ħajja, bħar-relazzjonijiet tiegħek (kemm jekk ma 'sieħeb romantiku, familja, jew ħbieb) u s-saħħa tiegħek. Meta tkun finanzjarjament ħieles, tista 'wkoll issegwi l-ħolm intraprenditorjali tiegħek u tqatta' hin kemm trid tbiddel ideat differenti. U jekk tapprezza l-esperjenzi u l-avventuri, l-indipendenza finanzjarja tagħtik il-flessibbiltà li tqatta' hin kemm trid f'dawk il-attivitajiet.

Essenzjalment, l-indipendenza finanzjarja hija faċilitatur li jappoġġja ż-żewġ aspetti kbar (relazzjonijiet u saħħa) u wkoll kull ħaġa oħra li tista 'tkun interessat fiha għaliex tagħmel jew tgawdi dawk l-affarijiet ħafna drabi teħtieġ flus.

Samon, ħabib tiegħi, hu. Xi rridu li l-qarrejja jieħdu minn dan il-ktieb?

Achani Samon Biaou: Ikkunsidra dan il-ktieb bħala gwida biex tgħix il-ħajja fuq termini tiegħek u tilħaq il-potenzjal sħiħ tiegħek. Fis-soċjetà tal-lum, hemm għadd kbir ta' eżempji ta' suċċess u mudelli madwarna. Bħala konsulent tan-negozju, kont f'ħafna kmamar fejn indunajt li ħafna minn dawn il-mudelli huma biss nies regolari u medji. Jistgħu jkunu tajbin f'ċerti affarijiet, iżda huma wkoll xogħol li qed isir f'oqsma oħra. Nemmen li aktar nies jistgħu jħossuhom is-setgħa li jsibu t-tweġibiet tagħhom stess u jfasslu t-toroq tagħhom stess għas-suċċess.

Olumide Ogunsanwo: Assolutament! It-tfittix ta' mudelli jista' ma jkunx l-aħjar mod biex tavviċina l-affarijiet. Kull persuna għandha valuri, saħħiet, u preferenzi uniċi. Minflok ma tfittex xi ħadd biex timmudella lilek innifsek wara, huwa importanti li ssib l-awto awtentiku tiegħek stess u dak li verament trid fil-ħajja. Filwaqt li tista' tkun kapaċi potenzjalment titgħallem minn oħrajn, il-vjaġġ biex tiskopri l-awto awtentiku tiegħek dejjem jibda minn ġewwa.

L-immudellar tar-rwol għandu l-iżvantaġġ li jiffoka wisq fuq il-ħajja ta' xi ħadd ieħor. L-unika persuna li għandek tħares lejha hi lilek innifsek.

Achani Samon Biaou: Poignant ħafna. Id-dinja miexja f'binarji paralleli. L-ewwel mogħdija hija li l-individwi jgħidulhom li jkunu huma stess. Imma forsi ma tkunx biżżejjed kif int illum. Kulħadd irid jevolvi kontinwament.

Olumide Ogunsanwo: Ara naqra. Il-kummenti tiegħek huma vizzjużi [Tbissem].

Achani Samon Biaou: It-tieni track hija li qalulna biex nimitaw il-ħajja ta 'mudell. Sfortunatament, dan l-approċċ jista 'fil-fatt jillimita l-abbiltà tagħna li naħsbu għalina nfusna għaliex insiru ffukati wisq fuq l-ikkupjar ta' ħaddieħor aktar milli niżviluppaw il-perspettiva unika tagħna stess.

Dawn iż-żewġ binarji ("inti biżżejjed" u "kopja mudell") ħafna drabi huma amplifikati mill-midja soċjali, u jġiegħel lin-nies iħossu li jridu jagħżlu bejniethom. Imma dak li ħafna drabi jiġi injorat huwa l-importanza ta' titjib u tkabbir kontinwu, filwaqt li titgħallem ukoll mill-esperjenzi ta' ħaddieħor mingħajr ma neċessarjament tikkopjahom.

Olumide Ogunsanwo: Mal-ewwel daqqa t'għajn, FIREDOM jista' jidher li huwa ktieb tal-indipendenza finanzjarja. Imma fir-realtà, huwa aktar dwar li tiżviluppa lilek innifsek biex tikseb il-libertà li tgħix il-ħajja li verament trid.

Achani Samon Biaou: Huwa importanti li nirrikonoxxu li l-istejjer tagħna mhumiex perfetti u li se jkun hemm aspetti fejn eċċellejna u oħrajn fejn stajna għamilna aħjar.

Jien ma nqisx lili nnifsi notevoli, imma nemmen li kulħadd għandu l-potenzjal li jilħaq l-għanijiet tiegħu. L-iffissar ta' miri għalik innifsek u li tieħu l-passi meħtieġa biex tilħaqhom hija essenzjali. M'għandekx għalfejn tkun eċċezzjonali biex tirnexxi, imma trid tkun lest li tagħmel ix-xogħol.

Olumide Ogunsanwo: FIREDOM = FI (Indipendenza Finanzjarja) + RE (Irtirar Kmieni) + Libertà. Għaliex trid libertà u indipendenza? Trid l-indipendenza sabiex tkun tista' tgħix il-ħajja fuq termini tiegħek. L-istenni-

ja tal-ħajja, skont il-pajjiż li tkun fih, hija bejn 50 u 80. Iż-żmien li għandna
fuq din l-art huwa limitat, allura għaliex ma naghtux l-aħjar użu minnu billi
ngħixu ħajja sodisfaċenti u pjaċevoli?

Din l-istorja hija dwar eżattament dak - tgħix il-ħajja li trid, tagħmel im-
patt, tieħu pjaċir, u tagħmel differenza. Il-flus mhumiex l-unika ħaġa li im-
portanti, iżda huma importanti għax jgħinuk tagħmel affarijiet akbar u aħjar.
Mingħajr stabbiltà finanzjarja, il-flus se jkunu sors kostanti ta 'stress f'ħajtek.

Aħna eċċitati li naqsmu l-istejjer tagħna miegħek f'dan il-ktieb. Hija ħid-
ma ta' mħabba, u nittamaw li tispirak u timmotivak biex tibdel ħajtek. Merħ-
ba fil-vjaġġ magħna!

2: Stejjer tat-tfulija u Prinċipji tal-Awto-Twemmin u l-Awto-Difiża

Olumide Ogunsanwo: Kull kapitlu tal-ktieb huwa dwar stadju tal-ħajja u se jinkludi l-istejjer personali tagħna segwiti minn esplorazzjoni fil-fond tal-prinċipji rilevanti tal-indipendenza finanzjarja.

L-esplorazzjoni tagħna tibda b'esperjenzi tat-tfulija, li jsawru b'mod sinifikanti l-personalità tagħna, l-awtoperċezzjoni, l-istima personali tagħna, u dak li nemmnu li huwa possibbli għalina li niksbu fil-ħajja.

Achani Samon Biaou: Inħobb li qed nibdew bi stejjer tat-tfulija. Qarrejja li huma ġenituri jistgħu jsibu dawn l-istejjer ta' għajnuna għal uliedhom.

Olumide Ogunsanwo: L-esplorazzjoni tal-influwenzi tat-tfulija hija utli wkoll għal kulħadd biex jifhem x'wassalhom għas-sitwazzjoni attwali tagħhom u kif dawk l-esperjenzi bikrija jistgħu għadhom qed jaffettwawhom illum. Il-fehim u l-aċċettazzjoni tal-passat huwa pass importanti biex tibda kwalunkwe vjaġġ, mhux biss l-indipendenza finanzjarja.

Se nitkellmu wkoll dwar il-prinċipji ta 'awto-twemmin u awto-dipendenza. Dawn huma prinċipji fundamentali fit-triq lejn l-indipendenza finanzjarja. Liema post aħjar biex tibda l-ktieb milli billi wieħed jidħol fil-psikoloġija u l-mentalità tal-bniedem?

2A: L-istorja tat-Tfulija ta' Olumide

Achani Samon Biaou: Olumide, ejja nibdew bit-tfulija tiegħek. Għidli dwar l-ewwel memorji tiegħek.

Olumide Ogunsanwo: Twelidt f'nofs is-snin tmenin f'Lagos, in-Niġerja, l-Afrika tal-Punent. Jien twelidt f'familja ta' daqs medju b'erba' aħwa oħra. Għandi żewġ aħwa akbar u żewġ aħwa iżgħar. Jien proprju fin-nofs.

Missieri kien intraprenditur. Huwa kellu diversi proprjetajiet ta 'kiri, mexxa negozju tal-istampar tal-karti, negozju ta' self finanzjarju, u diversi negozji oħra. Kien ukoll politiku u ġieli ħarġet għall-kariga. Huwa għamel ħafna affarijiet differenti u kien imħarreġ bħala ġurnalist meta kien iżgħar.

Ommi kienet dar. Imma interessanti, meta kelli madwar 14 jew 15, hija marret lura l-iskola biex tistudja l-liġi u issa hija avukata għall-Gvern tal-Istat ta 'Lagos. L-istorja ta' kif saret avukat hija affaxxinanti. Kienet tieħu klassijiet bil-lejl meta kont fl-iskola sekondarja, u ma stajtx nifhem għala kienet sejra għal dak l-inkwiet kollu. Staqsejtha dwarha, u qalet li ħalliet ix-xogħol tagħha fil-banek biex trabbina u ħasbet x'kien jiġri kieku ma ħallietx ix-xogħol tagħha. Qalet li rat avukati fuq it-TV u ħasbet li kienet xi ħaġa li setgħet tagħmel. U hi għamlet!

Achani Samon Biaou: X'kienu l-ewwel esperjenzi tiegħek mal-finanzi jew il-libertà?

Olumide Ogunsanwo: Missieri kien il-breadwinner tal-familja. Kellu d-dħul li kien jipprovdi għall-familja u ommi kienet id-dar. Missieri kien jieħu ħsieb il-finanzi, u kien jagħti l-flus lil ommi biex tagħmel affarijiet differenti madwar id-dar, li kien ifisser li ommi kienet titlob flus lil missieri għal affarijiet differenti.

Innotajt li kellha effett stramb fuq ir-relazzjoni. Niftakar li nħares lejn l-interazzjonijiet u naħseb li dan mhux tajjeb u għandi bżonn niżgura li qatt ma nkun f'sitwazzjoni fejn ikolli mmur għand xi ħadd għall-flus fuq bażi regolari. Joħloq dinamika ta' relazzjoni stramba li ma naħsibx li hija l-aħjar.

Ħallat żerriegħa tal-fehim kemm hu skomdu li jkollok titlob lil xi ħadd għall-flus fuq bażi regolari. Kont naf żgur li kienet sitwazzjoni li qatt ma ridt inkun fiha.

Achani Samon Biaou: Qed nipprova nimmaġina jekk kontx saħansitra konxju ta' dik id-dinamika ta' tifel, għax bħala tifel tmur titlob lin-nies għall-flus. Inti titlob lin-nies għal kollox.

Olumide Ogunsanwo: Ħsibt li kienet sitwazzjoni sub-ottimali għar-relazzjonijiet għaliex tpoġġi sieħeb wieħed f'pożizzjoni vulnerabbli. Huwa kważi l-oppost li tkun finanzjarjament indipendenti. Hija dipendenza waħda għal waħda. Mill-inqas ix-xogħol tiegħek jiddependi fuq jekk il-kap tiegħek jogħġobx, jekk ir-rapporti tiegħek bħalek, eċċ. Is-sitwazzjoni tal-ġenituri tiegħi kienet differenti għax kienet dipendenza fuq persuna waħda għall-flus.

Meta ndunajt id-dinamika fir-relazzjoni tal-ġenituri tiegħi, mill-ewwel kont naf li kelli nevita dan f'ħajti stess. Dak kien punt tat-tluq kbir biex taħseb dwar il-flus u dak li jagħtuk fil-ħajja.

Achani Samon Biaou: Nara. Wara kemm ħadt l-ewwel passi lejn l-indipendenza finanzjarja? Nista' nimmaġina li osservajt din id-dinamika u rrealizzajt li ma ridtx tkun f'din il-pożizzjoni fil-futur. Imma int mhux bilfors kont kapaċi taġixxi fuq ir-riżoluzzjoni tiegħek. Meta kienet l-ewwel darba li ħassejt li kont indipendenti?

Olumide Ogunsanwo: L-apertura tiegħi kienet daqsxejn dejqa, il-mod kif ħsibt dwar l-indipendenza kien speċifikament biex nikseb kemm jista' jkun flus. Ħsibt li jekk immur tajjeb fl-iskola, wara nsib xogħol li jħallas tajjeb. Kien indirett. Kienet li tiffoka fuq l-akkademiċi.

Ma ngħidx li konna fqar jew sinjuri. Probabbilment konna dħul medju għal għoli skont l-istandards Niġerjani. Pereżempju, jekk staqsejt lil missieri jew lil ommi għal xi ħaġa, ma kinux awtomatikament jgħidu iva. Kienu jgħidu le jew jistaqsu għaliex kelli bżonnha. Dan wassal għal sitwazzjonijiet fejn bdejt naħseb ftit dwar il-finanzi personali u l-flus.

Bħal Samon, jien Yoruba (wieħed mill-akbar gruppi etniċi fin-Niġerja). Meta kont żgħir, ġieli kont meħud għal avvenimenti Joruba (għeluq ta' snin, tiġijiet, funerali) u ngħatajt flus meta niżfen. Jekk tiftakar l-ewwel kapitlu ta' dan il-ktieb, wieħed mill-interessi ewlenin tiegħi huwa ż-żfin. Kont niżfen u kont nieħu (ammonti żgħar ta') flus. Naf li ħsejjes stramba, imma hekk kien. Kelli aċċess għal dawk il-flus u bdejt naħseb x'nista' nagħmel bihom.

Niftakar li staqsejt lil ommi dwar il-ftuħ ta' kont bankarju. Ommi ħaditni l-bank u ġibtli kont bankarju b'passbook ftit isfar. Jien kont niddepożita l-flus li naqla' miż-żfin fl-avvenimenti. Tgħallimt dwar l-interess. Anke jekk kien ammont żgħir ta 'flus, ipprovda espożizzjoni siewja.

Achani Samon Biaou: Kemm kellek?

Olumide Ogunsanwo: Nixtieq niftakar l-età eżatta tiegħi. Ejja ngħidu x'imkien bejn 7 u 11.

Kelli passbook żgħir li kont inħares u naqra l-ammonti tad-depożitu u tal-imgħax li kienu qed jakkumulaw bil-mod fih. Xi drabi ommi kienet tir-rifjuta li teħodni l-bank biex tiddepożita l-flus għax kienet imbarazzata bl-ammonti ċkejkna ta' flus li ridt niddepożita.

Jista 'jkun minn fejn ġie l-interess tiegħi fil-finanzi personali. Jew forsi għandi biss interess innat fil-finanzi u l-ekonomija. Kulma naf hu li bil-mod sirt interessat li niżgura li jkolli flus fil-futur.

Achani Samon Biaou: Żewġ mistoqsijiet:

1. Kif tgħallimt dwar il-kunċett ta' bank u kif indunajt li dan japplika għat-tfal?

2. X'kienet l-esperjenza tiegħek meta tirtira u tonfoq il-flus? Kellek bżonn il-ġenituri tiegħek biex imorru l-bank?

Olumide Ogunsanwo: Probabbilment kien kont ta' kustodja għax stajt immur il-bank biss ma' ommi. Il-bankiera kienu jiktbu fil-passbook kull dar-ba li nagħmel depożitu jew irtirar. Kont affaxxinat bil-kunċett li npoġġi l-flus f'kont u li jaqla' l-imgħax.

Bl-istess mod għalik, kont eċċellajt akkademikament, li fisser li stajt nit-biegħed ħafna. Niftakar li l-għalliem tiegħi tal-bijoloġija staqsieni għaliex kont tant arroganti u kunfidenti żżejjed. Ma għoġbitx l-attitudni tiegħi. Bde-jt inħoss li, għax kont sejjer tajjeb akkademikament, stajt noħroġ b'aktar. Li tagħmel dak li nixtieq ħsejjes negattivi, iżda fil-fatt għandu xebh mal-ħsieb indipendenti għaliex tibda taħseb barra mill-kaxxa u 'l bogħod mis-soċjetà mainstream. Kont daqsxejn inkwiet, imma b'mod tajjeb. Qatt ma għamilt xi ħaġa miġnun wisq.

Achani Samon Biaou: Interessanti. Tista' teħodna fl-esperjenza tiegħek fl-iskola primarja u sekondarja? Kif mort ma' sħabek? X'qalu sħabek dwarek?

Olumide Ogunsanwo: L-ewwel mort l-iskola primarja fl-Iskola tat-Tfal ta' Grace minn żero sa ħamsa jew sitta. Ma niftakarx ħafna dwar dan. Im-bagħad mort l-Iskola Primarja Corona minn 5 jew 6 sa 10. Niftakar nilgħab ħafna sports. Il-ġenituri tiegħi ħaduni mill-iskola kuljum. Minbarra dan, ma kien hemm l-ebda lezzjonijiet kbar minn dak il-perjodu li huma rilevanti.

Mill-età ta' 10 sa 13-il sena, mort l-iskola sekondarja (magħrufa wkoll bħala skola sekondarja) fil-King's College (KC), li kienet skola kollha tas-subien.

Achani Samon Biaou: Għidilna ftit dwar KC, x'għandu jkun jaf dwarha l-qarrej?

Olumide Ogunsanwo: Għall-kuntest, missieri mar KC fis-snin 60 u 70 meta kienet waħda mill-aqwa skejjel fin-Niġerja. Issa huwa mmexxi mill-gvern u tip ta 'shitty. Il-klassijiet kienu oriġinarjament mibnija għal 20 ruħ, imma kelli minn 80 sa 100 ruħ fil-klassi tiegħi għalhekk ix-xena kienet: subi-en sa fejn tista' tara għajn, xi wħud kienu mhux maħduma, xi wħud kienu maħmuġin, bil-ġuħ, isemmu. Kien bħall-Punent Selvaġġ.

Minkejja dawn il-problemi infrastrutturali, KC kellu xi tfal intelliġenti. Fil-Corona Elementary, normalment kont l-ewwel jew it-tieni fil-klassi tiegħi qabel immur għal KC. Madankollu, fil-KC, normalment niġi fit-tielet jew ir-raba'.

Niftakar lil dan il-bniedem li s-soltu kien jikklassifika l-ewwel. Ma kienx notevoli, qatt ma għamel mistoqsijiet jew ippparteċipa fil-klassi. Sibt dan af-faxxinanti. Li wieħed jieħu l-kontroll ta' ħajtu u jfittex miri individwali jista' jwassal għas-suċċess, irrispettivament mill-ostakli. Din il-lezzjoni dehret ċara matul l-esperjenza tiegħi hekk kif tgħallimt li irrispettivament minn fatturi esterni, id-determinazzjoni personali tista' tegħleb kull ċirkostanza. Dan kien l-aktar takeaway siewja minn żmieni hemmhekk.

Achani Samon Biaou: Kif kienu sħabek tal-klassi?

Olumide Ogunsanwo: Li nitkellem ma' dawn in-nies differenti kollha għenitni nirrealizza li l-istudenti sħabi ġew minn sfondi ekonomiċi differen-ti. KC kellha persentaġġ għoli ta' studenti minn familji bi dħul baxx. Wara KC, ittrasferijt għat-tieni skola sekondarja tiegħi, Atlantic Hall (AHall), li kienet skola ko-ed fejn qattajt it-tieni parti tal-edukazzjoni sekondarja tiegħi (minn etajiet 13 sa 16).

AHall kellhom proporzjon akbar ta 'studenti sinjuri meta mqabbla ma' KC. F'AHall, iffukajt fuq l-akkademiċi għax ħsibt li dan jgħinni nikseb im-pjieg tajjeb fil-futur, li jwassal għal aktar flus.

Achani Samon Biaou: Dan kollu kif għandu fil-libertà jew l-indipen-denza finanzjarja?

Olumide Ogunsanwo: Bdejt insir aktar mhux konformi. Kont qed naghmel l-affarijiet b'mod indipendenti għax kont sejjer tajjeb ħafna akkademikament. Kelli karozza u stajt insuq u nimxi liberament.

Achani Samon Biaou: F'liema età kellek karozza?

Olumide Ogunsanwo: Tgħallimt insuq meta kelli 15-il sena li kien proprju fl-aħħar tas-sekondarja. Kienet il-karozza tal-ġenituri tiegħi [Tbissem]. Il-ġenituri tiegħi ma taw xejn. Huma l-aktar ħallini naghmel dak li ridt. Jien stajt noħroġ kull meta ridt. Ħassejtni li kelli libertà sħiħa biex naghmel dak kollu li ridt, u ma kelli l-ebda limitazzjoni mill-ġenituri tiegħi.

Ma nafx għalfejn il-ġenituri tiegħi rabbewni hekk, biex inkun onest, imma kien ċar li stajt naghmel dak kollu li ridt, u hekk għoġobni.

Achani Samon Biaou: Nizza. Smajt mill-ħbieb tat-tfulija ta' Olumide li jaħdem iebes ħafna u huwa persuna ffukata u intensa ħafna.

Olumide Ogunsanwo: Affaxxinanti! Veru, ħdimt ħafna u għoġobni. Studjajt ħafna u ħadt gost. Ġeneralment kont l-ewwel fil-klassijiet tal-matematika u tal-matematika avvanzata. Kien kbir. Xi nies kienu mġiegħla mill-ġenituri tagħhom jiffokaw fuq l-akkademiċi. Jien kont persuna akkademika. Jien inħobb dak il-ħmieġ. Għadni nħobb dik il-ħmieġ. L-interess tiegħi fl-akkademiċi nixxa fid-diversi interessi tiegħi llum. Il-motivazzjoni tiegħi kienet interna u intrinsika.

Achani Samon Biaou: Olumide ġie deskritt lili bħala intens. Xi ħadd li jpoġġi għajnejh fuq xi ħaġa u jaħdem iebes ħafna biex jikseb dan. Hija storja ta 'fokus laser fuq miri.

Olumide Ogunsanwo: Iva, niddeskrivi lili nnifsi bħala dixxiplinat ħafna, organizzat ħafna, motivat ħafna u ffukat.

Jien niddeskrivi lili nnifsi bħala intensa? ma nafx. Meta mqabbel mal-biċċa l-kbira tan-nies, iva. Imma ma nafx jekk nużax il-kelma intensa – niftakar li kont iffukat akkademikament, li ridt inkun l-aqwa. Bażikament, jekk verament trid tkun l-aqwa, kważi dejjem tispiċċa tkun l-aqwa.

Ħafna nies ma jimpurtahomx daqskemm jien. Huma kellhom prijoritajiet oħra bħala tfal. Bħala tifel kont naf x'ridt, u ħriġt u ksibt. L-istess ħaġa bħala adult.

Achani Samon Biaou: X'kienet xi ħaġa li xtaqt li tgħallimt dwar il-finanzi jew il-libertà matul dawk is-snin?

Olumide Ogunsanwo: Kien ikun kbir kieku l-ġenituri tiegħi tkellmu miegħi speċifikament dwar il-finanzi personali. Ma nafx kieku kont nisma', ma nafx kieku kienet tagħmel differenza, imma kien ikun tajjeb. Kif ser tismagħni nirrakkonta l-istorja tiegħi aktar tard, kważi dak kollu li naf dwar il-finanzi personali kien mgħallem waħdi.

Kelli nibda bl-affarijiet bażiċi: Kif noħloq baġit? Kif inżid id-dħul tiegħi? Kif nista' nifhem l-ispejjeż tiegħi? Kif jaħdem l-istokk tas-suq? Kif ninvesti? Kien ikun ftit aktar faċli kieku l-ġenituri tiegħi għallmuni xi ftit minn dan, imma jien ma nwaħħalhomx għax lanqas ma kienu jafu ħafna dwar dawn l-affarijiet.

Ngħid dan b'eżitazzjoni għax m'inix ċert li titgħallem l-affarijiet jekk m'intix lest li tikseb l-informazzjoni. Xi nies jiksbu informazzjoni, iżda ma jaċċettawhiex għax mhumiex lesti u lesti li jagħmlu bidla. Ma nafx jekk kontx naċċetta xi wieħed mit-tagħlim li tawni l-ġenituri tiegħi dakinhar.

Achani Samon Biaou: Forsi li tfittex l-għarfien waħdek huwa dak li verament jippermetti t-tagħlim. Skont it-teorija edukattiva, it-tagħlim b'esperjenza huwa l-aktar mod effettiv biex titgħallem. Huwa għalhekk li sempliċiment li tgħid xi ħaġa mhux dejjem tkun effettiva fit-tul. Bħala bniedem, aħna nibnu l-għarfien b'mod attiv aktar milli nassorbuh b'mod passiv.

Olumide Ogunsanwo: Interessanti. Fil-fatt, qatt ma kelli mudelli. Ġeneralment kont il-mudell, li jfisser li kelli nifhem l-affarijiet għalija nnifsi.

Ħa nagħtikom eżempju. Lura fl-iskola sekondarja, ksibt l-ogħla gradi fil-biċċa l-kbira tal-korsijiet tal-matematika u x-xjenza. Ma kien hemm l-ebda persuna oħra li nħares lejha, kelli nistrieħ fuqi nnifsi biex nirnexxi. Din il-mentalità awto-dipendenti ilha miegħi sa mit-tfulija, peress li dejjem kelli preferenza li nifhem l-affarijiet b'mod indipendenti aktar milli nfittex gwida minn ħaddieħor.

Achani Samon Biaou: Kif kien ibiddellek mudell?

Olumide Ogunsanwo: L-impatt li niltaqa' ma' xi ħadd jiddependi fuq kif iltqajt magħhom. Kieku ġejna introdotti minn xi ħadd ieħor jew kieku introduċew lilhom infushom miegħi, probabbilment ma tantx ikollha impatt. Madankollu, kieku skoprejthom permezz tar-riċerka u l-esplorazzjoni, inkun interessat li nitkellem magħhom.

Mhux għax irrid nimxi fuq il-passi tagħhom bħala segwaċi, iżda biex nifhem il-proċess tat-teħid tad-deċiżjonijiet tagħhom u l-isfumaturi u l-kompromessi involuti fl-għażliet tal-ħajja tagħhom.

L-immudellar tar-rwoli huwa bullshit. Is-sodisfar ma jiġix milli tikkopja l-azzjonijiet tal-ħajja ta' nies oħrajn, iżda milli tiffoka fuq ħajtek stess. Li tikkopja lil ħaddieħor huwa fundamentalment difettuż għaliex ma tqisx il-valuri, il-miri, il-preferenzi u l-interessi tiegħek stess, li jistgħu jħalluk f'qagħda agħar milli kieku ppruvajt issib l-affarijiet lilek innifsek.

Achani Samon Biaou: Interessanti. Din se tkun tema rikorrenti: tip-pruvax timita lil xi ħadd ieħor, anke jekk huma kbar. M'intix fiż-żraben tagħhom. Minflok, istinka biex tiskopri x'jista' jfisser għalik il-kobor. Fil-proċess, titgħallem kemm tista' 'dwar id-dinja, bil-għan speċifiku li tikseb fehim aħjar lilek innifsek. Nista' niġbor dan f'żewġ pariri:

L-ewwel, ikkultiva l-kurżità dwar affarijiet lil hinn mill-firxa immedjata tiegħek.

It-tieni, iddedika lilek innifsek biex ittejjeb kontinwament is-sengħa tiegħek permezz ta 'prattika deliberata.

Olumide Ogunsanwo: Jim Rohn, il-mexxej tal-iżvilupp personali famuż, qal bil-għaqal, "Tkunx segwaċi. Kun student." Fi kliem ieħor, tgħallem min-nies, mhux biss issegwihom. Li tkun student jimplika impenn attiv mal-ħajja, u rieda li tiddubita u tisfida suppożizzjonijiet.

Achani Samon Biaou: I love that.

Olumide Ogunsanwo: Dak il-kliem huwa qawwi. Il-mentalità tal-istu-dent hija aktar qawwija mill-mentalità tas-segwaċi. Il-mentalità tal-istudent qed titgħallem, u l-mentalità tas-segwaċi qed tikkopja. Inħobb dik il-kwotaz-zjoni.

2B: L-istorja tat-Tfulija ta' Samon

Olumide Ogunsanwo: Wasal iż-żmien li titgħallem aktar dwar it-tfulija ta' Samon. Samon, tista' tagħtina xi kuntest dwar l-ambjent li trabbejt fih?

Achani Samon Biaou: Trabbejt f'ambjent eklettiku ħafna. Jien twelidt f'familja ta' klassi tan-nofs għolja f'żona rurali. Raħal twelidi hija Kandi fil-pajjiż żgħir tal-Afrika tal-Punent tal-Benin. Il-popolazzjoni ta 'Kandi dak iż-żmien kienet inqas minn 100,000 ruħ. Missieri mexxa numru ta' negozji u kien stat rispettat fil-pajjiż.

Meta kont żgħir, kont interaġixxi ma' wħud mill- ifqar nies fil- Benin. Konna nilagħbu fit-trab, kultant pjuttost 'il bogħod mid-dar tal-ġenituri tiegħi. Ma kien hemm ebda distanza bejni u l-ifqar tfal f'dik il-belt. Ma ridt xejn, imma ma trabbejtx mħassra.

Olumide Ogunsanwo: Għaliex bdejt b'dik il-parti tal-istorja? Huwa għax tħoss li kemm missierek kif ukoll dak l-ambjent partikolari kellhom in-fluwenza fuqek?

Achani Samon Biaou: Iva, il-kuntrast tat-tkabbir madwar klassijiet soċjo-ekonomiċi differenti għamlitni komda ninteraġixxi ma 'nies minn kull qasam tal-ħajja. Dan x'aktarx iffurmat il-perċezzjoni tiegħi tal-indipendenza finanzjarja aktar tard fil-ħajja. Kont naf x'inhi li tkun fqir għax ħafna mill-ħbieb tiegħi kienu foqra.

Ma kienx rari li xi tfal ikunu assenti mill-bitħa għal ftit jiem minħabba li l-ġenituri tagħhom kienu morda u kellhom bżonn jieħdu ħsiebhom. Għall-ewwel, ma stajtx nifhem għaliex ma marrux biss l-isptar. Madankollu, iktar tard sirt naf li l- ġenituri ta' ħafna mill- ħbieb tiegħi ma setgħux jaffordjaw kura medika u kienu jiddependu fuq rimedji magħmula mid- dar biex jittrattaw mard serju. Filwaqt li din it-tip ta' sitwazzjoni ma nstemgħetx fil-familja tiegħi stess, sirt naf li kienet realtà għal ħafna familji oħra. Fhimt li xi nies kienu tant sfidati finanzjarjament li s-sopravivenza tagħhom kienet f'riskju, iżda għamlu minn kollox biex ilaħħqu maċ-ċirkostanzi.

Olumide Ogunsanwo: Dan huwa interessanti. Kellek l-opportunità tes-perjenza dan mingħajr ma tkun affettwat direttament.

Achani Samon Biaou: Iva, mal-familji ta' sħabi, fhimt kif in-nuqqas ta' flus jillimita lin-nies. Mal-familja tiegħi stess, fhimt li l-ġid m'għandux għalfejn ifisser eċċess.

Waħda mill-ewwel memorji tiegħi hija li nħoss sens qawwi ta' libertà matul it-tfulija tiegħi. Eċċellajt fl-iskola u gawdiet ħafna libertà, għalhekk kont naf xi jfisser li tkun ħielsa minn età żgħira. Meta kelli disa' snin, esprimejt lill-ġenituri tiegħi li ridt nistudja f'Cotonou, il-belt kapitali de facto tar-Repubblika tal-Benin. Il-ġenituri tiegħi kienu kurjużi u mħassba u staqsewni għaliex ridt nistudja hemmhekk. Huma ma rreżistux immedjatament l-idea kemm tista 'tistenna. Wara kollox, kemm-il darba tifel ta' disa' snin jistaqsi biex jistudja f'belt oħra?

Olumide Ogunsanwo: Semmejt li għandek sens profond ta' libertà ta' tifel. Ridt tmur Cotonou għax ridt aktar libertà?

Achani Samon Biaou: Ma tlaqtx mid-dar biex infittex aktar libertà; Diġà ħassejtni liberu, u għalhekk kont nemmen li stajt nagħmel l-għażliet tiegħi. Kont intrigat b'Cotonou, il-belt kapitali, wara li l-aqwa ħabib tiegħi minn Kandi qasmet stejjer dwarha matul iż-żjarat annwali tiegħu fis-sajf. Ridt nesperjenza ngħix hemmhekk jien stess.

Għall- bidu, il- ġenituri tiegħi ma oġġezzjonawx għall- idea, iżda ssuġġerew li nistenna sakemm kont xi ftit akbar. Iweġġgħu bir-rispons tagħhom, ħassejt li ma qisniex bħala individwu responsabbli jew matur. Meta wieħed iħares lura, kien jifhem għalihom li joqogħdu lura milli jafdaw tifel żgħir b'deċiżjoni daqshekk kbira.

Ir- riluttanza tal- ġenituri tiegħi li japprovaw il- mossa tiegħi ħarġetni, u kont determinat li nġiegħelhom jaraw li kont serju. Eventwalment, missieri, li ħa deċiżjonijiet f'isem iż- żewġ ġenituri, tani permess wara li għamilt strajk tal- ġuħ ta' ġurnata.

Olumide Ogunsanwo: Strajk tal-ġuħ għal ġurnata waħda tinstema' ineffettiv [Rires].

Achani Samon Biaou: Wara dak l-inċident, il-ġenituri tiegħi rrealizzaw li ma kontx għadni tifel. B'mod każwali staqsejthom jekk nistax immur f'belt oħra, bħalma żagħżugħ ta' 18-il sena jista' jitlob il-permess biex immur il-librerija. Kont konxju tal-kunċett ta' faqar, frugalità, u l-kuntrast li ma nkunx fqir. Kelli sens qawwi tal-libertà tiegħi stess, u ma nistax niftakar żmien f'ħajti meta ma kontx inħossni liberu.

Olumide Ogunsanwo: Il-membri tal-familja tiegħek tkellmu direttament dwar il-flus jew il-libertà?

Achani Samon Biaou: Ma kien hemm l-ebda konversazzjoni dwar l-irtirar u l-indipendenza finanzjarja. Il-ġenituri tiegħi kienu intraprendituri; ma kien hemm ebda rtirar fih innifsu.

Olumide Ogunsanwo: Nara. Kien hemm xi esperjenzi oħra tat-tfulija bikrija li influwenzaw il-fehma tiegħek tal-libertà u/jew l-indipendenza finanzjarja?

Achani Samon Biaou: Hemm żewġ stejjer oħra li rrid naqsam magħkom dwar kurżità bla limitu u oħra dwar li nkun l-accountant ta' missieri. Ejja nibdew b'kurżità bla limitu. Kont tifel imqareb.

Olumide Ogunsanwo: Kien hekk għax int mar tajjeb l-iskola?

Achani Samon Biaou: Iva, kont meqjus bħala tifel "imqareb" minħabba l-kurżità u x-xewqa tiegħi li nesplora affarijiet li kienu projbiti jew meqjusa mhux xierqa. Minkejja dan, kont eċċellajt fl-iskola, u l-prestazzjoni akkademika tiegħi qaluli ftit klemenza. Pereżempju, filwaqt li ħuti kienu pprojbiti milli jkollhom viżitaturi irġiel, kont interessat li nifhem ir-raġuni warajha. Bħala tifel li ngħix ma' ħuti, ma stajtx nifhem għaliex subien oħra kienu meqjusa bħala mhux mixtieqa. Kien minħabba li ma rnexxilhomx prestazzjoni akkademika tajba? Bl-istess mod, kont naqra l-gazzetti ta' missieri fin-nuqqas tiegħu biex nifhem għaliex kienu importanti għalih.

Olumide Ogunsanwo: Minn fejn ġiet din il-kurżità naturali?

Achani Samon Biaou: Ġej minn żewġ postijiet. L-ewwelnett, hija relatata ma 'dan il-kunċett ta' libertà. Ma kontx inibit meta ġie biex nesplora affarijiet ġodda; jekk ridt nitgħallem dwar xi ħaġa, kont insegwiha mingħajr ebda eżitazzjoni. Sa minn età żghira, qatt ma ħassejt il-bżonn li nikkonforma jew niċċensura lili nnifsi. Kieku l-kurżità tiegħi wasslitni għal xi ħaġa, kont insegwiha. It-tieni nett, id-dwejjaq kellu rwol fl-imġieba tiegħi. Hekk kif ix-xogħol tal-iskola ġieli faċilment, sibt ruħi b'aktar ħin liberu u b'xewqa li nimbotta ruħi sal-limiti. Minflok ma naħlili l-ħin, fittixt sfidi ġodda li jistimulaw moħħi u jgħinuni niżviluppa ħiliet ġodda.

Olumide Ogunsanwo: Il-karatteristiċi tal-kurżità, in-nuqqas ta 'konformità, il-ħsieb indipendenti u r-rieda li tesplora mogħdijiet differenti ħafna drabi jwasslu għal interess akbar fil-kisba ta' indipendenza u libertà finanzjarja. Meta xi ħadd jaħseb barra mill-kaxxa, ikun miftuħ għal esperjenzi ġod-

da, u ma jikkonformax man-normi tradizzjonali, huwa aktar probabbli li jfit-
tex rotot alternattivi. L-indipendenza finanzjarja hija alternattiva waħda bħal
din għax-xogħol konvenzjonali 9-5 sal-irtirar f'60-70. Mill-istorja tiegħek,
jidher li dawn il-karatteristiċi setgħu kellhom rwol fix-xewqa tiegħek li ssegwi
għażliet mhux konvenzjonali.

Achani Samon Biaou: Naqbel mal-osservazzjoni tiegħek. Fl-età ta' disa'
snin, wettaqt ix-xewqa tiegħi li noqgħod noqgħod f'Cotonou, il-belt kapi-
tali, fejn bqajt ma' waħda miż-ziji. Kienet ta' spiss 'il bogħod, u ħalliet lili
u liż-żewġ zijiet żgħar tiegħi biex fil-biċċa l-kbira nidħlu għalina nfusna.
Din l-esperjenza tatna lil kull wieħed l-opportunità li nkunu indipendenti u
nieħdu ħsieb ħajjitna. Li ngħix f'Cotonou pprovdili edukazzjoni finanzjarja.
B'differenza minn meta kont ngħix mal-ġenituri tiegħi u ma kellix għalfejn
niġġestixxi l-flus, issa kelli nibbaġitja għal spejjeż bħall-ikel peress li ġġestejt
il-fondi tiegħi stess (il-"P&L") tiegħi.

Olumide Ogunsanwo: Ma kellek l-ebda P&L. Għadek kellek telf
[ħires].

Achani Samon Biaou: [Tbissem] Kelli spejjeż. Meta mort Cotonou fl-
età ta' 11-il sena, il-ġenituri tiegħi bagħtuni flus biex inkopri l-ispejjeż tiegħi.
Tlabt li l-flus jintbagħtu direttament lili minflok iz-zija li s-soltu kienet barra.
Minħabba li kont minorenni u ma stajtx immur il-bank waħdi, ippreferejt
nirċievi l-flus kontanti. Tgħallimt nibbaġitja għal xahar sħiħ, nippjana bir-re-
qqa meta jonfoq żżejjed u meta tiffranka. Żviluppajt sens qawwi ta' respons-
abbiltà u fhimt l-importanza li ma tispiċċax il-flus.

Olumide Ogunsanwo: Dan ġara mill-età ta' 11 sa 14-il sena?

Achani Samon Biaou: Ikkoreġi.

Olumide Ogunsanwo: Huwa inkredibbli li jkollok dik l-esperjenza f'età
daqshekk żgħira. Normalment in-nies ma jkollhomx dik l-esperjenza
sakemm imorru l-università. Dan huwa pjuttost żgħir, relattivament. Liema
esperjenzi oħra tat-tfulija ħejjewk għall-indipendenza finanzjarja?

Achani Samon Biaou: Meta kelli seba' snin, sirt l-accountant ta' missieri.

Olumide Ogunsanwo: That's funny. Int diġà taf matematika avvanzata.

Achani Samon Biaou: Bdejt nattendi l-iskola primarja ta' erba' snin,
għalkemm ma kienx permess. Ma nistax niftakar kif irnexxielna nevitaw ir-
rekwiżit tal-età.

Olumide Ogunsanwo: Nista' ngħidlek kif għamilt. Missierek kien jaf raġel li kien jaf raġel li kien jaf raġel. Hekk ħadmet.

Achani Samon Biaou: [Tbissem] Forsi. Probabbilment ma kontx konxju ta' dawk id-dinamiċi dak iż-żmien. Aħna kellna forn kbir li jforni l-belt kollha. Bħala parti mir-responsabbiltajiet tiegħi, kont nittratta ż-żamma tal-kotba l-biċċa l-kbira tal-iljieli. Kellna diversi għexieren ta' bejjiegħa bl-imnut li kienu jaslu kmieni filgħodu biex jiġbru l-inventarju tagħhom ta' ftit mijiet ta' baguettes. Wara li biegħu l-prodotti tagħhom, kienu jirritornaw bil-lejl biex isolvu l-kontijiet tagħhom. Biex issegwi l-inputs tagħna (dqiq, ħmira, gażolina, eċċ.) u outputs (numru ta 'baguettes ikkunsinnati lil kull bejjiegħ bl-imnut), missieri uża notebook tal-karti li kien strutturat bħal dik jarazzjoni ta' Qligħ u Telf. Kellna mmultiplika l-kwantitajiet bil-prezz unitarju għal kull bejjiegħ bl-imnut u nżidu kollox. Kultant, il-bejjiegħa bl-imnut ikollhom arretrati, li kellhom jiġu kkunsidrati biex jiġi ddeterminat l-ammont finali dovut.

Biex jibbilanċja l-kotba, missieri kien juża l-kalkolatur tiegħu biex iżid l-entrati. Madankollu, peress li kont tajjeb fil-matematika, issuġġerejt li stajt nikkalkula kollox mentalment. Bdejt billi offriet li nkun il-kalkulatur ta' missieri, naħdem ekwazzjonijiet bħal 75 darba 1243 u 75 darba 419. Fl-iskola, kont għadni nitgħallem il-multiplikazzjoni bażika bħal 5 darbiet 5 u 4 darbiet 9. Eventwalment, offriet li nieħu f'idejha l-P&L ġestjoni kompletament. Missieri għall-ewwel kien xettiku, imma eventwalment qabel li jħallini nipprova.

F'daqqa waħda, sibt ruħi f'pożizzjoni fejn bejjiegħa bl-imnut anzjani u ta 'esperjenza kienu jiġu u jsolvu l-bilanċi tagħhom. Jien kont nistaqsihom kemm kienu biegħu biċċiet dakinhar u malajr niċċekkja n-numri tagħhom kontra r-rekords tagħna stess. B'xi matematika mentali, stajt nikkalkula l-bilanċ finali dovut tagħhom.

Olumide Ogunsanwo: [Rires] Heddidt, stil mafjuż, li jaqtgħu riġlejhom jekk ma jħallsux? Hekk ħadmet?

Achani Samon Biaou: [Rires] Ukoll, mhux eżattament, imma kien hemm ħafna intelliġenza emozzjonali involuta. Studjajt kif missieri interaġixxa mal-bejjiegħa bl-imnut. Pereżempju, kien hemm mara waħda li ta' spiss tħabtu biex tamministra l-finanzi tagħha, dejjem toffri skużi għal dewmien fil-pagamenti jew dejn. Kienet twaħħal affarijiet bħal karozza li tgħaddi tfax l-ilma fuq il-qoffa tal-ħobż tagħha, li tirriżulta f'oġġetti mħassra li ma setgħetx tbigħ, u titlob li tħallas bin-nifs żgħar fuq diversi xhur. Filwaqt li dawn l-affarijiet setgħu jiġru lil kulħadd, magħha, deher li xi ħaġa jew l-oħra dejjem kienet ħażina. Meta waslet, kont naf li kien aħjar li taqbeż il-pleasantries u tiffoka fuq in-numri: "Inti nirrispettawna 80,750 CFA." Dan l-approċċ inaqqas l-ilmenti u l-iskużi tagħha.

Maż-żmien, żviluppajt sens biex naqra l-burdata tan-negozjanti u tgħallimt kif nittratta konversazzjonijiet diffiċli billi nuża tislijiet xierqa u diskors żgħir biex jantiċipaw u jxerrdu l-kunflitti. Sakemm kelli 7 jew 8 snin, kont diġà niġbor il-ħlasijiet, inżomm kont ta' min kien dovut lilna l-flus, u niġġestixxi n-naħa tal-provvista tan-negozju billi timmonitorja l-użu tal-inventarju.

Olumide Ogunsanwo: Iva, kellek ħafna espożizzjoni għall-ekonomija u l-ġestjoni finanzjarja u dak l-affarijiet kollha f'età żgħira. Dan huwa rari.

Achani Samon Biaou: Kelli fehim ċar ta' xi jfisser li jkollok surplus u tmexxi negozju. Anke bħala tifel, kont nifhem il-kunċett tal-inflazzjoni meta missieri għolla l-prezz ta' baguette, peress li stajt inħoss l-impatt ta' prezzijiet ogħla tad-dqiq. Jien kelli livell għoli ta' għarfien u fehim ta' dawn il-kunċetti f'età żgħira.

Olumide Ogunsanwo: Huwa interessanti li wieħed jinnota li ksibt esperjenza kemm fil-finanzi tan-negozju kif ukoll fil-finanzi personali minn età żgħira. L-esperjenza tiegħek fil-ġestjoni tal-P&L tiegħek mill-istorja preċedenti, flimkien mal- osservazzjonijiet tiegħek tal-interazzjonijiet ta' missierek mal-bejjiegħa bl-imnut, ipprovdietlek sens ta' flus sħiħ f'oqsma relatati iżda distinti. Filwaqt li l-finanzi tan-negozju u l-finanzi personali mhumiex l-istess, hemm lezzjonijiet siewja li jistgħu jiġu trasferiti bejniethom. Huwa notevoli li kellek l-opportunità li tikseb iż-żewġ esperjenzi qabel l-età ta '13-il sena.

Achani Samon Biaou: L-esperjenza tal-finanzi tan-negozju esponietni għad-dinja tal-proprjetà immobbli f'età żgħira. Id-dar tal-familja tagħna kienet tinsab fit-triq tas-suq prinċipali, u kellna unitajiet lil bejjiegħa bl-imnut. Billi naf li ħallsu l-kera kull xahar u li kien hemm spejjeż ta' tiswija okkażjonali, applikajt il-prinċipji tal-qligħ u t-telf min-negozju tal-forn biex nikkalkula l-profittabbiltà tan-negozju tal-kiri tagħna. Kont kurjuż biex insir naf kemm kienu qed jagħmlu profitt il-bejjiegħa tal-ħwienet u kemm minn dak id-dħul konna naqbdu mill-kiri tal-ħwienet lilhom.

Niftakar li ddiskutejt is-sejbiet tiegħi tar-riċerka tas-suq ma' missieri. "Għamilt xi riċerka madwar il-belt, u sibt li s-sidien żewġ blokki 'l fuq fit-triq kienu qed jitolbu kirjiet simili lilna. Madankollu, il-lokalità tagħna hija ħafna aħjar, għalhekk għandna niċċarġjaw aktar." Missieri kien jistaqsini kif ksibt l-informazzjoni, u kont nispjega li għamilt ħbieb ma' iben jew bint is-sidien l-oħra jew smajt xi konversazzjoni.

Kultant missieri kien jaqsam informazzjoni addizzjonali, "Dan il-ħanut qed iħallas inqas għax kien kerrej tajjeb, iżda n-negozju tiegħu mhux sejjer tajjeb, u ma jaffordjax iħallas aktar." Permezz ta 'dawn il-konversazzjonijiet, ksibt espożizzjoni għal firxa wiesgħa ta' suġġetti relatati man-negozju minn età bikrija.

Olumide Ogunsanwo: Dak kien tal-biża'! X'inhuma l-lezzjonijiet ewlenin li tgħallimt matul it-tfulija bikrija tiegħek li tixtieq tiġbor fil-qosor?

Achani Samon Biaou: Hemm ftit lezzjonijiet:

1. Tgħallimt il-limitazzjonijiet li ma jkollix flus permezz tal-interazzjonijiet mal-ħbieb tiegħi minn familji bi dħul baxx.

2. Kont espost għall-finanzi u n-negozju minn kmieni għax kont l-accountant ta' missieri.

3. Jien kont espost għall-finanzi personali, l-awto-ġestjoni, billi bażikament inħareġ il-finanzi tiegħi stess 'il boghod mill-ġenituri tiegħi fl-età ta' 11-il sena.

Interessanti, dawk l-aktar avvanzati ġew qabel għax kont qed nappoġġja n-negozju qabel tgħallimt dwar il-finanzi personali.

Olumide Ogunsanwo: X'tixtieq li kont taf jew għamilt b'mod differenti ta' tifel qabel ma mort l-università?

Achani Samon Biaou: Nixtieq li ġejt espost għal ambjent ta' prestazzjoni għolja fejn mhux dejjem kont nibqa'. Biex nispjega l-punt tiegħi, hawn eżempju. Fil-belt twelidi, kont akkademikament u konsistentement klassifikat fl-ewwel post fil-klassi tiegħi. Meta wasalt f'Cotonou, tifel ieħor – li aktar tard sar ħabib tajjeb – kien l-istudent dominanti. Huwa kien intens u ffukat, filwaqt li jien kont jilgħab ħafna mill-ħin.

Olumide Ogunsanwo: [Tbissem] Tħobb il-ferħ.

Achani Samon Biaou: [Tbissem] Iva, għoġobni l-ferħ tajjeb, filwaqt li kien intens.

Jien ġej minn żona rurali b'espożizzjoni limitata, filwaqt li hu kellu aċċess għal firxa wiesgħa ta 'letteratura, inklużi xogħlijiet ta' Voltaire, awtur famuż Franċiż.

Missieru kien ministru tal-gvern, filwaqt li missieri kien intraprenditur b'impenn qawwi għall-involviment tal-komunità.

L-istili tal-ħajja tagħna kienu ferm differenti, bih kellu aċċess għal karozza u sewwieq biex jinnaviga madwar il-belt, filwaqt li kelli noqgħod fuq il-mutur tiegħi u ngħaddi fit-toroq jien.

Il-gradi ġenerali u l-grandi individwali tiegħu f'ħafna suġġetti kienu ogħla minn tiegħi. Kien tajjeb ħafna fil-biċċa l-kbira tal-affarijiet u kbir b'mod ġenerali.

Kont eċċellenti u fuqu fil-Matematika u l-Fiżika, imma mar aħjar f'suġġetti bħall-Franċiż u l-istorja. Kien jaf kull tip ta' kliem sofistikat u kien ikollu punteġġ kbir fl-eżamijiet tal-Franċiż. Jien ma kontx espost għal ħafna minn dak li tikber f'żona rurali.

Olumide Ogunsanwo: Il-prestazzjoni f'ċerti tipi ta' korsijiet hija korrelata ħafna mal-espożizzjoni.

Achani Samon Biaou: Tabilħaqq. Dik kienet l-ewwel darba li sirt konxju tan-nuqqas ta' sens tiegħi.

Olumide Ogunsanwo: Oh naqra. Għala tuża kelma daqshekk qawwija, "bla sens"?

Achani Samon Biaou: Ġejt it-tieni darba biss meta kont fiż-żona rurali, għalhekk ħassejt tant rabja għalija nnifsi. Staqsejt jekk kontx nibda niżloq u għaliex ma kontx kapaċi nżomm l-ogħla pożizzjoni.

Olumide Ogunsanwo: Bħala tifel, inti tpoġġi ħafna ego biex tkun l-aħjar. L-ego tiegħek kien marbut ma' dan. Huwa dak li qed tgħid?

Achani Samon Biaou: Ma nafx kieku nsejjaħlu hekk.

Olumide Ogunsanwo: Ma tridx tammettiha, iżda tinstema' hekk. Huwa għalhekk li weġġajt.

Achani Samon Biaou: Ħassejt li kelli antiċipa u għamilt dak kollu li kien meħtieġ biex tiġi kklassifikata l-ewwel. Il-ħeġġa tiegħi biex inkun l-ewwel wieħed ma nkattarx billi nqabbel lili nnifsi ma' oħrajn, iżda pjuttost mix-xewqa personali tiegħi li niċċella.

Olumide Ogunsanwo: Nifhem. Ma kienx relattiv għal nies oħra. Jien kont motivat internament ukoll biex nibqa 'irrispettivament mill-prestazzjoni ta' nies oħra. Ma kienx bħala riżultat ta 'tqabbil lili nnifsi ma' nies oħra.

Achani Samon Biaou: Wara l-ewwel sett ta 'eżamijiet. I kien ikklassifikat fit-tieni post. Iddomina dak kollu li ma kienx il-Matematika u l-Fiżika. Kienet wake up call għalija għax indunajt li suċċess bil-Franċiż ma kinitx biss kwistjoni ta' rieda; Kelli nagħmel aktar sforz biex nipprepara. Dan l- istudent l- ieħor kixef in- nuqqasijiet u l- imperfezzjonijiet tiegħi, u ħassejtni rrabjata għal xi żmien. Ippruvajt nirrazzjonalizza l-prestazzjoni aktar baxxa tiegħi b'kull xorta ta' skużi, bħal "huwa iben Ministru tal-Istat, allura ovvjament, jieħu dawn ir-riżorsi żejda kollha b'xejn."

Għal xi żmien, ma kontx jogħġobni, u sibt li kien qawwi wisq u ssajja.

Olumide Ogunsanwo: Ma kienx jilgħab biżżejjed.

Achani Samon Biaou: Iva, ma kien jilgħab xejn. Jien kont ngħid lil sħabi: "Mhux tifel jibred."

Eventwalment, indunajt li kont qed inkun ħmar. Is-sitwazzjoni kienet il-motivazzjoni kollha li kelli bżonn. Mort f'ħanut tal-kotba u użajt nofs l-allowance ta' kull xahar tiegħi biex nixtri l-kotba kollha tal-letteratura klassika Franċiża li stajt insib. Biex naffordjahom, naqbeż ikla waħda kuljum u ma għedtx lill-ġenituri tiegħi.

Olumide Ogunsanwo: Bdejt dieta ġdida tal-ġuħ? [Daħk]

Achani Samon Biaou: Iva. Wasalt għall-konklużjoni li ma kellix bżonn nistudja l-matematika u l-fiżika daqshekk. Minflok, qrajt kotba tal-letteratura u tgħallimt kliem ġdid. Fi żmien sena, bdejt milli kont lura ħafna fil-letteratura għal kważi kompetittiva. L-istess mal-istorja. Iddedikajt il-perjodu kollu tal-vaganza tiegħi qabel is-sena junior għall-istudju. Ħdimt ħafna u kont lest li nfarrakh meta rġajt lura Cotonou.

Olumide Ogunsanwo: Int kont intens.

Achani Samon Biaou: L-intensità tiegħi kienet ikkawżata minn sensazzjoni ta' djufija. Ma stajtx ma nistaqsix jekk kontx kapaċi nagħmel aktar minn dak li kont qed nagħmel bħalissa. Meta rġajt lura l-iskola wara l-waqfa tassajf, bqajt ixxukkjat meta sirt li l-akbar kompetitur tiegħi kien ittrasferixxa fi skola Franċiża fil-Benin li tagħmilha aktar faċli għalih li aktar tard jgħaddi għal università fi Franza. Għalija, ħassejt li kien ħarab.

Naqsam din l-istorja biex nenfasizza x-xewqa tiegħi li nkun imdawwar b'nies li eċċellaw, anki jekk ma kinux l-istess suġġetti li għamilt tajjeb fihom. Nixtieq li kont espost għal individwi bħal dawn f'età aktar bikrija. Meta nħares lura, nara xi wħud mis-snin tiegħi fiż-żona rurali bħala potenzjalment moħlija minħabba li kont imdawwar biss minn sħabi tal-klassi medji u ma kellix espożizzjoni għal studenti bl-aqwa prestazzjoni.

Immaġina jekk kelli l-opportunità li jinteraġixxi ma 'xi ħadd bħall-ekwivalenti ta' Bill Gates f'età żgħira.

Olumide Ogunsanwo: Id-differenza issa hija l-Internet. In-nies għandhom espożizzjoni immedjata, anki jekk int l-aqwa fid-dinja. Aħna trabbejna qabel il-kompjuters u l-Internet kienu verament ħaġa. Jekk qed taqra dan issa, huwa aktar faċli għalik.

Achani Samon Biaou: Tgħallimt lezzjoni siewja li ġiet b'grad ta 'uġigħ. Jiddispjaċini li ma ltqajtx ma' ħabib tiegħi qabel, possibilment anke matul iż-żmien tiegħi fit-Tramuntana. Kieku ltqajt miegħu qabel, stajt żviluppajt l-interess tiegħi fil-Franċiż u l-ġeografija aktar kmieni f'ħajti.

Issa nifhem li meta nsir profiċjenti f'qasam partikolari, huwa faċli li nitlef minn għajnejk it-tkabbir u l-iżvilupp li għad fadal. Konsegwentement, għamilt sforz konxju biex infittex esperjenzi ġodda u nwessa' l-espożizzjoni tiegħi. Nivvjaġġa ta' spiss, nagħmel ħbieb ġodda, u nfittex b'mod attiv li nifhem l-aħħar ideat u xejriet f'diversi oqsma.

Narawkom fil-kapitlu li jmiss!

2C: Prinċipji ta 'Awto-Twemmin u Self-Reliance

Olumide Ogunsanwo: F'kull kapitlu tal-ktieb, nibdew billi nitkellmu dwar l-istejjer tal-ħajja tagħna, u mbagħad nitkellmu dwar prinċipji speċifiċi ta 'indipendenza finanzjarja li naħsbu li huma l-aktar rilevanti għall-istejjer. F'dan il-kapitlu, se nitkellmu dwar il-prinċipji ta 'awto-twemmin u awto-dipendenza. Nibdew bl-awto-twemmin.

L-awto-twemmin huwa t-twemmin ta' persuna fil-kapaċità tagħha li tilħaq l-għanijiet u tegħleb l-ostakli. L-indipendenza finanzjarja teħtieġ li tieħu azzjoni, u dawk l-azzjonijiet huma bbażati fuq il-mentalità tiegħek. Għalhekk, l-awto-twemmin, li jinkludi l-perċezzjoni personali, l-istima personali, u l-mod kif tipproċessa l-informazzjoni, hija waħda mill-ewwel passi lejn il-kisba tal-indipendenza finanzjarja.

Achani Samon Biaou: Jekk int passiġġier li għaddej mill-ħajja billi tagħmel dak li qed jagħmel kulħadd, jista' jkun diffiċli li tikseb l-indipendenza finanzjarja. Huwa jieħu azzjoni. Biex tieħu azzjoni, trid tkun kapaċi temmen fiha, għax is-soċjetà tgħid li tista' tirtira biss ta' 70. Tista' tibda taħseb li biex issir finanzjarjament indipendenti teħtieġ sforz jew ħiliet eċċezzjonali li ma jkollokx. Trid tegħleb dan u temmen li għandek il-kapaċità li tikseb l-indipendenza finanzjarja u li hija xi ħaġa li verament tixtieq.

Olumide Ogunsanwo: Il-qawwa ta 'l-awto-twemmin ġejja mhux mill-indipendenza finanzjarja, iżda milli tagħmel xi ħaġa sinifikanti fil-ħajja.

Fil-biċċa l-kbira tal-awtobijografiji, punt ta 'bidla huwa meta l-persuna tirrealizza li fil-fatt tista' tagħmel differenza fid-dinja. Fil-fatt jistgħu jagħmlu xi ħaġa li hija importanti. Il-bnedmin huma bnedmin kapaċi supremi, iżda biss jekk jemmnu li għandhom is-setgħa. Jekk ma temminx li għandek is-setgħa, ma tagħmel xejn.

Pereżempju, nies li jemmnu li jistgħu jsiru l-President huma aktar probabbli li jieħdu passi lejn dak l-għan minn dawk li ma jistgħux jiftħu l-possibbiltà. Filwaqt li dan il-kapitlu jiffoka fuq l-esperjenzi tat-tfulija, il-lezzjonijiet tiegħu japplikaw għall-etajiet kollha.

M'għandekx għalfejn tibqa' fuq l-istess triq li wasslet sa dan il-punt fil-ħajja. Jista 'jkun hemm modi oħra biex tikseb dak li trid mill-ħajja mingħajr ma tkompli bil-pjan attwali tiegħek. It-tagħlim huwa li tbiddel il-mentalità tiegħek u tesponi lilek innifsek għal modi differenti ta' ħsieb.

Jekk qed taqra dan il-ktieb, probabilment tgħix fl-Ewropa jew fl-Amerika, jew f'parti aktar sinjura tad-dinja li qed tiżviluppa. Dan probabbilment ifisser li għandek diversi vantaġġi li oħrajn madwar id-dinja lanqas biss jistgħu jimmaġinaw (moħħ ċar, ġisem b'saħħtu, u aċċess għal kwalunkwe informazzjoni li trid permezz tal-Internet fi kwalunkwe ħin). Il-punt tat-tluq għalik huwa li tibdel il-mentalità tiegħek biex temmen li kollox huwa possibbli f'ħajtek. Din il-perspettiva se żżid l-għarfien tiegħek dwar is-sejba u l-użu tar-riżorsi li dejjem kienu disponibbli għalik.

Achani Samon Biaou: Int trid tkun kapaċi toħloq momentum. Xi jfisser dan f'termini ta 'twemmin innifsu? L-ewwel, trid timla l-ambjent tiegħek b'affarijiet u nies li jġiegħlek temmen li tista 'tagħmel dan, u tneħħi l-affarijiet u n-nies li jġiegħlek temmen l-oppost.

Olumide Ogunsanwo: Anke jekk huma l-familja u l-ħbieb tiegħek. Parti mir-raġuni għaliex xi nies għandhom immaġni negattiva tagħhom infushom hija għaliex qalulhom affarijiet negattivi mis-sieħeb, ir-raġel, il-mara, il-ħabiba, l-oħt, il-missier, l-omm, l-għalliem, il-boxxla, eċċ. Trid tissepara lilek innifsek minn dawn in-nies u tasal f'post fejn temmen li jixraqlek.

Inkella, dawn l-influwenzi negattivi jiġbduk lura. Iktar ma tixjieħ, iktar ikun faċli. L-anzjani jidhru li huma f'paċi magħhom infushom u jagħtu anqas importanza lill-perċezzjonijiet ta' ħaddieħor dwarhom għaliex kisbu l-għarfien li l-valur tagħhom stess ġej minn ġewwa u li nies oħra mhumiex imħassba magħhom daqskemm jistgħu jaħsbu. Jekk inti żagħżugħ, tista' wkoll tibda tikkultiva dan u tifhem li ħaddieħor jimpurtah ħafna aktar minnu nnifsu u ma jqattgħux ħin jaħsbu dwarek. Għalhekk, ħadd ma jista' jiddefinixxi min int. Inti tiddefinixxi l-valur tiegħek fil-ħajja.

Achani Samon Biaou: Biex temmen fik innifsek, trid tħarreġ moħħok biex ikollok fiduċja fil-kapaċitajiet tiegħek. Metodu wieħed effettiv huwa li tieħu passi żgħar lejn il-miri tiegħek, li jibni sens ta 'tlestija maż-żmien. Hekk kif it-tfal li jisbqu fil-passatempi, l-isports jew l-akkademiċi minn età bikrija għandhom twemmin aktar b'saħħtu fil-kapaċitajiet tagħhom, tista' tikkultiva drawwa li temmen fik innifsek permezz ta' prattika konsistenti. Pereżempju, tfal li jilagħbu t-tennis b'mod regolari jsaħħu l-ħiliet tagħhom permezz ta' prattika regolari, u dan iwassal għal fiduċja akbar fil-kapaċitajiet tagħhom li jisbqu mhux biss fit-tennis iżda wkoll fi sports oħra.

Neħħi b'mod attiv in-nies li jġiegħlek temmen li ma tistax tagħmel affarijiet u żid influwenzi pożittivi li jġiegħlek tħossok kapaċi tilħaq il-miri tiegħek fil-ħajja.

Olumide Ogunsanwo: Dan il-ktieb se jappella lin-nies li huma underdogs, barranin, minoranzi u immigranti. Naturalment, il-ktieb huwa għal kulħadd għaliex il-prinċipji tal-indipendenza finanzjarja huma universali.

Jekk tidentifika bħala underdog, barrani, minoranza, jew immigrant, huwa importanti li tagħraf li sitwazzjonijiet ġodda jistgħu jittestjaw it-twemmin u l-kunfidenza tiegħek innifsek. Billi tipprepara lilek innifsek minn qabel, tista 'tibqa' reżiljenti u ffukata hekk kif tinnaviga f'territorju mhux familjari. Pereżempju, jekk int immigrant mill-Uganda li tiċċaqlaq lejn South Dakota, tkun qed tidħol f'ambjent ġdid fejn 90% + tan-nies jistgħu ma jidhrux jew ma jaġixxux bħalek. Għandek tirdoppja l-prattika tiegħek tal-kompassjoni u l-kura personali tiegħek biex iżżomm it-twemmin u l-immaġni tiegħek innifsek waqt li tinnaviga l-isfidi ta 'dan l-ambjent ġdid.

Achani Samon Biaou: Irrid nenfasizza punt relatat dwar l-identità. Familji immigranti ħafna drabi jiffaċċjaw l-isfida li jrabbu tfal li jħossuhom skonnettjati mill-għeruq kulturali tagħhom u jissieltu ma 'sens ta' kriżi ta 'identità.

Mod effettiv biex tindirizza dan huwa billi tħeġġeġ lit-tfal iħaddnu bis-sħiħ il-wirt kulturali tagħhom, bħal billi jitkellmu l-lingwa nattiva tagħhom jew iżuru pajjiżhom. Dan jgħin lit-tfal iħossuhom aktar komdi magħhom infushom u jista' jwassal għal sens ta' identità u twemmin aktar b'saħħtu. F'dan l-approċċ, it-tfal jistgħu jħaddnu bis-sħiħ l-għeruq tagħhom u jgħidu, pereżempju, li huma Amerikani ta 'dixxendenza Niġerjana. Huma jħaddnu bis-sħiħ dik l-identità mingħajr ma jkunu mistħija minnha.

Inkella, xi familji immigranti jistgħu jagħżlu li jadottaw bis-sħiħ l-identità tal-pajjiż li marru joqogħdu lejh, bħal li jħeġġu lil uliedhom biex iħaddnu l-identità Amerikana tagħhom. Huwa importanti li wieħed jimpenja ruħu bis-sħiħ għal approċċ wieħed aktar milli jieħu approċċ fin-nofs, li jista 'jwassal għal konfużjoni u nuqqas ta' ċarezza fis-sens ta 'awto.

Olumide Ogunsanwo: L-awto-kunfidenza hija ffurmata kemm minn fatturi interni kif ukoll esterni, inkluż l-ambjent tiegħek. Filwaqt li għandek aktar kontroll fuq l-ambjent tiegħek hekk kif tikber, it-tfal huma fil-biċċa l-kbira dipendenti fuq il-ġenituri u l-għalliema tagħhom biex isawru l-madwar. Għalhekk, huwa kruċjali għall-ġenituri u l-għalliema li jħeġġu lit-tfal biex ikollhom immaġni pożittiva tagħhom infushom, stima tagħhom infushom u twemmin fihom infushom. Mingħajr sens qawwi ta' twemmin fihom infushom, it-tfal jistgħu jiffaċċjaw ostakli psikoloġiċi sinifikanti biex itejbu l-perċezzjonijiet tal-immaġni tagħhom infushom u jkissru mudelli negattivi aktar tard fil-ħajja meta eventwalment jibdew il-vjaġġ tal-iżvilupp personali u l-indipendenza finanzjarja.

Xi rakkomandazzjonijiet tal-kotba biex jgħinu jikkultivaw il-prattika u l-istil tal-ħajja tat-twemmin personali:

L-ewwel, " It-Tiftix tal-Bniedem għal Tifsira [1]" minn Victor Frankl. Storja ta' superstiti tal-Olokawst li, minkejja li ffaċċja sfidi inkredibbli f'kamp ta' konċentrament Nażista, xorta kellu twemmin innifsu fil-kapaċitajiet tiegħu biex isib l-iskop tiegħu.

It-tieni, " Massimu Achievement [2]" minn Brian Tracy. Minkejja li kien qed iħabbat wiċċu ma' tbatija sinifikanti, inkluż li jaħdem bħala ħaddiem ta' kuljum, li telaq mill- iskola, u li ma kellux appoġġ mill- familja tiegħu, Brian eventwalment żviluppa sens qawwi ta' twemmin fih innifsu. Dan it-twemmin fih innifsu għenitu biex jagħti bidu għall-iżvilupp personali tiegħu u joħloq ħajja sodisfaċenti għalih innifsu.

Dawn iż-żewġ kotba jistgħu jgħinu lin-nies itejbu t-twemmin tagħhom infushom u jifhmu l-potenzjal bla limitu tagħhom. Il-bidla reali tibda bil-ħidma fuq il-mentalità, il-filosofija, l-attitudni u d-djalogu intern tiegħek. Hekk biss tista' tieħu azzjoni lejn l-iżvilupp personali u l-indipendenza finanzjarja.

Issa li għamilna l-awto-twemmin, għandna ngħaddu għall-kunċett relatat ta' awto-dipendenza?

Achani Samon Biaou: Iva. L-awtonomija hija dipendenza fuq l-isforzi u l-abbiltajiet tiegħu stess. Immaġina żewġt itfal li jintalbu jieħdu tazza minn

---

1.   https://www.amazon.com/Mans-Search-Meaning-Viktor-Frankl-ebook/dp/B009U9S6FI

2.   https://www.amazon.com/Maximum-Achievement-Strategies-Skills-Succeed-ebook/dp/B004PY-DB1C

kexxun għoli. Tifel wieħed jista 'jfittex xi ħaġa li jitla' fuqha biex iġibha, it-tifel l-ieħor jista' jċempel lil ġenitur u jitlob li jitneħħa. L-ewwel wild huwa indipendenti. It-tieni għadu jaħseb dwar sistema ta' appoġġ.

Olumide Ogunsanwo: Hemm żewġ modi ta 'ħsieb dwar l-approċċ għas-soluzzjoni tal-problemi. Tista' jew (1) Aħseb b'mod kreattiv dwar kif tista' ssolvi l-problema waħdek jew (2) Aħseb dwar min jista' jgħinek issolvi l-problema.

Il-problema li ma tkunx awtonomu hija li tiddependi fuq nies oħra tir-rappreżenta biss subsett tal-ispazju sħiħ tas-soluzzjoni. Il-bnedmin, ovvjament, huma speċi komuni, għalhekk huwa naturali li ssib nies biex jgħinuk toħloq soluzzjonijiet. Madankollu, jekk inti default kif nies oħra jistgħu jgħinuk, allura inti x'aktarx mhux verament taħseb għall-potenzjal sħiħ tiegħek. Kultant inti biss tista 'ssolvi l-problema.

Achani Samon Biaou: Jekk ikollok tagħżel bejn estrem ta 'indipendenza sħiħa u dipendenza sħiħa fuq ħaddieħor, huwa aħjar li tibda b'estrema ta' in-dipendenza. Jekk tqatta' ħajtek kollha titlob lin-nies biex jagħmlu affarijiet għalik, qatt ma titgħallem kif tagħmel l-affarijiet. U meta dawk in-nies ikunu marret, inti tkun invitat.

Li tibda bl-awtodipendenza jgħinek tifhem in-natura tal-problema. Li tipprova ssolvi l-problemi lilek innifsek tagħmlek aktar kapaċi tiġġudika l-kwalità tax-xogħol ta' xi ħadd ieħor li tista' tispiċċa tissieħeb miegħu.

L-awtonomija hija wkoll essenzjali biex tinkiseb l-indipendenza finanz-jarja. Tnissel sens ta' kurżità li jqanqlek titgħallem kif issolvi l-problemi, u s-sens ta' twettiq li jirriżulta jista' jkun ta' sodisfazzjon kbir. Meta tlesti biċċa xogħol waħdek, tħossok kburi bik innifsek, u dan ir-rispons pożittiv jinku-raġġik biex tieħu sfidi ġodda.

L-awtonomija hija ċiklu virtuż li jista' jwassal għal indipendenza akbar, suċċess u sodisfazzjon personali.

Olumide Ogunsanwo: Jien u Samon ikkunsidrajna li nkludu l-prinċipju tar-responsabbiltà bikrija meta nibdew il-kunċetti għal dan il-kapitolu. Din l-idea kienet ispirata mill-esperjenzi tat-tfulija ta' Samon, fejn ingħata oppor-tunitajiet biex jipprova affarijiet differenti u jerfa' r-responsabbiltà minn età żgħira. Ir-responsabbiltà bikrija u l-indipendenza huma marbuta mill-qrib.

Bħala ġenitur, ta 'min jikkunsidra kif dawn iż-żewġ kunċetti jaħdmu flimkien. Li tagħti lit-tifel/tifla tiegħek xi responsabbiltà u timbottahom lejn it-tarf tal-kapaċitajiet tagħhom jista 'jkun ta' benefiċċju għall-iżvilupp tagħhom. Billi tara li tafdahom bil-kompiti, dawn isiru aktar indipendenti, li hija karatteristika siewja li jkollok bħala adult.

L-oppost tal-awtonomija huwa li tafda lil kulħadd biex jgħinek issolvi l-problemi ta' ħajtek. Madankollu, l-indipendenza finanzjarja teħtieġ li tieħu deċiżjonijiet u tieħu azzjonijiet li jbiddlu t-trajettorja attwali tiegħek u jqiegħduk fi triq finanzjarja personali aħjar. Kif tista' tistrieħ fuq oħrajn meta tkun responsabbli biex tieħu l-azzjonijiet? Ma tistax, allura tgħallem tistrieħ fuqek innifsek.

Pereżempju, ejja ngħidu li għandek bżonn tnaqqas l-ispejjeż tad-djar tiegħek għax dan jgħinek issir finanzjarjament indipendenti sa ċertu età. Huwa aħjar li l-ewwel tistaqsi lin-nies kif naqqsu l-ispejjeż tad-djar tagħhom? It-tweġiba tagħhom kif tapplika għalik meta int biss tkun taf it-tip ta' sit-wazzjoni tad-djar li taqbel mal-gosti, il-preferenzi, u x-xewqat uniċi tiegħek? Żgur li aħjar tibda minn ġewwa qabel tfittex għajnuna minn barra.

Achani Samon Biaou: X'jistgħu jagħmlu n-nies biex jiżviluppaw l-awtonomija? Tixtrix biss it-tfal tiegħek logħob tal-kompjuter jew logħob li jissimulaw il-ġestjoni tal-flus, ħeġġiġhom jimmaniġġjaw flus reali.

M'għandekx għalfejn tmexxi negozju biex tgħallimhom ir-responsab-biltà finanzjarja - il-ġestjoni tal-baġit tad-dar hija mod tajjeb ħafna biex tibda. Pereżempju, tista' tagħtihom baġit għall-ispejjeż tad-dar u titlobhom jgħinu biex jimmaniġġjaw u japprovaw l-ispejjeż. Dan jagħtihom sens ta 'sjieda u jgħallimhom ħiliet siewja. Barra minn hekk, tista' tagħtihom irċevuti minn vjaġġi tax-xiri tal-merċa sabiex ikunu jistgħu jipprattikaw l-aritmetika men-tali u jifhmu l-ispiża tal-affarijiet u kif din taffettwa l-baġit tad-dar. Billi tip-provdi dawn it-tipi ta' opportunitajiet ta' tagħlim fil-ħajja reali, tista' tgħin lit-tfal tiegħek jiżviluppaw l-awtonomija u jsiru adulti aktar responsabbli.

Olumide Ogunsanwo: Spjega kif jaħdmu t-taxxi. Jekk jistaqsu għaliex ħallast $42 meta s-somma tal-oġġetti kollha li xtrajt kienet $40, għidilhom għax $2 imorru għand il-gvern għat-taxxa tal-bejgħ.

Achani Samon Biaou: Eżattament, Mod wieħed kif tgħin lit-tfal jiżviluppaw ħiliet biex isolvu l-problemi huwa billi jġiegħluhom jindirizzaw problemi sempliċi relatati mal-ġestjoni tal-ispejjeż. Pereżempju, tista' tistaqsi-hom mistoqsijiet bħal "X'għandna nnaqqsu jew inżidu biex ottimizzaw l-ispejjeż tagħna?" Dan jista' jgħinhom jiżviluppaw ħiliet ta' ħsieb kritiku u sens ta' responsabbiltà. Meta l-ġenituri jgħidu li t-tfal huma żgħar wisq biex jagħmlu ċerti affarijiet, ħafna drabi jkun minħabba li l-ġenituri ma jkunux jafu kif jagħmlu dan kif suppost huma stess. Xi ġenituri jgħidu "ħalli lit-tfal ikunu tfal". Irridu noqogħdu attenti li ma nħalltux l-affarijiet. Mhux qed ngħidilkom biex tiffirmaw lit-tfal tiegħek għat-tħaddim tat-tfal.

Olumide Ogunsanwo: Jew ibgħathom l-iskola militari [Rires]

Achani Samon Biaou: M'għandekx tnaqqas it-tkabbir tat-tifel/tifla tiegħek. Nemmen li jekk it-tifel/tifla tiegħek mhux qed jimmaniġġjaw il-finanzi tiegħek fid-dar, probabbilment huma diġà lura fil-ħajja. Kont qed nagħmel il-kontabilità għan-negozju ta' missieri meta kelli 7. Tista' ġġiegħlek lil ibnek tagħmel il-kontabilità tad-dar tiegħek qabel ma jkollhom 10, u jien pjuttost ċert li l-kontabilità tad-dar hija inqas ikkumplikata mill-kontabilità tan-negozju.

Olumide Ogunsanwo: Dan huwa tant relatat mill-qrib ma 'awto-twemmin. Jekk bħala adult, bħala ġenitur, għandek self-esteem għolja u tafda lilek innifsek, int aktar probabbli li tagħti r-responsabbiltà lil uliedek. Jekk tiddubita lilek innifsek, għandek self-esteem baxx, tista 'ma tkunx lest li tagħti re-sponsabbiltà lil ibnek. Huwa għalhekk li għaqqadna dawn il-kunċetti kollha flimkien - twemmin personali, awto-dipendenza, u responsabbiltà bikrija tat-tfulija.

Hekk kif tixjieħ, trid tieħu r-responsabbiltà għal ħajtek stess. Insibha stramba li xi nies, li m'għadhomx tfal u li jistgħu jkollhom 20 jew 30 sena, għadhom jitkellmu dwar dak li għamlulhom il-ġenituri meta kienu tfal. Jid-dispjaċini ngħid dan, imma meta jkollok aktar minn 18-il sena, trid tieħu r-responsabbiltà għal ħajtek.

Inħeġġeġ lin-nies jifhmu, jaċċettaw, jitgħallmu, u jimxu 'l quddiem minn dak li ġralhom fit-tfal. Parti milli tkun responsabbli u tieħu ħsieb ħajtek hija li tħalli l-passat, taħfer lin-nies li weġġgħuk u li ma laħqux l-aspettattivi tiegħek.

Naf li huwa faċli li tgħid, u ma nafx is-sitwazzjoni speċifika ta 'kulħadd. Nifhem li. Jien ċert li kulħadd jgħaddi minn affarijiet, imma bħala adult, huwa aħjar għalik li titgħallem dak li għandek bżonn mill-passat u timxi 'l quddiem. Aħfer lil kull min iddiżappuntak u jimxi 'l quddiem u hu r-respon-sabbiltà għal ħajtek stess. Tagħmel skużi. Emmen fik innifsek, isserraħ fuqek innifsek, u ħerqana li tikseb dak kollu li trid mill-ħajja.

Tħallix lin-nies tal-bieraħ tiegħek jaffettwaw il-lum tiegħek. Tħallix il-fantażmi tal-imgħoddi tiegħek jolqtu r-realtà preżenti tiegħek. Għad għandek ħajtek kollha quddiemek biex tgawdi kif tixtieq. Il-grudges li żżomm kontrihom huma ktajjen li indirettament iżżomm kontrik innifsek. Huwa diffiċli li temmen fik innifsek jew li jkollok stima għolja lilek innifsek jekk għadek iżżomm ir-raġnijiet mit-tfuliti tiegħek. L-awtomaħfra hija vjaġġ li lkoll nistgħu nibdew fuqu, neħilsu lilna nfusna mill-ħakma tal-passat u nagħtu s-setgħa lilna nfusna biex noħolqu l-futur li nixtiequ.

Achani Samon Biaou: Jien se nagħmel kummenti li jinstemaw kontroversjali, iżda m'għandhomx ikunu. Jekk tuża l-ġid tiegħek biex iżżomm littifel/tifla tiegħek milli jkun indipendenti, qed tagħmilhom diżservizz. Per eżempju, jekk qed ittir klassi tan-negozju u inti ma 'tifel/tifla tiegħek, poġġih fil-klassi ekonomika mal-bqija tad-dinja. Tifel m'għandux negozju bilqiegħda fil-klassi tan-negozju. Perjodu.

It-tieni, jekk l-esperjenza tiegħek mat-tifel/tifla tiegħek tinkludi li tmur f'ristoranti fancy il-ħin kollu, ipprova ħudhom f'ristoranti sempliċi wkoll sabiex ikunu jistgħu jkollhom perspettivi diversi.

Olumide Ogunsanwo: Bħal McDonald's [Rires]

Achani Samon Biaou: Jekk it-tifel/tifla tiegħek jitlobek flus biex tixtri xi ħaġa lussuża, agħtihom terz tal-flus. Staqsihom biex isibu mod kif jiksbu terz, ħallu lura u forsi tagħtihom it-terz li jifdal. Poġġi lit-tifel/tifla tiegħek fit-triq tal-awtonomija.

U kif qal Olumide qabel, xi nies huma anzjani, miżżewġin, eċċ. u madankollu għadhom jitkellmu dwar dak li għamlulhom il-ġenituri tagħhom fit-tfal. Mhux biss probabilment se tħassar ir-relazzjoni tiegħek, imma mhux se tikber. Sib modi kif tittratta l-affarijiet waħdek. Int ma kiberx jekk ma sibt modi kif tittratta l-affarijiet waħdek, irrispettivament minn dak għamlulek il-ġenituri jew il-ħbieb jew il-familja tiegħek.

U koll, meta jkollok 18-il sena u ser tmur il-kulleġġ, tmurx f'kulleġġ qrib il-familja tiegħek. Mur 'il bogħod fejn il-ġenituri tiegħek ma jistgħux jgħinuk faċilment. Ibda twarrab il-flus tal-ġenituri tiegħek u aħdem biex tgħinhom.

Titlobx lill-ġenituri tiegħek biex jagħtuk l-affarijiet, itlobhom self. Poġġi lilek innifsek f'pożizzjoni fejn trid tieħu r-responsabbiltà sħiħa għall-affariji-et li jmexxu ħajtek.

Olumide Ogunsanwo: Hemm kunċett relatat mill-qrib ta 'mentalità fissa versus tkabbir. Mentalità fissa tfisser li niġi f'din id-dinja b'sett ta 'ħiliet, abbiltajiet, għarfien, intellett, u huma fissi għall-bqija ta' ħajti.

Mentalità ta 'tkabbir hija l-oppost. Niġi f'din id-dinja b'sett ta' ħiliet, għarfien, intellett, abbiltajiet, u nista' nikber u niżviluppahom maż-żmien. Bqajt ixxukkjat li xi ħadd kien jemmen f'mentalità fissa għax b'mod ċar qed nitgħallmu u nikbru l-ħin kollu. Qed dejjem tikber, ittejjeb, titgħallem u tipprova affarijiet ġodda, u huwa importanti li n-nies idaħħlu dan fil-mentalità tagħhom mill-aktar fis possibbli.

Tista 'titgħallem kull ħaġa li trid. Bħalissa, għandi 38 sena, nista' niddeċiedi li nkun astronawta, nieħu xi klassijiet, nikseb lawrja, u nsir astronawta. Kif jista' xi ħadd jemmen li mhux possibbli għalik jekk qed jagħmluh nies oħra? Naturalment, tista 'tagħmel dan. Int bniedem b'potenzjal illimitat, u tista' tagħmel dak kollu li trid.

Tista' temmen li nies oħra huma aħjar, aktar intelliġenti, aktar attraenti minnek, u għalhekk ħaqqhom aktar mill-ħajja milli suppost. Ukoll, jien hawn biex ngħidlek li mhux minnu. Żviluppajt kumpless ta' inferjorità li minnu tista' tinħeles. Il-fatt li inti anki temmen li dan jerġa 'lura għall-twemmin innifsu. Huwa għalhekk li dan il-kapitlu huwa daqshekk importanti.

Il-livell tiegħek ta' stima personali tagħmlek temmen li int agħar minn nies oħra. Inti m'intix. Il-bnedmin huma qawwija ħafna. Jekk tieħu l-ħin biex titgħallem ħiliet ġodda, tikseb l-informazzjoni, tiltaqa' man-nies, tista' titgħallem u tagħmel xi ħaġa. Mentalità ta 'tkabbir hija super importanti, u huwa importanti għalik li tikkultiva dik kemm jista' jkun kmieni għax tibni fuqha nnifisha. Hekk beda dan il-ktieb. Fl-2020, kont nemmen li stajt nagħmel podcast u ltqajt ma' Bankole u bdejna l-Afrobility. U minħabba l-podcast, jien u Samon ħloqna dan il-ktieb FIREDOM.

Achani Samon Biaou: Qabel ma t-tfal tiegħek ikunu intelliġenti biżżejjed biex jirribellaw, intervista lill-ħbieb tagħhom u żomm lil dawk li ma jgħaddux mill-intervista milli jaraw lit-tfal tiegħek. Jien nagħtik kampjun ta' mistoqsija ta' intervista, staqsi lill-ħabib prospettiv tat-tifel/tifla tiegħek kemm huma tajbin fil-matematika. Jekk iwieġbu li sempliċement mhumiex tajbin fil-matematika, immedjatament waqqaf lit-tifel/tifla tiegħek milli jara lil dawk il-ħbieb.

Punt ieħor importanti li għandek tikkonsidra huwa li skejjel għaljin mhux bilfors ikunu ekwivalenti għal skejjel tajbin. Meta tiġi biex tibgħat lil uliedek l-iskola, hemm żewġ raġunijiet ewlenin: għas-soċjalizzazzjoni u għat-tagħlim. Bħala ġenitur, għandek tikkunsidra bir-reqqa dak li tittama li tikseb permezz tas-soċjalizzazzjoni. Jekk hemm skola fejn il-maġġoranza tal-istudenti għandhom attitudni pożittiva ta' "Nista' nagħmel xi ħaġa," tista' tkun idea tajba li tirreġistra lil ibnek f'dik l-iskola. Dan għaliex it-tfal, billi jkunu impressjonabbli ħafna, għandhom it-tendenza li jadottaw il-mentalità u l-imġieba ta' dawk ta' madwarhom.

Matul iż-żmien tiegħi bħala tutur fi Franza, osservajt bosta tfal li jinbidlu minn mentalità ta' "Il-Matematika hija diffiċli" biex jiġu aċċettati fi skejjel preparatorji prestiġjużi. Stajt ngħinhom jisfidaw in-narrattiva negattiva li kienu esposti għaliha u jbiddlu l-perspettiva tagħhom, u fl-aħħar mill-aħħar wassal għas-suċċess tagħhom.

Olumide Ogunsanwo: Id-dikjarazzjoni "M'inix tajjeb f'X" mhix kostruttiva peress li tirrappreżenta twemmin li jillimita lilhom infushom. Pereżempju, qatt ma ngħid li m'iniex tajjeb f'xi ħaġa, pereżempju n-tisjir għax naf li kulma rrid nagħmel biex insajjar aħjar hu li mmur fuq l-Internet, inniżżel xi riċetti, u nipprattika, intenni, u nitjieb. Li tgħid li jien mhux tajjeb f'X huwa twemmin li jillimita ruħu għax it-twemmin tiegħek innifsek u l-valur tiegħek mhumiex fejn għandhom ikunu. Agħraf li jekk persuna oħra tista 'tagħmel xi ħaġa, tista' wkoll tagħmel dan. Ħadu l-ħin biex jitgħallmuha. Dan ifisser li tista' titgħallemha wkoll.

Bħala konklużjoni, biex titrawwem l-awtonomija, huwa kruċjali li tabbanduna t-twemmin li jillimita lilha nnifisha u tħaddan mentalità ta 'tkabbir. Jekk qed tfittex xi riżorsi biex tgħin f'dan il-proċess, hawn huma xi kotba rakkomandati dwar l-awtonomija:

L-ewwel ktieb huwa " Me, Inc [3]" minn Gene Simmons. Huwa aqwa! Jirrakkonta l-istorja ta' immigrant li mar joqgħod l-Amerika, addattat għas-sistema Amerikana, tgħallem jitkellem bl-Ingliż, u sar il-kantant ewlieni ta' Kiss, waħda mill-akbar rock bands fl-istorja tad-dinja. tal-għaġeb! Inħobb dan il-ktieb. Wieħed mill-aktar kotba sottovalutati li qatt inkiteb.

Żewġ kotba ta' Ayn Rand, " The Fountainhead [4]" u " Atlas Shrugged [5]".

3. https://www.amazon.com/Me-Inc-Build-Unleash-Business-ebook/dp/B00I2PG3TW

4. https://www.amazon.com/Fountainhead-Ayn-Rand-ebook/dp/B002OSXDAU

5. https://www.amazon.com/Atlas-Shrugged-Ayn-Rand-ebook/dp/B003V8B5XO

Ayn Rand hija kittieb inkredibbli għaliex il-kotba tagħha huma dwar il-fe-
him tal-potenzjal tal-bnedmin li jagħmlu affarijiet kbar jekk jemmnu fihom
infushom irrispettivament miċ-ċirkostanzi esterni.

Fl-aħħar nett, " Tlieta ma' Morrie [6]" ta' Mitch Albom. Il-ktieb jidħol fl-as-
petti profondi tal-ħajja, jgħallimna dwar il-valur tal-kompassjoni, l-imħabba,
u l-aċċettazzjoni. Waħda mill-iktar lezzjonijiet ta' impatt li ħadt minnha hija
li billi nħaddnu l-mortalità tagħna u nirrikonoxxu li l-mewt tistenniena lkoll,
niksbu perspettiva unika dwar il-prattika tat-twemmin personali, il-maħfra u
l-imħabba nfusna. Isservi bħala tfakkira qawwija li l-ħajja hija fraġli u finita,
u tħeġġeġ biex ngħixu b'awtentiċità, qalb tajba u gratitudni.

Tal-biża'! B'hekk, nagħlqu dan il-kapitlu u narawkom kollha f'dak li
jmiss.

---

6.   https://www.amazon.com/Tuesdays-Morrie-Greatest-Lesson-Anniversary/dp/076790592X

3: Stejjer Universitarji u Prinċipji ta' Ħsieb Indipendenti u Kurżità

Olumide Ogunsanwo: Dan il-kapitlu huwa dwar Samon u jien li mmorru f'pajjiżi ġodda u nibdew l-università bħala adulti żgħażagħ. Huwa rilevanti għal kull barrani jew underdog li huwa ġdid f'ambjent. Qed nistenna bil-ħerqa l-konversazzjoni, nitgħallem dwar l-avventuri universitarji Ewropej ta' Samon, u nfakkar l-avventuri tiegħi fl-università Amerikana.

Achani Samon Biaou: Ninsab ħerqana wkoll li nesplora l-prinċipji li kienu l-aktar rilevanti matul dawk is-snin universitarji:

Il-kurżità, li tinvolvi li żżomm is-sensi kollha tiegħek miftuħa, li tieħu kollox, u tistaqsi dwar affarijiet li jistgħu ma jkunux eżatt quddiemek

Ħsieb indipendenti, li jeħtieġ li tagħmel il-ġudizzji tiegħek stess kif tieħu fid-dinja, minħabba l-periklu dejjem preżenti ta 'FOMO (Fear Of Missing Out).

Olumide Ogunsanwo: Kun kurjuż u aħseb għalik innifsek, x'jista' jkun aktar importanti minn dawk iż-żewġ affarijiet?

Achani Samon Biaou: Ninsab eċċitati niddiskuti kif stajna nesponu lil-na nfusna għal ambjenti ġodda u nirriżervaw id-dritt li nkunu l-uniku sovran li jieħu d-deċiżjonijiet fuq ħajjitna.

3A: L-istorja ta' l-Università ta' Olumide

Achani Samon Biaou: Fejn u meta bdiet u spiċċat l-esperjenza universitarja tiegħek?

Olumide Ogunsanwo: L-esperjenza tiegħi fil-kulleġġ bdiet meta kelli 16 (fl-2001) u spiċċat meta kelli 21 (fl-2006).

Achani Samon Biaou: L-esperjenza tiegħek kienet fl-istess pajjiż?

Olumide Ogunsanwo: Attendejt żewġ universitajiet differenti. L-esperjenza primarja tiegħi fl-università kienet fl-Amerika mill-età ta' 17 sa 21. Madankollu, qabel dan, attendejt ukoll università Niġerjana għal perjodu qasir mill-età ta' 16 sa 17. F'din id-diskussjoni, se nkun qed nitkellem dwar iż-żewġ dawn l-esperjenzi.

Biex nibda, bdejt il-vjaġġ universitarju tiegħi fl-Università ta 'Lagos (UNILAG) fin-Niġerja f'2001. Kont saq l-iskola kuljum u din l-indipendenza ġdida mill-familja tiegħi kienet ħelsien. Ħassejt li kelli aktar kontroll u setgħa fuq ħajti.

Sena wara, fl-età ta' 17-il sena, mort fl-Illinois Institute of Technology (IIT) fl-Amerika biex inkompli l-istudji universitarji tiegħi. Komplejtejt fl-Inġinerija Kimika għax kont inħobb il-matematika, il-fiżika u l-kimika. Niftakar li l-ewwel darba li niżlet f'Chicago, l-ambjent deher isbaħ u aktar nadif meta mqabbel ma' Lagos. Kienet ukoll l-ewwel esperjenza tiegħi b'magna tal-ħasil, dry cleaner, vending machine, u ordna ikel minn restorant.

Issa, ejja niffukaw fuq l-aspett finanzjarju tal-esperjenza tiegħi. Kienet opportunità għalija biex niġġestixxi l-baġit tiegħi. Il-ġenituri tiegħi pprovdewni somma flus u qaluli biex nifhem kif niġġestixxiha fl-Amerika.

Achani Samon Biaou: Huwa komuni li l-ġenituri Niġerjani jagħmlu dan?

Olumide Ogunsanwo: Ma nafx x'jagħmlu ġenituri oħra. Kien ta' setgħa għal żagħżugħ ta' 17-il sena, ħassejt li kelli ammont limitat ta' flus li kelli nagħmel l-aħħar. Il-ġenituri tiegħi għamluha ċara li ma kinux jafu x'jiġri jekk nispiċċa l-flus. Kieku ingħatajt l-għażla minn qabel, x'aktarx kont nitlob għal aktar superviżjoni. Madankollu, meta nħares lura, indunajt li li jkolli aktar responsabbiltà rriżultat bħala esperjenza pożittiva għalija.

Achani Samon Biaou: [Tbissem] Int ġestejt il-P&L tiegħek stess (dik-jarazzjonijiet ta' Qligħ u Telf).

Olumide Ogunsanwo: Kien pjaċevoli. Niftakar l-ewwel darba li ordnajt l-ikel. It-tiġieġ Kung Pao kien il-favorit tiegħi. Ħassejtni aktar responsabbli minn ħajti.

Achani Samon Biaou: Interessanti. Dan kif affettwa l-ħsieb tiegħek dwar l-indipendenza finanzjarja?

Olumide Ogunsanwo: Ma ħsibtx dwarha. Qatt ma kont smajt bil-kunċett ta' indipendenza finanzjarja. Kien biss dwar il-ġestjoni tal-flus tiegħi biex idum aktar. Kien jien qed nifhem il-ħmieġ tiegħi stess. Per eżempju, stajt naqbeż il-klassijiet u fallejt. Fl-universitajiet Amerikani, ħadd ma jimpurtah dak li tagħmel bil-ħin tiegħek, għalhekk is-sistema hija stabbilita biex ikollok aktar awtonomija. Is-sitwazzjoni kienet ċara: kont immigrant, Niġerjan li ngħix f'Chicago. Kelli nagħmilha u nagħmilha taħdem. U għamilt - ksibt l-ogħla GPA fil-klassi tiegħi u gawdiet il-vjaġġ. Ħadem pjuttost tajjeb u ħadt gost bl-esperjenza tiegħi fil-kulleġġ.

Tgħallimt ukoll lili nnifsi dwar xi ħiliet bażiċi tal-finanzi personali, li pri-marjament niffoka fuq it-tnaqqis tal-ispejjeż aktar milli nżid id-dħul tiegħi. Madankollu, l-aktar teħid sinifikanti mill-esperjenza tal-kulleġġ tiegħi kien li nitgħallem kif niġġestixxi lili nnifsi.

Achani Samon Biaou: Meta individwi jimxu lejn l-Amerika minn pajjiżi li huma inqas iffukati fuq il-konsumiżmu, jistgħu jesperjenzaw żieda f'daqqa ta 'eċċitament u ħeġġa biex jonfqu aktar. Ħassejt it-tentazzjoni li tonfoq b'mod eċċessiv? Jekk iva, kif ħadthom? Mill- banda l- oħra, jekk ma ħassejtx it- tentazzjoni, x' żammek milli ċedi għaliha?

Olumide Ogunsanwo: Moħħi huwa fili li jħobb li jkolli l-flus. Nip-preferi li jkolli l-flus milli jonfoqhom. Pereżempju, f'wieħed mill-ewwel se-mestri tiegħi, kont qed nieħu l-kalkulu u kelli bżonn il-ktieb tat-test. Il-ktieb tat-test tal-fucking jiswa $175. Dan ma kienx jagħmel sens għalija għalhekk tgħallimt nixtri kotba użati. Skoprejt li stajt nixtri ktieb tat-test użat għal $100 permezz tal-portal tal-iskola jew għal $80 direttament mingħand studenti oħra li qabel kienu ħadu l-kors tal-kalkulu.

Inħobb l-effiċjenza. Forsi hija xi ħaġa ta' wiring psikoloġiku jew għax ġej minn pajjiż li qed jiżviluppa. Ma nafx ir-raġuni eżatta. Għamel aktar sens għalija li niffranka l-flus u nżommhom għalija milli li nonfoqhom fuq affarijiet.

Achani Samon Biaou: Hemm mument kwotabbli. Moħħi kien fili biex ikollu flus, mhux biex jonfoqhom.

Olumide Ogunsanwo: Iva, ħassejtni aħjar psikoloġikament li tara flus jakkumulaw fil-bank tiegħi milli jonfoqhom.

Achani Samon Biaou: Kien hemm xi esperjenzi oħra li kellek bħala student li kienu relatati mal-indipendenza finanzjarja?

Olumide Ogunsanwo: Kelli żewġ għanijiet fl-università: Ikseb l-A's kollha u ma tmurx tkisser. Iffukat fuq il-ġestjoni tal-flus tiegħi fl-università. Qatt ma wasalt qrib li spiċċajt il-flus u qatt ma ddejjaqt nikseb karta ta' kreditu.

Sibtha relattivament faċli li tiffranka l-flus bħala student peress li l-ispejjeż tiegħi kienu minimi. L-għixien fil-kampus żammet l-ispejjeż baxxi, u ma kellix bżonn karozza peress li s-sistema tal-ferrovija ta 'Chicago ħadmet tajjeb. Tgħallimt fejn nixtri għal ħwejjeġ sbieħ u tajbin bi prezz raġonevoli, u ma kontx imħasseb li nixtri ismijiet tad-ditti għaljin

Achani Samon Biaou: Hemm xi ħaġa oħra li tixtieq taqsam li hija rilevanti għall-vjaġġ tiegħek lejn l-indipendenza finanzjarja?

Olumide Ogunsanwo: Iva, irrid nirrakkonta l-istorja ta' kif waqaft nixrob l-alkoħol biex nuri l-mod kif naħseb u nieħu deċiżjonijiet. L-istorja għandha elementi ta' ħsieb indipendenti li huwa kritiku għall-indipendenza finanzjarja.

Meta kont qed nistudja fl-IIT, kont nixrob l-alkoħol bħal kulħadd sakemm xi inċident partikolari ġagħlitni nirrealizza li ma tantx ħsibt. Waqt li konna nżuru lil ħuti f'Londra, morna għal party fejn ilkoll xrobna. Madankollu, f'daqqa waħda ħassejtni sturdut u mort fil-kamra tal-banju u ħsibt, "X'kakk qed nagħmel hawn? X'qed jiġri? Inħossni ftit stramb. Lanqas biss qed nieħu gost b'din il-festa."

Meta wasalt lura Chicago, bdejt naħseb għala xrobt l-ewwel u x'ġabrit f'ħajti. Irrealizzajt li kont qed insegwi n-norma bl-addoċċ mingħajr ma nikkunsidra l-vantaġġi u l-iżvantaġġi tax-xorb. Wara li ħsibt għal ftit minuti, ħadt id-deċiżjoni konxja li tieqaf tixrob fl-età ta '17 jew 18. Huwa tal-għaġeb dak li tista' tbiddel meta toqgħod bilqiegħda u verament taħseb dwar l-affarijiet b'mod kritiku.

Din hija l-ewwel minn sensiela ta' deċiżjonijiet li għamluni differenti minn sħabi, għax sa dak il-punt ma kontx daqshekk differenti minn Niġerjani oħra li kienu marru joqogħdu l-Amerika. Probabbilment se tinżel bħala waħda mill-aqwa deċiżjonijiet li qatt ħadt f'ħajti. Billi waqaft f'età żgħira, evitajt bosta nases li setgħu jinqalgħu mix-xorb u stajt navviċina s-sitwazzjonijiet b'mod aktar razzjonali u loġiku.

Din hija l-istorja ta' kif waqaft nixrob.

Achani Samon Biaou: Dan huwa affaxxinanti. Semmejt li dan jagħmlek differenti minn ħaddieħor. Li tkun differenti tista' tkun faċilitatur għaliex m'intix qed tfittex konformità. Tista' titkellem dwar kif ħassejt li tkun differenti?

Olumide Ogunsanwo: Iva, nista' nitkellem dwar dan billi nirrakkonta storja oħra relatata. Bejn l-etajiet ta' 12 u 14-il sena, ġarrabt injury li ħalliet nefħa kbira fuq forehead għal diversi xhur. Jien ħassejtni imbarazzat bħala tifel għax in-nies mill-ewwel innutawha. Madankollu, din l-esperjenza għallmitni naħseb inqas minn dak li ħaddieħor ħaseb dwari u nkun komdu li nkun separat mill-gruppi soċjali. Qatt ma ħassejt il-ħtieġa li nikkonforma mal-aspettattivi tal-grupp, li komplew anke wara li bdejt l-università fl-IIT.

Niftakar li smajt lil xi ħadd jgħid "Olumide huwa solitarju" u ħadtha bħala kumpliment, minkejja li ntqal b'mod dispreġjattiv. Jien ma kont parti minn ebda grupp soċjali b'aspettattivi qawwija, u l-injury tiegħi ta' tfuliti kienet imdorri nkun waħdi u naħseb għalija nnifsi. Ma kelli l-ebda ideat minn qabel ta' x'għandi jew m'għandix nagħmel.

Ma kontx imtaqqla b'dak li ħasbu ħaddieħor dwar id-deċiżjoni tiegħi li nieqaf nixrob. Issa fl-aħħar tat-tletinijiet tiegħi, innutajt tendenza lejn l-ebda alkoħol/baxx, u n-nies staqsewni għaliex ma nixrobx. Interessanti, ħafna drabi jassumu li huwa minħabba raġunijiet reliġjużi, bħallikieku huwa riżultat ta 'konformità tal-grupp. Meta nispjega li ħadt id-deċiżjoni jien stess ta' 17-il sena wara li analizzajt il-benefiċċji u l-ispejjeż, huma diffiċli biex jaċċettawha.

Xi drabi trid taħseb b'mod differenti biex tikseb riżultat differenti fil-ħajja. Jekk issegwi l-istatus quo, tispiċċa fl-istatus quo tal-ħajja.

Achani Samon Biaou: Grazzi talli qsamt dik l-istorja. Il-kisba tal-indipendenza finanzjarja teħtieġ li tagħmel l-affarijiet b'mod differenti mill-maġġoranza tad-dinja, li mhumiex finanzjarjament indipendenti. L-iżvilupp ta' kumdità billi tkun differenti huwa fattur ewlieni biex ikollok u żżommok fit-triq lejn FI.

Olumide Ogunsanwo: Biex tikber, spiss ikollok bżonn tieħu riskji. Jeff Bezos għandu qafas għal dan: Bibien f'direzzjoni waħda (deċiżjonijiet ir-riversibbli) kontra bibien f'żewġ direzzjonijiet (deċiżjonijiet riversibbli).

Huwa importanti li tevalwa bir-reqqa d-deċiżjoni biex tiddetermina jekk hijiex riversibbli jew irriversibbli. Dan jgħinek tiddetermina kemm għandek tipproċedi malajr. Xi deċiżjonijiet huma bibien irriversibbli one-way li ma jistgħux jinbidlu faċilment, pereżempju, jekk tiddeċiedi li jkollok it-tfal, dak għal dejjem u trid tgħix biha. Imxi bil-mod u bir-reqqa bi bibien one-way.

Madankollu, ħafna mid-deċiżjonijiet huma riversibbli. Wara li nifhem u nikkwantifika r-riskji negattivi, inħeġġeġ lin-nies ikunu kuraġġużi u "biss tagħmel dan" b'dawn id-deċiżjonijiet. Tista 'ssir aktar komda timxi malajr b'dawn id-deċiżjonijiet billi esperimenti ripetuti, falliment, u ma tieħu ħsieb dak li jaħsbu oħrajn. Jekk meħtieġ, tista' tkun tista' tħassar dawn id-deċiżjonijiet aktar tard.

Ukoll, għandi storja universitarja oħra.

Achani Samon Biaou: Ieħor! Kbir, ejja nisimgħuha.

Olumide Ogunsanwo: It-tieni deċiżjoni kienet dwar ir-reliġjon. Jien trabbejt Kristjan bħala tifel fin-Niġerja.

Achani Samon Biaou: Tista' telabora fuq dan? Il-pajsaġġ reliġjuż fin-Niġerja jista 'jkun kumpless u sfumat, u mhux kulħadd jista' jkun familjari mad-dinamika tiegħu.

Olumide Ogunsanwo: Iva, ħalluni nagħtikom xi informazzjoni storika dwar ir-reliġjon fin-Niġerja. Fin-Niġerja, id-demografija reliġjuża hija pjuttost bilanċjata, b'madwar 40-50% tal-popolazzjoni tidentifika bħala Musulmana u 40-50% tidentifika bħala Kristjana. Madankollu, id-distribuzzjoni tal-affiljazzjoni reliġjuża mhix uniformi u tvarja skont il-ġeografija. Pereżempju, jekk tgħix fit-Tramuntana tan-Niġerja, x'aktarx li tkun Musulman (eż., Kaduna hija Musulmana aktar minn 90%); bil-maqlub, jekk tgħix fin-nofs-inhar, aktarx li tkun Kristjan (eż., ċerti partijiet ta' Lagos huma l-maġġoranza Kristjani). Barra minn hekk, persentaġġ żgħir ta 'Niġerjani jipprattikaw re-liġjonijiet Afrikani tradizzjonali.

Rigward l-esperjenza personali tiegħi mar-reliġjon, trabbi bħala Kristjan, għalkemm mhux wieħed devot. Ommi kienet reliġjuża u ħadet lil ħuti u lili l-knisja forsi kull ġimgħa le, filwaqt li missieri kien reliġjuż iżda mhux interessat jew involut fil-knisja.

Achani Samon Biaou: Il-Kristjan Niġerjan medju huwa bħalek jew aktar devot?

Olumide Ogunsanwo: Niġerjani tipiċi huma devoti, jiġifieri jmorru l-knisja kważi kull ġimgħa, jipparteċipaw fi studju tal-Bibbja diversi drabi fil-ġimgħa, u ħafna drabi jaqdu fi rwoli tal-knisja bħal uxxiera. Barra minn hekk, id-diskussjoni tat-twemmin reliġjuż tagħhom hija parti importanti mill-identità tagħhom. Meta kont qed nikber fin-Niġerja, ir-reliġjon ma kinitx parti kbira minn ħajti, għalhekk ma tkellimtx m'oħrajn dwarha.

Ma niftakarx x'qanqalha, imma bdejt nirriċerka u nitgħallem dak kollu li stajt dwar ir-reliġjon fl-università. Bdejt nagħmel ħafna riċerka. Konna jien, YouTube, Wikipedia, Reddit, u l-World Wide Web, u konna fi vjaġġ biex insibu l-verità.

Eventwalment indunajt li r-reliġjon kienet kollha magħmula – kienet invenzjoni umana maħluqa biex tispjega affarijiet li l-umanità ma fehimx u biex tikkontrolla l-imġieba tan-nies. Lura fi żminijiet antiki, il-bnedmin ma kellhomx fehim xjentifiku tal-fenomeni naturali bħax-xita, in-nar u x-xemx. Biex nispjegaw dawn l-affarijiet, ħloqna allat tax-xita, tan-nar u tax-xemx. Dawn l-allat kienu maħsuba li jikkontrollaw dawn l-elementi naturali u setgħu jiġu ppakkjati permezz tat-talb u s-sagrifiċċju. Hekk kif in- nies komplew ifittxu tweġibiet għall- misteri tad- dinja, ir- reliġjon evolviet biex toffri spjegazzjonijiet u tipprovdi sens ta' sigurtà. Maż-żmien, l-istituzzjonijiet reliġjużi kisbu setgħa u influwenza billi kkontrollaw it-twemmin u l-imġieba tan-nies. Dan ippermettahom iżommu ftit mill-awtorità tagħhom u jsawru s-soċjetajiet skont il-valuri u l-interessi tagħhom.

Malajr ħafna sirt mhux reliġjuż (magħruf ukoll bħala ateu) meta kelli 19 jew 20 sena. Din id-deċiżjoni kienet simili għad-deċiżjoni tiegħi li ma nixrobx alkoħol, u għamilni saħansitra aktar differenti mill-familja u l-ħbieb tiegħi. Kien interessanti li n-nies kellhom reazzjoni negattiva bħal din għaliha. Ir-reazzjoni biex insir mhux reliġjuż kienet saħansitra aktar negattiva mill-alkoħol, aktarx għax l-alkoħol mhuwiex parti mill-identità tan-nies. Dawn ir-reazzjonijiet affermaw mill-ġdid li jeħtieġ ħafna kuraġġ biex tkun separat u differenti mill-folla.

Kien inkredibbli li tiskopri kemm kienet mimlija tentix ir-reliġjon u kif bażikament kienet magħmula kollha. Kien wieħed minn dawk il-mumenti fil-ħajja fejn tgħallimt ħafna.

Qrajt kollox - l-istorja tal-Bibbja, il-Koran, il-Kristjaneżmu - kollox għal darb'oħra, minn dokumentarji sa artikli, blogs u kotba. Waħda mill-aktar affarijiet affaxxinanti li skoprejt kienet li kien hemm diskussjonijiet kontinwi biex jintlaħaq qbil dwar x'għandu jkun hemm fil-Bibbja. Il-Bibbja fil-fatt inbidlet maż-żmien u ġew miżjuda u mneħħija kapitli biex naslu għal dak li għandna llum. Kien hemm diskussjonijiet kontinwi dwar partijiet li ma kinux jagħmlu sens jew kienu miġnun wisq biex iżommu. Dan qatt ma kont naf għax ħadd qatt ma semmah fil-knisja. Ħsibt li l-Bibbja dejjem kienet kif inhi issa.

Kien affaxxinanti li tirriċerka u tistaqsi mistoqsijiet bħal, 'Dan hu minnu? Għaliex dan mhux minnu? Minn fejn ġie dan? X'inċentivi għandhom dawn in-nies? Għaliex dan dam daqshekk twil?'

Fil-qosor, il-qafas tad-deċiżjoni wara dawk iż-żewġ deċiżjonijiet - l-ebda alkoħol f'17/18 u ateiżmu f'19/20 - iffurmat il-bqija ta 'ħajti. Illum għadni ma nixrobx alkoħol u għadni ateu.

Trid tkun lest li tagħmel affarijiet li huma differenti ħafna minn dak li jagħmlu ħafna nies. Din tidher li hija karatteristika ewlenija li tkun finanzjarjament indipendenti.

Achani Samon Biaou: Dan huwa tant affaxxinanti. Nistgħu nitkellmu ftit aktar dwar dan? Għandi żewġ ħsibijiet relatati. L-ewwelnett, in-nonkonformiżmu tiegħek kif affettwa r-relazzjonijiet personali tiegħek mal-familja u l-ħbieb?

It-tieni nett, nista' nimmaġina li għal qarrej li jidentifika b'mod qawwi mar-reliġjon tiegħu, jista' jitfixkel minn dak li għidt. Jista' xi ħadd li hu reliġjuż isir finanzjarjament indipendenti? Xi ħadd jista' jneħħi li jrid iċedi r-reliġjon tiegħu sabiex ifittex l- indipendenza finanzjarja, kif għamilt int.

Olumide Ogunsanwo: Mistoqsijiet kbar. L-ewwel mistoqsija kienet: In-nuqqas ta' konformità tiegħi kif affettwat ir-relazzjonijiet tiegħi ma' ħaddieħor?

Fil-fatt, ma affettwatx 99% tar-relazzjonijiet tiegħi. Anke jekk ħafna nies għadhom reliġjużi, huma fil-fatt jafu b'mod intuwittiv li mhuwiex reali, anki jekk ma jgħidux dan. Huwa rari li n-nies jixtiequ jidħlu f'diskussjoni razzjonali u loġika dwar ir-reliġjon minħabba li r-reliġjon hija fil-biċċa l-kbira esperjenza emozzjonali u komunitarja mhux ibbażata fuq fatti.

Ix-xjenza hija proċess sistematiku ta' kif tinkixef il-verità permezz ta' esperimentazzjoni, tagħlim u adattament ibbażat fuq evidenza empirika. Minnaħa l-oħra, ir-reliġjon hija aktar konċernata bl-emozzjonijiet u s-suġġettività, u għandha t-tendenza li tiffoka fuq ideat li ma jinbidlux u stasis. B'differenza mix-xjenza, li hija miftuħa għall-adattament u l-bidla bbażata fuq evidenza ġdida, ir-reliġjon ħafna drabi tiddependi fuq it-tradizzjoni u t-twemmin stabbilit li jista 'ma jkunx soġġett għal bidla.

L-involviment f'diskussjonijiet jew argumenti ma' nies reliġjużi ġeneralment mhuwiex rakkomandat. Dan għaliex it-twemmin reliġjuż tagħhom ħafna drabi jkun marbut mill-qrib mas-sens ta' komunità u tat-trobbija tagħhom. Huwa improbabbli li tipprova tikkonvinċihom mod ieħor se tirriżulta f'konversazzjoni produttiva, peress li t-twemmin tagħhom spiss ikun sod ħafna. Mhuwiex produttiv li jargumentaw li l-ġenituri jew il-kongregazzjoni tagħhom huma żbaljati, peress li jista 'jservi biss biex joħloq tensjoni u animosity fir-relazzjoni. Jekk qatt inkun f'sitwazzjoni fejn xi ħadd irid ikollu argument speċifiku dwarha, normalment nibdel is-suġġett. Għalhekk, ma affettwatx ħafna mir-relazzjonijiet tiegħi minħabba li t-tip ta 'personalità tiegħi mhuwiex argumentattiv. Meta ngħad, in- nuqqas tiegħi ta' devozzjoni reliġjuża seta' affettwa xi wħud mir- relazzjonijiet romantiċi tiegħi, fejn sieħeb seta' pprefieri lil xi ħadd li kien aktar devot. Madankollu, qatt ma spiċċajt ma' xi ħadd bħal dan.

Ngħaddu għat-tieni mistoqsija, li kienet: Jistgħu n-nies ikunu reliġjużi u finanzjarjament indipendenti?

Jekk qed taqra dan u tkun qalbek, l-ewwelnett, taqbadx. Tgħallimt li meta tisma' affarijiet li ma jallinjawx mal-ħarsa tad-dinja tiegħek, mhuwiex żmien li tirrabja jew taqleb. Minflok, hija opportunità biex tirrifletti u tifhem għaliex tista' tkun qed tirreaġixxi b'ċertu mod.

Jekk inti Musulman devot jew Kristjan, toqgħodx offiż. Tarax dan bħala attakk fuq ir-reliġjon. Ikkunsidra li nies oħra għamlu għażliet differenti minnek, u dak li tista 'titgħallem mill-għażliet tagħhom. It-tagħlim ma jfissirx li trid tibdel.

Huwa aktar faċli li jkollok ħin tajjeb fuq il-pjaneta Dinja jekk taċċetta nies li huma differenti minnek. Inkella, inti probabilment tispiċċa targumenta u tisforza r-relazzjonijiet tiegħek. Hekk kif taqra dan il-ktieb, tista' tirrealizza li jien differenti minnek. Dak kompletament okay. Għamilt għażli-

et differenti tal-ħajja, iżda m'għandhomx għalfejn jaffettwawk. M'għandekx
għalfejn titdejjaq, m'għandekx għalfejn tirritorna l-ktieb [Tbissem].

Aħna lkoll differenti u huwa utli li nipprattikaw l-aċċettazzjoni. Ħafna
mill-kotba reliġjużi jippritkaw l-aċċettazzjoni. Il-perspettivi tiegħi mhumiex
attakk fuqek. Qed nispjega l-għażliet li għamilt, u huwa tajjeb jekk għamilt
għażliet differenti. Huwa aktar importanti għalina bħala umanità li nifhmu u
naċċettaw lil xulxin milli niġġieldu lil xulxin.

Achani Samon Biaou: Mikellma bħal predikatur, għal persuna mhux re-
liġjuża. It-tolleranza tal-oħrajn hija importanti hekk kif id-dinja ssir aktar di-
versa. Jien kont ħati ta' nuqqas ta' aċċettazzjoni jew tkeċċija tal-opinjonijiet
tan-nies fil-passat, speċjalment nies li mhumiex edukati formalment. Maż-
żmien, biddilt il-perspettiva tiegħi biex inkun kurjuż dwarhom, nipprova
nifhem kif jaħsbu aktar milli niġġudika abbażi ta' kif naħseb jien. Permezz ta'
dan, nista' nkun nista' nikseb fehim aħjar tal- kundizzjoni umana u nara l-
blind spots tiegħi, u eventwalment nitgħallem minn oħrajn.

Olumide Ogunsanwo: It-tkabbir huwa aktar probabbli li jiġi mit-
tagħlim ta' modi ġodda u mhux mistennija ta' kif wieħed javviċina l-ħajja
milli milli tagħmel l-affarijiet kif dejjem għamilthom. Meta tisma' l-istorja
tiegħi dwar li nikber nisrani u nsir ateu, tirreaġixxix awtomatikament billi
tgħid li l-atei huma ħżiena u l-Insara tajbin. Minflok, ikkunsidra x'tista 'tit-
għallem minn din l-istorja. Anke żewġ Insara jistgħu jkunu differenti. Dak
li hu importanti huwa t-tolleranza, l-aċċettazzjoni, u li tkun taf x'tista 'tit-
għallem mill-proċess tat-teħid tad-deċiżjonijiet ta' xulxin. Dan huwa probab-
bilment għaliex xtrajt dan il-ktieb. Inti jew interessat fl-indipendenza finanz-
jarja, finanzi personali, jew l-istejjer ta 'immigranti Afrikani.

Ħajjitna tista' tkun differenti minn tiegħek, imma l-fatt li xtrajt dan il-
ktieb ifisser li għandek xi interess dwar kif ħadna deċiżjonijiet biex naslu fejn
wasalna. Użaha bħala opportunità biex tkun kurjuż u biex titgħallem.

Achani Samon Biaou: Mudell ta' teħid ta' deċiżjonijiet indipendenti u
teħid ta' sjieda ta' dawk id-deċiżjonijiet huwa importanti. Ma tistax tistenna li
tieħu deċiżjonijiet u ma tieħux responsabbiltà sħiħa għalihom. Pereżempju,
jekk trid tmexxi maratona, issir ir-responsabbiltà tiegħek li tara x'jista' jmur
ħażin u jekk int komdu b'dawk ir-riskji. Xi drabi n-nies iħossu li jridu jieħdu
deċiżjoni jew ibiddlu xi ħaġa f'ħajjithom. Madankollu, ma jinternalizzawx
bis-sħiħ li jridu jerfgħu r-responsabbiltà għal dik id-deċiżjoni, u għalhekk

meta l-ħmieġ tolqot il-fann, immedjatament jibdew ifittxu oħrajn biex jaqsmu r-responsabbiltà magħhom.

Olumide Ogunsanwo: Sjieda sħiħa u responsabbiltà wasslu għall-ħolqien ta 'dan il-ktieb. Stajna ħdimna ma' pubblikaturi, edituri, u ħafna nies oħra, imma jien u Samon iddeċidejna li nieħdu responsabbiltà massima u sjieda biex inwasslu l-ktieb. Fil-fatt, kieku Samon ma tantx jogħġobni, kont noħloq dan il-ktieb waħdi. B'dan il-mod, ma jkun hemm ħadd ieħor li twaħħal, l-ebda pitkal, jien biss. Irrid li l-premjijiet tiegħi jkunu proporzjonati mal-isforzi tiegħi, u nara triq lineari diretta bejn l-ammont ta 'sforz li nagħmel u l-output. Intemm l-istorja tiegħi tal-università bi ftit punti:

Jekk għandek tfal fl-età tal-kulleġġ, agħtihom is-setgħa li jitgħallmu l-baŜi tal-ġestjoni tal-baġits u l-karti ta 'kreditu tagħhom. Tkellimt qabel dwar il-ġestjoni tal-flus, iżda l-ġestjoni tal-kreditu hija importanti wkoll. F'daqqa t'għajn, kien ikun aħjar kieku ftaħt karta ta' kreditu qabel biex nibni l-punteġġ tal-kreditu tiegħi u nifhem kif niġġestixxi ammonti żgħar ta' kreditu. Stajt tgħallimt dan waqt li nħallas il-karti bis-sħiħ, naqla 'punti u li jkolli punteġġ ta' kreditu ogħla.

Jekk int student tal-kulleġġ, stinka biex titgħallem u tikber lil hinn mill-klassijiet ewlenin tiegħek. Meta kont student, 99% ta' moħħi kien iffukat fuq l-akkademiċi. Wara li ggradwajt, indunajt li aktarx aħjar nagħmel ftit akkademiċi, ftit sports, ftit taħlit soċjali, u ftit żvilupp personali. Huwa aħjar li tkun aktar bilanċjat, anke jekk l-akkademiċi tiegħek huma agħar.

Varjetà usa' ta' interessi tagħmel il-ħajja aktar divertenti, u dan japplika mhux biss għall-istudenti u ż-żgħażagħ iżda wkoll għall-biċċa l-kbira tal-adulti.

Achani Samon Biaou: Kbir! Grazzi għall-qsim.

3B: L-istorja ta' l-Università ta' Samon

Olumide Ogunsanwo: Ejja mmorru! Samon, liema lezzjonijiet dwar l-indipendenza finanzjarja tgħallimt mill-università?

Achani Samon Biaou: Matul iż-żmien tiegħi fl-università, tgħallimt żewġ lezzjonijiet siewja: l-ottimizzazzjoni tad-dħul u l-ispejjeż. Dawn il-kunċetti huma ċentrali għall-kisba tal-indipendenza finanzjarja, u aħna ser nimxu aktar fil-fond fihom aktar tard fil-ktieb.

Fir-rigward tad-dħul, ġejt introdott għall-idea li naħdem barra mill-iskola biex naqla 'l-flus. Bl-użu ta 'tekniki ta' ottimizzazzjoni, stajt nidentifika l-aħjar opportunitajiet ta 'xogħol li jippermettuli nkabbar id-dħul tiegħi.

Min-naħa tal-ispiża, ksibt għarfien dwar l-ottimizzazzjoni tal-baġit u skoprejt il-benefiċċji potenzjali li ngħix b'mod frugal mingħajr ma nissagrifika l-kwalità tal-ħajja tiegħi. Dawn l-esperjenzi għallmuni kif niġġestixxi l-ispejjeż tiegħi b'mod effettiv u nagħmel l-aħjar użu mir-riżorsi tiegħi.

Olumide Ogunsanwo: L-ottimizzazzjoni hija xi ħaġa li ġġib ferħ lil xi nies, inkluż jien. Il-ħsieb li nsib modi biex nottimizza xiri jew deċiżjoni, bħal "Nista 'nikseb prodott komparabbli għal spiża aktar baxxa? X'inhu l-kompromess fil-kwalità? X'qed nissagrifika billi nagħżel l-għażla l-inqas għalja? Il-ħin tiegħi qed inqatta' bil-għaqal? anke biex taħseb dwar dan?" ġġib tbissima fuq wiċċi.

Filwaqt li dan l-aspett tal-ktieb jista' ma jaħsibx lil kulħadd, iħeġġeġ lil Samon u lil I. Jekk int ukoll tista' tikkultiva dan l-eċċitament, tista' tipprovdi influwenza hekk kif timxi lejn il-kisba tal-indipendenza finanzjarja.

Achani Samon Biaou: Is-snin universitarji tiegħi saħħew xi wħud mill-karatteristiċi li tgħallimt waqt li kont qed tikber, bħall-importanza li nkun ħassieb indipendenti u li ma nsegwix bl-addoċċ lill-folla. Barra minn hekk, tgħallimt il-valur li jkolli "mentalità qattiel" - impenn biex nagħmel kollox biex nikseb l-għanijiet tiegħi. Fl-istejjer li ġejjin, se naqsam kif saħħejt il-ħsieb indipendenti tiegħi, żviluppajt mentalità qattiel, ottimizzajt id-dħul, u ottimizzajt l-ispejjeż.

Ejja nitkellmu dwar il-ħsieb indipendenti. Meta bdejt l-università, ingħatajt parir biex niffoka biss fuq l-akkademiċi. Filwaqt li għall-bidu kont qbilt, malajr indunajt li l-iskola kienet relattivament faċli għalija, u stajt nagħmel tajjeb bi sforz minimu. Minflok segwejt bl-addoċċ it-triq tradizzjonali, staqsejt x'iktar stajt nagħmel. Ħafna studenti għandhom it-tendenza li jfittxu impjiegi li jeħtieġu sforz fiżiku minimu, imma jien ma llimitajtx ruħi għal dawk l-għażliet. Pereżempju, skoprejt xogħol ta' loader tal-bhejjem fl-irziezet li kien jinvolvi t-tagħbija tat-tiġieġ, tad-dundjani, u tal-wiżż fuq trakkijiet marbuta għall-biċċeriji. Minkejja s-sigħat fard (tipikament bejn nofs il-lejl u l-4:00 am), dan ix-xogħol jitħallas id-doppju tal-impjiegi regolari tal-istudenti.

Olumide Ogunsanwo: Kif smajt dwar dan ix-xogħol fl-ewwel post?

Achani Samon Biaou: Is-suċċess tiegħi biex insib ix-xogħol tal-loader tal-bhejjem kien parzjalment dovut għall-kapaċità tiegħi li niskennja u nifhem l-ambjent tiegħi, iżda wkoll nattribwixxi ftit minnu għax-xorti. Inzertajt ħabib li kellu impjieg student jekk kienx jaf b'xi opportunitajiet oħra li ħallsu tajjeb jew aħjar, u semma impjieg li ħallas $15 sa $20 fis-siegħa u kien barra l-ħinijiet tal-iskola. Dan is-suġġeriment qajjem il-kurżità tiegħi, u bdejt infittex b'mod attiv opportunitajiet potenzjali oħra.

Ix-xogħol tat-tagħbija tal-bhejjem kien jeħtieġ li nitilqu għall-ħabta tal-11 ta' filgħaxija u nsuqu għal aktar minn siegħa lejn razzett li jinsab f'raħal żgħir fi Brittany, fil-punent ta' Franza. Ix-xogħol fir-razzett tani l-opportunità li josserva u nifhem l-istil ta' ħajja tan-nies fi Franza rurali, li f'ċerti modi kien simili għal dak li kont rajt nikber fl-irziezet fil-Benin.

Olumide Ogunsanwo: Ara naqra.

Achani Samon Biaou: Kont nitgħabba dundjani jew tiġieġ fuq trakkijiet għal tliet sigħat qabel ma nirritorna lejn Brest, belt fil-Majjistral ta' Franza. B'mod sorprendenti, stajt naqla 'aktar minn dan ix-xogħol mill-kombinazzjoni tal-flus tal-boroż ta' studju tiegħi u l-fondi li bagħtuli l-ġenituri tiegħi waqt li spiċċajt il-lawrja tiegħi. Din l-esperjenza għallmitni l-importanza li nottimizza d-dħul.

Olumide Ogunsanwo: Napprezza ħafna l-istorja tiegħek għax tenfasizza lezzjoni importanti. Fl-istorja tiegħi tal-lawrja għidt li xtaqt li esplorajt lil hinn mill-akkademiċi u kkunsidra opportunitajiet oħra. Din hija lezzjoni siewja għal kulħadd, kemm jekk ikun żagħżugħ ta' 27 sena f'impjieg jew intraprenditur ta' 38 sena. Huwa essenzjali li tħares lil hinn mill-opportunitajiet quddiemek u tesplora mogħdijiet ġodda. Prinċipju komuni għat-tkabbir personali huwa li ssib u tidħol b'mod regolari esperjenzi u opportunitajiet li jibżgħuk. Billi ripetutament timbotta lilek innifsek lil hinn miż-żona ta 'kumdità tiegħek, tista' tisfida lilek innifsek u trawwem l-iżvilupp personali. Jista 'jkun xi ħaġa minn taħdit fil-pubbliku għal skydiving, sakemm jifrex il-konfini tiegħek u jqanqal tkabbir personali.

Ta' min jinnota li dawn l-opportunitajiet mhux bilfors iridu jissostitwixxu l-karriera tiegħek, u lanqas ma jridu jiġġeneraw dħul mill-ewwel. Pereżempju, l-Amerikan medju jqatta' madwar tliet sigħat kuljum jara t-televiżjoni. Jekk għandek daqshekk ħin x'taqsam fuq Seinfeld u Game of Thrones, tista' tużah biex tesplora opportunitajiet ġodda u tiżviluppa lilek innifsek.

Fl-aħħar mill-aħħar, dan il-kapitlu huwa dwar il-kultivazzjoni tal-kapaċità li jaħseb għalih innifsu u jinvesti fl-iżvilupp personali, irrispettivament mill-età jew l-istadju fil-ħajja.

Achani Samon Biaou: Il-kumment tiegħek iwassalni għas-suġġett tal-ottimizzazzjoni tal-ispejjeż. Għalkemm sirt konxju tal-kunċett tat-trasformazzjoni tal-ispejjeż f'investimenti biss bħala adult, kont għamilt fil-prattika mingħajr ma kont naf matul is-snin universitarji tiegħi. Pereżempju, għażilt appartament studio li laħaq ir-rekwiżit tad-daqs minimu, li għamilha affordabbli ħafna. Kelli nħallas biss €200 sa €250 fix-xahar.

Olumide Ogunsanwo: Ara naqra.

Achani Samon Biaou: Barra minn hekk, il-gvern ħallas lura lill-istudenti €150 biex ipattu għall-ispiża tal-akkomodazzjoni. Bażikament, il-kera tiegħi ma swietli kważi xejn.

Olumide Ogunsanwo: Sfortunatament, fil-każ tiegħi, qattajt tliet snin ngħix fuq il-kampus matul iż-żmien tiegħi fl-università. Kien biss it-tielet sena tiegħi li bdejt nitkellem ma' ħaddieħor u skoprejt li ngħix barra l-kampus kien ikun ferm iktar kost-effettiv. Qatt ma kont qiest il-possibbiltà li ngħix ftit blokok biss 'il bogħod, li setgħet iffrankatni eluf ta' dollari. Qatt ma ħarist lil hinn.

Achani Samon Biaou: Naqbel ħafna mal-punt li għamilt dwar l-importanza li tħares lil hinn. Xi wħud mill-ħbieb tiegħi, kif ukoll xi studenti mill-Benin, setgħu jassiguraw akkomodazzjoni fil-kampus grazzi għall-konnessjonijiet tal-ġenituri tagħhom mal-professuri. Din is-sistema ta' appoġġ kienet teżisti fi Franza. Madankollu, li ma kellix dik is-sistema ta' appoġġ ip-permettili nesplora għażliet oħra u nitkellem man-nies, li fl-aħħar mill-aħħar irriżulta li nsib opportunitajiet aħjar.

Wara li sibt l-appartament tal-istudjo tiegħi, id-deċiżjoni li jmiss li kelli nieħu kienet dak li nixtri għalih. L-ewwel, iddeċidejt li ma nixtri l-ebda for-ma ta' divertiment, peress li ħassejt li l-iskop ewlieni tiegħi biex inkun fi Fran-za kien li niffoka fuq l-istudji tiegħi.

Olumide Ogunsanwo: Id-divertiment tiegħek kien il-kotba tiegħek [Rires].

Achani Samon Biaou: Iva! [Tbissem] Sitt xhur wara, ħadt id-deċiżjoni li nixtri TV. Madankollu, ir-raġuni tiegħi għax xtrajtha ma kinitx biex nara l-aħbarijiet jew il-midja Franċiża. Minflok, ridt nitgħallem l-Ingliż għax kont smajt li stajt naqla' aktar flus naħdem fir-Renju Unit. Kull spiża li għamilt matul dak iż-żmien kienet investiment fil-futur tiegħi.

Waħda mill-ispejjeż li għamilt kienet li nixtri pass tal-linja, li ppermet-tietni nivvjaġġa bil-lejl għax-xogħol tiegħi tat-trakkijiet. Ħdimt tlett ijiem fil-ġimgħa mill-11pm sal-4-5am u attendejt klassijiet aktar tard filgħodu. Dan l-investiment fit-trasport ippermettili nibbilanċja x-xogħol u l-istudji tiegħi b'mod effettiv.

Olumide Ogunsanwo: Unbelievable. Għaliex kont kapaċi taħseb hekk? X'parir għandek biex nies oħra jadottaw din il-mentalità?

Achani Samon Biaou: Bdejt bil-mentalità ta' ħassieb indipendenti. Ma bdejtx billi naħseb kunċetti prekonċepiti ta' "kif għandhom ikunu l-affariji-et". Minflok, għamilt punt biex nistaqsi lin-nies dwar kollox u niġbor kemm jista' jkun informazzjoni.

Barra minn hekk, kont motivat ħafna u għamilt sforz biex nikmassimizza kull opportunità li ġietli. Kif issemma qabel, trabbejt nilgħab ma' tfal bi dħul baxx, u għalhekk ma kelli l- ebda inibizzjoni dwar ix- xogħol f'razzett jew fi kwalunkwe impjieg menjali.

Irrealizzajt li l-attivitajiet intellettwali mhux bilfors kienu l-aħjar mezz biex taqla' l-flus. Kont kurjuż dwar il-lezzjonijiet li stajt nitgħallem minn sforzi mhux intellettwali. Permezz tax-xogħol tiegħi ta 'tagħbija tal-bhejjem, interaġijt ma' ekwipaġġ li kien jaħdem fl -irziezet. Ħafna kellhom bejn 30 u 50 sena bil-familji biex isostnu. Għalkemm stajt nara l-limitazzjonijiet tal-qligħ ta 'ċertu ammont f'dik l-età, sibt l-istejjer tagħhom li kienu oerhört insightful.

Bħalek, nipprijoritizza nagħmel il-flus u nevita n-nefqa impulsiva. Meta kelli l-ewwel $1,000 tiegħi fil-bank, kont ecstatic u ħadt gost naraha tikber. Ma stajtx nemmen. Kont inħobb naraha tikber u saret xi ftit logħba għalija biex nara kemm stajt niffranka. Sakemm igradwajt, x'aktarx kelli aktar tfaddil minn ħafna minn sħabi.

Olumide Ogunsanwo: M'iniex sorpriż. Int fit-triq lejn l-indipendenza finanzjarja jekk tagħmlek aktar ferħan li tara l-kont bankarju tiegħek jikber fil-valur milli tixtri assi li jiddeprezzaw bħal ħwejjeġ u televiżjonijiet.

Il-kisba tal-indipendenza finanzjarja teħtieġ bidla fil-mentalità. Trid temmen li l-kisba tal-indipendenza finanzjarja hija possibbli għalik.

Ejja nkunu onesti. L-informazzjoni kollha li għandek bżonn biex tkun finanzjarjament indipendenti hija diġà disponibbli fuq l-internet u fil-kotba, iżda mhux se taġixxi fuqha sakemm verament temmen li tista' tinkiseb u jkollok "għaliex" b'saħħitha biżżejjed.

Billi naqsmu l-istejjer personali tagħna, nittamaw li nuru l-aġġustamenti psikoloġiċi li għamilna aktar kmieni fil-ħajja li poġġewna fit-triq għall-indipendenza finanzjarja. Aħna ma nistennewx li tikkopja l-esperjenzi tagħna, iżda pjuttost, li tifhem l-importanza li tbiddel il-mentalità tiegħek biex tilħaq il-miri finanzjarji tiegħek.

Achani Samon Biaou: Salvajt l-aħjar għall-aħħar. Nixtieq naqsam l-aktar esperjenza ta' impatt mis-snin tal-lawrja tiegħi. Involviet student Ċiniż fl-istess università fi Franza, li kien ħafna akbar minna u kien jitkellem bil-Franċiż limitat. Ma kontx ċert jekk kienx irreġistrat fi programm tal-lingwa jew diġà qed jistudja bil-Franċiż. Bħala ġdid fl-università, sibtha aktar faċli li nikkonnettja ma 'studenti internazzjonali oħra. Ġurnata waħda, l-istudent Ċiniż stidinni fid-dorm tiegħu u sajjar għalija, u sirna ħbieb. Waqt it-tieni jew it-tielet żjara tiegħi, staqsejtlu mistoqsijiet biex insir nafu aħjar, u ndunajt li kien jidher akbar minn sħabu.

L-ewwel lezzjoni kienet dwar is-sbuħija tal-intensità fix-xogħol. Huwa qasam l-istorja tiegħu ta 'kif iffranka biex jiġi Franza, li ħalliet impressjoni dejjiema fuqi. Urieni s-sodda tiegħu, għolla s-saqqu, u ħareġ $25,000 fi flus kontanti, li kienu kollha f'dollari, minkejja li l-ewro kienet il-munita fi Franza. Kien ħadem f'fabbrika għal kważi għaxar snin biex jaqla' l- flus, u din il-konversazzjoni għallmitni l- importanza tax- xogħol iebes u l- intensità fl- isforzi tiegħu.

It-tieni lezzjoni kienet dwar il-ġenerożità. Ġurnata waħda, il- ħabib tiegħi Ċiniż staqsiet kif kont sejjer, u semmejt li kont qed nistenna li jaslu dalwaqt il- flus tal- boroż ta' studju, imma sa dak iż- żmien, forsi jkolli nitlob lill- ġenituri tiegħi għall- għajnuna finanzjarja. Dan kien qabel ma kont bdejt ix-xogħol part-time tiegħi tat-tagħbija tat-tjur. Mingħajr eżitazzjoni, offrieli $1,000 mill-istash tiegħu u qal, "Ħu dan sabiex ma jkollokx għalfejn tistress. M'għandekx għalfejn tħallasni lura." Inizjalment kont ħasad u rrifjutajt, iżda hu insista, u qal, "Kif se tgħix? Ħuha." B'xi mod kien fehem li kont f'dif-fikultà, minkejja li ma kontx, u l-ġenerożità tiegħu ħalliet impatt dejjiemi fuqi.

Fil-qosor, il-laqgħa tiegħi ma' dan l-istudent Ċiniż għallmitni l-valur tax-xogħol iebes, l-intensità, u l-ġenerożità. Huwa inkonċepibbli għalija li xi ħadd li ħadem ħafna għal għaxar snin biex jaqla' €25,000 jagħti elf minnhom lil xi ħadd li kien iltaqa' darbtejn biss.

Olumide Ogunsanwo: Xokkanti!

Achani Samon Biaou: Kien hemm xi ħaġa tant profonda dwarha li ispi-rat ħafna mill-filantropija u l-ġenerożità li żviluppajt aktar tard. Dik l-esper-jenza kienet qawwija għalija.

Il-laqgħa mal-ħabib Ċiniż tiegħi kellha impatt profond fuqi, u indunajt kemm kelli xorti li ma kellix għalfejn infaddal għal għaxar snin biex nattendi l-kulleġġ. Ġegħlitni napprezza l-opportunitajiet li kelli u ispiratni biex nagħmel l-aħjar użu minnhom. L-istorja tiegħu ta' xogħol iebes, determinaz-zjoni, u ġenerożità ħalliet impressjoni dejjiema fuqi u mmotivani biex nim-botta ruħi aktar biex nilħaq il-miri tiegħi.

Olumide Ogunsanwo: Inkredibbli. Kulħadd għandu l-ġlidiet u l-isfidi tiegħu. Meta nisma stejjer bħal dawn, inħossni umiljat. Għamilna luminata mil-lumi li kellna, imma kellna ftit lumi tajjeb biex nibdew. Ma jimpurtax minn xiex tkun għaddejja, hemm modi differenti kif ittejjeb is-sitwazzjoni tiegħek. Sakemm temmen li tista' tagħmel differenza u tista' tipprova affariji-et differenti, qatt m'għandek taqta' qalbek.

Xi ħsibijiet oħra li tixtieq iżżid qabel nagħlqu dan il-kapitlu?

Achani Samon Biaou: Għandi storja oħra biex nenfasizza l-importanza li nbiddlu l-ispejjeż f'investimenti aktar milli sodisfazzjon immedjat. Wara li ttrasferijt mill-università tiegħi fil-punent ta' Franza għal skola tal-inġinerija f'Pariġi, niżlet bl-istess mentalità: x'nista' nagħmel hawn biex nagħmel il-flus? Kelli borża ta' studju u l-appoġġ finanzjarju ta' missieri, imma ma kontx nefqet ħafna minnha. Ħsibt li t-tutoring ta' studenti tal-iskola sekondarja f'Pariġi tista' tkun ħaġa ta' qligħ għal student universitarju bħali, għalhekk bdejt nagħmilha billi nimxi lejn id-djar tal-istudenti tiegħi.

Hekk kif komplejt nitgħallem, indunajt li s-sewqan biex nilħaq aktar studenti jista' jimmultiplika l-fluss tad-dħul tiegħi, għalhekk iddeċidejt li nixtri karozza. Ma xtrajtx karozza għad-divertiment imma biex inżidli d-dħul. Jien ottimizzajt bil-kbir il-kalendarju tat-tutoring tiegħi u tajt tutor lura wara l-klassijiet tiegħi stess. Il-karozza kienet utli wkoll biex nagħtu rikba lil sħabi meta ridna mmorru għal festa fil-belt.

Madankollu, kelli wkoll nieħu deċiżjoni bejn party ma' sħabi tal-klassi jew tutoring u nagħmel il-flus. L-Erbgħa wara nofsinhar, sħabi tal-klassi kienu jixorbu l-birra u joħorġu flimkien. Għalkemm kont wieħed mill-iżgħar studenti, bdejt inħossni adult u rrealizzajt li ma kienx għaqli li naħli l-ħin meta stajt inkun naħdem u nagħmel il-flus. Sa tmiem l-aħħar sena tiegħi, kont ffrankat madwar $10,000.

Olumide Ogunsanwo: Il-kuntrast fl-istorja tiegħi huwa ċar. Tant kont iffukat fuq l-akkademiċi li sibt biss l-ewwel impjieg tiegħi, bħala student tutur, minħabba l-gradi għolja tiegħi. Kont ħafna aktar rilassat u inqas aggressiv fit-tfittxija ta' opportunitajiet. Kien biss aktar tard meta ħabib semma li jaħdem bħala valet is-Sibt li rrealizzajt il-potenzjal li naqla' saħansitra aktar flus.

Il-ħsieb barra mill-kaxxa japplika għal ħafna aktar minn sempliċi opportunitajiet akkademiċi. Hija ħila siewja għat-tkabbir u l-iżvilupp personali. Billi tinvesti fil-futur tiegħek aktar milli tfittex gratifikazzjoni immedjata, tista 'tibni pedament għal suċċess fit-tul.

3C: Prinċipji ta' Ħsieb Indipendenti u Kurżità

Olumide Ogunsanwo: F'kull kapitolu tal-ktieb, naqsmu l-istejjer tal-ħajja tagħna u mbagħad niffukaw fuq prinċipji speċifiċi ta 'indipendenza finanzjarja li huma rilevanti għal dawk l-istejjer. Dan il-kapitlu huwa dwar il-prinċipji tal-ħsieb indipendenti u l-kurżità.

Wara l-awtonomija, il-ħsieb indipendenti u l-kurżità huma kruċjali għall-kisba tal-indipendenza finanzjarja. Biex tegħleb l-ostakli u tilħaq il-miri tiegħek, trid tkun kurjuż u kreattiv, u trid ukoll taħseb b'mod indipendenti u tevita li tkun influwenzat minn ħaddieħor jew li ċċedi għal FOMO (Fear Of Missing Out).

Tajjeb li tkun differenti u tieħu triq li ħafna nies ma japprovawx, sakemm taħseb li tagħmel sens għalik. Il-ħsieb indipendenti huwa essenzjali għax int biss tifhem tassew il-valuri u x-xewqat ta' ġewwa tiegħek. Jekk tħalli lilek in-nifsek titmexxa mill-opinjonijiet ta' ħaddieħor, tirriskja li titlef dak li verament trid u teħtieġ. FOMO jista' jwassalk għal triq li mhix allinjata mal-miri jew il-valuri tiegħek. Pereżempju, il-ħabib tiegħek tgħid li qed tixtri dar, u tassumi li wasal iż-żmien li tixtri dar għax qiegħed fl-istadju f'ħajtek fejn għandek bżonn waħda. Inti ħloqt il-miri tiegħek u huwa importanti li taħseb b'mod kritiku dwar l-azzjonijiet biex tilħaqhom. Ħafna nies ma jafux l-għani-jiet tiegħek u għandhom l-għanijiet differenti tagħhom stess, għalhekk l-az-zjonijiet tagħhom huma l-aktar irrilevanti għal ħajtek.

Biex tipprattika l-ħsieb indipendenti, trid tkun komdu li tiddevja min-norma u potenzjalment issir mhux popolari u ma togħġobx. Dan jista 'jfisser li tieħu triq li hija inqas vjaġġata, iżda fl-aħħar mill-aħħar, se tkun it-triq li tallinja mal-valuri tiegħek.

Fl-aħħar mill-aħħar, hija ħajtek, u int li jkollok tittratta l-konsegwenzi tal-azzjonijiet tiegħek. In-nies li tawk pariri jew influwenzaw l-għażliet tiegħek mhux se jkunu hemm biex jgħinuk tittratta l-konsegwenzi meta l-af-farijiet imorru ħażin.

Ikkunsidra dan: Jekk xi ħadd jagħtik parir biex ikollok erbat itfal, se jieħ-du ħsieb it-tfal għalik? Le! Ikollok tfal kemm trid. Jekk xi ħadd jissuġġerixxi li għandek tixtri dar bi tliet kmamar tas-sodda, se jħallas l-ipoteka jew il-kera? Mhux ovvja li le! Iksebt dar b'kemm trid kmamar tas-sodda, jew iddeċiedi li ma tixtrix waħda. Int trid tittratta l-konsegwenzi xorta waħda, allura għaliex ma tieħux id-deċiżjonijiet indipendenti li jaqblu max-xewqat, ix-xewqat, u l-għanijiet ta 'ġewwa tiegħek?

Achani Samon Biaou: Nixtieq nipprovdi eżempju potenzjalment kon-troversjali u niddiskuti r-reliġjon. Hemm bosta interpretazzjonijiet tar-re-liġjon, b'uħud isostnu li l-bniedem m'għandux aġenzija peress li kollox huwa kkontrollat minn Alla. Filwaqt li kulħadd huwa intitolat li jagħżel is-sistema tat-twemmin tiegħu stess, xi wħud jagħtu prijorità lill-loġika ċara filwaqt li oħrajn jagħtu prijorità lill-fidi. Tagħżel liema tkun, huwa kruċjali li tagħraf li l-oppost ta' dak li temmen jista' jkun validu. Din il-kuxjenza tgħinek tibqa' moħħok miftuħ għall-possibbiltà ta' riżultati mhux mistennija.

Madankollu, jekk iżżomm bis-sħiħ l-idea li jista' jkun hemm biss riżultat possibbli wieħed, allura tkun fl-inkwiet. Fi kliem ieħor, int invitat.

Olumide Ogunsanwo: Il-ktieb " Kif sibt il-Libertà f 'Dinja mhux Ħielsa [1]" ta' Harry Brown huwa wieħed mill-aqwa kotba li qatt qrajt dwar il-libertà. Jesplora diversi nases li jwaqqfuna milli nkunu ħielsa, inkluża n-nassa taċ-ċertezza. Din in-nassa sseħħ meta nemmnu f'eżitu partikolari b'ċertezza ta' 100% u jonqsu milli nirrikonoxxu r-riskji u l-inċertezzi inerenti mat-teħid tad-deċiżjonijiet.

Il-problema fundamentali b'xi modi ta' ħsieb, bħar-reliġjon, hija li ġġiegħel lin-nies jaħsbu b'ċertezza assoluta. Il-ħsieb probabilistiku, min-naħa l-oħra, fatturi fil-probabbiltajiet u r-riskji, kif jidher fl-eżempju li jkun hemm ċans ta' <1% ta' inċident bil-karozza billi ma tixrobx l-alkoħol u ssuq b'veloċità sigura. Li wieħed jemmen fiċ-ċertezza assoluta ta' deċiżjoni huwa sinjal li wieħed jaqa' fin-nassa taċ-ċertezza. Kważi xejn fil-ħajja mhu ċert - naħsbu biss li hu.

Li taħseb b'mod indipendenti ma timplikax li temmen li dejjem għandek raġun. Ifisser li tkun riċettivi biex tifhem il-perspettivi ta' nies oħrajn filwaqt li tieħu r-responsabbiltà għall-azzjonijiet tiegħek stess. Huwa dwar li tkun komdu u kuraġġuż biżżejjed biex tieħu r-responsabbiltà għad-deċiżjonijiet

---

1. https://www.amazon.com/How-Found-Freedom-Unfree-World/dp/0965603679

tiegħek, anke jekk ir-riżultati huma inqas mill-aħjar.

Achani Samon Biaou: Il-ħsieb indipendenti jinvolvi mhux biss il-libertà li wieħed jaħseb għalih innifsu iżda wkoll ir-rikonoxximent li wieħed jista' jiżbalja u r-responsabbiltà għar-riżultati tad-deċiżjonijiet tiegħu."

Qabel ma għalaqt 35 sena, ħallast biss kera għal total ta' 5-6 snin, li kien jinkludi sentejn fi skola tan-negozju u tliet snin fi skola undergraduate u gradwati. L-għan tiegħi matul dan iż-żmien kien li nimminimizza l-ispejjeż tiegħi.

Użajt il-punti li qlajt mis-soġġorni tax-xogħol tiegħi matul il-ġimgħa biex inqatta' tmiem il-ġimgħa fil-lukandi. Ommi ħeġġitni biex nixtri dar. Sħabi saħqu li kont lura fil-ħajja għax ma kellix ipoteka. Kieku segwejt il-parir tagħhom, nistaqsi fejn inkun illum, peress li ħafna minnhom għadhom ibatu biex jiksbu l-indipendenza finanzjarja.

Il-ħsieb indipendenti tiegħi ppermettili nirrealizza li kulħadd kien jidher li qed jiġri lejn għan li ma kienx tallinja ma tiegħi. Anke jekk konna fuq l-istess korsa, xi wħud kienu qed jiġru sprints qosra filwaqt li oħrajn kienu qed jiġru maratoni. Huwa assurd li tħossok skoraġġut meta xi ħadd jiġri distanza qasira jgħaddi minnek waqt li tiġri maratona. Din hija riflessjoni ta' kif topera l-FOMO fil-ħajja reali. Huwa kruċjali li tagħraf it-tellieqa li qed tmexxi u taderixxi mal-prinċipji tagħha. Dejjem tista' titgħallem minn ħaddieħor, imma mhux għaqli li timitaw bl-addoċċ l-azzjonijiet tagħhom."

Olumide Ogunsanwo: Huwa għalhekk li Ray Dalio tant jogħġobni. Huwa jitkellem dwar l-ippeżar tal-kredibilità.

Jekk għandi xi kwistjoni b'snieni, ser nisma' lid-dentist, imma mhux se nisma' lil nutrizzjonista. Bil-maqlub, jekk ikolli xi kwistjoni bid-dieta tiegħi, se nisma' lil nutrizzjonista, mhux lil dentist.

Kulħadd irid jagħtik pariri, imma mhux kulħadd jaf fuq xiex qed jitkellem. Jekk qed infittex parir dwar il-finanzi personali, se nisma' lil Samon għax sar finanzjarjament indipendenti fit-30 sena. Ma nkunx nisma' lil anzjan ta' 82 sena li għadu jaħdem u mhux sejjer tajjeb finanzjarjament.

Huwa għalhekk li niddiskutu l-ħsieb indipendenti wara l-awto-twemmin u l-awtodipendenza. Issir ħafna aktar komdu taħseb b'mod indipendenti meta temmen fik innifsek, tafda lilek innifsek, u tistrieħ fuqek innifsek biex tieħu azzjoni.

Achani Samon Biaou: Huwa kruċjali li tiġi żviluppata l-abbiltà li jiġu identifikati każijiet fejn il-ħsieb indipendenti huwa assenti. Biex jagħmel dan, wieħed irid jistaqsi lilu nnifsu l-mistoqsija: 'Għandi npoġġi l-fiduċja tiegħi f'perspettiva partikolari?' Pereżempju, is-CNN regolarment jinkludi esperti tal-Afrika li jitkellmu b'kunfidenza dwar avvenimenti fil-kontinent. Minkejja l-qari estensiv tagħhom, nikkunsidra l-opinjonijiet tagħhom kredibbli biss jekk kellhom esperjenza diretta li jgħixu u jgħaddsu lilhom infushom bis-sħiħ fil-kultura Afrikana.

Olumide Ogunsanwo: Ħa nqatta' ftit ħin fuq in-negattivi. Hemm aspetti negattivi biex taħseb b'mod indipendenti, naf għax niffaċċjahom fuq bażi regolari. Ħafna nies se jħossuhom skomdi jew saħansitra ma jogħġbux l-azzjonijiet tiegħek. Pereżempju, jistgħu jgħidu affarijiet bħal, "Int tgħix f'appartament ta' kamra tas-sodda? Ejja, għaliex ma tixtrix dar?" jew "Int verament finanzjarjament indipendenti? Ejja, ovvjament m'intix finanzjarjament indipendenti. Kieku ksibt xogħol li ħallas $ X, ma teħodhiex?" Int trid tiżviluppa ġilda iebsa biex tifhem li n-nies qed jipproġettaw in-nuqqas ta 'sigurtà u n-nuqqas ta' twemmin tagħhom infushom fuqek.

L-iżvantaġġ tal-ħsieb indipendenti huwa li trid tkun tajjeb li tkun differenti, li tkun ikkritikat, u li tkun iġġudikat, iżda jaqbillu għax għallinqas temmen li qed tgħix il-ħajja fuq termini tiegħek. Jekk in-nies ma jiddubitawx għalfejn qed tagħmel affarijiet li mhumiex "normali" u ma jitolbukx tkun aktar "tradizzjonali", tikkonforma, tagħmel l-affarijiet kif dejjem saru, allura forsi int mhux verament ħassieb indipendenti u biss parti mill-folla.

Achani Samon Biaou: Naf li l-ħsieb indipendenti jista 'jkun għeja. Nifhmu li xi kultant ma tridx tkun iddejjaq.

Olumide Ogunsanwo: Il-ħsieb indipendenti għandu jkun prijoritizzat għal deċiżjonijiet kbar u importanti tal-ħajja. M'hemmx bżonn li tqatta 'sigħat tirriċerka deċiżjonijiet trivjali bħal liema kalzetti tilbes. Għal deċiżjonijiet bħal dawn, għażliet awtomatiċi jistgħu jkunu biżżejjed. Iżda, għal deċiżjonijiet importanti, huwa essenzjali li wieħed jaħseb għalih innifsu u ma jsegwix bl-addoċċ lill-folla. Wieħed irid ikun onest miegħu nnifsu filwaqt li jagħżel għażliet default.

Li tieħu deċiżjonijiet importanti tal-ħajja teħtieġ konsiderazzjoni tal-valuri personali, il-bżonnijiet, u l-preferenzi tiegħek.

Achani Samon Biaou: F'soċjetà li tagħti prijorità lill-konsum, il-ħsieb indipendenti jsir saħansitra aktar kruċjali. Biex nagħtu eżempju, ikkunsidra dan l-eżempju:

Jien u sieħbi xtrajna sodda King California għall-appartament tagħna.
Sfortunatament, bħalissa nużaw madwar terz tas-sodda. Ħoloq lakuni bla
bżonn u jagħmilha diffiċli għalina li nkunu qrib xulxin. Għaliex ħlejna l-flus
fuqha ? Nista' nimmaġina li koppji li jorqdu fuq sodda waħda aktarx idumu
aktar u għandhom kompatibilità aħjar, peress li huma sfurzati jsolvu argu-
menti qabel jorqdu għax m'hemmx fejn imorru.

Olumide Ogunsanwo: [Daħk]

Achani Samon Biaou: Jekk koppja għandha sodda California King size,
jista 'jkun tajjeb daqs l-irqad f'kmamar tas-sodda separati. Fis-sitwazzjoni
tagħna, anke meta niftaħ idejja, ma nistax fiżikament tmiss lil sieħbi, u mhux
għax jien qasir. Hija tista 'saħansitra taqa' mis-sodda bil-lejl, u ma nintebaħx
sa l-għada filgħodu.

Olumide Ogunsanwo: [Daħk isteriku]

Achani Samon Biaou: Bl-istess mod, għaliex individwu li jsuq f'toroq
miżmuma tajjeb jagħżel li jixtri SUV kbir? Jekk l-għan huwa li juru l-istatus
jew il-ġid tagħhom, allura li jkollhom vettura bħal din jista 'jkun fattur
sinifikanti.

Olumide Ogunsanwo: Id-drittijiet tal-bragging u l-istrateġiji tal-ftaħir
huma barra mill-ambitu ta 'dan il-ktieb.

Achani Samon Biaou: Iltqajt ma' fundatur li biegħ kumpaniji għal mi-
jiet ta' miljuni ta' dollari, u kellna drink flimkien. Saq mini Chevrolet żgħir
ħafna, filwaqt li jien saq karozza lussuża, minkejja li m'iniex partikolarment
interessat fil-karozzi. Madankollu, meta rajt il-karozza tiegħu nirrealizza li
ma kontx ħsibt twil u iebes biżżejjed qabel għamilt ix-xiri. Ħassejtni xi ftit
iblah għax m'għandix mijiet ta' miljuni ta' dollari, u stajt nefqu flusi f'affarijiet
li napprezzahom aktar. Minn issa 'l quddiem, jekk nixtri t-tieni sodda, mhux
se nixtri king California, u jekk nixtri karozza oħra, nixtri karozza lussuża biss
jekk niżviluppa togħma għaliha.

Olumide Ogunsanwo: Tajjeb! Fuq dik in-nota, ejja ngħaddu għall-
prinċipju relatat tal-kurżità.

Achani Samon Biaou: Nibdew billi niddefinixxu l-kurżità bħala xewqa
entużjasta li titgħallem affarijiet lil hinn minn dak li huwa immedjatament
rilevanti għall-attivitajiet attwali tiegħek. Biex turi dan, immaġina tifel bil-
ġuħ li jinjora l-ikel quddiemhom u minflok jiffoka fuq post isfar fl-art. Fil-
waqt li dan jista 'jissorprendik jew saħansitra jdejjaqk, huwa sempliċement

riżultat tal-kurżità intensa tat-tifel, li tista' saħansitra tegħleb il-ħtieġa bi-joloġika tagħhom għall-manteniment. Dan juri l-qawwa tal-kurżità.

Issa, ikkunsidra adult li jesprimi xewqa għal karriera aħjar u jfittex il-parir tiegħek. Jekk tistaqsihom dwar il-passi li ħadu s'issa u x'tip ta' impjiegi huma interessati fihom, u ma jkunux ċerti, allura jistgħu ma jkunux kurjużi biżżejjed. Dan jissuġġerixxi li s-sejba ta' impjieg ġdid tista' ma tkunx prijorità ewlenija għalihom. Jekk xi ħadd ikun verament motivat biex isib impjieg, se jieħu azzjoni konsistenti u jagħmel riċerka biex jiġbor informazzjoni.

Meta tkun kurjuż, tieħu dak l-ewwel pass u tesplora dak kollu ta' mad-warek, u tiġbor informazzjoni li tista' tirfina u tibni fuqha. Hemm enerġija li tqanqlek biex tibqa' għaddej u tħares lil hinn minn dak li jidher immedjata-ment. Dan hu li jiddistingwi lin-nies kurjużi minn dawk li mhumiex.

Irrifletti fuq din is-sitwazzjoni u ikkunsidra l-livell ta 'diżinteress fl-affari-jiet faċilment disponibbli madwarek. Għaliex jiġri dan? Jekk tista 'tidentifika r-raġunijiet wara n-nuqqas ta' kurżità tiegħek, tista 'tkun kapaċi ssib modi kif tindirizza dawk in-nuqqasijiet.

Olumide Ogunsanwo: L-immigranti u l-espatrijati huma ixxurtjati għax għandhom biżżejjed kurżità biex imorru jgħixu f'pajjiż ġdid, fejn jiltaqgħu ma' soċjetà li hija differenti minn dak li huma mdorrijin biha. Din in-novità tagħmilha aktar faċli għalihom biex iżommu l-kurżità tagħhom. Huwa essen-zjali li tagħraf il-vantaġġi tal-isfond u l-istorja tiegħek. B'kuntrast, individwu mill-Mississippi li jattendi l-Università ta 'Mississippi jista' jkollu livell aktar baxx ta 'kurżità minħabba li jgħix fl-istess stat għal ħajtu kollha u huwa mdor-ri b'rutini mundani.

Waqt li taqra dan il-kapitlu, tista' tipperċepixxi l-benefiċċji tal-kurżità bħala ovvji, iżda rridu niċċaraw li mhux qed niddikjaraw biss l-ovvju. Min-flok, qed nistaqsu kif tista' tikkultiva u trawwem il-kurżità f'ħajtek fuq bażi ripetuta biex tgħinek tikseb l-indipendenza finanzjarja.

Achani Samon Biaou: Ejja niddiskutu kif nixgħel il-kurżità fit-tfal. L-aħbar it-tajba hija li t-tfal huma naturalment kurjużi peress li kollox huwa ġdid għalihom meta jitwieldu. Bħala ġenitur, huwa kruċjali li ma tfixkilx il-kurżità naturali tagħhom, iżda minflok trawwemha. Inkoraġġixxi l-kurżità tat-tifel/tifla tiegħek billi ħallihom jesploraw u jipparteċipaw magħhom.

Jien wieħed minn dawk l-estremisti li ngħid li nħalluhom jesperimentaw bl-affarijiet, anke affarijiet "ħżiena", sakemm ma jweġġgħux serjament lilhom infushom. Pereżempju, jekk qed jilagħbu b'xi ħaġa li taqta ', ħallihom jilagħbu sakemm ma jagħmlux ħsara lilhom infushom wisq severa, bħal jaqtgħu għajnejhom. Jekk iweġġgħu, tista' tkun esperjenza ta' tagħlim għalihom.

Olumide Ogunsanwo: Biex iżżid il-kurżità tiegħek, irrifletti fuq l-esperjenzi tat-tfulija tiegħek bil-kurżità. Jekk kellek esperjenzi pożittivi, ikkunsidra kif tista' żżomm u trawwem dik il- kurżità. Bil-maqlub, jekk l-esperjenzi tiegħek ma kinux iwasslu għall-kurżità, trid tidħol aktar fil-fond biex tifhem il-kawża ewlenija tan-nuqqas ta 'kurżità tiegħek.

L-individwi jonqsu l-kurżità għax ma sabux affarijiet li jqanqlu l-eċċitament tagħhom. L-eċċitament u l-kurżità huma interdipendenti, u wieħed tipikament iwassal għall-ieħor.

Oħloq viżjoni għal ħajtek li tqanqallek, peress li dan se jqanqal il-kurżità tiegħek u jimmotivak biex tfittex il-passi meħtieġa biex tilħaq il-miri tiegħek. Inħobb il-kwotazzjoni ta' Tony Robbins li tgħid, "Meta jkollok għaliex qawwija biżżejjed, il-kif isir ċar ħafna."

Ladarba jkollok skop ċar (il-"għaliex") u viżjoni definita tajjeb, naturalment issir aktar entużjast u kurżifikat dwar l-esplorazzjoni ta' ideat u esperjenzi ġodda.

Achani Samon Biaou: Miftiehem. Filwaqt li forsi ma nkunux kapaċi nfejqu n-nuqqas ta' kurżità, nistgħu noffru suġġerimenti bbażati fuq l-esperjenzi tagħna. Personalment, meta nħoss il-kurżità tiegħi tonqos, insib li l-ivvjaġġar jew l-esplorazzjoni ta' postijiet ġodda fil-belt tiegħi jgħin biex jerġa' jqabbadha. Pereżempju, l-iffissar ta' mira li tiskopri r-ristoranti kollha fil-viċinat tiegħek jista' jkun aktar stimulanti milli żżur ripetutament l-istess postijiet familjari għall-kumdità. Xi wħud jistgħu jistaqsu għaliex għandhom jibdlu affarijiet li mhumiex miksura. Għax jekk ma tbiddilx l-affarijiet, allura <u>INTI</u> titkisser.

Olumide Ogunsanwo: Ara naqra, dak tqil.

Achani Samon Biaou: Li jmur ripetutament fl-istess ristorant għax iħossu familjari jista 'jwassal għal opportunitajiet mitlufa. Tista 'tħossok dispjaċir meta tirrealizza li r-ristorant ġar qed ibiegħ verżjoni mtejba tal-istess platt bi prezz ferm aktar baxx, li jġiegħlek tħossok iblah talli ma tesplorax għażliet oħra qabel.

Li jmiss huwa l-ivvjaġġar: nieħu gost nivvjaġġa għax iġġiegħlek tkun kurjuż. Pereżempju, jekk int mill-Amerika u żżur l-Ewropa, tista' ssir kurjuż dwar l-euro u r-rati tal-kambju, u dan jista' jwassalk biex tesplora għaliex ir-rati tal-kambju jvarjaw. L-ivvjaġġar għandu kapaċità unika li jaqbad il-kurżità fi ħdanek. Madankollu, jekk xorta tissielet biex tkun kurjuż b'mod naturali, tista 'tikkultiva l-vizzju mentali li tistaqsi "għaliex" kull meta tiltaqa' ma 'xi ħaġa mhux mistennija. Din il-kurżità torbot mal-idea tal-awtonomija. Per eżempju, jistaqsi "għaliex in-nies jużaw il-flus?" se ninkoraġġuk tkompli tesplora u tespandi l-kurżità tiegħek.

Suġġeriment ieħor biex iżżid il-livell ta 'kurżità tiegħek huwa li toħloq "kriżi" ta' tip. Filwaqt li dan jista 'jidher approċċ stramb, jista' jkun effettiv. Pereżempju, tista' intenzjonalment tpoġġi ċ-ċwievet tiegħek f'okkażjonijiet, u dan se jġiegħlek tagħti attenzjoni aktar mill-qrib għal madwarek. Barra minn hekk, ipprova tibda konversazzjonijiet ma' nies li ssib attraenti u osserva kif twieġeb ir-rata tal-qalb tiegħek.

Billi tkun kurjuż dwar ħaddieħor, tista 'tiftaħ rikkezza ta' għarfien. Pereżempju, jekk xi ħadd li int interessat fih jidher mhux interessat, tista' tkun inklinat li teħodha personalment. Madankollu, billi tfittex li tifhimhom aħjar, tista 'tiskopri li l-imġieba tagħhom m'għandha x'taqsam xejn miegħek, iżda pjuttost xi ħaġa li qed isseħħ f'ħajjithom stess.

Olumide Ogunsanwo: Il-kurżità hija siewja kemm qabel, waqt, kif ukoll wara li tinkiseb l-indipendenza finanzjarja.

Qabel ma ssir finanzjarjament indipendenti, il-kurżità hija x-xrara li tista' tqanqal eċċitament u timmotivak biex tibda vjaġġ lejn futur finanzjarju aħjar.

Matul il-vjaġġ FI, il-kurżità sservi bħala sors ta 'motivazzjoni, tgħinek biex tibqa' fit-triq it-tajba, anke meta tiffaċċja ostakli jew il-ħtieġa li taġġusta l-kors tiegħek.

Wara li kisbet l-indipendenza finanzjarja, ikomplu joħorġu l-benefiċċji tal-kurżità. Jekk tesplora diversi interessi u attivitajiet tul it-triq, bħall-bowling, iż-żfin tas-Salsa, jew l-ivvjaġġar, ikun aktar faċli li tgħaddi għal dawn l-attivitajiet bil-libertà u l-ħin li jkollok wara l-indipendenza finanzjarja.

Jekk int xi ħadd li qed jistaqsi għaliex ktieb dwar l-indipendenza finanzjarja jkun jinkludi taqsima dwar il-kurżità, u sempliċċment trid tagħmel "ħafna flus". Dan il-ktieb huwa dwar li jgħinek tgħix il-ħajja li trid fuq il-kundizzjonijiet tiegħek, u dan mhux bilfors ifisser li tagħmel ħafna flus.

Xorta waħda, għandi aħbar tajba għalik, il-kurżità tgħinek tagħmel aktar flus għax tgħin mhux biss fil-ħajja personali tiegħek imma wkoll fin-negozju u l-karriera tiegħek. Pereżempju, kieku kont maniġer b'żewġ impjegati, lil min tippromovi: dak li sempliċement iwettaq il-kompiti assenjati jew dak li jistaqsi mistoqsijiet u jfittex li jifhem ir-raġunament wara l-kompiti?

Il-ktieb "Seba Drawwiet ta 'Nies Effettivi ħafna" jidentifika l-ewwel drawwa bħala proattiva. Li jkollok attitudni proattiva, ħiliet ta' ħsieb indipendenti, u mentalità kurjuża huma komponenti interkonnessi ta' mentalità li tmexxik lejn il-kisba tal-miri tiegħek.

Min hu aktar probabbli li jirnexxi? Xi ħadd li hu kurjuż, indipendenti u proattiv, jew xi ħadd li jkun mitluq, isegwi l-folla, u jintilef fil-merħla, jagħmel dak li jgħidulhom ħbieb, familja u soċjetà tagħhom biex jagħmlu. Huwa ovvju ħafna - m'għandix għalfejn inwieġeb.

Achani Samon Biaou: In-nuqqas ta 'kurżità se titlefek fit-triq lejn l-indipendenza finanzjarja. Anke jekk b'xi mod jirnexxielek tasal hemm mingħajr kurżità, tista 'ssir irtirat depress. Kif semma Olumide, il-kurżità tista' tgħinek f'dan il-vjaġġ. X'aktarx li tiġi promoss jekk titqies bħala ssolvi l-problemi. Il-problemi jeżistu minħabba li s-soluzzjonijiet mhumiex ovvji, għalhekk trid tkun miftuħa biex tesplora modi kreattivi biex issolvi l-problemi.

Olumide Ogunsanwo: Aħseb b'mod kreattiv barra l-kaxxa, li huwa aktar probabbli li jiġri jekk int kurjuż.

Achani Samon Biaou: Huwa riskjuż li tibqa' passiv, għax oħrajn huma kurjużi u jiżviluppaw lilhom infushom, għalhekk eventwalment titħalla lura.

Olumide Ogunsanwo: Se nagħlaq billi nitkellem dwar xi kotba li jgħinu fit-trawwim tal-prinċipji tal-ħsieb indipendenti u l-kurżità.

L-ewwel rakkomandazzjoni tal-ktieb hija " Il-Kuraġġ li ma togħġobx [2]" minn Ichiro Kishimi u Fumitake Koga. Il-ktieb huwa miktub fi stil narrattiv minn żewġ awturi Ġappuniżi u jitkellem dwar kif tista' tieħu l-kontroll ta' ħajtek, u kif l-opinjonijiet ta' nies oħrajn jistgħu jħallu impatt fuq il-kuntentizza tiegħek.

It-tieni, nirrakkomanda " Antifraġili [3]" ta' Nassim Taleb. Dan il-ktieb famuż jintroduċi l-kunċett ta 'antifraġilità, fejn xi ħaġa negattiva li tiġri fil-fatt jista' jkollha impatt pożittiv fuqek. Sistema robusta tista 'tgħix stress estern, iżda sistema antifraġili titjieb meta tesperjenza stress. Ħsieb indipendenti, kurżità, u ħsieb tas-sistemi antifraġili jimxu id f'id. Id-disinn ta' sistema an-

---

2.   http://www.amazon.com/The-Courage-to-Be-Disliked-audiobook/dp/B07BRPW98K

3.   https://www.amazon.com/Antifragile-Things-That-Disorder-Incerto/dp/0812979680

tifraġili jeħtieġ livell differenti ta' ħsieb. Nassim huwa ħassieb kontrakultur-
ali, li huwa utli wkoll għall-qarrejja.

Achani Samon Biaou: Nixtieq nirrakkomanda ktieb ta' Adam Grant
imsejjaħ " Aħseb mill-ġdid [4]". Immaġina li moħħok huwa bħal gass li jiġi
kkompressat f'tubu u jiġi u jespandi moħħok. Jgħin biex niddekostruzzjoni
affarijiet li nieħdu bħala fatt. Turik li l-affarijiet madwarna mhux bilfors hu-
ma dak li naħsbu li huma.

Olumide Ogunsanwo: Fabulous. Grazzi talli qrajt. Narawkom fil-
kapitlu li jmiss.

---

4.   http://www.amazon.com/Think-Again-Power-Knowing-What/dp/1984878107

4: Stejjer tal-Karriera Bikrija u Prinċipji ta' Ambizzjoni u Kuraġġ

Olumide Ogunsanwo: Ninsab eċċitati li nidħol fl-istejjer tal-ewwel impjiegi formali tagħna fl-Amerika korporattiva u l-Ewropa. L-impjiegi, is-salarji u l-kapijiet inizjali tagħna għandhom impatt sinifikanti fuq kif aħna, u ħafna oħrajn, naħsbu dwar il-ġestjoni tal-flus.

Se nitkellmu wkoll dwar il-prinċipji tal-ambizzjoni u l-kuraġġ. Kun ambizzjuż biex tiffissa miri u kuraġġuż biex timxi lejhom, anke quddiem l-intoppi jew il-biża'.

Int se tiffaċċja ħafna sfidi u ostakli. L-ambizzjoni u l-kuraġġ jiggwidak lejn l-indipendenza finanzjarja u l-abbiltà li tgħix il-ħajja fuq termini tiegħek.

Achani Samon Biaou: Naqsmu kif żviluppajna l-ambizzjonijiet tagħna u sibna l-kuraġġ biex insegwuhom. Ma nistgħux nistennew li ngħidulkom kif dawn il-prinċipji influwenzaw il-karrieri bikrija tagħna u għenuna niksbu l-indipendenza finanzjarja. Ejja nibdew!

4A: L-istorja tal-Karriera Bikrija ta' Olumide

Achani Samon Biaou: X'kien l-ewwel xogħol tiegħek u kif ħadtu? Ukoll, kellek xi ħsibijiet dwar l-indipendenza finanzjarja hekk kif tgħaddi minn università għall-impjieg tiegħek?

Olumide Ogunsanwo: Studjajt l-Inġinerija Kimika fl-università, ikkunsidrajt ukoll li nagħmel lawrja doppja fl-Ekonomija imma finalment iddeċidejt kontriha. Lejn l-aħħar tal-lawrja tiegħi, sibt il-klassijiet daqsxejn boring, imma kont nittama li x-xogħol tiegħi jkun aktar interessanti. Iggradwajt fl-2006 fl-età ta' 21 sena b'GPA għoli, iżda kien ftit diffiċli għalija biex insib impjieg peress li ma kont għamilt l-ebda apprendistat. Dan kien minħabba li l-viża tax-xogħol tal-istudenti Amerikani kienet iddisinjata b'tali mod li l-istudenti internazzjonali setgħu jagħmlu apprendistati bil-viżi tal-istudenti tagħhom, iżda ħafna kumpaniji riedu biss jagħtu apprendistati lil studenti li aktar tard jiksbu impjiegi full-time, u jagħmluha aktar diffiċli għal studenti bħali. Bħala riżultat, kelli nsib impjiegi oħra matul is-sajf.

Ħdimt bħala tutur li kien pjaċevoli u faċli. Ħadt xogħol ukoll li ċċempel lill-alumni biex nitlob (tallab?) għal donazzjonijiet għall-iskola. Kien diffiċli. Ksibna xi reazzjonijiet medji u ħorox. "Ħallini!" "Qatt ċemplili fuq dan in-numru!" "Dan min hu l-infern?" "Kif ħadt in-numru tiegħi?" Dawn l-esperjenzi ma kinux pjaċevoli u ma kellhom xejn x'jaqsmu mal-lawrja tiegħi tal-Inġinerija Kimika, imma kelli nagħmel dak kollu li kelli nagħmel biex nagħmel il-flus. Il-biċċa l-kbira tal-ħin ix-xogħol li ssejjaħ, imma għamilni komdu ħafna niżżel u nbiegħ fuq it-telefon.

Meta waslet il-gradwazzjoni fis-sajf tal-2006, bdejt napplika għal impjiegi full-time u intervistajt f'Honeywell UOP. L-intervisti marru tajjeb, u offrewli l-ewwel xogħol tiegħi bhala inġinier tad-disinn tal-proċess. Bdejt f'Settembru 2006 f'raffinerija fl-Indiana, qrib biżżejjed ta' Chicago li stajt nasal għax-xogħol kuljum billi nieħu xi karozzi tal-linja. Is-salarju tiegħi kien ta' $56,000, u kont ferħana li nibda. Jien użajt softwer biex niddisinja tipi differenti ta' tagħmir tar-raffinerija bħal heat exchangers, pompi, eċċ. Kelli wkoll immur fuq il-post biex nappoġġja l-installazzjoni tat-tagħmir li ddisinjajt.

Achani Samon Biaou: Dak kien f'Chicago?

Olumide Ogunsanwo: Dan ix-xogħol kien f'raffinerija fl-Indiana, iżda kien qrib biżżejjed ta 'Chicago li stajt nasal għax-xogħol kuljum billi nieħu ftit karozzi tal-linja. Ma ridtx nieħu r-riskju li nixtri karozza għax kont fuq viża ta' xogħol ta' immigrazzjoni temporanja. Dik hi l-istorja tal-ewwel xogħol tiegħi u kif sibt.

Achani Samon Biaou: Ara naqra, l-isfidi tal-istudenti immigranti fl-Amerika huma evidenti fit-tranżizzjoni tiegħek mill-iskola għax-xogħol. Il-kumpaniji jippreferu jagħtu apprendistati lil studenti li aktar tard jistgħu jiġu mikrija faċilment full-time mingħajr ma jkollhom bżonn awtorizzaz-zjoni tax-xogħol, kif inhu l-każ għall-immigranti kollha.

Olumide Ogunsanwo: Eżattament. Anke jekk il-gvern jippermetti lill-kumpaniji jagħtuk apprendistati. Kien daqshekk imdejjaq. Minkejja li kelli l-ogħla GPA fid-dipartiment tiegħi, kelli noqgħod għal impjiegi oħra li ma kinux relatati mal-lawrja tiegħi. Kienet ftit stramb, imma tgħaddi minn dawk l-affarijiet. Hekk titwaqqaf l-immigrazzjoni.

Achani Samon Biaou: Kieku kont Amerikan, qatt ma kont taħseb dwar ir-restrizzjonijiet tal-viża. Niftakar meta xi wħud mill-ħbieb tiegħi Franċiżi kienu sorpriżi li studenti internazzjonali kellhom bżonn permessi tax-xogħol. "Dak x'inhu?" kienu jistaqsu, mħawda. [Daħk].

Olumide Ogunsanwo: [Daħk]

Achani Samon Biaou: Fejn jidħol ix-xogħol full-time, kellek strateġija ta' tfittxija ta' impjieg? Ħadt l-ewwel offerta għax kien diffiċli li ssib impjieg jew kont aktar deliberat biex tistenna l-impjieg it-tajjeb?

Olumide Ogunsanwo: Jien kelli bżonn il-flus. Ggradwajt fis-sajf u kelli bżonn nikseb impjieg. Kien biss aktar tard fil-karriera tiegħi li kelli aktar awtonomija u lieva biex nagħżel minn diversi impjiegi. Il-bilanċ tal-poter be-jn min iħaddem u l-impjegat huwa importanti li wieħed jifhem. Jekk ma tifhimx dan, allura x'aktarx li min iħaddmek għandu s-setgħa kollha fuqek.

Biex inġabru: Il-karriera bikrija tiegħi kienet mifruxa minn 21 għal 25 (I gradwajt mill-università fl-2006 meta kelli 21, u mort l-iskola tan-negozju fl-2010 meta kelli 25). Is-sommarju tal-karriera bikrija tiegħi huwa bażika-ment uġigħ ta' qalb u wġigħ. Kif semmejt, bdejt il-karriera tiegħi bħala inġinier tad-disinn tal-proċess f'Honeywell UOP, li dak iż-żmien kien fil-proċess li jiġi akkwistat minn Honeywell. Sfortunatament, il-kumpanija magħquda, Honeywell UOP, ma setgħetx tippreżenta l-applikazzjoni tal-viża tax-xogħol permanenti tiegħi, u tħallejtni mill-ewwel impjieg tiegħi fi żmien tliet xhur. Kienet esperjenza ta' wġigħ ħafna.

Achani Samon Biaou: Ara naqra.

Olumide Ogunsanwo: Dan l-inċident seħħ f'Jannar 2007, ftit wara li bdejt ix-xogħol tiegħi f'Settembru 2006. Ħassejt sens profond ta' mistħija u imbarazzament. Bħala student ta 'l-istilel fil-klassijiet tiegħi li għadhom ma ggradwawx b'wieħed mill-ogħla GPAs fil-programm tiegħi, kont ħasad b'dan il-bidla tal-avvenimenti. Ħsibijiet ta' x'jiġri kieku kelli nitlaq mill-pajjiż (minħabba l-limitu ta' qgħad ta' 90 jum fuq il-viża temporanja tiegħi) bdew jolqtuli moħħi.

Kien żmien oerhört diffiċli għalija. Sibt ruħi nibki waħdi f'kamarti, mhux ċert x'passi nieħu wara. Ma ħassejtni komdu niddiskutiha ma' ħadd, partikolarment peress li ħafna minn sħabi kienu feraħni ftit xhur biss qabel. I spiralli f'post mudlam fejn bdejt nifhem id-dinamika tal-poter. Irrealizzajt li l-ħajja kienet bħal tavola taċ-ċess, u kelli bżonn insib strateġija li tagħtini aktar libertà minflok ma nkun sempliċi pedina.

Dan kien bla dubju wieħed mill-iktar punti baxxi f'ħajti. Ta' 21 sena, kont għadni nipprova nifhem l-affarijiet, u niftakar li nixxef id-dmugħ għal jiem wara l-oħra.

Achani Samon Biaou: Ara naqra. Kif irnexxielek tlaħħaq mas-sitwazzjoni, u kif ittrasformak?

Olumide Ogunsanwo: Fortunatament, qabel l-inċident tas-sensja, ma kontx għamilt xi xiri kbir bħal karozza jew dar. Bqajt ngħix stil ta' ħajja modest simili għal żmieni universitarju, naqsam appartament ma' sħabi tal-kamra. B'xorti tajba, dan fisser li l-ispejjeż tal-għajxien tiegħi baqgħu baxxi. Primarjament kont nistrieħ fuq il-ferroviji u l-karozzi tal-linja għat-trasport, kultant nagħmel carpooling mal-kollegi tiegħi.

Waħda minn sħabi tal-carpool kienet mara Persjan li kienet attendiet ukoll l-IIT u kisbet grad ta' Master fl-Inġinerija Kimika, filwaqt li kont lestejt biss grad ta' baċellerat. B'mod sorprendenti, minkejja li kellha l-istess responsabbiltajiet tax-xogħol, hija taqla' biss $1,000 aktar fis-sena minni, b'salarju ta' $57,000. Dan wassalni għal żewġ osservazzjonijiet.

L-ewwelnett, deher evidenti li l-kumpaniji ma japprezzawx ħafna l-lawrji tal-masters meta mqabbla mal-lawrji tal-baċellerat. Minkejja li l-edukazzjoni addizzjonali tagħha swiet sentejn minn ħajjitha u $40,000, iż-żieda fis-salarju kienet minima. Spiss ilmentat li kien fadal ftit flus wara li tħallas għall-karoz-za u l-ipoteka tagħha. Dan ħasadni, peress li kelli l-esperjenza opposta u rnexxieli niffranka porzjon sinifikanti mid-dħul tiegħi.

It-tieni nett, indunajt li l-għażliet tal-infiq tagħna jistgħu jħallu impatt kbir fuq it-trajettorji tal-ħajja tagħna. Għalkemm is-salarji tagħna kienu sim-ili, kellna riżultati ferm differenti. Ħallast kera żgħira ta' $300-$350 fix-xahar billi qsamt appartament fil-kantina ma' ħabib tiegħi Nekheel, filwaqt li ħabib tiegħi Persjan kellu ipoteka li x'aktarx kienet ferm ogħla mill-kera tiegħi. Fil-waqt li użajt pass ta' $75 fix-xahar għat-trasport pubbliku, hi għamlet spejjeż għall-karozza tagħha, inklużi assigurazzjoni, gass, u tiswijiet.

Immaġina kieku xtrajt dar u karozza matul dak iż-żmien. Inkun maqbud. X'kont nagħmel b'ipoteka ta' 30 sena? Kif kont nittratta l-karozza? Tbigħha b'telf sinifikanti? Is-sitwazzjoni kienet tkun kerha, li ġġiegħli nbigħ l-assi u possibilment anke nitlaq mill-pajjiż.

Dawk il-memorji għadhom ħaj f'moħħi. L-esperjenza twebbistni u wasslitni biex nara l-korporazzjonijiet b'inqas fiduċja. Kont naf li ma stajtx nistrieħ fuq korporazzjonijiet għax ma jimpurtahomx minni. Qallit l-interess tiegħi fil-finanzi personali, l-indipendenza finanzjarja, u l-irtirar kmieni. Dan immarka l-bidu tal-vjaġġ tiegħi lejn l-indipendenza finanzjarja.

Achani Samon Biaou: Dik l-istorja li qsamt hija oerhört kommoventi. Għandu jkun estremament trawmatiku u ta 'sfida biex jingħelbu.

Olumide Ogunsanwo: Ħafna nies huma familjari ma 'PTSD, li tir-rappreżenta Disturb ta' Stress Post-Trawmatiku. Hija kundizzjoni tas-saħħa mentali li taffettwa individwi li għaddew minn esperjenzi trawmatiċi, bħall-veterani, u ġġiegħelhom jerġgħu jgħixu t-trawma u jħallu impatt negattiv fuq il-ħajja tagħhom ta 'kuljum, inklużi r-relazzjonijiet u x-xogħol.

Min-naħa l-oħra, hemm rispons inqas magħruf għat-trawma msejjaħ PTG, jew Tkabbir Post-Trawmatiku. Jirreferi għall-proċess ta 'tkabbir, żvilupp u bidla personali li jistgħu jseħħu wara li jesperjenzaw trawma. F'ħaf-na modi, inħoss li kien mument PTG f'ħajti.

Sa ftit ilu, ma stajtx nirrakkonta l-istorja mingħajr ma nibki, peress li ġa-bet lura memorji ħaj ta' kif ħassejtni. Madankollu, xi ħadd darba qalli li aktar ma tiftaħ dwar l-esperjenzi koroh tiegħek, iktar isir faċli. Nista' nikkonferma li dan huwa minnu.

Achani Samon Biaou: Semmejt li int u l-ħabib tiegħek Nekheel għexu fil-kantina biex iżżommu l-kera baxxa. Nixtieq nuża dak l-eżempju biex nenfasizza l-importanza tal-frugalità minn kmieni. Meta n-nies jibdew jaqilgħu salarju għall-ewwel darba, huwa komuni għalihom li jħossu l-ħeġġa li jonfqu ħafna, minħabba d-dħul disponibbli ġdid tagħhom. Madankollu, il-kisba tal-indipendenza finanzjarja normalment tinvolvi li tkun konxju tal-ispejjeż tiegħek mill-bidu. Iktar ma tonfoq, inqas ikollok disponibbli biex tinvesti u tikkomposti maż-żmien. Minflok dawwar l-ispejjeż tiegħek f'investimenti, bħal opportunitajiet ta 'tagħlim jew netwerking għal prospetti ġodda ta' xogħol.

Iż-żieda fl-infiq tiegħek awtomatikament hekk kif id-dħul tiegħek jiżdied tista' tkun kontroproduttiva, speċjalment jekk iż-żieda fl-infiq tiegħek ma tkunx tallinja mal-valuri tiegħek.

Olumide Ogunsanwo: Hemm diversi strateġiji biex tinkiseb l-indipendenza finanzjarja.

Strateġija waħda tinvolvi li tiffoka fuq li timmassimizza d-dħul tiegħek, filwaqt li oħra tiffoka fuq li timminimizza l-ispejjeż tiegħek. Individwi differenti naturalment jxaqilbu aktar lejn naħa jew oħra, influwenzati mill-personalità, l-espożizzjoni, l-opportunitajiet, il-post, il-ħiliet, l-isfond jew l-edukazzjoni tagħhom.

Madankollu, huwa ta 'benefiċċju li ssegwi ż-żewġ strateġiji fl-istess ħin. L-individwi għandhom jistinkaw biex jimmassimizzaw id-dħul tagħhom billi jiżviluppaw lilhom infushom kontinwament, jiksbu għarfien u ħiliet ġodda. Fl-istess ħin, għandhom jimminimizzaw l-ispejjeż billi jonfqu konxjament ibbażat fuq il-valuri tagħhom, jipprijoritizzaw oqsma li jġibulhom ferħ, u jnaqqsu jew jeliminaw spejjeż mhux meħtieġa. Iċ-ċavetta hija li ssib bilanċ bejn li timmassimizza d-dħul u timminimizza l-ispejjeż, billi tenfasizza intenzjonalment aspett wieħed ibbażat fuq l-istadju, iċ-ċirkostanzi u l-opportunitajiet speċifiċi tal-ħajja tiegħek. Hemmhekk tinsab l-isfumatura. Dan huwa l-sfumatura.

Pereżempju, jekk int żagħżugħ ta' 21 sena li għadu kemm beda xogħol f'belt ġdida, jista' jkun li inizjalment ikun aktar importanti li tiffoka fuq it-tnaqqis tal-ispejjeż. Ikollok bżonn issib akkomodazzjoni u trasport fil-post il-ġdid tiegħek. Madankollu, ladarba tkun ottimizzajt l-oqsma ewlenin tal-ispejjeż, jista 'jkun aktar vantaġġuż li tbiddel l-attenzjoni tiegħek lejn il-massimizzazzjoni tad-dħul tiegħek. Dan jista' jinvolvi l-esplorazzjoni ta' promozzjonijiet tax-xogħol, ħżiena fil-ġenb, esperimenti intraprenditorjali, jew proġetti kreattivi. Ma jkunx siewi li tirdoppja fuq it-tnaqqis tal-ispejjeż tiegħek minħabba dħul marġinali li qed jonqos meta jkun hemm opportunitajiet akbar min-naħa tad-dħul.

Eżempju ieħor huwa jekk int ta' 38 sena li diġà tipprattika l-frugalità u żżomm ma' baġit, u għandek erbat itfal (żewġ tfal żgħar, żewġ żagħżagħ tal-iskola sekondarja, u student tal-kulleġġ wieħed). L-ottimizzazzjoni tal-ispejjeż tista 'tkun daqsxejn aktar ta' sfida f'din is-sitwazzjoni, u jista 'jkun iżżmien li tfittex opportunitajiet ta' dħul addizzjonali.

Il-komunità tal-indipendenza finanzjarja ħafna drabi tenfasizza l-minimizzazzjoni tal-ispejjeż, filwaqt li l-intraprendituri għandhom it-tendenza li jiffokaw fuq il-massimizzazzjoni tad-dħul. Il-parir tiegħi huwa li ssegwi ż-żewġ strateġiji imma tagħmel għażla konxja biex tipprijoritizza waħda bbażata fuq iċ-ċirkostanzi speċifiċi tiegħek.

Achani Samon Biaou: Din il-konversazzjoni hija mimlija mumenti kwotabbli. Tgħaddi għall-fażi li jmiss tal-karriera tiegħek: int semmejt li jkollok impjieg ftit xhur wara l-gradwazzjoni, iżda sfortunatament, ġejt imkeċċi. X'ġara wara?

Olumide Ogunsanwo: Immedjatament bdejt nifformula pjan. It- tħassib ewlieni tiegħi kien li kelli nitlaq mill- Amerika fi żmien 90 jum, għalhekk ħadt id- deċiżjoni li nagħmel master's degree. Dan kien jagħtini viża oħra ta' student għat-tul tal-programm, li kien ta' sentejn. Avviċinat lid-Dekan tad-dipartiment tal-Inġinerija Kimika u spjegajt is-sitwazzjoni f'Honeywell UOP. Esprimejt ix-xewqa tiegħi li nibda l-programm tal-master mill-aktar fis possibbli u tlabt borża ta' studju biex tkopri l-ispejjeż tal-programm. Wara li ħdimt il-loġistika kollha, irreġistrajt fi programm ta' master fl-Inġinerija Kimika b'borża ta' studju ta' 75%. Waqt li kont qed nistudja, erġajt bdejt napplika għal impjiegi u eventwalment akkwistajt impjieg ieħor, li għamilt waqt li ħadt klassijiet bil-lejl.

Achani Samon Biaou: Kif irnexxielek tassigura borża ta 'studju daqshekk sinifikanti? Innegozjajt diliġenti?

Olumide Ogunsanwo: Innegozjajt iebes għax ma deherx ġust li nħallas għal lawrja li ma kellix verament bżonn. Diġà kelli l-istess grad tal-fucking fl-Inġinerija Kimika.

Achani Samon Biaou: Speċjalment peress li kont konxju tar-ritorn dejjem jonqos ta 'lawrja ta' Master mill-kollega tiegħek Persjan.

Olumide Ogunsanwo: Assolutament. Minkejja l-lawrja tal-Master tagħha, is-salarju tagħha kien biss $1,000/sena aktar minn tiegħi meta dak iż-żmien kelli biss lawrja ta' Baċellerat. Għaliex inħallas $40,000 għal grad ta' Master? Madankollu, dak li għamel id-deċiżjoni aktar fattibbli għalija kien il-fatt li l-pożizzjoni l-ġdida offriet rimborż tat-tagħlim ta' madwar 50%. Dan kien ifisser li ħafna mill-ispejjeż tal-programm tiegħi jkunu koperti. Barra minn hekk, kelli bżonn il-kumpanija l-ġdida biex tapplika għall-viża tax-xogħol tiegħi, peress li ma ridtx nerġa' ngħaddi mill-proċess tal-immigrazzjoni. Ikkonfermajt mat-tim HR u legali li kienu se jieħdu ħsieb l-applikazzjoni għall-viża.

Li taħdem ġurnata sħiħa u mbagħad tattendi l-klassijiet għal sigħat bil-lejl kienet ta' sfida. Il-ġranet tiegħi kienu tal-ġenn. Jien kont naħdem minn disgħa sa ħamsa, segwit minn modalità straight-to-class minn sitta sa tmienja jew disgħa. Dik kienet ħajti għas-sentejn li ġejjin.

Achani Samon Biaou: Ara naqra. Tħallejt tieħu klassijiet bil-lejl bħala student internazzjonali?

Olumide Ogunsanwo: Iva, bħala student internazzjonali, kelli l-flessibbiltà li nieħu klassijiet fi kwalunkwe ħin, inklużi klassijiet bil-lejl. Kont permess ukoll naħdem fuq viża ta' xogħol ta' student.

Achani Samon Biaou: L-impjieg il-ġdid ġie b'salarju ogħla?

Olumide Ogunsanwo: Iva, is-salarju l-ġdid tiegħi kien $58,000/sena, kemmxejn ogħla mill-ewwel impjieg tiegħi. B'dan ix-xogħol, iddeċidejt li nixtri karozza. Kienet serje BMW 3 użata li tiswa $17,000. Ħassejtni iktar sigur f'dan ix-xogħol għax kienu qablu li jressqu għall-viża tax-xogħol tiegħi. Iħobb il-karozza, kellha barra u ġewwa iswed, u anke kelli pjanċi tal-vanity personalizzati li jaqraw "OLUMIDE." Ħadt gost ħafna bil-karozza.

Achani Samon Biaou: Interessanti.

Olumide Ogunsanwo: Għalkemm għandi memorji sbieħ tal-karozza, meta nħares lura, x'aktarx kienet waħda mill-ftit żbalji li għamilt fil-vjaġġ finanzjarju tiegħi. Mhux bilfors minħabba d-deċiżjoni dwar ix-xiri tal-karozzi nnifisha iżda għax ma kontx qattajt biżżejjed ħin nirriċerka għażliet ta' trasport differenti u l-ispiża totali tas-sjieda (TCO) assoċjata tagħhom.

Kelli ħafna esperjenzi pożittivi fit-tieni xogħol, iżda l-istorja reġgħet ħadet xejra qarsa. Il-viża tax-xogħol ta 'l-Istati Uniti H1-B topera fuq sistema ta' lotterija, u sfortunatament, ma kontx magħżula fl-ewwel ftit drabi li applikajt. Ma affettwatx mill-ewwel għax għad kelli l-viża tax-xogħol tal-istudenti. Madankollu, sa meta waslu l-2008-2009, il-prezz taż-żejt waqa 'minħabba l-kriżi finanzjarja u t-tnaqqis sussegwenti fid-domanda. Bħala riżultat, ġejt imkeċċi mit-tieni impjieg tiegħi fl-2009, eżatt qabel għeluq l-24 sena tiegħi.

Achani Samon Biaou: Ara naqra. Għal darb'oħra!

Olumide Ogunsanwo: Ma kinitx sorpriża sħiħa, peress li l-biċċa l-kbira tat-tim tiegħi kien tħalla għaddej għal perjodu ta' 6 xhur. Imma xorta ħassejtni daqsxejn imdejjaq. Titlef impjieg dejjem jaqbad. Għalhekk għedt li l-istorja tal-bidu tal-karriera tiegħi kienet storja ta' qtigħ il-qalb. Ta' 23 sena, wasal biex nagħlaq 24 sena, kont tħallejt mill-ewwel żewġ impjiegi li qatt kelli.

L-industrija taż-żejt u tal-gass topera f'ċikli, u meta l-prezz taż-żejt jinżel, il-kumpaniji jfittxu li jnaqqsu l-ispejjeż tagħhom. Ħassejtni skoraġġut għax xorta stajt niftakar dak li ġara fl-ewwel xogħol tiegħi ftit snin qabel.

Madankollu, b'differenza mill-ewwel telf ta' impjieg fl-2006, din id-darba kont f'pożizzjoni ferm aħjar mentalment u finanzjarjament. Kont irnexxieli niffranka total ta' madwar $40,000-$50,000 (50% tar-rata ta' tfaddil tas-salarju gross tiegħi) matul is-sentejn, għalhekk kont finanzjarjament komdu.

Kont għadni ngħix fl-istess appartament tal-kantina ma' Nekheel. Il-kera tiegħi ma żdiedx b'mod sinifikanti. Ħallast $300-$350 kull xahar kera mill-età ta' 21 sa 25 sena.

Minħabba li kont ġestejt l-ispejjeż tiegħi b'mod effettiv, stajt nippjana u nieħu deċiżjonijiet minn post ta' poter relattiv. Jien kont żviluppajt mentalità iebsa u kont lesta nieħu azzjoni. Fortunatament, ma kellix għalfejn nitlaq mill-pajjiż għax għad kelli viża ta' student mill-programm tal-master tiegħi. Jien kont naf f'qalbi li l-Inġinerija Kimika ma kinitx għalija, u għalhekk ikkunsidrajt li nsegwi grad doppju fl-ekonomija fl-università u għaliex ma kellix entużjażmu għall-ewwel żewġ impjiegi tiegħi.

Minflok bqajt napplika għal aktar impjiegi u nittratta s-sistema tal-lotterija imprevedibbli, għidt għamilha u ddeċidejt li mmur l-iskola tan-negozju u nittrasforma ħajti. Ma kontx ċert għal kollox x'ridt nagħmel wara l-iskola tan-negozju, imma kont naf li se tinvolvi taħlita ta' finanzi, teknoloġija u negozju. Bdejt napplika għall-iskejjel tan-negozju fl-2009, u ser nesplora aktar f'dan fil-kapitolu li jmiss.

Achani Samon Biaou: Ara naqra. Din l-istorja tħossha tant uġigħ. Int kont gradwat riċenti, fil-bidu ta' l-għoxrin sena, u madankollu diġà kont esperjenzajt ħafna.

Olumide Ogunsanwo: Ma kelli ħadd biex jieħu ħsiebi. Il-ġenituri tiegħi ma kinux hemm. Jien kont immigrant fil-pajjiż li tilef ix-xogħol darbtejn sa meta kellu 23 sena.

Achani Samon Biaou: Nies li jgħixu f'pajjiżi li qed jiżviluppaw jistgħu jwarrbu l-istorja tiegħek billi jgħidu li l-ħajja fl-Amerika diġà tagħtik ħajja aħjar, iżda kulħadd għandu l-problemi tiegħu, irrispettivament minn kemm tidher tajba ħajtu.

L-Ewropa u l-Istati Uniti huma differenti ħafna. Huwa diffiċli li wieħed jimmaġina xenarju fi Franza fejn xi ħadd jista 'jitħalla darbtejn fi stadju daqshekk bikri fil-karriera tiegħu, għal żewġ raġunijiet:

1. Huwa pjuttost diffiċli li titħalla għaddej sakemm il-kumpanija ma tkunx fuq il-ponta tal-falliment. Il-kumpaniji tipikament ma jnaqqsux iddaqs biex iżommu l-profittabilità.

2. Jekk tkeċċi, normalment ikollok aktar minn 90 jum biex issib impjieg ġdid. Ma nistax niftakar it-tul eżatt, iżda huwa aktar ġeneruż.

Olumide Ogunsanwo: Oh, anke għall-immigranti?

Achani Samon Biaou: Iva, huwa aktar ġeneruż. L-uniku ostaklu fi Franza huwa normalment li ssib impjieg. M'hemm l-ebda sistema ta' lotterija, u jekk għandek impjieg fl-istess livell tal-istudji tiegħek, tikseb permess taxxogħol.

Semmejt li bdejt tikkontempla l-applikazzjonijiet għall-iskejjel tan-negozju meta kont 23/24. B'kuntrast, ma applikajtx għall-iskola tan-negozju qabel ma kelli 29. Ħafna nies fi Franza ma japprezzawx il-grad tal-MBA. Hemm ukoll twemmin prevalenti li għandu jkollok esperjenza ta' xogħol sostanzjali u tipikament tkun eqreb ta' 30 sena biex tapplika. L-iskedi tażżmien u l-perspettivi huma differenti, u l-affarijiet jittardjaw aktar fl-Ewropa. Fil-Ġermanja, pereżempju, ħafna studenti universitarji lanqas biss jispiċċaw l-istudji tagħhom u jibdew jaħdmu f'nofs l-għoxrin sena. Il-ħajja korporattiva għandha tendenza li tkun aktar stabbli fl-Ewropa, filwaqt li tista' tkun aktar volatili fl-Amerika.

Ħalli niġbor fil-qosor l-emozzjonijiet ewlenin li ħassru miegħi hekk kif smajt l-istorja tiegħek: L-ewwel, ix-xokk u r-realizzazzjoni li kellek tbati għalik innifsek minn dak l-ewwel xogħol. It-tieni, id-determinazzjoni li tiehu ħsieb ħajtek b'mod differenti billi ssegwi t-tiġdid jew it-tiġdid permezz tal-iskola tan-negozju.

X'iktar għandhom ikunu jafu n-nies dwarek matul dawk is-snin bikrija li għandhom rilevanza għall-indipendenza finanzjarja?

Olumide Ogunsanwo: Il-linja sottostanti matul l-istorja tiegħi hija li jien persuna dedikata. Għalhekk, meta ħadt id-deċiżjoni li mmur l-iskola tan-negozju, mort kollox. Sar l-ogħla prijorità tiegħi, kważi bħal xogħol full-time. Kont inqum kmieni, niddoxxa, u mmur l-iskola biex nistudja. Kont nibqa' fuq il-kampus għax kont għadni student tal-masters, u l-klassijiet tiegħi kienu filgħaxija. Kont inġib il-kotba tiegħi tal-GMAT ġo klassi u nistudja sakemm il-klassijiet tiegħi jibdew bil-lejl. Meta jkollok mira, huwa importanti li tmur it-triq kollha biex dan iseħħ.

Jien it-tip ta' persuna li tista' nimpenja ruħi u niddedika l-ħin u l-enerġija kollha tiegħi għal biċċa xogħol. Meta sibt il-mira tiegħi biex nikseb punteġġ ta 'aktar minn 700 fuq il-GMAT, kien ċar għalija li kelli nistudja kważi kuljum. L-unika raġuni li rrealizzajt li kienet meqjusa bħala atipika kienet meta n-nies kienu sorpriżi b'kemm kont lest nasal meta qsamt l-approċċ tiegħi.

Pereżempju, se nieħdu madwar 3-5 xhur biex nifinalizzaw u noħorġu dan il-ktieb għax aħna ddedikati u passjonati dwar il-proċess. Xi drabi, ikun aħjar li tistabbilixxi l-konvinzjonijiet tiegħek stess ibbażati fuq dak li hu importanti għalik qabel ma tfittex validazzjoni esterna. Jekk tiddependi fuq influwenzi esterni l-ewwel, dawn jistgħu jġiegħlek tiddubita l-motivazzjoni interna tiegħek.

Żviluppa l-konvinzjoni interjuri tiegħek mingħajr ma tiddependi fuq validazzjoni minn oħrajn.

Achani Samon Biaou: Tfakkarni f'punt li ddiskutejna fl-introduzzjoni dwar dak li ma rridux li n-nies jieħdu minn dan il-ktieb. Id-dinja ħolqot mudelli u playbooks biex in-nies isegwuhom. Huwa diffiċli li wieħed jimmaġina kif sempliċiment issegwi dawk il-playbooks jista' jwassal għal indipendenza finanzjarja. Fl-istorja tiegħek, ma fittxetx l-opinjonijiet ta 'oħrajn dwar l-aħjar intensità biex tipprepara għall-GMAT. Int taf l-importanza tagħha għalik, għalhekk iddeċidejt li tapplika l-intensità massima.

Olumide Ogunsanwo: Eżattament, segwi r-ritmu naturali tiegħek sal-punt fejn tħossok enerġizzat. **M'hemm l-ebda playbook, ktieb tar-regoli, ktieb ta 'gwida jew mudell għall-ħajja. Kulma fadal hu li tkun lilek innifsek u tagħmel lilek innifsek aħjar kuljum. Kollox ieħor huwa bullshit.** Ma tridx tkun 70 b'ħafna dispjaċir. Issa huwa ż-żmien li l-affarijiet iseħħu.

Ma nafx il-kontrafattwali ta' x'kien jiġri mingħajr it-telf tax-xogħol tiegħi. Niddubita li kont inkompli fuq dik it-trajettorja biex insir eżekuttiv tal-Inġinerija bi 17-il sena esperjenza ta' disinn ta' proċessi. Kemm kienet tkun mundana dik il-ħajja?

Kollox irriżulta tajjeb għax kont imġiegħel nieħu riskji biex ngħix. Mhux kulħadd jista' jkollu l-istess influwenzi li mbuttawni biex nieħu riskji, iżda jistgħu jimxu lilhom infushom biex iħaddnu r-riskji.

Achani Samon Biaou: Xi nies jistgħu ma jifhmux xi tfisser billi tieħu riskji. Xi jfisser għal żagħżugħ ta' 18-il sena minn familja sinjura fil-Gana li jieħu riskji? Jew għal Amerikan li diġà għandu ħajja sabiħa, sempliċi u mingħajr stress biex jieħu riskji? Xi jfisser li tieħu riskji għal nies li diġà huma komdi?

Olumide Ogunsanwo: Nipprova nispjega. L-ewwel, l-individwi għandhom jirriflettu fuq ħajjithom u jiżviluppaw pjan għal dak li jridu jiksbu. Dan il-pjan jista' jinkludi għanijiet relatati mar-relazzjonijiet, is-saħħa, l-intraprenditorija, il-karriera, il-finanzi, l-esperjenzi, jew kwalunkwe aspett ieħor li jridu jiffokaw fuqu.

X'aktarx li jkun hemm mogħdijiet multipli li tista 'tieħu biex tikseb kull waħda minn dawk il-kategoriji ta' miri. Per eżempju, jista 'jkun hemm erba' jew ħames mogħdijiet li tista 'tieħu biex ittejjeb ir-relazzjonijiet tiegħek. Dawn il-mogħdijiet multipli kollha għandhom livelli differenti ta' riskji assoċjati magħhom.

F'kull kategorija ta' miri, x'aktarx hemm mogħdijiet multipli biex jintlaħqu. Pereżempju, jista' jkun hemm erba' jew ħames mogħdijiet differenti biex itejbu r-relazzjonijiet, kull wieħed b'livelli differenti ta' riskji assoċjati. Ħafna nies spiss jagħżlu l-approċċ konservattiv, billi jsegwu t-triq stabbilita li tipikament hija l-inqas għażla riskjuża (wara l-folla). Il-punt preċedenti tiegħi kien li nħeġġeġ lin-nies jikkunsidraw li jieħdu aktar riskji kkalkulati, speċjalment meta jkunu vvalutaw u fehmu bir-reqqa l-aspetti negattivi potenz-

jali. X'hemm x'titlef? Ħafna individwi, partikolarment dawk fl-Ewropa jew
l-Amerika, jistgħu jaffordjaw li jieħdu aktar riskji minħabba x-xbieki tas-sig-
urtà u l-backstops disponibbli għalihom.

Fl-eżempji li semmejt, fejn xi ħadd ikun finanzjarjament tajjeb, dan jap-
partjeni primarjament għall-perspettiva finanzjarja tiegħu. Il-ħajja tinkludi
aktar minn sempliċi finanzi. Għalkemm dan il-ktieb jista' jidher iffukat fuq
l-indipendenza finanzjarja, fil-fatt huwa dwar il-ħolqien u l-ħajja tal-ħajja li
trid. Tgħix ħajja li trid hija ħafna aktar mill-finanzi. Dik il-persuna jista 'jkoll-
ha miri relatati mar-relazzjonijiet, bħas-sejba ta' sieħeb romantic, jew miri tas-
saħħa, fost oħrajn. Għalhekk, xorta jistgħu jfasslu kors u jsibu modi kif jieħ-
du aktar riskji minħabba li solvew biss l-aspett finanzjarju tal-ħajja.

Achani Samon Biaou: Kull meta xi ħaġa ma tkunx sfida biżżejjed, infit-
tex għanijiet oħra. Jekk ma tħossx li qed tieħu biżżejjed riskji, tista' tistabbil-
ixxi miri aktar aggressivi għal dak li diġà qed tagħmel.

Kull meta xi ħaġa ma tħossx sfida biżżejjed, infittex miri ġodda. Jekk
tħoss li m'intix qed tieħu biżżejjed riskji, tista' tistabbilixxi miri aktar ambiz-
zjużi fi ħdan l-attivitajiet attwali tiegħek. Pereżempju, meta kont qed naħ-
dem fil-Ġermanja, kelli l-opportunità li nivvjaġġa lejn diversi pajjiżi, inkluż
l-UAE. Wara li qattajt xi żmien fl-UAE, ħassejt xewqa għal xi ħaġa ġdida lil
hinn mix-xogħol tiegħi. Dakinhar iddeċidejt li nixtri kompjuters f'Dubaj u
nbigħhom fil-Benin. Ma kellha l-ebda konnessjoni max-xogħol tiegħi, peress
li kont diġà qed nagħmel il-flus hemmhekk, imma rajtha bħala sfida ġdida.

Olumide Ogunsanwo: Assolutament, u hawn xi oqsma tal-ħajja fejn
tista 'tħaddan li tieħu aktar riskji: relazzjonijiet, saħħa, żvilupp personali/tk-
abbir/edukazzjoni, intraprenditorija, finanzi personali, ambjent fiżiku, u es-
perjenzi.

Fil-qosor, l-ewwel snin tal-karriera tiegħi kienu mmarkati minn qtigħ il-
qalb u uġigħ. Li nitlef diversi impjiegi sa l-età ta' 23 sena għamilha evidenti
li kelli bżonn nissib kors ġdid f'ħajti. Huwa għalhekk li ddeċidejt li nirreset
ħajti u napplika għall-iskola tan-negozju.

4B: L-istorja tal-Karriera Bikrija ta' Samon

Olumide Ogunsanwo: Samon, x'ġara wara li spiċċajt l-università?

Achani Samon Biaou: Wara li ggradwajt mill-università, bdejt napplika għal diversi impjiegi, u kont partikolarment interessat li nsib impjieg fir-Renju Unit. Kont smajt stejjer ta' nies minn Franza "ħarbu" lejn ir-Renju Unit għal ħajja aħjar. Kienet tidher qisha realtà differenti hemmhekk, b'kulħadd jitkellem bl-Ingliż u jmexxi n-negozju b'mod uniku. I uploaded my resume għal websajts bħal monster.com u applikajt ukoll għal kumpaniji fi Franza.

Olumide Ogunsanwo: L-attenzjoni tiegħek kienet primarjament fuq is-sejba ta' opportunitajiet internazzjonali barra minn Franza, speċifikament fir-Renju Unit?

Achani Samon Biaou: Iva, fuq kollox, ridt naħdem f'ambjent fejn stajt nuża l-Ingliż. Ir-Renju Unit deher għażla naturali, imma qist ukoll għażliet oħra bħall-Iskandinavja, l-Isvizzera, jew il-Ġermanja, fejn eventwalment spiċċajt.

Olumide Ogunsanwo: Kemm kont profiċjenti bl-Ingliż dak iż-żmien? L-Ingliż tiegħek issa huwa fabulous.

Achani Samon Biaou: Dakinhar, il-ħiliet tiegħi fl-Ingliż kienu f'livell intermedju.

Mill-mod, m'inix ċert jekk qsamtx magħkom l-istorja ta' kif tgħallimt l-Ingliż. Kont tassew ossessjonat biha. Ma segwejtx il-kurrikulu mgħallem fl-iskola. Meta kelli għaxar snin, kelli xewqa kbira li nifhem u nitkellem bl-Ingliż Amerikan. Xtrajt cassette tapes u anke żort iċ-Ċentru Kulturali Amerikan f'Cotonou biex tgħaddas ruħi fil-lingwa.

Ritorna għat-tfittxija tax-xogħol, ħassejt li l-"francophone-ness" tiegħi kienet qed tillimita l-espożizzjoni globali tiegħi. Meta ridt naqra l-aħbarijiet, dejjem kienet bil-Franċiż. Immaġina li jkollok il-ħarsa tad-dinja kollha tiegħek limitata għal lingwa li mhix l-Ingliż.

Olumide Ogunsanwo: Hemm distinzjoni ċara bejn l-Afrika Frankofona u l-Afrika Anglofona. Meta trabbejt fin-Niġerja, l-Ingliż kien il-lingwa nazzjonali, li fisser li meta wieħed jikkunsidra futur barra min-Niġerja, ir-Renju

Unit jew l-Amerika ta' spiss kienu l-għażliet primarji, bil-Kanada tkun pos-
sibbiltà wkoll. Il-lingwa għandha impatt sinifikanti fuq l-opportunitajiet u l-
ħajja futura tiegħu.

Jekk inti ġenitur taqra dan il-ktieb u inti interessat fl-indipendenza fi-
nanzjarja għalik innifsek u/jew għat-tfal tiegħek, ikun notevoli li tipprovdil-
hom ir-rigal ta 'lingwi multipli. Pereżempju, oħti, li kienet Niġerjana, id-
daħħal lil uliedha fi skola Franċiża ta' età żgħira. Huma kienu fluwenti bil-
Franċiż sa mit-tfulija, li jiftaħilhom għadd kbir ta 'opportunitajiet.

In-Niġerja hija mdawra minn pajjiżi li jitkellmu bil-Franċiż, għalhekk
kellna nieħdu ħafna klassijiet tal-Franċiż, għalkemm dak iż-żmien ma ħadtx
bis-serjetà minħabba għalliema u kurrikulu inadegwati. Madankollu, jekk
għandek il-mezzi, ikun ta' vantaġġ li tagħti lil uliedek ir-rigal bikri ta' lingwi
multipli. X'inhuma l-ħsibijiet tiegħek dwar dan?

Achani Samon Biaou: Għandi fehma aktar estrema. Nemmen li kull
min jista', għandu jsir finanzjarjament indipendenti kmieni, li jippermettil-
hom li jittrattaw l-edukazzjoni ta' wliedhom, jekk jagħżlu li jkollhom it-tfal,
bħala xogħol. Jekk ikolli t-tfal, naspira li jkunu tal-inqas kwadrilingwi sa l-
età ta' 10 snin. Dan ikun jinvolvi li jgħix intenzjonalment f'pajjiżi fejn mhux
biss jitgħallmu l-lingwa fl-iskola iżda wkoll jgħaddu lilhom infushom fil-kul-
tura. Il-lingwa mhix kunċett iżolat; hija marbuta profondament mal-kultura.
Pereżempju, immaġina Norveġiż li jitgħallem u jitkellem Joruba fin-Norveġ-
ja. Huma jistgħu spiss jitkellmu dwar affarijiet bħal "It-temp huwa kbir illum,
u jiena pjuttost kuntenta." M'hemm xejn ħażin f'dan, iżda n-Niġerjani tipika-
ment ma jiddiskutux it-temp f'konversazzjonijiet ta 'rutina. Billi tgħaddas
ruħu fil-kultura, jintlaħaq fehim vixxerali u kważi essenzjali tal-lingwa, aktar
milli sempliċi traduzzjoni.

Olumide Ogunsanwo: Naqbel kompletament. Il-ħajja hija maħsuba
għall-esperjenzi, u wieħed jista' tassew japprezza dawk l-esperjenzi meta jkun
jista' jgħaqqad man-nies bil-lingwa lokali tagħhom. Huwa sempliċi daqs dik.
Biex ma nsemmux il-vantaġġi professjonali u finanzjarji, li huma konsideraz-
zjonijiet sekondarji.

Achani Samon Biaou: Tajjeb, ejja mmorru lura għall-istorja ta' kif
tfixkel ix-xogħol. Dak iż-żmien, l-għażla tax-xogħol tiegħi ma kinitx im-
mexxija primarjament minn kunsiderazzjonijiet finanzjarji, u ma tantx tajt
attenzjoni għas-salarji. Dak li kien importanti għalija kien li nkun f'ambjent

ta' xoghol kbir u li jkolli xi ħaġa sinifikanti x'naghmel. Għalkemm is-salarju kien konsiderazzjoni, ma kontx konxju li jista' jkun hemm differenzi sinifikanti fis-salarji bejn ir-rwoli. tellajt is-CV tiegħi fuq Monster u ktibt it-tra ta' kopertura bl-Ingliż. Eventwalment, kont diġà ksibt offerta minn Accenture fi Franza, li tħallas madwar €32,000 fis-sena.

B'mod mhux mistenni, irċevejt telefonata mingħand Deutsche Telekom Consulting fil-Ġermanja. Kumpaniji Franċiżi tipikament ma jtirux kandidati jew ikopru l-ispejjeż tal-ivvjaġġar għal intervisti fi Franza. Madankollu, Deutsche Telekom Consulting tellgħuni minn Pariġi għal Bonn għall-intervista, mingħajr ebda tħassib għall-ispiża tal-biljett.

Kienet l-ewwel darba li żort il-Ġermanja, u kont eċċitati dwar l-opportunità. Fl-intervisti preċedenti tiegħi fi Franza, kont sempliċiment mistenni li nuri, mingħajr diskussjonijiet dwar l-ispejjeż tal-ivvjaġġar, u ċertament ma ġejtx offrut ikla. Niftakar li rċevejt voucher tal-ikel għal waħda mill-intervisti fi Franza.

Hekk kif l-intervista mxiet 'il quddiem, eventwalment bdejna niddiskutu s-salarju, u staqsew dwar l-aspettattivi tiegħi. Ħassejtni kuraġġuż, tlabt €38,000, li kienu 25% aktar mill-offerta minn Accenture. Ħsibt li nkun għani jekk qablu ma' dan. Għas-xokk u l-pjaċir tiegħi, l-uffiċjal tal-HR wieġeb, u daqq kważi skużat, "Oh, taf, noffrulek €45,000. Dan huwa l-punt tat-tluq għas-salarji hawn."

Olumide Ogunsanwo: [Daħk]

Achani Samon Biaou: I ffriżat għal sekonda. Din kienet madwar 50% ogħla mill-offerta tiegħi fi Franza. Bosta mistoqsijiet mgħarrqu f'moħħi. "€45,000?" "Għaliex hija daqshekk għolja?" "Dan kif inhu possibbli meta €32,000 kienu diġà kkunsidrati bħala salarju kbir fi Franza żviluppata b'mod ugwali ftit tul il-fruntiera?" "Għaliex ma kontx naf dwar dan?" "Kemm ser inkun għonja?" "Hemm qabda?"

Istantaneament, kont mimlija kurżità u dispjaċir talli ma esplorajtx opportunitajiet barra minn Franza qabel. Kont determinat li ma naghmel l-istess żball jekk iddeċidejt li mmur il-Ġermanja. Iddeċidejt li nfittex opportunitajiet f'postijiet ġeografiċi oħra lil hinn miż-żona tal-kumdità tiegħi.

Kont ferħana bil- prospett li nsir sinjur. Il-ħbieb tiegħi Franċiżi u Afrikani Frankofoni fi Franza kienu jew jealous jew mhux infurmati meta staqsew għaliex kont nagħżel li noqgħod il-Ġermanja. Staqsew ukoll jekk kontx ikkunsidrajt l-implikazzjonijiet li niċċaqlaq f'pajjiż bħal dan.

Għalkemm ma ppjanajtx b'mod metikoluż, irraġunajt li jekk immigranti oħra setgħu jirnexxu hemmhekk, allura stajt nifhem ukoll. Kont kurjuż biex nitgħallem dwar postijiet oħra. Waqt l-intervista tiegħi, ma rajt lil ħadd liebes is-svastika jew iltaqa' ma' xi ħaġa mhux tas-soltu.

Olumide Ogunsanwo: [Rires] L-ebda tatwaġġi strambi.

Achani Samon Biaou: Jien nemmen li nkun tajjeb fil-Ġermanja. Rajt ftit nies Suwed oħra u ltqajt ma' popolazzjoni Torka kbira. Kurjuż dwar il-ħajja fil-Ġermanja, staqsejt madwar. Xi nies iddeskrivewh bħala kbir, paċi-fiku, u ġust. Oħrajn semmew ir-razziżmu u l-isfidi tal-avvanz bħala persuna Iswed fit-tmexxija. Ikkonkludejt li l-Ġermanja, bħal Franza u pajjiżi oħra tal-Punent, kellha kemm nies deċenti kif ukoll każijiet ta' razziżmu. Dinamika simili x'aktarx kienet teżisti fin-Niġerja fost gruppi etniċi differenti.

Olumide Ogunsanwo: Fil-kapitolu preċedenti tagħna dwar is-snin tal-gradwazzjoni tagħna, deher li konna intenzjonati u kellna perspettiva usa' fuq l-opportunitajiet. Għaliex ma avviċinatx it-tfittxija tiegħek għall-impjieg bl-istess mentalità? Jidher li t-tfittxija tiegħek għax-xogħol kienet inqas inten-zjonata.

Achani Samon Biaou: Jien kuntent li għamilt dik il-mistoqsija. Waqt it-tfittxija tiegħi għal impjiegi tal-istudenti fl-undergrad, kont tassew inten-zjonat u avventuruża. Madankollu, fir-rigward tat-tfittxija tax-xogħol wara l-gradwazzjoni, filwaqt li kont ikkunsidrat ir-Renju Unit u l-Ġermanja, xorta applikajt għal pożizzjonijiet regolari ta' telekomunikazzjoni f'dawk il-pajjiżi. Fi Franza, applikajt għal kumpaniji familjari bħal Accenture u Alcatel.

Inkludejt ir-Renju Unit u l-Ġermanja fit-tfittxija għax-xogħol tiegħi għax ridt nuża l-ħiliet tiegħi fl-Ingliż. Madankollu, ikkunsidrajt biss b'mod vag il-benefiċċji finanzjarji peress li dak iż-żmien ma kontx fhimtx bis-sħiħ in-num-ri. Kien aktar tard li ksibt fehim aktar profond tal-indipendenza finanzjarja. Dak li għenni f'dak il-vjaġġ kien taħlita ta' kurżità u kompetittività. Filwaqt li mhux dejjem kelli idea ċara ta' dak li ridt, kont miftuħ biex nipprova affarijiet ġodda. Din il-kurżità poġġitni f'pożizzjoni li niskopri opportunitajiet mhux mistennija.

Jekk ma timbottax lilek innifsek 'il barra miż-żona ta' kumdità tiegħek u tibqa' kurjuż, qatt ma tkun taf dwar l-opportunitajiet li jeżistu. Dejjem em-mint li stajt insegwi kwalunkwe għażla ta' karriera li xtaqt. Wara kollox, dawk li diġà qed jagħmlu dan, għandhom xi vantaġġ speċjali?

Olumide Ogunsanwo: Iva. Ħsibt, "Għaliex ma nistax nagħmel hekk ukoll?"

Achani Samon Biaou: Fil-fatt, għaliex ma tagħmilx u tagħmilha saħansitra aħjar?

Ritorna lura għall-esperjenza tiegħi fil-Ġermanja, ingħaqadt ma' Deutsche Telekom Consulting fl-2006 fl-età ta' 24 sena, u kont ferħana dwar is-salarju tiegħi ta' €45,000. Madankollu, iltqajt ma' ftit sorpriżi tul it-triq. L-ewwel, ix-xokk ta' tassazzjoni ogħla fil-Ġermanja meta mqabbel ma' Franza. B'mod sorprendenti, spiċċajt naqla 'kważi l-istess dħul nett jew forsi ftit aktar. It-tieni, xahrejn jew tlieta biss wara l-impjieg il-ġdid tiegħi, ġejt offruta opportunità għal proġett internazzjonali ta 'tliet xhur fl-Afrika t'Isfel. L-aċċettazzjoni tal-inkarigu twassal għal żieda fis-salarju, u stennejt żieda modesta mis-salarju nett inizjali tiegħi ta' madwar €2,000/xahar (€24,000/sena) fil-Ġermanja għal madwar €2,500/xahar (€30,000/sena).

Olumide Ogunsanwo: Dan huwa salarju nett daqshekk baxx. €24,000 nett minn salarju gross ta' €45,000. Dak miġnun.

Achani Samon Biaou: Ħallast ammont sinifikanti f'taxxi, inkluża t-taxxa fuq id-dħul regolari, taxxa ta 'solidarjetà biex tappoġġja r-rikostruzzjoni tal-Lvant fil-Punent tal-Ġermanja, u taxxa tal-knisja fakultattiva. Bħala Kristjan li ma jipprattikax, għażilt li nagħżel it-taxxa tal-knisja.

Olumide Ogunsanwo: Minn perspettiva purament razzjonali, huwa aħjar li tiddikjara li m'intix affiljat mal-knisja u tikkontribwixxi perċentwali tal-għażla tiegħek, aktar milli l-gvern jiddetermina l-ammont għalik. Jidher miġnun li jagħmlu hekk.

Achani Samon Biaou: Tliet xhur wara li ngħaqadt ma' Deutsche Telekom Consulting f'Ottubru 2006, bdejt inkarigu internazzjonali madwar l-Ewwel tas-Sena, u l-paga netta tiegħi kważi ttriplikat għal €7,000 fix-xahar. Qabel tmiem l-2007, kont akkumulajt 'il fuq minn €100,000 fi tfaddil mis-salarju u l-bonus tiegħi. Il-kumpanija pprovdiet akkomodazzjonijiet fil-lukandi, kopriet karozzi tal-kiri għal żjarat tal-klijenti, u ppermettietna nefqu l-ispejjeż tat-taxi. I kien kapaċi jiffranka ammont sinifikanti ta 'flus.

Olumide Ogunsanwo: Kemm domt fil-lukandi? Eventwalment mort mort għal akkomodazzjoni korporattiva?

Achani Samon Biaou: Bqajt f'lukandi fl-Afrika t'Isfel u mbagħad ukoll aktar tard f'Dubaj. F'Dubaj, kellna allowance li stajna nużaw biex nikru post. Jien u kollega kellna post bi 3 kmamar tas-sodda f'lokal spettakolari lura mse-jjaħ il-Gżira Palm Jumeirah.

L-affarijiet ma kinux jagħmlu sens għalija. Ftit xhur qabel, kont student fi Franza, pajjiż żviluppat. Imbagħad mort il-Ġermanja u indunajt li Franza għandha ekonomija iżgħar, li lanqas kont naf biha peress li l-Ġermanja rari tiġi diskussa fid-dinja frankofona. Ma kkalkulax għalija. Fil-Ġermanja, bdejt b'karozza tal-kumpanija, Mercedes C-Class, bl-ispejjeż tal-fjuwil koperti bis-sħiħ. Kont qed nivvjaġġa lejn l-Afrika t'Isfel u Dubai, naqla' aktar flus milli n-nies tipikament jagħmlu f'20 sena tal-karriera tagħhom fi Franza jew fil-Ġermanja. Għaliex kien jiġrili dan kollu? Kont ferħan oerhört imma kurjuż dwar kif kienet żvolġiet.

Olumide Ogunsanwo: Iż-żieda fis-salarju 3X kienet minħabba al-lowance ta' tbatija internazzjonali?

Achani Samon Biaou: Iva, kien hemm diversi allowances, inkluż al-lowance għal tbatija. Barra minn hekk, bħala impjegat ibbażat barra mill-Ġermanja għal aktar minn sitt xhur f'sena, kelli xi tfaddil tat-taxxa peress li ma kontx suġġett għal tassazzjoni sħiħa fil-Ġermanja.

Matul l-ewwel sena tiegħi f'Deutsche Telekom, vvjaġġajt b'mod estensiv, iltqajt ma' ħafna nies ġodda, u ttejjeb il-ħiliet tiegħi fl-Ingliż. Drajt noqgħod f'lukandi lussużi fl-eta' ta' 23 sena. Kien biss f'Settembru 2022 li xtrajt l-għa-mara, u nimxi 'l bogħod mill-għamara kerha tal-università li kont kont nuża sa dak iż-żmien.

Olumide Ogunsanwo: Għal dawk li jaqraw l-istorja tiegħek u jaħsbu li kienet biss xortih, liema prinċipji jistgħu jieħdu minnha?

Achani Samon Biaou: Iċ-ċavetta mhix li tqabbel il-vjaġġ tiegħek ma 'xi ħadd ieħor u tipprova tiċħad il-kisbiet tagħhom bħala xortih. It-triq ta' kulħadd hija unika, u xi nies jistgħu jkunu bdew il-vjaġġ tagħhom għall-in-dipendenza finanzjarja aktar tard fil-ħajja. Oħrajn setgħu twieldu finanzjar-jament indipendenti minħabba li l-ġenituri tagħhom kienu biljunarji.

Olumide Ogunsanwo: [Daħk isteriku]

Achani Samon Biaou: Il-prinċipji li wieħed jiffoka fuqhom huma l-kurżità u l-ambizzjoni. Osserva l-affarijiet li jiġru madwarek u imbotta lilek innifsek biex tesplora opportunitajiet ġodda.

M'għandekx għalfejn issegwi l-istess triq bħall-oħrajn. Ibqa' kurjuż u kompetittiv, dejjem tistinka biex tegħleb lilek innifsek. Huwa faċli li ssir kompjaċenti mas-sitwazzjoni u l-ambjent attwali tiegħek, iżda nħeġġeġ lill-qarrejja biex ma jillimitawx dak li jistgħu jiksbu. Dik hija t-teħid ewlieni mill-istorja tiegħi.

Olumide Ogunsanwo: Nies estremi jiksbu riżultati estremi. Forsi ma niddeskrivix lili nnifsi bħala estrem, imma hemm xi ħaġa mill-isbaħ dwar li b'mod aggressiv nipprova nagħmel bidla pożittiva f'ħajtek. Jekk diġà kkun-tentat fejn int, tista' ma tieħux azzjoni. Iżda kif turi l-istorja ta' Samon, il-kurżità u l-ispinta tiegħu wassluh biex jagħmel l-aħjar użu mill-opportunita-jiet li kellu. Il-mistrieħ fuq ir-rand tiegħek mhux probabbli li jwassal għal in-dipendenza finanzjarja.

Prinċipju wieħed li ħadt mill-istorja tiegħek huwa li tfittex opportunita-jiet b'mod attiv, li tkun kurjuż, u tkun lest li tieħu riskji kkalkulati.

Kieku kont tifel Franċiż Kawkasiku li trabba f'Pariġi, imdawwar minn ħbieb Franċiżi u edukat biss fi Franza, jista' jkollok beżgħan li tmur toqgħod fl-Arabja Sawdija jew fl-UAE. Is-sikurezza u r-riskji jkunu tħassib ewlieni. Bil-maqlub, li tkun immigrant joffri vantaġġi uniċi għall-ingranaġġ. Wara li mort minn post ieħor, inti mdorri b'kulturi mhux familjari u komdu li tip-prova affarijiet ġodda. Pereżempju, Samon kien immigrant li kien diġà esper-jenza l-ħajja rurali tar-razzett u l-għajxien urban fil-Benin qabel ma jmur fi Franza. Dan l-isfond għamilha aktar faċli għalih li jħaddan proġetti internaz-zjonali fl-Afrika t'Isfel jew fl-UAE, peress li kien aktar flessibbli u inqas jibża' li jesplora ambjenti ġodda.

Dak kollu li għaddejt minnu f'ħajtek għamilkom dak li int. Iħaddnu l-passat tiegħek u użah biex toħloq futur aħjar. L-istorja tiegħek hija l-vantaġġ personali tiegħek. Hija s-superpotenza tiegħek ta 'uniċità f'dinja li tipprom-wovi l-uniformità bland.

Jekk trabbejt f'ambjent fejn kellek timxi diversi sigħat l-iskola kuljum, tista' tipperċepixxih bħala żvantaġġ. Madankollu, perspettiva aħjar tkun li tikkunsidra l-benefiċċji aqwa tas-saħħa tal-mixi, il-ħin addizzjonali għall-in-trospezzjoni, u l-opportunità li tiltaqa 'ma' nies u tesplora partijiet differenti tal-pajjiż. M'hemm l-ebda realtà oġġettiva, hemm biss l-interpretazzjoni suġġettiva kontinwa tagħna tal-ħajja. Allura għaliex ma tadottax perspettiva pożittiva fuq l-istorja ta' ħajtek biex tagħti s-setgħa lilek innifsek? Dan ikun aktar ta' benefiċċju milli tilmenta u twaħħal f'oħrajn għaċ- ċirkustanzi tiegħek.

Achani Samon Biaou: Miftiehem. Barra minn hekk, il-flus infushom
ma tantx kienu jimpurtahom għalija dak iż-żmien. Huwa kruċjali li tiftakar
li jekk l-uniku fokus tiegħek huwa l-flus jew il-possedimenti materjali, qatt
mhu se tħossok sodisfatt, u int se titlef milli tgawdi l-valur veru li jistgħu jip-
provdu l-flus.

Olumide Ogunsanwo: I'll żid ftit togħma aktar ma 'dak. Immaġina lil xi
ħadd li għandu ħila fil-finanzi personali. Anke jekk jibdew f'nofs l-għoxrin
sena, xorta jista' jieħu minn 10 sa 15-il sena biex tinkiseb l-indipendenza fi-
nanzjarja. Għall-persuna medja, tista 'saħansitra tieħu 30 sa 50 sena. Matul
dawk is-snin, huwa essenzjali li ssib ferħ u sodisfazzjon fil-ħajja u xomm il-
ward.

Għalhekk ma jimpurtax jekk intix tajjeb fil-finanzi personali jew joe re-
golari jipprova insemmu l-baŜi, se tieħu snin ta 'ħajtek biex issir finanzjarja-
ment indipendenti! Jekk tkun iffissat wisq fuq il-finanzi, tista' titlef għexieren
ta' snin ta' ħajtek waqt li tistenna l-libertà finanzjarja. Il-flus m'għandhomx
ikunu l-għan aħħari. Igawdu l-VJAĠĠ fit-triq lejn l-indipendenza finanzjar-
ja għax il-vjaġġ huwa ħajtek.

Achani Samon Biaou: Jien kont vittma ta' dan f'ħafna modi. In-nies jas-
sumu li li jgawdu ħajjithom ifisser ħela jew jonfqu ħafna flus. Hija ma. Hemm
ħafna modi kif issib kuntentizza u toħloq esperjenzi memorabbli fil-mezzi
tiegħek u mingħajr ma tipperikola l-futur tiegħek.

Olumide Ogunsanwo: Hemm xi storja oħra li tixtieq taqsam li in-
fluwenzat il-finanzi personali, l-indipendenza finanzjarja, il-prospetti, jew il-
viżjoni tiegħek?

Achani Samon Biaou: Assolutament. Għandi storja minn waħda mill-
ewwel impriżi intraprenditorjali tiegħi li nixtieq naqsam. Din l-esperjenza
għenitni nifhem il-vantaġġi li jkolli flussi ta' dħul multipli.

Kif tiftakar, missieri kien involut f'diversi negozji, għalhekk dejjem qiest
li huwa naturali li nesplora diversi proġetti u impriżi. Fl-2007, ftit xhur biss
fil-karriera tiegħi, is-salarju nett tiegħi li nieħdu d-dar ittriplika minn €2,500
fil-Ġermanja għal firxa ta' €7,000 sa €9,000 fix-xahar bħala espatrijat fl-Afri-
ka t'Isfel, Dubai, il-Malasja, u postijiet oħra. Barra minn hekk, kelli spej-
jeż minimi tad-djar peress li l-kumpanija tiegħi pprovdiet akkomodazzjoni
u kopriet il-kontijiet tad-dawl u l-ilma. Dan ippermettili niffranka porzjon

sostanzjali mid-dħul tiegħi, kważi seba' darbiet aktar milli stajt fil-Ġermanja minħabba l-ispejjeż minimi assoċjati mal-kuntratt ta' espatrijat tiegħi.

Olumide Ogunsanwo: Inkredibbli!

Achani Samon Biaou: Kelli 27 sena u kont ilni naħdem fid-DT għal tliet snin meta bdejt inħossni niddejjaq. Ħsibt biex nespandi intrapriża ta' mikro-intraprenditorija li kont segwejt bħala student fi Franza waqt il-vaganzi tal-iskola. Dakinhar kont inġib il- kompjuters minn Franza lejn il-Benin u nbigħhom bl- għajnuna ta' ħabib. Kont fl-UAE u kelli aktar kapital disponibbli, għalhekk ħsibt li stajt nittrasforma dan f'negozju akbar. Minflok ma nixtru laptops minn Franza, iddeċidejna li nixtruhom mill-UAE fejn kienu aktar affordabbli.

Madankollu, iffaċċjajna xi sfidi. It-tastieri fl-UAE kienu QWERTY, fil-waqt li t-tastieri tal-lingwa Franċiża kienu AZERTY. Barra minn hekk, il-kejbils tal-enerġija fl-UAE kienu differenti minn dawk fil-Benin u Franza. Kellna nsibu soluzzjonijiet għal dawn il-kwistjonijiet qabel ittrasportaw il-laptops mill-UAE għall-Benin għall-bejgħ.

Aħna eventwalment dehret l-ekonomija tal-unità tax-xiri tal-laptops u l-iċċarġjar tal-kejbils iżda tħallew bil-kwistjoni tat-tqassim tat-tastiera. Imbagħad ħabib tiegħi ssuġġerixxa li npinġu l-ittri Franċiżi fuq it-tastieri tal-UAE fil-Benin!

Olumide Ogunsanwo: [Tbissem] Qed tiċċajta? Dak ħsejjes 100% insane.

Achani Samon Biaou: Eventwalment, iddeċidejna li nixtru stikers u npoġġuhom fuq it-tastieri QWERTY bħala soluzzjoni aktar prattika. Ħadna l-pass u bdejna negozju, li nkorpora kumpanija b'€20,000 (€10,000 kull wieħed). Ir-rwol tiegħi kien li nixtri laptops mill-UAE u nivvjaġġa lejn il-Benin biex inbigħhom. Għal ordnijiet sensittivi għall-ħin, konna nibgħatu l-laptops permezz ta 'dgħajsa. Biex nottimizza l-ispejjeż tat-titjira, intajjar minn Nairobi ma' Kenya Airways.

Olumide Ogunsanwo: Oh, it-tjubija tiegħi. Kif tmexxi tivvjaġġa b'tant laptops? Iċċekkjajthom? Kont tibża' li se jinqerdu?

Achani Samon Biaou: Inizjalment, kont iġorr il-biċċa l-kbira tal-kompjuters fil-bagalji tal-idejn u ċċekkjajt il-kejbils. Hekk kif in-negozju kiber, bdejt niċċekkja xi wħud mil-laptops, ikkuttunarhom bi ħwejjeġ biex nipproteġi kontra l-ħsara. Aħna mmonitorjajna mill-qrib il-prezzijiet f'postijiet differenti u konna nibgħatu minn Franza jew Dubai skont l-aħjar prezzijiet. Eventwalment, anke bdejna nixtru miċ-Ċina. In-negozju rnexxa, ġġenera 'l fuq minn $200,000 f'bejgħ annwali u esperjenza tkabbir ta' kważi għaxar darbiet fid-dħul fi żmien ftit snin biss.

Tgħallimt li anki jekk int suċċess biex tagħmel il-flus permezz ta 'triq waħda, m'għandekx għalfejn tieqaf hemm. Tista' tkompli titgħallem u tesplora opportunitajiet ġodda.

Kont f'pożizzjoni komda, u mhux bilfors għamilt għall-flus. Sibt arbitraġġ u mort warajh. Għamilt mhux biss b'kompjuter wieħed iżda fuq skala akbar b'mijiet ta' kompjuters.

Madankollu, in-negozju eventwalment iffaċċja sfidi. Għamilna l-"iżball" li nkunu onesti billi nippreżentaw it-taxxi u nħallsu s-sigurtà soċjali għall-impjegati tagħna fil-Benin. Ġurnata waħda, l-awtoritajiet tat-taxxa ġew u żvelaw li l-biċċa l-kbira tan-negozji fiż-żona ddikjaraw biss madwar 10% tal-bejgħ attwali tagħhom. Huma ħarġu kont tat-taxxa li kien jinkludi reviżjonijiet għas-snin preċedenti. Konna ixxukkjati imma ħassejna bla saħħa. Ma nistgħux niġġieldu s-sistema, iddeċidejna li nillikwidaw l-inventarju u nilqgħu n-negozju.

Madankollu, din l-esperjenza esponietni għad-dinja tal-intraprenditorija. Kellna nimpjegaw impjegati, nimmaniġġjaw l-inventarju, u ottimizzaw l-ispejjeż tan-negozju. Kienet esperjenza ta' tagħlim siewja li seħħet qabel saħansitra attendejt l- iskola tan- negozju.

Achani Samon Biaou: Il-morali tal-istorja hija li tfittex opportunitajiet ġodda meta tħossok bla kwiet u l-kurva tat-tagħlim tiegħek tkun iċċattjata. M'għandekx issir wisq komda u kompjaċenti; dejjem tistinka biex iżżid xi ħaġa ġdida. Id-dinja hija mimlija possibbiltajiet u opportunitajiet infiniti. Hemm ferħ interjuri u sodisfazzjon li jiġi mit-tagħlim ta' affarijiet ġodda u l-iżvilupp ta' ħiliet ġodda, anki jekk dawn ma jirriżultawx immedjatament fi gwadann finanzjarju.

Olumide Ogunsanwo: Beautiful. Grazzi talli qsamt l-istorja tiegħek.

4C: Prinċipji ta' Ambizzjoni u Kuraġġ

Olumide Ogunsanwo: Issa li qsamna l-istejjer personali tagħna, ejja nbiddlu l-attenzjoni tagħna u nidħlu fi prinċipji speċifiċi li jistgħu jaċċellaraw il-vjaġġ lejn l-indipendenza finanzjarja. F'dan il-kapitolu, aħna ser nesploraw il-prinċipji tal-ambizzjoni u l-kuraġġ, maqsuma fi tliet taqsimiet. L-ewwel, aħna ser niddefinixxu dawn il-prinċipji. It-tieni, ser niddiskutu kif jistgħu jikkontribwixxu għall-kisba tal-indipendenza finanzjarja. U fl-aħħarnett, aħna ser nipprovdu rakkomandazzjonijiet tal-kotba għal aktar esplorazzjoni ta 'dawn il-prinċipji.

Ejja nibdew bl-ambizzjoni, li hija xewqa qawwija li titwettaq xi ħaġa li teħtieġ determinazzjoni u xogħol iebes. L-ambizzjoni kif tirrelata mal-prinċipji li ddiskutejna qabel, u kif tista' tappoġġja t-tfittxija tal-indipendenza finanzjarja?

L-ewwel, tkellimna dwar l-awto-twemmin u l-awtodipendenza. Inti tiżviluppa mentalità li teqred it-twemmin li jillimita ruħek u trawwem twemmin fil-ħila tiegħek li tikseb xi ħaġa. Int ukoll tassumi responsabbiltà unika għal ħajtek. Sussegwentement, il-kurżità tiegħek iwassalk biex tesplora opportunitajiet ġodda u taħseb b'mod indipendenti, ħieles mill-biża' li titlef (FOMO). Ikollok eċċitati u kurjużi dwar x'tista' ssir il-ħajja.

Sussegwentement, tiżviluppa x-xewqa taħraq li toħloq ħajja li trid, li tinkludi li tkun finanzjarjament indipendenti. Dik ix-xewqa taħraq hija ambizzjoni. Naturalment tevolvi minn twemmin personali, awtodipendenza, kurżità u ħsieb indipendenti. L-ambizzjoni ssir speċjalment kruċjali għall-underdogs, barranin, espatrijati, nomadi, minoranzi, u immigranti. Bħala barrani, li tifhem l-ambjent il-ġdid tiegħek u li tagħraf il-possibbiltajiet hija vitali. Li tkun ambizzjuż jippermettilek li taħseb u tistinka għal ħajja ġdida.

Achani Samon Biaou: Naqbel kompletament. Inizjalment, l-ammont meħtieġ għall-indipendenza finanzjarja jista 'jkun intimidanti. Pereżempju, jekk taqla' $12,000 fix-xahar u temmen li għandek bżonn miljun dollaru biex tikseb l-indipendenza finanzjarja, huwa naturali li taħseb li huwa impossibbli u ċċedi qalbek mingħajr lanqas biss tipprova.

L-ambizzjoni hija stat tal-moħħ li jgħinek temmen fil-ħila tiegħek li tistabbilixxi u tilħaq miri aspirazzjonali. L-ambizzjoni hija marbuta mill-qrib mal-ħsieb indipendenti u msaħħa bl-iffissar tal-għanijiet. Biex toħloq viżjoni għal ħajtek li tinkludi l-ħolm u x-xewqat tiegħek, trid tkun kapaċi taħseb b'mod differenti minn oħrajn.

Madankollu, mingħajr għanijiet, l-ambizzjoni waħedha hija bla direzzjoni u twassal għal sforzi mhux iffukati. Bl-istess mod, mingħajr ambizzjoni, x'aktarx li tiffissa miri żgħar li jwasslu għal potenzjal mhux sodisfatt.

Olumide Ogunsanwo: Artikolat tajjeb. L-ambizzjoni taġixxi bħala l-pont bejn il-ħsieb indipendenti mill-aħħar kapitolu u l-iffissar tal-għanijiet, li ser niddiskutu fil-kapitolu li jmiss. Robert Kiyosaki jagħti parir [1]lill-individwi biex jisfidaw lilhom infushom billi jbiddlu l-mentalità tagħhom minn "Ma nistax naffordjaha" għal "Kif nista' naffordjaha?". Dan l-approċċ jista' jiġi applikat b'mod wiesa' għal opportunitajiet u sfidi billi ma jgħidux "Ma nistax nagħmel dan" jew "Mhux possibbli" Minflok, individwi ambizzjużi jemmnu fil-kapaċitajiet tagħhom u jieħdu azzjoni b'mod proattiv biex iseħħu l-affarijiet.

Billi xtrajt dan il-ktieb, int diġà wrejt l-interess tiegħek fil-kisba tal-indipendenza finanzjarja. Madankollu, mhux se jseħħ waħdu. Hu azzjoni llum, mhux għada, mhux dalwaqt u żgur mhux fil-"futur". Hu azzjoni llum biex tpoġġi lilek innifsek fit-triq għas-suċċess.

Achani Samon Biaou: Jekk qed tfittex li tikkultiva l-ambizzjoni, hawn xi rakkomandazzjonijiet tal-kotba. Biex tibda, " The Power of Ambition [2]" ta' Jim Rohn hija riżorsa eċċellenti. Dan il-ktieb jidħol fil-qawmien tal-forza qawwija ġewwa lilek innifsek biex issir aktar ambizzjuż.

Olumide Ogunsanwo: [Tbissem] Taf x'inhu inkredibbli, Samon? Kont se nirrakkomanda eżatt l-istess ktieb. Huwa inkredibbli għaliex qabel issa ma konnax jew iddiskutejna rakkomandazzjonijiet.

Achani Samon Biaou: Iva, tabilħaqq. Huwa ktieb straordinarjament insightful. Fix-xogħol tiegħu, l-awtur jiddefinixxi mill-ġdid l-ambizzjoni bħala stat tal-moħħ aktar milli sempliċi azzjoni. Jargumenta li l- ambizzjoni vera mhix xewqa li titlaq imma xewqa dixxiplinata, ħerqana, u kimportant ossessiva.

---

1.   https://www.goodreads.com/quotes/645564-i-can-t-afford-it-shut-down-your-brain-it-didn-t

2.   https://www.amazon.com/Power-Ambition-Awakening-Powerful-Within-ebook/dp/
B09FNP7GCX

Huwa essenzjali li tadotta mentalità fejn tkun qed tikkontempla kontinwament il-kisba sinifikanti li jmiss tiegħek, aktar milli toqgħod għaċ-ċirkostanzi attwali tiegħek. Jekk inti tmexxi maratona b'suċċess, ma tieqafx hemm; jimmiraw għal triathlon.

Olumide Ogunsanwo: Is-sbuħija tal-prinċipju tal-ambizzjoni hija li fil-waqt li spiss niddiskutuh fil-kuntest tal-indipendenza finanzjarja, għandu applikazzjonijiet estensivi fl-iżvilupp personali. L-ambizzjoni tista' tagħtik is-setgħa li tibda negozju, issib sieħeb, jew tikseb kwalunkwe mira li tfassal moħħok għaliha. Il-mentalità, il-ħiliet u r-riżorsi kkultivati fl-insegwiment tal-indipendenza finanzjarja dejjem jinfirxu f'oqsma kruċjali oħra tal-ħajja, bħar-relazzjonijiet, is-saħħa, l-intraprenditorija, u aktar.

Achani Samon Biaou: Kif jgħid il-qal, inti l-kumpanija li żżomm. Li tdawwar lilek innifsek b'individwi li m'għandhomx ambizzjoni tista' potenzjalment tfixkel is-sewqan tiegħek, anki jekk naturalment ikollok xewqa qawwija li tirnexxi. Jekk bħalissa qed tikkontempla li tagħmel bidla kbira, jista 'jkun ta' benefiċċju li tqatta 'aktar ħin ma' ħbieb li laħqu miri ambizzjużi jew qed isegwuhom b'mod attiv. Li tkun fil-kumpanija ta' individwi li jaħsbuha l-istess u motivati jista' jispirak, jipprovdi għarfien siewi, u joffri appoġġ hekk kif tistinka biex tilħaq l-ambizzjonijiet tiegħek.

Olumide Ogunsanwo: Aqta min popolarizza l-qal komuni, "Int il-medja tal-ħames persuni li tqatta' l-aktar ħin magħhom"?

Achani Samon Biaou: Min?

Olumide Ogunsanwo: [Daħk] Jim Rohn. Sorpriża lili wkoll. Iva, l-istess Jim Rohn li kien l-awtur tal-ktieb li rrakkomandajt. Iċ-ċirku soċjali tiegħek u l-livell ta' ambizzjoni tiegħek huma interkonnessi.

Ħafna mill-prinċipji huma interkonnessi. Per eżempju, iddiskutejna t-twemmin nfusna ftit kapitli ilu. Jekk għandek twemmin għoli lilek innifsek, allura huwa aktar probabbli li tieħu azzjonijiet kuraġġużi. Issa, qed nesploraw l-ambizzjoni. Li tkun ambizzjuż ħafna drabi jeħtieġ kuraġġ. Dawn il-kunċetti jistgħu jiġu ppreżentati separatament fil-ktieb, iżda huma distinzjonijiet artifiċjali. L-intenzjoni tagħna hija li nispirawk biex tiżviluppa u trawwem dawn il-karatteristiċi u nemmnu fil-kapaċità tiegħek li tikseb xi ħaġa notevoli f'ħajtek.

Achani Samon Biaou: Assolutament. Huwa kruċjali li ssir differenza bejn ambizzjoni vojta u ambizzjoni determinata, peress li din tal-aħħar hija akkumpanjata minn karatteristiċi vitali oħra bħall-eżekuzzjoni. L-ambiz-zjoni mmexxija mill-għira tista' ma tkunx tallinja mal-miri veri tiegħek.

Meta tibda, huwa essenzjali li tagħżel xi ħaġa li ġenwinament jimpurtak minnha, għax anki jekk tammira s-suċċess ta' xi ħadd ieħor u taspira li tir-replikaha, tkun inqas probabbli li tinvesti l-isforz meħtieġ jekk ma jkollokx passjoni ġenwina għaliha. . Fi kliem ieħor, jekk l-ambizzjoni tiegħek m'għandhiex passjoni ġenwina, tista' titħabat biex iżżomm il-motivazzjoni u l-impenn matul il-proċess kollu.

Olumide Ogunsanwo: Dan il-kapitolu dwar l-ambizzjoni jsegwi dak dwar il-ħsieb indipendenti għal raġuni. Billi tirrifletti fuq il-kapitolu preċe-denti u tħaddan il-ħsieb indipendenti, int aktar probabbli li tkun ambizzjuż dwar affarijiet li verament jolqtu miegħek bħala individwu. Li tibqa' leali lilek innifsek normalment huwa l-mod li jaħdem aħjar għalik.

Achani Samon Biaou: Jekk għandek passjoni qawwija għal xi ħaġa li hija importanti għalik, x'aktarx li tirnexxi u tilħaq l-għanijiet li inti timmira għali-hom. Bil-maqlub, jekk tiġri biss l-ambizzjonijiet tiegħek għax tkun għira għal ħaddieħor jew trid rikonoxximent minn ħaddieħor, tista' tikseb il-pożizzjoni mixtieqa tiegħek, imma tista' ma tħossokx tassew sodisfatt.

Olumide Ogunsanwo: Assolutament, l-għanijiet ambizzjużi tiegħek iridu jiġu minn ġewwa u jkollhom sinifikat personali għalik. Issa, irrid nagħmel xi rakkomandazzjonijiet. Inizjalment kont se nissuġġerixxi "Il-Qawwa tal-Ambizzjoni," iżda peress li diġà semmejtha, naqbeż dan. Minflok, nirrakkomanda " Tools of Titans ³", minn Tim Ferriss. Il-ktieb juri artisti ta' klassi dinjija minn diversi oqsma. Permezz tal-istejjer tagħhom, il-qarrejja jistgħu jiksbu għarfien siewi, mhux billi sempliċement jikkupjaw l-azzjonijiet tagħhom, iżda billi jitgħallmu minnhom. Tista 'tibda tirrealizza li jekk ħad-dieħor kiseb affarijiet kbar, allura inti wkoll tista' tistabbilixxi miri ambizzjużi għalik innifsek. Għaliex toqgħod għal ħajja li ma tridx tgħix meta oħrajn qed jgħixu l-ħajja tal-ħolm tagħhom?

Dan jikkonkludi l-prinċipju tal-ambizzjoni. Wara nitkellmu dwar il-ku-raġġ?

Achani Samon Biaou: Iva , ejja ngħaddu għall-kuraġġ, wieħed mis-suġġetti favoriti tiegħi. Il-kuraġġ jifred it-tiġieġ timida mill-iljun kuraġġuż f'ħafna aspetti tal-ħajja. Ġie vvalutat bħala virtù mill-bnedmin għal sekli

---

3.   https://www.amazon.com/Tools-Titans-Billionaires-World-Class-Performers/dp/1328683788

sħaħ, u bi dritt. Il-kuraġġ huwa s-saħħa mentali li tmexxina lil hinn mill-as-pettattivi, kemm jekk jinvolvi nimbarkaw fuq xi ħaġa ġdida jew nippersever-aw permezz ta' sfidi li nistgħu niltaqgħu magħhom. Dan jagħtina s-setgħa li niffaċċjaw l-ostakli, il-perikli, u d-diffikultajiet b'mod dirett, u jippermettilna negħlbuhom b'reżiljenza bla waqfien, anke quddiem id-diffikultajiet.

Olumide Ogunsanwo: Qawwija! Il-kuraġġ għandu rwol kruċjali fil-vjaġġ lejn l-indipendenza finanzjarja, li hija mimlija tlugħ u nżul, dawriet u intoppi. Mingħajr kuraġġ, huwa faċli li taqta' qalbek u taqta' qalbek. Madankollu, bil-kuraġġ, tista' tegħleb dawn l-isfidi, tibqa' motivata, u tkom-pli timxi lejn il-miri tiegħek. Il-kuraġġ huwa l-fattur li jiddefinixxi li jifred lil dawk li jiksbu l-indipendenza finanzjarja minn dawk li qatt ma jippruvaw jew jabbandunaw l-insegwiment tul it-triq. Tfakkarni fi kwotazzjoni ta' Phil Knight, il-fundatur ta' Nike: "Il-kodardi qatt ma bdew, u d-dgħajjef mietu tul it-triq. Li tħallina."

L-għan tagħna huwa li inti tiskopri ħajja li tagħmel sens għalik u tkun lest li tmur għall-vjaġġ għax temmen li worth it. Il-kuraġġ huwa dak li jimbottek biex tippersevera f'dak il-vjaġġ.

Achani Samon Biaou: Ilkoll nesperjenzaw il-biża', imma l-kuraġġ huwa l-abbiltà li nirrikonoxxu dawk l-emozzjonijiet, li nifhmu kemm jolqtuna pro-fondament, u li nibqgħu għaddejjin minkejjahom.

Olumide Ogunsanwo: Il-biża' hija kważi parti inevitabbli li tagħmel af-farijiet importanti. Iħaddnu l-biża ', il-vulnerabbiltà, l-inċertezza u kompli nimxu 'l quddiem irrispettivament.

Achani Samon Biaou: Huwa importanti li tagħraf li persuna kuraġġuża mhix xi ħadd li ma jarax il-periklu, iżda xi ħadd li jarah u jagħraf il-biża' li jista' jġib miegħu. Madankollu, għandhom saħħa interna li tagħtihom is-set-għa li jaffaċċjaw l-isfida minkejja l-biża' tagħhom. M'għandekx għalfejn tkun individwu straordinarju biex tkun kuraġġuż; sempliċiment trid titgħallem tikkontrolla l-emozzjonijiet tiegħek u tagħraf ir-riskji involuti meta tiffaċċja sfida. Ftakar li l-uniku falliment veru huwa li ma tipprova xejn, u billi tikkon-fronta l-biżgħat tiegħek u tieħu azzjoni, tista 'tissorprendi lilek innifsek b'dak li kapaċi tikseb. Jiena nirrikonoxxi din l-isfida. Nista' nitlef, imma xorta se nipproċedi u nittrattaha.

Ħa naqsam aneddot biex nispjega l-punt: Kien hemm kmandant u s-suldati tiegħu qed jippreparaw biex jirbħu gżira. Imbarkaw fuq id-dgħajjes tagħhom u waslu x-xatt, iżda s-suldati kienu mimlija kemm b'eċċitament kif ukoll b'inċertezza. Il-kmandant imbagħad mexxa lit-truppi aktar 'l ġewwa u ħallihom hemm biex iżommu l-pożizzjoni tagħhom. Irritorna lejn ix-xatt bl-aktar suldati kuraġġużi u ta n-nar id-dgħajjes tagħhom, u neħħa kull possibbiltà ta' irtir. Dan ġiegħel lis-suldati kollha jiġġieldu b'determinazzjoni bla waqfien. Il-kmandant fehem li l-kuraġġ tas-suldati tiegħu kien se jiżdied kieku kienu jafu li ma kellhomx għażla ħlief li jiġġieldu.

Olumide Ogunsanwo: Mhux se mmorru lura. Immorru 'l quddiem jew imutu! Umoristiċi.

Achani Samon Biaou: Meta t-truppi raw id-dgħajjes tagħhom jaħarqu, is-suldati esperjenzaw trasformazzjoni mentali. Kienu għadhom jibżgħu, iżda kellhom id-determinazzjoni li ġejja miċ-ċarezza. Ġlieda jew imutu. Il-kuraġġ mhux bilfors ifisser in-nuqqas ta' biża', imma pjuttost il-ħila li jikkonvinċi lilu nnifsu li din hija t-triq it-tajba u li jimxi 'l quddiem b'determinazzjoni.

Olumide Ogunsanwo: Samon, issa huwa żmien perfett biex tintroduċi kunċett mill-ktieb ta 'MJ DeMarco " Unscripted [4]", imsejjaħ FTE (Fuck This Event). Dan iseħħ meta individwu jilħaq punt fejn jirrealizza li laqat il-qiegħ u jeħtieġ li jbiddel ħajtu b'mod urġenti u jsegwi direzzjoni differenti.

Tlift diversi impjiegi qabel kelli 24. Irrealizzajt immedjatament li l-kumpaniji ma kellhomx l-aħjar interessi tiegħi għal qalbu. Kont naf li kelli nagħmel xi ħaġa oħra b'ħajti. Il-mistoqsija li ħafna nies iridu jistaqsu lilhom infushom hija: Trid tistenna li jseħħ l-FTE tiegħek? Trid tistenna li l-kumpanija tiegħek tħallik tmur? Għandek bżonn tistenna sakemm tolqot il-qiegħ, jew tista' tieħu passi proattivi <u>ISSA</u> lejn il-kisba tal-miri tiegħek mingħajr avveniment FTE trawmatiku?

L-FTEs inevitabbilment iseħħu. Il-kumpanija li taħdem għaliha mhix il-familja tiegħek, jgħidlek x'inhu. Huma m'għandhomx l-aħjar interessi tiegħek għal qalbu. Huma se kamin inti kull ċans li jkollhom. Huma qed jużawek biss għax-xogħol tiegħek.

Achani Samon Biaou: Minkejja li l-kumpaniji kultant isostnu li kulħadd fil-kumpanija huwa fuq missjoni kondiviża, huwa importanti li wieħed jiftakar li kull individwu għandu l-missjoni personali tiegħu, u fl-aħħar mill-aħħar huwa responsabbli għall-karriera u l-benessri tiegħu stess.

---

4. https://www.amazon.com/UNSCRIPTED-Life-Liberty-Pursuit-Entrepreneurship/dp/
0984358161

Filwaqt li l-kollegi jistgħu jsiru ħbieb grazzi għal ċirkostanzi kondiviżi, kulħadd ikollu jsegwi t-triq tiegħu meta ċ-ċirkostanzi jinbidlu.

Olumide Ogunsanwo: Il-kuraġġ huwa meħtieġ biex tibda vjaġġ lejn il-miri tiegħek. Madankollu, jekk inti jonqosha, FTE eventwalment se jġiegħlek tagħmel xi ħaġa xorta waħda. Ejja niddiskutu wkoll l-importanza tat-teħid ta' riskju kkalkulat. Il-kuraġġ u li toqgħod fiż-żona tal-kumdità tiegħek huma inkompatibbli. Li ssegwi l-istatus quo mhux se jwassal għal in-dipendenza finanzjarja, u ż-żona ta 'kumdità tiegħek x'aktarx se żżommok mwaħħla fl-istatus quo. Il-kuraġġ huwa l-antidotu.

Achani Samon Biaou: Kliemek ifakkruni fi poeżija Franċiża li tgħid: **"A vaincre sans peril, on triomphe sans gloire"** (**Jekk tirbaħ mingħajr perik-lu, allura inti trijonf mingħajr glorja**) . Meta tkun fiż-żona tal-kumdità tiegħek, essenzjalment tkun qed tirbaħ logħba fejn m'hemm l-ebda sfida.

Olumide Ogunsanwo: Kif jgħid il-qawl, " Ilgħab logħob stupidu u ir-baħ premjijiet stupidi. "Li tibqa' fiż-żona tal-kumdità tiegħek hija xi ftit bħal tilgħab logħba stupida. Inti ssegwi bil-kumdità s-rutina sikura u t-triq pre-determinata tiegħek u tikkonvinċi lilek innifsek li żieda annwali ta '3% hija aċċettabbli u li ħajtek hija ġeneralment "tajjeb." Imma għaliex toqgħod għal ħajja tajba meta tista 'tgħix waħda aqwa?

Anke jekk qed tippjana li tikseb l-indipendenza finanzjarja sa 40 u tispiċċa twettaqha sa 48, dak għadu aħjar mill-istatus quo. L-istatus quo seta' żammek taħdem sa 75. Mhux biss dwar in-numri; huwa dwar li timbotta lilek innifsek biex tkun eċċitati dwar il-futur u tkun kuraġġuż u ambizzjuż biżżej-jed biex toħloq dak il-futur.

It-teħid ta' riskji kkalkulati huwa essenzjali għall-indipendenza finanzjar-ja. Samon semma qabel ir-rwol li għandha l-biża. Jista' jkun li tibża' tesplora opportunitajiet ġodda u tpoġġi lilek innifsek hemmhekk, iżda anke x-xogħol tiegħek iġib miegħu riskji. Vvalutajt b'mod preċiż dawk ir-riskji? X'jiġri meta l-kumpanija tiegħek tiddeċiedi li ma jibqgħux jeħtieġu s-servizzi tiegħek? Minn perspettiva purament razzjonali, jagħmel sens li tilqa' r-riskji tiegħek u tibqa' viġilanti. Billi tevalwa sew ir-riskji assoċjati mas-sitwazzjoni attwali tiegħek, tista' tkun imħeġġeġ tieħu aktar riskji kkalkulati.

Achani Samon Biaou: Kliem għaqli tassew. Il-kuraġġ kif jappoġġa l-vjaġġ lejn l-indipendenza finanzjarja? Aħseb fil-kuraġġ bħala l-karburant li jmexxik fuq is-sellum tal-indipendenza finanzjarja u jżommok tixbit.

Olumide Ogunsanwo: M'għandekx tistenna għal FTE jew ċirkostanzi esterni li jġiegħlek tkun kuraġġuż. X'jiġri jekk ma jkollokx il-lussu ta' FTE sa aktar tard fil-ħajja? Inti tista 'ssib ruħek fis-sittinijiet tiegħek, tirrealizza li għandek bżonn tieħu l-finanzi personali tiegħek bis-serjetà u li l-irtirar huwa biss għaxar snin bogħod. F'dak il-punt, tista 'dispjaċir li ma ħadtx azzjoni qabel. Ibda issa! Anke jekk int xi ftit akbar, qatt mhu tard wisq biex tibda. M'intix f'tellieqa ma' ħadd.

Huwa aktar faċli li tkun kuraġġuż meta tifhem ħafna mir-riskji. Persuna kuraġġuża mhix xi ħadd li jiċċarġja bl-addoċċ fil-battalja; huwa xi ħadd li jevalwa bir-reqqa r-riskji u xorta jagħżel li jimxi 'l quddiem għax jemmen li l-benefiċċji jegħlbu l-ispejjeż. Imma biex tiddetermina jekk il-benefiċċji jaqbżux l-ispejjeż, trid tiftaħ għajnejk, tara, u tifhem il-kompromessi fis-sitwazzjoni tiegħek.

Achani Samon Biaou: Olumide qajjem il-mistoqsija dwar kif toħloq dan l-avveniment FTE f'ħajtek. Jekk trid tikkultiva l-kuraġġ, l-awtonomija, u t-twemmin fihom infushom fit-tfal tiegħek, huwa ta' benefiċċju li tagħtihom opportunitajiet biex iqattgħu ħin 'il bogħod minnek u 'l bogħod mill-kumditajiet ta' ħajjithom. Tiftakar l-aneddot dwar il-vapur ħruq li semmejt qabel? Immaġina li twaqqa' lil ibnek x'imkien mingħajr ebda mezz biex issejjaħlek għall-għajnuna. Ikollhom isibu kif jgħixu waħedhom.

Xi nies jistgħu jqisu din idea terribbli għaliex it-tifel jista 'jkun trawmatizzat għal għomru. Imma hawn il-ħaġa: billi tħarishom mid-dinja reali, int fil-fatt tikkawżalhom l-akbar trawma ta 'ħajjithom. Int qed iċaħħadhom milli jesperjenzaw id-dinja għal dak li hi tassew, u toħloq esperjenza pożittiva falza. Billi tħalli lit-tfal jesperjenzaw xi livell ta' indipendenza u jiffaċċjaw sfidi, tista' tipprovdilhom opportunitajiet ta' valur għat-tkabbir.

Olumide Ogunsanwo: Iva, kollox imur lura għall-valutazzjoni tar-riskju. Is-sottovalutazzjoni tar-riskju li ma tagħtihomx biżżejjed indipendenza, awtosuffiċjenza u twemmin fihom infushom iġorr riskju akbar. Billi ma tgħammarhomx b'dawk l-għodod, tista' ma tkunx qed twaqqafhom għal suċċess futur. Dan huwa ħasra.

Achani Samon Biaou: Ikkunsidra dan—meta tipproteġi żżejjed lil uliedek u tipprevjenihom milli jesperjenzaw sfidi, fil-fatt qed tħejjihom għall-falliment fit-tul. Huwa importanti li nħalluhom jiffaċċjaw sfidi u jiffissaw l-affarijiet waħedhom.

Pereżempju, immaġina xenarju fejn it-tfal tiegħek qed jidħlu fis-suq tax-xogħol iżda jitħabtu biex jiżguraw l-impjieg. Jekk tiddeċiedi li toħloq impjieg għalihom fi ħdan il-kumpanija tiegħek, involontarjament tfixkel is-suċċess tagħhom fit-tul. Billi tagħmel hekk, tfixkel il-kapaċità tagħhom li jikkultivaw ħiliet essenzjali u jiksbu esperjenza siewja meħtieġa għall-awtosuffiċjenza. Barra minn hekk, x'jiġri meta m'intix aktar preżenti biex isalvawhom? Huwa vitali li jitħallew jiffaċċjaw sfidi u jiżviluppaw l-indipendenza, anke jekk dan jinvolvi li jiltaqgħu ma' ostakoli temporanji. Anke jekk jirtu l-ġid tiegħek, huma aktar probabbli li jaħlu għax ma tgħallmux ikunu indipendenti.

Bħala adult, il-kuraġġ ifisser li tkun kapaċi titkellem mal-imgħallem tiegħek u tiddefendi għalik innifsek. Pereżempju, tista' tgħid b'fiduċja, "Hej, ksibt dawn l-affarijiet, u nemmen li ħaqqni promozzjoni." Tista 'wkoll timplika li jekk l-affarijiet ma jaħdmux, inti ser tesplora opportunitajiet oħra. Li jkollok il-kuraġġ li tappoġġja lilek innifsek u tesplora opportunitajiet ta' xogħol barra mill-pożizzjoni attwali tiegħek huwa importanti, speċjalment jekk temmen li qed titħallas biżżejjed, qed tiġi sottovalutat jew użat biżżejjed.

Olumide Ogunsanwo: Jew forsi tesperjenza t-tlieta f'daqqa! [Daħk]

Achani Samon Biaou: F'intervista tax-xogħol, tista' tiltaqa' ma' intervistatur li jipprova jagħmel pressjoni emozzjonali fuqek. Ikollok il-kuraġġ li tisfida t-twemmin tagħhom u tqum għalik innifsek. Tibżax tgħid, "Jiddispjaċini, imma minn dak li nista' nara matematikament hawn, jidher li għandi raġun. Tista' tispjega r-raġunament wara t-twemmin tiegħek?"

Olumide Ogunsanwo: Billi tikkultiva l-ambizzjoni permezz ta' azzjonijiet żgħar ta' kuljum, issaħħaħ il-ħila tiegħek li twettaq għanijiet akbar, bħall-kisba ta' indipendenza finanzjarja.

Achani Samon Biaou: Nixtieq nirrakkomanda l-ktieb " Do Hard Things [5]" ta' Steve Magnus. Jesplora t-tegħleb tal-biża' u jenfasizza l-valur tat-toughness fl-isports u f'oqsma oħra bħala mezz biex jiġu ffaċċjati l-isfidi. Magnus, xjenzat u kowċ għall-atleti ta' prestazzjoni għolja, jenfasizza l-importanza li taħdem kemm mal-moħħ kif ukoll mal-ġisem biex tinkiseb l-ogħla prestazzjoni. Magnus jissuġġerixxi li tiffoka fuq il-bini tas-saħħa ta 'ġewwa permezz ta' diversi pilastri, inklużi:

• Tħaddan ir-realtà billi taċċetta s-sitwazzjoni kif inhi u twaqqa' kull faċċata.

• Tisma 'ġismek u tkun konxju ta' kif jirrispondi għall-istress u l-isfidi.

• Tirrispondi għal ġismek aktar milli tirreaġixxi b'mod impulsiv għal sitwazzjonijiet ta 'biża' u titjira.

• Il-ħolqien ta' spazju biex tieħu azzjoni bil-ħsieb u l-kultivazzjoni tar-reżiljenza u l-ebusija.

Olumide Ogunsanwo: Ir-reazzjoni hija awtomatika, iżda r-rispons huwa intenzjonat. Huwa mikrokożmu ta 'indipendenza finanzjarja: ħajja status quo awtomatika versus ħajja intenzjonali.

Achani Samon Biaou: Il-pilastru finali li Steve Magnus jiddiskuti qed jittraxxendi l-iskumdità. Il-midja u r-reklamar spiss jippromwovu l-konvenjenza u l-lussu bħala l-għan aħħari, iżda din il-mentalità tista 'tfixkel it-tkabbir personali. Pereżempju, meta tifel jew tifla jeħlu fil-matematika, il-ġenituri għandhom jevitaw li jgħidulhom li għadhom kbar.

Olumide Ogunsanwo: [Rires] Jew kultant il-ġenituri jwaħħlu lill-għalliem.

Achani Samon Biaou: L-iskumdità li tittraxxendenti hija essenzjali għax mingħajrha, ma tikseb xejn sinifikanti fil-ħajja. Xi drabi mhux se nħossuna f'idejn il-kompitu, imma jrid ikollna l-kuraġġ li nimbottaw lil hinn.

Olumide Ogunsanwo: Għandi żewġ rakkomandazzjonijiet tal-kotba. L-ewwel huwa " Shoe Dog [6]" minn Phil Knight, il-fundatur ta 'Nike. Dan il-ktieb jipprovdi rendikont attraenti ta' kif beda Nike u l-ostakli li ffaċċja, inklużi diffikultajiet finanzjarji, tilwim legali, u kompetizzjoni ħarxa. Ilkoll nistgħu nitgħallmu mill-kuraġġ u l-perseveranza li wera matul il-vjaġġ tan-Nike. L-intraprenditorija hija waħda mill-aħjar mogħdijiet għall-indipendenza finanzjarja, u dan il-ktieb joffri ħarsa mhux maħduma mingħajr għamla tal-bini ta 'negozju.

It-tieni rakkomandazzjoni hija " Il-Jum Li Dawwar Ħajtek [7]" minn Jim

---

6.	https://www.amazon.com/Shoe-Dog-Phil-Knight-audiobook/dp/B01CRJA470

Rohn. Il-ktieb jipprovdi eżempji ta' individwi li laħqu mument kruċjali f'ħajjithom fejn jirrealizzaw il-ħtieġa għall-bidla. Huma laqtu l-qiegħ u jaslu għar-realizzazzjoni li jridu javviċinaw l-affarijiet b'mod differenti biex jimxu 'l quddiem. Iffaċċjajt dan meta kelli 21 u 23 sena meta tlift iż-żewġ impjiegi, u dan il-ktieb joffri eżempji differenti ta' nies li jiffaċċjaw FTEs u mumenti ta' kriżi simili.

L-għan tagħna meta niktbu dan il-ktieb huwa li nispirawk biex taħseb lil hinn mis-sitwazzjoni attwali tiegħek u tieħu azzjoni lejn il-ħajja li verament tixtieq. Irridu nisfidak biex tistaqsi lilek innifsek, "Din hija tassew il-ħajja li rrid ngħix?" u tagħmel bidla. Aħna nifhmu li kultant jeħtieġ avveniment koroh biex iqanqal dan it-tip ta' ħsieb, imma nittamaw li l-ktieb tagħna jista' jservi bħala katalist għal bidla pożittiva f'ħajtek. Imxi lil hinn mill-kompjaċenza u lejn ħajja li ġenwinament teċitak. B'hekk, nistgħu nagħlqu dan il-kapitolu, narawkom f'wieħed li jmiss.

---

7.   https://www.amazon.com/That-Turns-Your-Life-Around/dp/B01M7VOBM8

5: Stejjer ta' Skola tan-Negozju u Prinċipji ta' Twaqqif ta' Għanijiet u Żvilupp Personali

Olumide Ogunsanwo: Għandi memorji sbieħ taż-żmien tiegħi fl-iskola tan-negozju, u ninsab eċċitati li naqsam stejjer u niddiskuti kif l-espansjoni tal-kapital uman tista' twitti t-triq lejn l-indipendenza finanzjarja.

Achani Samon Biaou: F'dan il-kapitolu, se nesploraw l-esperjenzi tagħna matul is-snin tal-iskola tan-negozju tagħna, li servew bħala katalizzaturi għal tkabbir personali sinifikanti u fasslu kors ġdid għal ħajjitna.

Olumide Ogunsanwo: Barra minn hekk, se niddiskutu l-prinċipji tat-twaqqif tal-għanijiet u l-iżvilupp personali. Twaqqaf miri ambizzjużi u tiżviluppa lilek innifsek biex tilħaq dawk l-għanijiet. Tal-biża'. Tlaqna!

5A: L-istorja tal-Iskola tan-Negozju ta' Olumide

Achani Samon Biaou: Olumide, fil-kapitolu preċedenti, iddiskutejna l-karriera bikrija tiegħek, inkluż it-telf sfortunat ta 'impjiegi u d-deċiżjoni tiegħek li tirrisettja ħajtek billi ssegwi l-iskola tan-negozju. Tista' taqsam kif seħħ dak il-vjaġġ?

Olumide Ogunsanwo: Assolutament. Il-motivazzjoni tiegħi biex insegwi l-iskola tan-negozju kienet imsejsa fix-xewqa li jkolli aktar kontroll fuq ħajti u npoġġi lili nnifsi fuq trajettorja potenzjali ogħla. Ħa nagħmel stampa biex nispjega kif ħassejtni matul dak iż-żmien. Immaġina lilek innifsek f'karozza b'10 persuni, kull waħda tagħtik direzzjonijiet u opinjonijiet differenti. Xi wħud huma ftit li jfixkluk, filwaqt li oħrajn jostakolawlek il-vista u saħansitra jimbuttawk u jagħtuk bis-sieq. Isir ta' sfida li tinnaviga u tieħu l-kontroll ta' ħajtek meta jkun hemm tant influwenzi esterni. Dawn l-individwi jirrappreżentaw diversi pressjonijiet f'ħajtek, bħal pumijiet, kollegi, jew xi ħadd li jeżerċita influwenza. Għalkemm inti tista' tkun is-sewwieq, il-karozza kienet iddisinjata biss għal massimu ta' ħames persuni, jew forsi anke tnejn biss fil-każ ta' karozza sportiva. F'din l-analoġija, l-għan aħħari huwa li ssuq il-karozza bil-kalma, biż-żewġ idejn fuq ir-rota, u inqas distrazzjonijiet, li jippermettulek terġa 'tikseb il-kontroll ta' ħajtek.

Fittixt aktar aġenzija, u kont nemmen li l-iskola tan-negozju tipprovdi reset, li tippermettili nitgħallem affarijiet ġodda, nikkonnettja man-nies, u nassigura xogħol li jħallas aħjar. Hawn kif żvolġiet il-vjaġġ tiegħi fl-iskola tan-negozju:

Kuntest: Kien l-2009, u kelli 24 sena. Sibt ruħi f'sitwazzjoni ta' sfida minħabba l-inċidenti sfortunati fl-impjieg preċedenti tiegħi, kif semmejt fil-kapitlu preċedenti. Bqajt insegwi l-lawrja tal-master tiegħi bil-lejl bħala mod kif nibqa' l-Amerika.

Għażla tal-iskola: Wara li għext fin-Niġerja sa 17-il sena u mbagħad fl-Amerika, ridt nesperjenza xi ħaġa differenti billi ngħix fl-Ewropa. Filwaqt li kont żort l-Ewropa ftit drabi qabel, qatt ma kont għext hemmhekk. L-opportunità li nattendi skola tan-negozju Ewropea dehret eċċitanti, u kelli wkoll konnessjoni sentimentali ma' Oxford peress li missieri kien attenda l-università fis-snin sebgħin. Iffukat primarjament fuq skejjel Ewropej klassifikati ħafna bħal LBS, Oxford, Cambridge, u INSEAD, bi ftit skejjel Amerikani bħala backups.

Azzjonijiet: I mgħaddas ruħi fit-tħejjijiet tal-GMAT, u ksibt il-kotba u l-korsijiet kollha meħtieġa. Il-ġranet tiegħi saru strutturati, ibda bil-qawmien, doċċa, u mmur l-IIT biex nipprepara għall-GMAT il-ġurnata kollha, segwiti minn klassijiet bil-lejl. Jista' jinstema' monotonu u tedjanti, imma ħadt gost bil-proċess għax kont naf li qed nittrasforma ħajti. Iwettaq tajjeb fuq il-GMAT u lestejt l-aspetti l-oħra kollha tal-applikazzjoni tal-MBA, inklużi ittri ta 'rakkomandazzjoni u esejs.

Riżultat: Niftakar b'mod ċar li rċevejt email minn Oxford fil-11 ta' Diċembru 2009, bil-linja tas-suġġett ambigwa "Oxford MBA Program 2010/11." Kif ftaħt l-email, rajt l-offerta tad-dħul. Bqajt maħkum bl-emozzjoni u kważi bkijt dmugħ ta' ferħ. Żfen madwar kamarti (billi ż-żfin huwa wieħed mill-interessi tiegħi, kif imsemmi fil-kapitlu preċedenti). Kien mument glorjuż u li biddel il-ħajja! Kont naf li ħajti qatt ma kienet se tkun l-istess.

Il-vjaġġ tiegħi għall-applikazzjoni tal-iskola tan-negozju kien l-aktar sforz waħdu. Jien ma nfurmajtx lill-ġenituri tiegħi dwar il-pjanijiet tiegħi biex napplika, u lanqas ma ħadt sehem fi studju tal-grupp jew qsamt l-esejs tal-applikazzjoni tiegħi ma 'xi ħadd għal feedback. Lanqas ma tfittix parir dwar liema skejjel tan-negozju għandi napplika. Ma kienx għal kollox waħdu ovvjament, kelli bżonn ittri ta 'rakkomandazzjoni mill-ex sħabi tax-xogħol u l-professuri tiegħi (għajjat lil kull min kiteb l-ittri ta' rakkomandazzjoni tiegħi tal-iskola tan-negozju). Jien ma nirrakkomanda dan l-approċċ lil ħadd illum. Għamilt dan għax ma kont naf lil ħadd li dak iż-żmien kien għadda mill-proċess jew li kellu MBA, peress li ħafna minn sħabi kellhom 20 sena u bdew il-karriera tagħhom.

Waqt li rrifletti fuq din l-esperjenza snin wara, ikkontemplajt jekk l-għażla tiegħi ta' skejjel Ewropej kinitx immexxija mix-xewqa tiegħi li ngħix fl-Ewropa jew min-nuqqas ta' sodisfazzjon tiegħi mas-sistema Amerikana. Għadni mweġġa mill-ġrajjiet li jdawru t-telf ta' impjieg tiegħi u ħassejt li s-sistema Amerikana kienet laqgħetni. Għalhekk, id-deċiżjoni tiegħi li niċċaqlaq lejn l-Ewropa setgħet kienet parzjalment ħarba mill-Amerika aktar milli attrazzjoni speċifika għall-Ewropa.

Achani Samon Biaou: Hemm ħafna x'ispakkja hawn. Ejja nerġgħu nirrevedu d-deċiżjoni tiegħek li ssegwi l-iskola tan-negozju. Semmejt li tħossok imdejjaq mis-sistema Amerikana, ix-xewqa li tgħix fl-Ewropa, u r-rabta emozzjonali mal-alma mater ta' missierek, Oxford. Madankollu, ma semmiex b'mod espliċitu l-indipendenza finanzjarja bħala fattur ta' sewqan. Tista' telabora fuq il-ħsibijiet tiegħek dwar l-indipendenza finanzjarja matul dak iż-żmien?

Olumide Ogunsanwo: Kelli interess fil-finanzi personali sa minn tfuliti. Dan kompla wara li sibt l-ewwel xogħol tiegħi fejn bdejt niżviluppa spreadsheets biex inbassar it-tfaddil tiegħi u dħalt fil-blogs tal-finanzi personali bejn l-2006 u l-2010. Qrajt bosta blogs bħal Get Rich Slowly [1] (JD Roth), Early Retirement Extreme [2] (Jacob Lund Fisker) u Il-Blog tal-Flus Tiegħi (Jonathan Ping) [3]. Qrajt ukoll websajts oħra li issa huma inattivi, bħal thesimpledollar.com, allfinancialmatters.com, netbanker.com, bargaineering.com, u aktar. Il-moviment FIRE (Indipendenza Finanzjarja u Irtira Kmieni) kien relattivament żgħir dak iż-żmien, u t-terminu innifsu ma kienx rikonoxxut ħafna. Konsegwentement, qiest dawn il-blogs aktar bħala riżorsi finanzjarji personali aktar milli sorsi espliċitament relatati man-NAR.

Achani Samon Biaou: X'ġibdek lejn dawk il-blogs tal-finanzi personali f'dak iż-żmien partikolari?

Olumide Ogunsanwo: Ħadt gost naqra dwar il-finanzi personali u niskopri modi kif inkun aktar effiċjenti bil-flus qabel l-iskola tan-negozju. Meta bdejt il-proċess ta 'applikazzjoni għall-iskola tan-negozju, l-għanijiet primarji tiegħi nbidlu biex ikunu aktar iffokati biex nikseb l-aħjar impjieg possibbli bl-ogħla dħul. L-indipendenza finanzjarja ma kinitx espliċitament f'moħħi; Kont aktar imħasseb biex nikmassimizza l-potenzjal tiegħi ta' qligħ.

Achani Samon Biaou: Allura, biex tiċċara għall-udjenza tagħna, meta tlift ix-xogħol tiegħek u bdejt tapplika għall-iskola tan-negozju waqt li diġà qed issegwi programm ta 'master ieħor, il-motivazzjoni ewlenija tiegħek

---

1. http://getrichslowly.org

2. http://earlyretirementextreme.com

3. https://www.mymoneyblog.com/

kienet li terġa' tikseb il-kontroll u tfassal mill-ġdid ħajtek. Filwaqt li kellek interess fil-finanzi personali, il-kisba tal-indipendenza finanzjarja ma kinitx mira speċifika għalik meta tidħol fl-iskola tan-negozju.

Olumide Ogunsanwo: Dak huwa korrett. L-indipendenza finanzjarja ma kinitx xi ħaġa li kont insegwi b'mod attiv jew saħansitra fhimt bis-sħiħ dak iż-żmien. Kieku staqsejtni dwarha fl-2009, ma kontx nifhem il-kunċett. Filwaqt li kont naf xi jfisser li ssir sinjuri, l-idea ta 'indipendenza finanzjarja ma kinitx diskussa ħafna jew prevalenti f'dak iż-żmien.

Achani Samon Biaou: Kif kienet l-esperjenza tiegħek fl-iskola tan-negozju?

Olumide Ogunsanwo: Kien meraviljuż! Tgħallimt żewġ lezzjonijiet dwar l-indipendenza finanzjarja matul iż-żmien tiegħi fl-iskola tan-negozju.

L-ewwelnett, iż-żieda tal-kapital uman tiegħek hija essenzjali biex isaħħaħ il-potenzjal tal-qligħ tiegħek. Mhux bilfors ikollok bżonn tmur l-iskola tan-negozju jew tikseb grad ta' master, iżda huwa kruċjali li tiffoka fuq l-iżvilupp personali u tespandi l-għarfien tiegħek biex ittejjeb id-dħul tiegħek.

It-tieni lezzjoni hija s-sinifikat li tesponi lilek innifsek għal nies ġodda u perspettivi ġodda biex iwessgħu l-orizzonti tiegħek. Dawn iż-żewġ lezzjonijiet huma interkonnessi minħabba li l-espansjoni tal-ħarsa tad-dinja tiegħek iżid il-kapaċità tiegħek għat-tkabbir personali, li mbagħad isaħħaħ il-potenzjal tad-dħul tiegħek. Filwaqt li żżid il-kapital uman tiegħek tista' tinkiseb permezz ta' diversi mezzi (pereżempju, tista' tuża YouTube, Coursera, eċċ), tiltaqa' man-nies u jkollok esperjenzi ġodda huwa mod effiċjenti biex tespandi l-ħarsa tad-dinja u l-opportunitajiet tad-dħul tiegħek. Dawk huma ż-żewġ lezzjonijiet ewlenin għal nies interessati fl-indipendenza finanzjarja minn din l-istorja. Dawn huma ż-żewġ għażliet ewlenin għal dawk interessati fl-indipendenza finanzjarja mill-istorja tiegħi. Anke jekk ma tattendiex l-iskola tan-negozju, dawn il-prinċipji jistgħu jiġu applikati f'ħafna modi differenti.

Achani Samon Biaou: Ingħad tajjeb.

Olumide Ogunsanwo: Issa, ejja ngħaddu f'xi dettalji speċifiċi dwar l-esperjenzi tiegħi f'Oxford u l-MIT.

B'differenza mill-biċċa l-kbira tal-istudenti gradwati li għandhom vojt sinifikanti bejn l-istudji tagħhom li għadhom ma ggradwawx u dawk gradwati, bdejt f'Oxford meta kelli biss 25 sena, erba' snin biss wara li lestejt il-lawrja tal-lawrja tiegħi. Kważi ħassejtni qisha estensjoni tal-esperjenza tiegħi ta' undergraduate għax kont tant żgħira.

F'Oxford, ħadt deċiżjoni konxja li ma rrepetix l-iżbalji li kont għamilt bħala student ta' l-iskola, fejn kont iffukat biss fuq l-akkademiċi. Minflok, immirat li nkun aktar komplet u nieħu vantaġġ sħiħ mill-opportunitajiet kollha li kellha x'toffri l-iskola tan-negozju. Konsegwentement, ipparteċipajt b'mod attiv f'diversi gvernijiet, klabbs u gruppi ta' studenti.

Ġejt elett bħala r-Rappreżentant tal-Klassi tal-MBA għat-Taqsima Ċ, waħda mit-tliet sezzjonijiet fil-programm tal-MBA tagħna li jikkonsisti minn 80 student kull wieħed. Barra minn hekk, servejt bħala Ko-President tal-Grupp tal-Afrika u Viċi President tal-Marketing/Relazzjonijiet Esterni. Meta mqabbel mal-ġranet tal-lawrja tiegħi fl-IIT, kont involut ħafna f'ħafna attivitajiet u dejjem okkupat. Kont bħal tifel f'ħanut tal-ħelu, kienet esperjenza mill-aqwa u għoġobni!

Ġej minn sfond ta 'inġinerija, kelli espożizzjoni limitata għal kunċetti tan-negozju bħall-finanzi, l-ekonomija, u l-marketing. Kont determinat li nagħmel l-aħjar ħin tiegħi f'Oxford, sal-punt li nattendi l-istess klassijiet diversi drabi f'ġurnata (billi l-lectures kienu mgħallma separatament għaż-żewġ sezzjonijiet l-oħra tal-MBA f'ħinijiet differenti). Rajt dan bħala opportunità biex jassorbi kemm jista' jkun għarfien. F'ħin minnhom, il-professur tal-makroekonomija tiegħi saħansitra staqsa għaliex kont qed nieħu l-istess klassi diversi drabi. Spjegajt li ridt nieħu vantaġġ mid-differenzi fl-iskedar u nassorbi kull daqsxejn ta 'għarfien disponibbli. Barra minn hekk, innutajt li l-istudenti tal-Executive MBA (EMBA) kellhom l-opportunità li jieħdu aktar klassijiet matul is-sajf, għalhekk ivverifikajt diversi klassijiet tal-EMBA. It-tagħlim, it-tkabbir, u l-konnessjoni ma' nies f'Oxford kienet esperjenza eżitanti għalija.

Għandi memorji sbieħ bla għadd taż-żmien tiegħi hemmhekk. Eżempju wieħed ta' malajr huwa meta indunajt li l-programmi differenti tal-iskejjel tan-negozju ta' Oxford—MBA, MFE (MSc of Finance), EMBA, u Edukazzjoni Eżekuttiva—kienu kemmxejn iżolati minn xulxin. Ħadt l-inizjattiva li norganizza avveniment fejn studenti minn dawn il-programmi kollha setgħu jingħaqdu flimkien. Kien lejl ta' bar, u ħadna ħafna ħin!

Jien ma kontx student biss f'Oxford; Jien kont sod ħafna fl-ekosistema tal-MBA, u pparteċipa b'mod attiv u kkonnettja ma' netwerk divers ta' nies għaddejjin minn esperjenzi trasformattivi.

Studenti ta 'Oxford jgħixu f'kulleġġi, irrispettivament mill-programm tagħhom. Peress li applikajt kmieni għall-programm MBA, kelli ħafna għażliet ta 'kulleġġ minn fejn nagħżel. L-enfasi ewlenija tiegħi kienet li nsib għażla affordabbli, għalhekk ma tajtx ħafna attenzjoni għal fatturi oħra. Eventwalment, għażilt il-Kulleġġ ta 'Worcester minħabba li kellu tip speċifiku ta' kamra li kienet tiffavorixxi l-baġit. Kienet attic ċkejkna fil-quċċata ta' dar, fejn kważi stajt tmiss iż-żewġ naħat meta niġġebbed. Ma kien hemm l-ebda closet, għalhekk xtrajt closet wieqfa mingħand Argos qabel ma bdiet l-iskola. Minkejja l-ispazju żgħir, Worcester irriżulta li kien kulleġġ inkredibbli b'lag sabiħ u papri. Matul il-waqfa tal-Milied, anke organizzajt tours ta' Worcester għal sħabi l-istudenti tal-MBA. Assolutament kont inħobb lil Worcester.

Achani Samon Biaou: Hemm ħafna x'tħoll. Kif u meta daħal fl-istampa l-MIT?

Olumide Ogunsanwo: Waqt li kont qed nistudja f'Oxford, il-pjan inizjali tiegħi kien li niggradwa u immedjatament nibda impjieg. Madankollu, matul ir-raba' kwart tal-2010, kelli konverżazzjoni ma' Michael Sun, li kont iltqajt miegħu permezz tal-kunsill tal-gvern tal-istudenti. Huwa qalli dwar il-programm ta' sena tal-MIT MSMS (MS in Management Studies), li jista' jitkompla wara li jitlesta l-programm tagħna f'Oxford. Fil-biċċa l-kbira tal-każijiet, il-programmi MBA mhux tal-Istati Uniti jdumu għal sena, filwaqt li l-iskejjel tan-negozju Amerikani tipikament ikollhom programmi ta 'sentejn. Biex jilqgħu għal studenti internazzjonali tal-MBA, il-MIT iddisinjat dan il-programm biex joffrilhom sena addizzjonali ta' edukazzjoni kummerċjali fil-MIT. L-idea intrigatni, imma ma kontx konvint għal kollox peress li ħsibt li niggradwa minn Oxford u nsib impjieg fl-Ewropa.

Minkejja d-dubji tiegħi, iddeċidejt li napplika xorta waħda għax ma kellix ħafna x'nitilfu, u dejjem stajt nieħu deċiżjoni aktar 'il quddiem. Barra minn hekk, kont għadni ma rċevejt l-ebda offerta ta' xogħol peress li kont ilni biss l-Oxford għal tliet xhur (ingħaqadt ma' Oxford f'Settembru 2010 u applikajt għall-MIT f'Diċembru 2010).

Achani Samon Biaou: Il-motivazzjoni ewlenija tiegħek biex tattendi l-iskola tan-negozju kienet li ssib xogħol li jibdel it-trajettorja ta' ħajtek u jagħtik aktar kontroll. L-MIT kif daħal f'dan, speċjalment meta wieħed iqis id-diżappunt tiegħek bis-sistema edukattiva Amerikana?

Olumide Ogunsanwo: Dik hija mistoqsija tajba. Diversi fatturi kellhom rwol fid-deċiżjoni tiegħi li nattendi l-MIT.

L-ewwelnett, bħala inġinier ta 'qabel, kont naturalment miġbud lejn l-MIT, imma ma ridtx inħossni eċċitati wisq dwar dan. Applikajt u ddeċidejt li nivvaluta s-sitwazzjoni biss jekk irċivejt offerta. Nemmen li huwa aħjar li tonfoq l-enerġija mentali tevalwa l-għażliet li fil-fatt għandek aktar milli tispekula jew tixtieq għażliet li jistgħu ma jimmaterjalizzawx.

It-tieni, li mmur l-MIT serva bħala hedge għat-tfittxija tiegħi tax-xogħol. Studenti fi programmi ta' MBA ta' sena, bħal dak f'Oxford, xi drabi jiffaċċjaw sfidi biex isibu impjieg minħabba li għandhom nofs il-ħin meta mqabbla ma' dawk fi programmi Amerikani ta' sentejn. Barra minn hekk, il-lawrji tal-MBA mhumiex apprezzati ħafna barra mill-Istati Uniti, u studenti tal-MBA ta 'sena tipikament ma jkollhomx l-opportunità għal apprendistati tassajf. Billi nattendi l-MIT wara Oxford, stajt innaffi dawn il-kwistjonijiet, għalkemm ikun ifisser li nkun qiegħda għal sena oħra.

It-tielet, irċevejt borża ta 'studju mill-MIT, li għamlet differenza sinifikanti. Mingħajr dak l-appoġġ finanzjarju, m'inix ċert jekk kontx naċċetta l-offerta. Kont ferħana bl-opportunità li nibni netwerk ieħor ta' ħbieb f'pajjiż ġdid u nkun parti minn żewġ universitajiet tal-għaġeb.

Meta nħares lura llum, fl-2023, tnax-il sena wara, li nattendi l-MIT kienet waħda mill-aqwa deċiżjonijiet li qatt ħadt. Iltqajt ma' ħafna nies millisbaħ u bnejt it-tieni netwerk tan-negozju tal-alumni. F'Oxford, kellna komunità ta' studenti globali, b'aktar minn 90% tan-nies kienu studenti internazzjonali mhux tar-Renju Unit. B'kuntrast, fil-MIT, kellha aktar fokus Amerikan, b'inqas minn 40% tal-istudenti tal-iskejjel tan-negozju kienu individwi internazzjonali mhux Amerikani. Oxford Saïd Business School (SBS) kienet integrata bis-sħiħ f'Oxford u parti minn magna waħda filwaqt li MIT Sloan kien separat b'mod ċar u l-aktar indipendenti mill-MIT. Oxford enfasizza l-purità akkademika, filwaqt li l-MIT ħa approċċ aktar olistiku għall-edukazzjoni. Pereżempju, f'Oxford, il-parteċipazzjoni fil-klassi ma affettwatx il-gradi ġenerali tiegħi, iżda f'ħafna klassijiet tal-MIT Sloan, kienet tammonta għal porzjon sinifikanti (30-50%) tal-gradi tiegħi. L-ispejjeż fl-MIT kienu ogħla, inkluż it-tagħlim, il-kotba, u l-kera tad-djar tiegħi fil-MIT Tang Hall ($800) meta mqabbla ma 'Worcester College f'Oxford (£275 jew

$440).

Inħossni privileġġat li attendejt kemm Oxford kif ukoll MIT, kienu esperjenzi inkredibbli! Kont ngħid li ż-żmien tiegħi f'Oxford kien l-aqwa sena
ta' ħajti, issa ngħid li kull sena li qed ngħix fiha issa hija l-aqwa sena ta' ħajti.

Sfortunatament, l-ispejjeż assoċjati ma 'l-iskejjel tan-negozju Amerikani
żdiedu fl-aħħar żminijiet, li jvarjaw minn $ 150,000 sa $ 250,000 għal programmi ta' sentejn. Din il-prezz għoli x'aktarx mhux ġustifikabbli għal ħafna
nies. Mort l-iskola tan-negozju għax kienet se tbiddel ħajti, imma issa naħseb
li hija daqsxejn ta' scam u mhux worth it għal ħafna nies. Ma nagħtix **parir**
lil ħafna nies biex imorru l-iskola tan-negozju sakemm ma jkollhomx raġuni
ċara u r-ritorn fuq l-investiment jagħmel sens.

Achani Samon Biaou: Dak interessanti. Meta attendejt l-iskola tan-negozju, ridt ukoll nagħmel l-aħjar użu mill-esperjenza. Iddeċidejt li nsegwi
master's fl-edukazzjoni peress li kont diġà nħallas għal MBA, u ma kien
hemm l-ebda spejjeż addizzjonali. Meta tmur lura għall-istorja tiegħek, semmejt li trid "tbiddel ħajtek." Tista' taqsam aktar dwar il-mentalità tiegħek
matul iż-żmien tiegħek f'Oxford u l-MIT?

Olumide Ogunsanwo: Meta bdejt l-iskola tan-negozju, kelli żewġ
għanijiet ewlenin: li nikseb l-aħjar impjieg possibbli u li nitgħallem kemm
stajt mill-klassijiet tiegħi. Il-bini ta' netwerk u l-laqgħa man-nies lanqas biss
kien fuq ir-radar tiegħi inizjalment.

Fil-fatt, kieku kelli nagħżel bejn immur f'bar tard bil-lejl jew nistudja
għal testijiet li ġejjin f'Oxford, nagħżel li nistudja 80% tal-ħin. Meta nħares
lura, nirrealizza li seta' ma kienx l-aħjar approċċ, iżda fl-aħħar ħarġet tajjeb.
Ir-raġuni li spiċċajt iltqajt ma' nies tal-għaġeb kienet għaliex bdejt inkun soċjali ħafna u nipparteċipa f'festi u avvenimenti f'Oxford (qabel eventwalment
irtira biex nistudja aktar). Barra minn hekk, l-involviment attiv tiegħi fil-
gvern tal-istudenti kien mod tajjeb biex nissoċjalizza u niltaqa' ma' aktar nies.

L-MIT kien differenti minn Oxford għax għażilt li nkun inqas involut fi
gruppi għax kont diġà għamilt ħafna minn hekk f'Oxford. Fl-MIT, kont iktar iffukat fuq li nsib impjieg u li ninvolvi ruħi biss fi gruppi li kienu sinifikanti għalija, bħall-għajnuna fl-organizzazzjoni tal-MIT Sloan 2012 Africa Conference.

Achani Samon Biaou: X'wassal ix-xewqa qawwija tiegħek li tagħmel
netwerk? Kienet strateġija apposta?

Olumide Ogunsanwo: Ma kien hemm l-ebda pjan ta 'netwerking. Ridt biss inkun parti minn dak kollu li jiġri madwari. Kien għalhekk li ngħaqadt f'ħafna gruppi f'Oxford u nvolvejt f'diversi attivitajiet. Kien kważi miġnun. Ma għamiltx biex "network," għamilt għax ridt li jkolli esperjenza sħiħa u nagħmel l-aħjar mill-ħin tiegħi f'post daqshekk speċjali bħal Oxford. Dan ifakkarni fi storja dwar l-importanza li tkun vera lejh innifsu.

Kelli nikteb teżi fl-MIT għax il-programm tiegħi kien grad ta' MSc. L-istrateġija inizjali tiegħi kienet li nagħżel suġġett li jgħinni nikseb impjieg. Ħsibt li niffoka fuq is-settur taż-żejt u l-gass, minħabba l-isfond tiegħi bħala inġinier kimiku f'raffinerija, ikun il-mod "aktar faċli" biex issib impjieg fis-settur tal-enerġija. Bdejt nikteb it-teżi tiegħi fuq dan, madankollu, it-teżi ddejjaqni, u sibt ruħi nħares vojt lejn l-iskrin għal ġimgħat. Eventwalment, għedt "invita dan!" u ddeċidiet li tibdel ir-rotta u nikteb dwar xi ħaġa li ġenwinament interessatni: is-sistemi operattivi għal smartphone. Id-differenza kienet immedjata u ċara u kull mument li qattajt fit-teżi tiegħi sar ferrieħa. Irriċerkajt b'entużjażmu oqsma ġodda u tgħallimt aktar dwar l-ekosistema mobbli. Tista' taqra t-teżi tiegħi hawn [4] jekk int interessat.

Ma kellix naħli l-ħin tiegħi nikteb teżi dwar is-settur tal-enerġija. It-teżi x'aktarx kienet tkun shitty xorta waħda. Kont naf fil-fond li ma jogħġobnix is-settur taż-żejt u l-gass. Inħobb it-teknoloġija u l-ismartphones, imma kont qed nipprova nottimizza għal xogħol.

Qed naqsam din l-istorja issa biex nenfasizza l-vantaġġi li tħaddan l-awto uniku, quirky, ikkulurit tiegħek u tirreżisti l-iħeġġa li tikkonforma man-normi medji bland, beige, tan-nofs tat-triq tas-soċjetà mainstream. Aktar kmieni fil-ktieb għidt: **Kun lilek innifsek u agħmel lilek innifsek aħjar kuljum** . Issa rrid intejjeb dik id-dikjarazzjoni billi ninkorpora l-prinċipji li osservajna: **Emmen fik innifsek, kun l-awto awtentiku tiegħek, waqqaf miri ambizzjużi mmexxija mill-valuri u tiżviluppa lilek innifsek kuljum biex tilħaq il-miri tiegħek.**

Trid tieħu azzjonijiet li huma kongruwenti mal-valuri, l-għanijiet u l-interessi uniċi tiegħek. Il-ħajja hija qasira wisq biex ma tgawdihiex.

Achani Samon Biaou: Napprezza ħafna l-isfumatura li ġibt fl-aħħar. Xi qarrejja jistgħu jħossuhom imqattgħin bejn li jkunu huma stess u li jkunu miftuħa għal esperjenzi ġodda. Il-kjarifika tiegħek hija ta' valur għaliex m'in-

---

4.   https://dspace.mit.edu/handle/1721.1/72854?show=full

tix qed tagħti parir kontra li tkun miftuħ għal affarijiet ġodda, iżda pjuttost tenfasizza l-importanza li tagħmel affarijiet li jġibulek ferħ. Dak huwa fejn tista 'verament tirnexxi u tikseb l-ogħla prestazzjoni u riżultati.

Olumide Ogunsanwo: Assolutament, dik hija l-essenza ta 'dan il-ktieb. Semmejna qabel li FIREDOM mhix biss dwar il-finanzi, iżda pjuttost dwar li tgħix il-ħajja li verament tixtieq. U kif tista' tgħix dik il-ħajja jekk ma tkunx kapaċi tagħmel l-affarijiet li trid? Huwa għalhekk li l-indipendenza fi-nanzjarja hija tant siewja. Meta tasal f'punt fejn ikollok biżżejjed flus biex iddum il-bqija ta' ħajtek, ikollok aktar opportunitajiet biex tagħmel dak li trid. Mingħajr indipendenza finanzjarja, int se tonfoq l-enerġija mentali u l-ħin tiegħek tipprova tagħmel il-flus u tagħmel dak li jgħidulek nies oħra li tagħmel.

L-iktar lezzjoni importanti dwar l-FI minn dan il-kapitlu ta' ħajti hija li żżid il-kapital uman tiegħek biex tifhem aktar dwar kif taħdem id-dinja u żżid il-potenzjal tal-qligħ tiegħek. Esponi ruħek għal nies u ideat ġodda. Kun avventuruż u oħroġ miż-żona tal-kumdità tiegħek biex tipprova affariji-et ġodda. Stajt faċilment għażilt li noqgħod f'Chicago u nattendi skola tan-negozju fl-Università ta' Chicago Booth jew Northwestern Kellogg. Imma fe-jn hu l-gost u l-avventura f'dan? Kien ferm aktar eċċitanti li mmur Oxford, nilbes is-subfusc tiegħi (libsa tal-eżaminazzjoni Oxford), u nikteb it-testijiet tiegħi fil-bini sabiħ tal-Iskejjel tal-Eżami.

Stajt ħadt impjieg f'Londra, iżda kien ferm aktar eċċitanti li ngħaqad mal-MIT u nesperjenza ambjent kompletament ġdid. Lanqas kont ggradwajt minn Oxford meta bdejt l-MIT. Tlajt lejn l-MIT għall-matrikola, erġajt lura Oxford biex niggradwa, u mbagħad ttajt lura l-MIT biex nibda l-klassijiet. Kien glorjuż. Jien ma kkuntentajtx ma' dak li hu mundan, għażilt l-avventu-ra.

Kelli nkun avventuruża u nipprova affarijiet differenti biex inbiddel ħajti. Madankollu, m'għandekx għalfejn tħoss il-ħtieġa li tibdel ħajtek kollha biex tħaddan l-avventura. Anke jekk diġà għandek impjieg stabbli jew negozju ta 'suċċess, xorta tista' tiżviluppa lilek innifsek u tagħżel l-avventura billi tesplo-ra opportunitajiet barra ż-żona ta 'kumdità tiegħek.

Achani Samon Biaou: Grazzi talli qsamt storja daqshekk affaxxinanti. La int u lanqas jien ma għamilna MBAs bl-uniku għan li niksbu indipen-denza finanzjarja. Kellna spinta interna biex neċċellaw, nikbru personalment, u nesploraw possibilitajiet ġodda. Ridt tibdel il-kors ta' ħajtek. Minflok ma toqgħod lura Chicago u kontinwament tapplika għal impjiegi, bit-tama li l-affarijiet jitjiebu, ħadt id-deċiżjoni kuraġġuża li toħroġ miż-żona ta 'kumdità tiegħek u tagħmel xi ħaġa pjuttost drammatika.

Olumide Ogunsanwo: It-tluq mill-Istati Uniti kien jinvolvi riskju sinifikanti peress li ma kellix karta ħadra jew passaport tal-Istati Uniti. Imma kont lest nieħu dak ir-riskju għax ridt nibdel ħajti. Xi drabi, trid tkun lest li tieħu riskji.

Achani Samon Biaou: Jidher li d-determinazzjoni hija linja komuni matul l-istorja tiegħek. Kellek dik il-motivazzjoni u n-nar, u qatt ma qatgħet qalbek. Anke meta l-prospetti tax-xogħol ma ħadmux, int dħalt Oxford u kont determinat li tmur lil hinn milli tiffoka biss fuq l-akkademiċi. Xi nies jista' jkollhom ix-xewqa li jinbidlu, imma jistgħu ma jkunux lesti li jagħmlu l-isforz meħtieġ. Li ssegwi l-lista ta 'kontroll ta' xi ħadd ieħor jista 'ma jallinjax mal-miri tiegħek stess, u anki jekk hekk, tieħu dik l-enerġija personali biex tesegwixxiha.

Olumide Ogunsanwo: Dik l-ispark inizjali u l-motivazzjoni huma kruċjali biex tmexxi lilek innifsek 'il quddiem. Niftakar li ġejt mistoqsi minn data għaliex kont daqshekk determinat ħafna snin ilu. Ħadt mistagħġeb għax ħsibt li dak kollu xtaq. Irrid nagħmel affarijiet inkredibbli. Irrid nagħmel differenza. Irrid ngħix ħajja li nħossni kburi biha fejn inkun vera miegħi nnifsi.

Samon, int assolutament raġun. Huwa essenzjali li jkollok dak in-nar ta 'ġewwa, dik il-motivazzjoni biex ittejjeb lilek innifsek u tagħmel xi ħaġa sinifikanti b'ħajtek. Sib dik ix-xrar ġewwa fik u użaha biex issuq lilek innifsek lejn il-miri u l-passjonijiet tiegħek. Toqgħodx għal ħajja li ma tissodisfax; immaġina l-ħajja li trid u agħmel dak li hemm bżonn biex toħloqha. Narawkom fil-kapitlu li jmiss!

5B: L-istorja tal-Iskola tan-Negozju ta' Samon

Olumide Ogunsanwo: Samon, ninsab eċċitati li nitkellem dwar il-vjaġġ tiegħek fl-iskola tan-negozju. Nibdew mill-bidu. X'ġagħlek tiddeċiedi li ssegwi l-iskola tan-negozju fl-ewwel post?

Achani Samon Biaou: L-ewwel bdejt nikkunsidra l-iskola tan-negozju waqt li kont ħdimt f'Deutsche Telekom Consulting fil-Ġermanja u nivvjaġġa lejn pajjiżi differenti għal proġetti ta' konsultazzjoni. Irrealizzajt li x-xogħol tekniku li kont qed nagħmel ma kienx apprezzat daqs kemm kont nittama. Ir-rwol tiegħi kien jinvolvi l-bini ta' każijiet tan-negozju u t-tfassil ta' netwerks tar-radju għal operaturi tat-telekomunikazzjoni ġodda fi żmien meta l-pajjiżi kienu qed iżidu operaturi ġodda tal-mowbajl.

Għalkemm ix-xogħol tekniku tiegħi kien sofistikat, sirt ir-realizzazzjoni li ma kontx preżenti fil-kmamar fejn ittieħdu deċiżjonijiet importanti. Kienu l-"management consultants" li kellhom dak il-privileġġ, filwaqt li xogħli kien li nappoġġjahom. Ridt li jkolli siġġu fuq il-mejda fejn kienu qed jittieħdu d-deċiżjonijiet.

Olumide Ogunsanwo: Ghandek. Int kont parti mit-tim tekniku imma ħassejt li t-tim tan-negozju għamel xogħol aktar interessanti.

Achani Samon Biaou: Eżattament. Matul il-proġetti tiegħi f'pajjiżi bħall-Afrika t'Isfel, il-Libja, u l-UAE, innutajt żewġ dinamiċi li influwenzaw id-deċiżjoni tiegħi li nsegwi MBA. L-ewwelnett, fi ħdan it-timijiet ta' Deutsche Telekom, kien hemm "Konsulenti Tekniċi" u "Konsulenti Kummerċjali." Kont nappartjeni għall-grupp "Konsulenti Tekniċi", responsabbli għall-analiżi tas-softwer u li pprovdi inputs lill-"Konsulenti Kummerċjali" li ħadmu fuq projezzjonijiet finanzjarji. Il-"Konsulenti Kummerċjali" spiss jinteraġixxu mal-mexxejja tal-klijent, li kienu livell jew tnejn taħt il-CEO.

It-tieni, ħafna drabi ltqajnà ma '"konsulenti ta' ġestjoni" minn kumpaniji bħal BCG u McKinsey li kultant kienu jaħdmu għall-istess klijenti. Dawn il-konsulenti tal-ġestjoni minn BCG u McKinsey primarjament jidħlu mas-

CEO tal-kumpanija klijent tagħna u jirrevedu x-xogħol sottomess mill-"Konsulenti Kummerċjali" tagħna ta' Deutsche Telekom, u joffru pariri dwar deċiżjonijiet ewlenin.

B'xi mod, ħassejtni mneħħija doppjament mill-proċess tat-teħid tad-deċiżjonijiet u staqsejt dwar l-impatt reali tax-xogħol tiegħi fl-istampa ikbar. It-terminoloġija tan-negozju użata mit-timijiet tal-BCG/McKinsey jew saħansitra mill-"Konsulenti Kummerċjali" tagħna ta' Deutsche Telekom ma kinitx familjari għalija. Ma stajtx ma nħossx li l-kontribuzzjonijiet tiegħi ma kinux tassew ta' valur.

Dan wassalni nistaqsi jekk kellix bżonn taħriġ addizzjonali biex navvanza fil-karriera tiegħi. Staqsejt jekk għandix nikseb aktar għarfien dwar il-kunċetti tan-negozju u tal-finanzi. Għandi sempliċiment naqra kotba? Fl-2010, skoprejt il-kunċett ta' MBA u l-potenzjal tiegħu biex intejjeb il-ħiliet tiegħi u niftaħ opportunitajiet professjonali ġodda. Ftit xhur wara, ikkunsidrajt serjament li napplika għall-programm. Jien nemmen li l-komplimentar tal-kompetenza teknika tiegħi b'fehim sod tan-negozju jippermettili nappoġġja aħjar lill-klijenti u nagħmel impatt aktar sinifikanti.

Olumide Ogunsanwo: Samon, ejja nieħdu devjazzjoni malajr mill-istorja tiegħek u nitkellmu dwar l-iżvilupp personali. L-iskola tan-negozju kienet ta' valur għalina, iżda tista' ma tkunx it-triq it-tajba għal ħafna nies. Xi nies jistgħu jagħżlu toroq alternattivi għat-tkabbir personali.

Qegħdin f'era fejn in-nies jistgħu jitgħallmu minn pjattaformi bħal YouTube, Udemy, edX, Coursera, Tik Tok u ħafna MOOCs (korsijiet online miftuħa massivi) u websajts oħra. Kif għandu żagħżugħ jiddeċiedi bejn jieħu korsijiet b'xejn, iħallas għal korsijiet onlajn, jew jirreġistra fi programm ta' lawrja uffiċjali biex itejjeb il-ħiliet u l-għarfien tiegħu? B'tant għażliet differenti ta' tagħlim disponibbli, kif jistgħu jagħmlu l-kompromess u jiddeterminaw l-aħjar għażla għall-bżonnijiet tagħhom?

Achani Samon Biaou: Il-parir tiegħi lil żagħżugħ ikun li tibda billi tistabbilixxi mira u mbagħad tidentifika l-ħiliet u n-netwerks meħtieġa biex jintlaħaq dak l-għan. Issa, ejja nitkellmu dwar il-mistoqsija tiegħek. Fil-każ tiegħi, ridt li jkolli impatt u nipprovdi servizzi ta 'konsulenza lill-klijenti, għalhekk indunajt li l-konsultazzjoni tal-maniġment kienet it-triq ovvja. Tgħallimt li l-biċċa l-kbira tad-ditti ta' konsulenza dwar il-ġestjoni kienu jeħtieġu MBA. Dan il-proċess tal-ħsieb għandu jvarja għal kulħadd skont iċ-

ċirkustanzi tiegħu. Pereżempju, jekk xi ħadd diġà għandu lawrja undergradu-
ate ta' Oxford, jista' jsaħħaħ in-netwerk tal-ex-studenti tiegħu biex jikseb im-
pjieg mingħajr ma jsegwi MBA u minflok jikseb ħiliet permezz ta' pjattafor-
mi bħal Udemy.

L-iżvilupp tal-ħiliet huwa prattika kontinwa, mhux biss akkwist ta'
għarfien ta' darba. Hemm modi differenti kif tiżviluppa l-ħiliet u ttejjeb lilek
innifsek:

L-ewwel, akkwista esperjenza prattika billi taħdem f'kumpanija li tispeċ-
jalizza fil-qasam li trid teċċella fih. Jekk trid tikkontrolla l-karti tal-bilanċ, aħ-
dem f'kumpanija li tittratta l-karti tal-bilanċ.

It-tieni, ikkunsidra li tirreġistra fi programm ta' lawrja bħal MBA jew
kors ibbażat fuq koorti, fejn tista' tinteraġixxi ma' għalliema u sħabhom u tit-
għallem mill-esperjenzi tagħhom.

Fl-aħħar nett, tista' tagħżel korsijiet b'ritmu personali, mhux interattivi
jew tutilizza riżorsi oħra ta' tagħlim disponibbli.

Olumide Ogunsanwo: L-iżvilupp personali huwa vjaġġ uniku għal kull
individwu, u huwa importanti li tiddetermina liema forma ta 'tagħlim u
awto-titjib hija l-aktar adattata għaċ-ċirkostanzi speċifiċi tiegħek. Ftakar li
inti responsabbli għall-iżvilupp tiegħek, mhux il-kumpanija tiegħek, mhux
l-imgħallem tiegħek u żgur mhux l-għalliema jew l-għalliema tiegħek. Il-
kumpanija tiegħek ma jimpurtax minnek u kwalunkwe materjal ta' tagħlim li
jipprovdu se jgħinek issir impjegat aħjar, mhux biex tgħinek tilħaq l-għaniji-
et ta' ħajtek u tgħix ħajja ta' libertà.

Għalhekk, għandek bżonn tistabbilixxi miri ambizzjużi (il-kapitolu li
jmiss, 5C, se jipprovdi informazzjoni aktar komprensiva dwar kif jiġu stab-
biliti miri b'mod effettiv) u toħloq pjan ta 'żvilupp personali biex jintlaħqu
dawk l-għanijiet. Dan il-pjan se jinvolvi azzjonijiet ta 'kuljum, li jiffurmaw
drawwa ta' awto-titjib. Fortunatament, m'għandekx għalfejn tagħżel bejn
għażliet ta 'tagħlim differenti minħabba li mhumiex esklussivi reċiproka-
ment. Tista' talloka ħin għal għażliet multipli fl-istess ħin, bħal tara vidjows
ta' YouTube waqt li tieħu korsijiet fuq edX jew issegwi programm ta' master
u tissupplimenta t-tagħlim tiegħek ma' Coursera.

L-aħbar tajba hija li ħafna għażliet ta 'tagħlim qed isiru aktar affordabbli,
u fil-fatt, ħafna korsijiet huma b'xejn. Madankollu, lawrji universitarji bħall-
MBA jistgħu jkunu għaljin, għalhekk huwa importanti li tikkunsidra alter-

nattivi u r-ritorn fuq l-investiment qabel ma ssegwihom.

L-aħbar ħażina hija li trid tkun eċċitati u motivati biex titgħallem ħiliet ġodda u tibni l-kapaċità umana tiegħek. Ir-rata ta' tlestija għall-MOOCs hija ġeneralment baxxa, li tvarja minn 5% sa 15%. Huwa għalhekk li enfasizzajna l-iffissar ta' miri ambizzjużi u l-ħolqien ta' viżjoni għal ħajja futura li tħeġġeġ lilek. Meta tkun ġenwinament eċċitati dwar il-futur potenzjali tiegħek, x'aktarx li tkun impenjat għall-iżvilupp personali ta' kuljum.

Xorta waħda, b'dan, Samon, ejja nerġgħu lura għall-istorja tiegħek.

Achani Samon Biaou: Bdejt nirriċerka u nipprepara għall-GMAT u applikajt għal bosta skejjel Amerikani. Irċevejt ittra ta 'rifjut mill-MIT, li kienet waħda mill-aqwa għażliet tiegħi minħabba r-reputazzjoni ta' inġinerija tagħha. Kienet daqqa iebsa. Madankollu, imbagħad irċevejt ittra ta' aċċettazzjoni minn Stanford, li ħassejtha qisha validazzjoni peress li ż-żewġ skejjel kellhom programmi ta' inġinerija b'saħħithom.

Żewġ riżultati ewlenin mill-esperjenza tiegħi tal-applikazzjoni għal skola tan-negozju kienu:

L-ewwel, bqajt kurjuż u tajt attenzjoni għal dak li kienu qed jagħmlu ħaddieħor. Il-kurżità tiegħi dwar il-"konsulenti kummerċjali" fid-Deutsche Telekom u l-konsulenti tal-ġestjoni minn BCG u McKinsey qanqlet l-interess tiegħi fil-programmi tal-MBA. Spiss kont nipprova nattendi laqgħat tal-maniġment fejn McKinsey jew BCG kienu qed jippreżentaw lill-klijenti biss biex josservaw l-analiżi u l-islajds tagħhom. Kont ħerqana biex nitgħallem dak li ma kontx naf li ma kontx naf. Ħafna mill-ħbieb tiegħi mill-iskola ma kellhomx dak l-istess livell ta 'kurżità.

It-tieni, huwa importanti li dejjem tistinka għall-aħjar u jkollok fiduċja li tista 'tikseb xi ħaġa. Qatt ma rajt lil McKinsey jew lill-konsulenti tal-BCG bħala li huma fuq livell ogħla jew emmint li l-karrieri tagħhom ma setgħux jintlaħqu għalija. Kienet sempliċiment kwistjoni ta' jekk stajtx nikseb eċċitati dwar ix-xogħol li għamlu. Kieku nsibha eċċitanti, insib mod biex ningħaqad ma' dawk il-kumpaniji. L-awto-twemmin huwa kruċjali.

Olumide Ogunsanwo: Huwa importanti li tipprattika l-gratitudni u tkun grata għal dak li għandek, iżda dan ma jfissirx li għandek issir kompjaċenti. Għandek tkompli tfittex opportunitajiet biex ittejjeb is-sitwazzjoni tiegħek. Samon, l-istorja tiegħek turi dan sew. Int kellek biċċa xogħol tajba fid-Deutsche Telekom, vvjaġġajt id-dinja, u qlajt dħul tajjeb. Int grat għall-

esperjenza, imma xorta kellek ix-xewqa li tikber u ttejjeb. Il-bilanċ tal-grat-
itudni mal-esplorazzjoni tal-opportunità huwa kruċjali. Li tesprimi grati-
tudni mingħajr ma tesplora opportunitajiet twassal għal staġnar, filwaqt li
tesplora opportunitajiet mingħajr gratitudni twassal għal nuqqas ta' sodisfaz-
zjon u lmenti.

Achani Samon Biaou: Naqbel kompletament. Kelli dak li jien insejjaħ
"il-mentalità underdog." Qatt ma kont komdu f'pożizzjoni fejn ma kontx l-
underdog. Il-ħin kollu fittixt l-isfidi u mbuttajt lili nnifsi biex nitla' 'l fuq u
naqbeż il-limiti tiegħi. Matul il-vjaġġ tiegħi permezz tal-iskola tan-negozju,
tgħallimt ftit affarijiet importanti:

L-iffissar tal-miri huwa essenzjali meta tibda xi ħaġa ġdida. Jekk qed
titħabat biex tidentifika l-miri tiegħek, iffoka fuq it-tagħlim jew l-esploraz-
zjoni ta' suġġetti li ġenwinament jinteressak. Għalija, l-għan tiegħi kien li
nħalli impatt fuq it-teħid tad-deċiżjonijiet, u dak iż-żmien, il-flus ma kinux
l-ogħla prijorità tiegħi. Anke jekk kont qed naqla' tajjeb fid-Deutsche
Telekom, kont naf li kelli bżonn ngħolli l-għarfien tiegħi. Madankollu, in-
dunajt li dan l-għan kien pjuttost wiesa'. Meta nħares lura, skoprejt li n-nies
jattendu l-iskola tan-negozju għal tliet raġunijiet ewlenin: akkademiċi, av-
vanz fil-karriera, u opportunitajiet ta' netwerking.

Olumide Ogunsanwo: Iva, ladarba bdejt l-iskola tan-negozju, indunajt
li kien hemm approċċ strateġiku għall-vjaġġ tal-MBA. Tista' tagħżel li tiffoka
fuq l-akkademiċi, tassigura xogħol, jew tibni netwerk. Dan ifakkarni fil-
kunċett tal-iffissar ta' miri adattivi li jien u int iddiskutejna waqt li kont qed
nikteb dan il-ktieb.

Achani Samon Biaou: Iva, ejja nitkellmu dwar l-iffissar tal-għanijiet
adattivi. Meta tfittex parir mingħand oħrajn li għaddew minn esperjenza
simili għal dak li tkun se tibda, huwa kruċjali li tifhem il-kuntest u l-għanijiet
li kellhom dak iż-żmien. Meta tlabt għal parir dwar l-għażla bejn uffiċċju tal-
Punent jew tal-Lvant Nofsani għal BCG, dejjem ippruvajt nifhem għalxiex
kienet qed tottimizza l-persuna meta għamlet l-għażla tagħha.

Olumide Ogunsanwo: Tiħux parir mingħajr ma tifhem ir-raġunament
warajh u mingħajr ma tadattah għas-sitwazzjoni unika tiegħek. Is-sitwaz-
zjonijiet speċifiċi tagħhom jistgħu ma jkunux rilevanti għalik.

Achani Samon Biaou: Iva, tkellimt man-nies biex jifhmu x'għanijiet
kellhom mill-iskola tan-negozju. Xtaqt nifhem kif l-azzjonijiet tagħhom fl-

iskola tan-negozju qabblu mal-pjanijiet tagħhom tal-iskola wara n-negozju.

Olumide Ogunsanwo: Fl-aħħar tal-ġurnata, huwa kruċjali li tiftakar li hija ħajtek, u int li trid tieħu deċiżjonijiet li jallinjaw mal-għanijiet u l-valuri speċifiċi tiegħek. Imma għandek tieħu dawk id-deċiżjonijiet ibbażati fuq fehim komprensiv tal-kuntest sħiħ.

Pereżempju, meta tagħżel ikla, ma tmurx biss fl-ewwel ristorant u tagħżel dixx bl-addoċċ. Inti tesplora menus minn ristoranti varji, tikkunsidra l-interessi tiegħek, u tagħżel ikla li tallinja mal-preferenzi tiegħek. Dan l-approċċ jiżgura li tieħu deċiżjoni infurmata billi tikkunsidra l-għażliet kollha disponibbli, aktar milli toqgħod għal għażla inqas ottima bbażata fuq informazzjoni limitata.

Achani Samon Biaou: Meta bdejt il-programm MBA, ma kontx ċert kif nipprijoritizza d-diversi opportunitajiet fi Stanford. Fittixt parir mingħand sħabi tal-klassi li donnhom ma kellhomx dik il-problema. Bdejt billi staqsejt dwar l-objettivi tagħhom biex jattendu Stanford u l-għażliet li kienu għamlu s'issa. Mid-diskussjonijiet tagħna, ksibt l-għarfien li ġej:

L-ewwelnett, huwa rakkomandabbli li tibni relazzjonijiet ma 'professuri u membri tal-fakultà. Anke jekk m'intix ċert x'jista' joħroġ minn dawk il-konnessjonijiet, huwa għaqli li tinvolvi ruħek magħhom billi tattendi l-ħinijiet tal-uffiċċju jew tirranġa laqgħat tal-kafè.

It-tieni, huwa ta' benefiċċju li naħtfu l-opportunitajiet biex tesplora mogħdijiet ta' karriera differenti. Skoprejt li xi wħud minn sħabi kienu qed isegwu apprendistati f'ditti tal-kapital ta' riskju (VC) flimkien mal-istudji tal-MBA tagħhom. Intrigat b'dan, applikajt u ġejt aċċettat għal apprendistat VC. Għalkemm il-fokus inizjali tiegħi kien li nikseb impjieg ta' konsulenza maniġerjali, bqajt miftuħ biex nesplora oqsma oħra.

Olumide Ogunsanwo: Int ħadt dik l-opportunità għax kont kurjuż. Tkellimna qabel dwar l-importanza tal-kurżità biex tinkiseb l-indipendenza finanzjarja. Irrid nerġa' nenfasizza kemm huwa importanti li tesplora affarijiet lil hinn mill-fokus immedjat tiegħek. Strateġija waħda biex issir aktar kurjuż hija li tinvolvi ruħha ma 'ħafna nies li qed jagħmlu affarijiet interessanti.

Achani Samon Biaou: Xi nies jafu eżattament dak li jridu, imma jekk m'intix ċert, huwa importanti li tkun umli dwar dak li taf u dak li ma tafx. Wara li lestejt l-MBA tiegħi, l-għan tiegħi kien li nidħol fil-qasam tal-konsultazzjoni tal-maniġment, iżda bqajt miftuħ għal opportunitajiet oħra li kienu jgħinuni nikseb l-għan aħħari tiegħi li nkun fi rwoli ta' teħid ta' deċiżjonijiet.

Pereżempju, waqt l-apprendistat tiegħi tal-VC, ksibt esponiment għall-industrija tal-Kapital ta' Riskju. Tgħallimt li l-iżgurar ta 'pożizzjonijiet mixtieqa fl-istartups spiss kien jinvolvi xogħol bħala assoċjat VC u mbagħad transizzjoni għal waħda mid-ditti ta' portafoll ta 'suċċess. Mingħajr dik l-espożizzjoni, ma kontx naf dwar din it-triq. Fl-aħħar, ma bidlitx ir-rotta tiegħi, minkejja li kelli offerti minn konsultazzjoni, teknoloġija kbira, u VC. Madankollu, grazzi għal dak l-għarfien, stajt niżen l-offerti kif suppost.

Olumide Ogunsanwo: Dik hija l-istorja sħiħa ta' kif mort milli tikkunsidra li tapplika għal Stanford biex fil-fatt tapplika, tkun aċċettat, u tfassal strateġiji biex tagħmel l-aħjar ħin tiegħek hemmhekk. Issa, tista' timxi magħna fil-konklużjoni ta' dan il-kapitlu ta' ħajtek? Kif spiċċajt finalment il-ħin tiegħek fi Stanford? X'ġara fl-aħħar parti tal-esperjenza tiegħek fl-iskola tan-negozju, u x'wassalk biex tagħżel l-offerta ta' konsulenza BCG?

Achani Samon Biaou: Ħallini naqsam storja oħra malajr dwar il-bidu tal-iskola tan-negozju. Iddeċidejt li nsegwi lawrja konġunta fl-Edukazzjoni biex timmassimizza l-valur tal-investiment tiegħi. Il-miżati tat-tagħlim f'Stanford kienu madwar 200 darba ogħla mit-tagħlim totali li ħallast għall-edukazzjoni kollha ta' l-ewwel grad tiegħi. Spiċċajt inħallas aktar minn $100,000 fi tagħlim biss fi Stanford, filwaqt li t-tagħlim tiegħi fi Franza qatt ma qabeż ftit mijiet ta' ewro bħala medja.

Olumide Ogunsanwo: Oh, it-Tjubija tiegħi!

Achani Samon Biaou: Xtaqt nagħmel l-aħjar mill-ħin tiegħi fi Stanford, għalhekk meta rċevejt email dwar l-għażla li nsegwi grad konġunt, rajtha bħala opportunità perfetta biex insegwi wkoll lawrja fl-edukazzjoni, meta nikkunsidra l-pjanijiet futuri tiegħi ta' jibnu skejjel. Uħud minn sħabi tal-klassi taw parir biex ma nieħdux wisq u potenzjalment iħassru l-esperjenza tiegħi tal-MBA, iżda b'rispett spjegajt li l-għan tiegħi ma kienx biss li ngawdi l-esperjenza iżda li nkabbar l-għażliet tiegħi għall-futur.

Issa, ngħaddi għall-aħħar parti tal-vjaġġ tiegħi fl-iskola tan-negozju. Ħadt żewġ korsijiet qawwija fi Stanford. Waħda minnhom kienet tissejjaħ "Interpersonal Dynamics," fejn kellna diskussjonijiet kunfidenzjali fi gruppi żgħar biex niksbu għarfien dwar kif ħaddieħor jipperċepixxina. Il-kors l-ieħor kien "Managing Growing Enterprises", li uża simulazzjonijiet biex jgħallem ħiliet bħall-terminazzjoni tal-impjegati, ir-reklutaġġ ta 'persunal ġdid, u l-għoti ta' rispons negattiv.

Interessanti li dawn iż-żewġ korsijiet irriżultaw li huma l-aktar siewja f'termini ta' tagħlim, saħansitra aktar mill-klassijiet tal-finanzi. Ġegħlitni nirrealizza li stajt tgħallimt dawk il-finanzi u l-ħiliet iebsa waħdi, iżda l-ħiliet soft li ksibt minn dawk iż-żewġ korsijiet ma kinux prezzjużi.

Il-lezzjoni li tgħallimt minn din l-esperjenza hija li meta tidħol f'ambjent ġdid, huwa kruċjali li jkollok miri ċari u tieħu azzjonijiet li jallinjaw ma' dawk l-għanijiet. Fittex oħrajn li jaqsmu l-objettivi tiegħek u jitgħallmu mill-esper-jenzi tagħhom biex jevitaw blind spots.

Olumide Ogunsanwo: L-istorja tiegħek verament turi l-imħabba tiegħek għall-ottimizzazzjoni. Dħalt f'sitwazzjoni ġdida fi Stanford Business School u immedjatament bdejt taf kif tottimizza l-ħin tiegħek hemmhekk biex tieħu l-aħjar minnha.

Biex tikseb l-indipendenza finanzjarja, huwa importanti li tiffoka fuq l-ottimizzazzjoni tal-ħajja tiegħek. Madankollu, dan jista' jiġri biss wara li tiff-issa miri li jħeġġuk u tieħu azzjoni biex tara x'għandu jinbidel jew jiġi ot-timizzat biex tilħaq dawk il-miri. L-ewwel drawwa fil-ktieb tal-biża "'Is-Seba' Drawwiet ta 'Nies Effettivi ħafna" qed tkun proattiva - karatteristika li hija simili għall-ottimizzazzjoni. L-alternattiva hija li taċċetta l-ħajja kif inhi, li tista' tagħmilha aktar diffiċli biex tinkiseb l-indipendenza finanzjarja.

Achani Samon Biaou: Sfortunatament, is-soċjetà ħafna drabi tħeġġiġna biex nevitaw li nieħdu deċiżjonijiet, u dan iwassal għal kompjaċenza. Pereżempju, algoritmi bħal dak użat minn Amazon jirrakkomandaw kotba u ristoranti bbażati fuq il-preferenzi tal-passat tagħna. Din il-mentalità tagħmilha aktar diffiċli għalina biex nagħmlu x-xogħol iebes meħtieġ biex nilħqu l-għanijiet tagħna, hekk kif insiru dejjem aktar dipendenti fuq oħrajn biex jieħdu deċiżjonijiet għalina.

Madankollu, billi nadottaw din il-mentalità, nirriskjaw li nitilfu s-sens ta' kurżità tagħna u nsiru dipendenti fuq ħaddieħor għall-kuntentizza tagħ-na. Fl-aħħar mill-aħħar, huwa f'idejna li nieħdu d-deċiżjonijiet tagħna stess u nieħdu r-responsabbiltà għal ħajjitna.

Olumide Ogunsanwo: Taf x'inhu l-aħjar għal ħajtek għax tifhem lilek innifsek aħjar minn xi ħadd li jimponi l-fehmiet tiegħu fuqek. Jekk kontin-wament tfittex validazzjoni u appoġġ estern, tista 'tispiċċa aktar 'il bogħod minn fejn trid tkun.

Hemm ħafna prinċipji kbar fl-istorja tiegħek. Iddiskutejna l-iffissar tal-miri, u nżid ukoll l-iżvilupp personali għax mhux kulħadd irid imur l-iskola tan-negozju jew isegwi lawrji addizzjonali. Dan il-kapitolu huwa dwar l-iskola tan-negozju, iżda fl-aħħar mill-aħħar huwa dwar iż-żieda tal-kapital uman, il-ħiliet u n-netwerk tiegħek biex tilħaq il-miri tal-ħajja tiegħek.

Achani Samon Biaou: Uħud mill-ħbieb tiegħi fi Stanford riedu jingħaqdu ma' startups, filwaqt li kont interessat fil-konsultazzjoni tal-ġestjoni, VC, jew rwoli kbar tat-teknoloġija bħal Google u Microsoft. Interessanti, ħafna mill-individwi li qiest li għandhom sens ċar ta 'direzzjoni ma kinux qed isegwu pożizzjonijiet f'korporazzjonijiet kbar. Minflok, kellhom l-għan li jibdew l-istartups tagħhom stess jew jingħaqdu ma' kumpaniji fi stadju bikri.

Dak huwa meta tgħallimt dwar il-kunċett ta '"triple hundred." Mitt tlieta hija regola li tgħinek tagħżel liema startup tissieħeb għal ċans akbar li tagħmel ħafna flus fi żmien qasir. Ir-regola hija li timmira startups bi dħul annwali li jikber b'100% jew aktar kull sena, fit-triq it-tajba biex jilħaq dħul ta '\$ 100 miljun, u b'inqas minn 100 impjegat. Jekk tingħaqad ma' kumpanija bħal din f'livell maniġerjali jew ogħla b'ekwità raġonevoli, jista' potenzjalment ikollok ekwità li tiswa miljuni f'5-7 snin jekk il-kumpanija tiġi akkwistata jew issir pubblika. Ħafna minn sħabi tal-klassi tan-negozju tiegħi kienu ffukati fuq l-applikazzjoni ta 'dan il-prinċipju u r-reklutaġġ b'mod attiv għal rwoli fi startups bħal dawn.

Olumide Ogunsanwo: Il-ħajja ma ssegwix triq predeterminata. Tiżvolġi probabilistikament aktar milli deterministiku. Mid-deskrizzjoni tiegħek ta' triple mija, definittivament hija strateġija ta' riskju ogħla bi premjijiet potenzjalment ogħla meta mqabbla ma 'tingħaqad ma' kumpanija kbira tat-teknoloġija.

Achani Samon Biaou: Ma tgħallimtx dwar it-tripli mija għax ma kontx tkellimt ma' biżżejjed nies biex jifhmu l-miri finanzjarji tagħhom u kif ħasbu li jistgħu jilħquhom. Ma staqsejtx dawk il-mistoqsijiet għax il-perspettiva tiegħi kienet limitata. Meta tkun kurjuż, tista 'ssib modi biex tiġbor informazzjoni li tista' ma tkunx ovvja, iżda teħtieġ xi ħsieb.

Olumide Ogunsanwo: Fil-fatt, dan il-ktieb huwa għal kull min hu kurjuż u jrid jibda jew jaċċellera l-vjaġġ tiegħu lejn l-indipendenza finanzjarja. Jien u Samon aħna immigranti Afrikani, għalhekk nassumi li ħafna millqarrejja jistgħu jkunu immigranti, minoranzi, espatrijati, jew barranin, għalkemm il-prinċipji japplikaw għal kulħadd. Bħala barranin, nistgħu nibbenefikaw ħafna milli nikkultivaw il-kurżità għax membri oħra tal-eko-sistema diġà huma konnessi sew u familjari ma 'xulxin. Huwa f'idejna li nitgħallmu kif tintlagħab il-logħba, li tista' tkun ta' sfida. Madankollu, billi nkunu kurjużi u nistaqsu mistoqsijiet, nistgħu niksbu għarfien aktar profond tal-ekosistema u l-ħidma tagħha, li fl-aħħar mill-aħħar tgħinna nirnexxu.

Achani Samon Biaou: Fl-aħħar xhur tiegħi fl-iskola tan-negozju, qattajt ħafna ħin nirrifletti fuq dak li stajt għamilt aħjar u nieħu ħin biex nirrilassa u nifforma ħbiberiji.

Olumide Ogunsanwo: Samon, kellek żewġ għanijiet: l-għan fuq medda qasira ta 'żmien medju li ssir konsulent tal-ġestjoni u l-għan edukattiv fit-tul tal-bini ta' skejjel.

Achani Samon Biaou: Iva, inizjalment l-għan tiegħi kien biss li nsir kon-sulent tal-ġestjoni. Imma hekk kif ktibt l-essay tal-applikazzjoni tiegħi, bde-jt naħseb dwar l-aspirazzjonijiet ta' ħajti, li wassalni biex niżviluppa t-tieni għan li nibni skejjel u nagħmel impatt pożittiv fl-edukazzjoni. Din ir-realiz-zazzjoni ispiratni biex insegwi t-tieni master's degree fl-edukazzjoni, li nem-men li se jgħammarni bil-ħiliet meħtieġa biex nikseb l-għanijiet tiegħi.

Madankollu, hekk kif resaq lejn it-tmiem tal-vjaġġ tiegħi fl-iskola tan-ne-gozju, il-prijoritajiet tiegħi bdew inbiddlu. Irrealizzajt li dak li verament xtaqt kien li nkun f'pożizzjoni fejn stajt nieħu deċiżjonijiet ta' impatt aktar milli nagħti pariri lil ħaddieħor. Waqt li staqsejt għaliex il-konsultazzjoni kienet l-unika triq biex tħalli impatt, fhimt il-ħtieġa li niżviluppa l-ħiliet tiegħi stess biex noħloq il-bidla. Għalhekk, rajt il-konsultazzjoni bħala post ta' taħriġ fe-jn stajt nakkwista l-ħiliet meħtieġa biex nagħmel differenza fl-edukazzjoni. Sa tmiem l-MBA tiegħi, li jkolli marka Stanford saret aktar importanti għal-ija milli nżid marka BCG mal-jerġa tiegħi.

M'għadniex inħoss il-ħtieġa ta' validazzjoni esterna. Kont kuntent fejn kont u grat għall-opportunitajiet li ġew fi triqti. Dan il-vjaġġ għallimni nip-prijoritizza l-impatt u niffoka fuq il-ħolqien ta' differenza sinifikanti fid-din-ja.

Olumide Ogunsanwo: Samon, nistgħu nesploraw dak li għidt dwar il-validazzjoni? Inħoss li qed ikollna sessjoni ta' terapija bħalissa. X'tifhem bil-validazzjoni tal-marka?

Achani Samon Biaou: Xi drabi, id-differenza bejn dawk li jiksbu l-affar-ijiet u dawk li ma jaslux mhux biss tinsab fin-nuqqas ta' għarfien iżda wkoll fin-nuqqas ta' fiduċja tagħhom. Ħafna mill-ħbieb tiegħi emmnu biss li setgħu jidħlu Stanford wara li għamilt jien. Huma ma kellhomx fiduċja qabel dan.

Marki universitarji jipprovdu ċertu livell ta 'kunfidenza. Madankollu, ma naħsibx li dik hija t-tip ta' kunfidenza t-tajjeb għax tistrieħ fuq validazzjoni esterna. Il-forma aħħarija ta 'kunfidenza ġejja minn meta tkun taf li int kom-plut u suffiċjenti fik innifsek. Hekk kif tikber u taħdem lejn il-miri tiegħek, tirrealizza li ħadd ieħor mhu aħjar minnek, u tista' ssir kull ħaġa li taspira li tkun.

Olumide Ogunsanwo: Dak kien brillanti. Hekk kif taqra dan il-ktieb u tesplora l-profili tagħna, tista' tħossok intimidat mill-markaturi esterni tagħ-na bħall-isfond ta' Samon's Stanford u BCG jew l-edukazzjoni tiegħi f'Ox-ford u l-MIT. Madankollu, huwa kruċjali li wieħed jiftakar li t-twemmin per-sonali u l-valur personali joħorġu minn ġewwa, mhux minn validazzjoni es-terna.

Dan il-ktieb huwa dwar il-kisba tal-indipendenza finanzjarja, iżda kif semmejna qabel, huwa wkoll dwar l-iżvilupp personali. It-tkabbir personali jibda bl-introspezzjoni u l-kultivazzjoni ta 'mentalità b'saħħitha. It-twemmin personali u l-valur personali jistgħu jinstemgħu astratti, iżda huma essenzjali għall-iżvilupp personali. Mingħajr ma temmen fik innifsek, x'aktarx li tiltaqa' ma' ostakli hekk kif tiskopri lilek innifsek u tistabbilixxi miri. Irid ikollok fidi fik innifsek biex tibda l-vjaġġ. Filwaqt li tfittex l-għajnuna u l-appoġġ hija im-portanti, trid tieħu s-sjieda tal-iżvilupp personali tiegħek u temmen fil-ħila tiegħek li tilħaq il-miri tiegħek.

Achani Samon Biaou: L-iktar lezzjoni siewja li tgħallimt mill-esperjen-za tiegħi fl-iskola tan-negozju kienet li nikseb fiduċja, inizjalment perme-zz ta' validazzjoni esterna iżda aktar tard permezz ta' validazzjoni interna. Kif mmaturajt, bdejt nara lil kulħadd ugwali. Din il-mentalità ppermettietni nistabbilixxi miri fit-tul, bħall-kisba ta' indipendenza finanzjarja u l-bini ta' skejjel fl-Afrika. Madankollu, ma ridtx nistrieħ fuq ħaddieħor biex nikseb dawn l-għanijiet. Il-kunfidenza li żviluppajt għamlitni nirrealizza li kont im-portanti biżżejjed biex niddetermina t-triq tal-karriera tiegħi stess. Ġib lura s-sensazzjoni ta' libertà li kelli bħala tifel, u tatni l-abbiltà li nsegwi dak kollu li ridt.

Olumide Ogunsanwo: Dan huwa r-riżultat li Samon kiseb permezz tal-vjaġġ tiegħu fl-iskola tan-negozju. Madankollu, huwa importanti li wieħed jinnota li l-attendenza tal-iskola tan-negozju jew il-kisba ta' lawrja ta' master mhux meħtieġa biex jintlaħaq dan ir-riżultat. Iċ-ċavetta hija li tifhem il-valur tiegħek innifsek, tagħraf il-potenzjal tiegħek bħala bniedem, u tużah biex tikseb l-għanijiet u x-xewqat tiegħek fil-ħajja. Narawkom ilkoll fil-kapitlu li jmiss!

5C: Prinċipji ta' Twaqqif ta' Għanijiet u Żvilupp Personali

Olumide Ogunsanwo: Ejja nbiddlu l-gerijiet u niddiskutu prinċipji speċifiċi li jistgħu jaċċelleraw il-vjaġġ lejn l-indipendenza finanzjarja. Aħna ser niddiskutu l-prinċipji tal-iffissar tal-għanijiet u l-iżvilupp personali fi tliet taqsimiet. L-ewwel, aħna ser niddefinixxu dawn il-prinċipji. It-tieni, ser nesploraw kif jistgħu jaċċelleraw it-triq għall-indipendenza finanzjarja. U t-tielet, aħna ser nirrakkomandaw xi kotba fejn tista 'titgħallem aktar dwar l-iżvilupp u l-prattika ta' dawn il-prinċipji.

Nibdew bl-iffissar tal-għanijiet. L-iffissar tal-għanijiet huwa l-proċess li tidentifika xi ħaġa li trid tikseb u toħloq pjan direzzjonali strateġiku biex timmanifesta l-aspirazzjonijiet tiegħek. Iddiskutejna prinċipji bħal twemmin, awto-dipendenza, kurżità, ħsieb indipendenti, ambizzjoni u kuraġġ. Missajna wkoll il-kunċett ta' FTE meta individwu jilħaq il-qiegħ u jagħraf il-ħtieġa għal bidla immedjata. Issa, wasal iż-żmien li tmexxi l-mentalità u l-kuraġġ tiegħek biex toħloq viżjoni wiesgħa, tistabbilixxi miri ambizzjużi speċifiċi, u tieħu azzjonijiet ta 'kuljum biex tilħaq dawk l-għanijiet.

Viżjoni hija immaġni mentali ċara u konvinċenti ta' kif trid li jkun il-futur tiegħek. Dan l-istat futur mixtieq jispirak u jimmotivak biex tieħu azzjoni biex tilħaq il-miri tiegħek. Biex toħloq viżjoni, trid tistaqsi lilek innifsek mistoqsijiet dwar il-ħajja li tixtieq. Pereżempju:

X'tip ta' stil ta' ħajja trid? Liema kwalitajiet tfittex f'sieħeb? Fejn trid tgħix? Minn liema tip ta' komunità trid tkun parti? Fuq xiex trid taħdem? Ma' min trid taħdem? X'tip ta' esperjenzi u avventuri trid issegwi? X'opportunitajiet ta' tagħlim u tkabbir personali qed tfittex?

Il-viżjoni futura hija l-istampa kbira ta 'dak li trid. Sussegwentement, trid toħloq miri fit-tul biex tilħaq din il-viżjoni. Ejja nqattgħu ftit ħin fil-fond fuq il-parti finanzjarja tal-miri fit-tul tiegħek. Dawn il-miri fit-tul se jinkludu l-valur fil-mira tal-indipendenza finanzjarja (FI) tiegħek u skeda ta' żmien meħtieġa biex tilħaq il-mira. Tista' tistma din il-mira u l-kalendarju billi tuża kalkulaturi tal-irtirar onlajn (bħal Empower Personal Dashboard (magħrufa qabel bħala personalcapital.com). Pereżempju, il-mira tiegħek tista' tkun li takkumula $2M f'20 sena. Ftakar, dan l-eżempju huwa biss arbitrarju, peress li l-mira u l-kalendarju tal-FI tiegħek jiddependu fuq id-drawwiet tal-infiq attwali tiegħek u l-ħila tiegħek li taġġusta l-infiq tal-irtirar fil-ġejjieni biex taqbel mal-viżjoni tiegħek f'oqsma bħall-lokalità, it-taxxi, id-daqs tal-familja, il-preferenzi tad-djar, il-possedimenti, u l-ispejjeż mediċi eċċ. LeanFIRE (Il-membri tal-moviment Lean Financial Independence / Retire Early) , pereżempju, għandhom miri FI aktar baxxi li jvarjaw minn $ 300k sa $ 600k.

Kalkolaturi tal-irtirar joffru approċċ komprensiv u preċiż biex tiddetermina l-mira tal-FI tiegħek. Madankollu, jekk qed tfittex stima approssimattiva, tista 'wkoll tutilizza r-regola ta' 3% -4% (u l-multipli korrispondenti 25X-33X) bħala metodu aktar sempliċi. Filwaqt li l-kalkolaturi tal-irtirar jipprovdu aktar preċiżjoni, ir-regola ġenerali 3%-4% toffri mod rapidu u konvenjenti biex tikseb stima inizjali tal-mira tal-FI tiegħek.

Ir-regola ġenerali ta' 3%-4% tipprovdi gwida dwar rata ta' rtirar sikura (SWR) minn portafoll ta' investiment għall-irtirar. Tistma kemm jista' jiġi rtirat kull sena waqt l-irtirar biex jitnaqqas ir-riskju li jispiċċaw mingħajr flus. Skont din ir-regola, fl-ewwel sena tal-irtirar, tista 'tirtira 3-4% tal-valur tal-portafoll tiegħek. Pereżempju, b'portafoll ta' $1 miljun, dan jammonta għal $30k-$40k. Kull sena sussegwenti, taġġusta l-ammont tal-irtirar tiegħek biex tagħti kont tal-inflazzjoni. Fit-tieni sena, inti tirtira l-ammont tas-sena preċedenti flimkien mal-porzjon aġġustat għall-inflazzjoni, u tiżgura li l-irtirar tiegħek iżomm il-pass mal-prezzijiet li qed jogħlew. Filwaqt li r-regola ta '4% hija magħrufa ħafna, jien personalment nippreferi nirreferi għaliha bħala r-regola ġenerali ta' 3-4% għaliex isservi aktar bħala linja gwida milli regola stretta. Ukoll, oriġinarjament kienet iddisinjata għal rtirar ta' 30 sena, għalhekk għal dawk li jiksbu indipendenza finanzjarja f'età bikrija u għandhom irtirar itwal li jkopru 40-60 sena, jista 'jkun rakkomandabbli approċċ aktar kawt, bħal li titqies rata ta' rtirar ta '3% għal 3.5%.

Il-multiplu 25X-33X huwa derivat mir-rati ta 'rtirar ta' 3% -4% u jintuża biex jiġi stmat id-daqs tal-portafoll ta 'investiment fil-mira meħtieġ għall-FI. Jirrappreżenta l-invers tar-rati tal-irtirar, li jindika l-ammont meħtieġ għal FI billi jassumi rtirar annwali ta' 3 % sa 4 % mill-portafoll minn hemm 'il quddiem. Biex nikkalkulaw il-multipli, nieħdu l-invers tar-regola ġenerali ta' 3%, li hija 1 diviża bi 3% (1/3% = 33X), u għar-regola ġenerali ta' 4%, hija 1 diviża b'4% (1/4% = 25X).

Il-vantaġġ tar-regola ta '3% -4% hija l-faċilità ta' użu tagħha. Pereżempju, it-tabella hawn taħt turi miri differenti tal-FI meħtieġa biex ikopru livelli differenti ta' nfiq għall-irtirar.

Irtirar infiq mistenni		Mira tal-Portafoll ta' Investiment għall-Indipendenza Finanzjarja ($ meħtieġa biex idum matul il-ħajja)	
Kull xahar ($/xahar)	Kull sena ($/sena)	Stima baxxa bl-użu ta' multipli 25X (4% regola ġenerali)	Stima għolja bl-użu ta' multipli 33X (regola ġenerali ta' 3%)
$1,700	$20k	$0.5M	$0.7M
$3,300	$40k	$1.0M	$1.3M
$6,700	$80k	$2.0M	$2.7M
$10,000	$120k	$3.0M	$4.0M
$13,300	$160k	$4.0M	$5.3M
$16,700	$200k	$5.0M	$6.7M

Madankollu, hemm aspetti negattivi fl-użu tar-regola ġenerali ta '3% -4%. L-ewwelnett, huwa ddisinjat speċifikament għal portafolli ta 'investiment b'mill-inqas 50% ekwità (istokks) u m'għandux jiġi applikat għal proprjetà immobbli, flus kontanti, jew klassijiet ta' assi oħra fil-valur nett tiegħek li mhumiex investiti fl-istokk tas-suq. It-tieni nett, ma tqisx għas-snin futuri meta jista' jkollok nefqa temporanjament ogħla, bħal spejjeż għat-tagħlim tal-kulleġġ tat-tfal.

Fil-qosor, il-ħolqien ta' viżjoni u l-iffissar ta' miri fit-tul huma passi kruċjali fit-triq lejn l-indipendenza finanzjarja. Kemm jekk tuża kalkulaturi tal-irtirar jew ir-regola ġenerali ta' 3%-4%, dawn il-metodi jistgħu jgħinuk tagħmel stima tal-mira tiegħek, jiggwidaw l-ippjanar tiegħek u jagħtuk stilla tat-tramuntana brillanti waqt li tivvjaġġa lejn FI.

Sussegwentement, għandek bżonn toħloq miri għal żmien iqsar li jgħinuk tilħaq il-mira u l-kalendarju tal-FI tiegħek. Pereżempju, tista' timmira li tinvesti ċertu ammont kull sena, bħal $50k fl-ewwel sena u $60k fit-tieni sena. Kalkolaturi finanzjarji jistgħu jgħinu fl-istima tal-ammonti annwali meħtieġa għall-ammont ta 'investimenti meħtieġa biex tilħaq il-mira tiegħek.

U fl-aħħarnett, huwa importanti li tkisser dawn il-miri għal żmien iqsar f'azzjonijiet **ta 'kuljum** li jgħinuk tilħaqhom.

Dan il-proċess kollu tal-ħolqien tal-viżjoni tiegħek, miri fit-tul u għal żmien qasir, u tieħu azzjonijiet ta 'kuljum huwa dak li nifhmu b'iffissar ta' miri. L-ambizzjoni hija meħtieġa biex jiġi stabbilit it-tip ta' għanijiet it-tajjeb, u l-kuraġġ huwa meħtieġ biex jingħelbu l-isfidi tul il-vjaġġ.

Achani Samon Biaou: Aħseb fl-iffissar tal-miri bħaz-zokkor—jagħtina għaġla u sodisfazzjon emozzjonali. Meta nieħdu kompiti ta' sfida jew noħorġu mir-rutina tagħna, jista' jkun diffiċli li nibqgħu motivati b'mod konsistenti. Ħu Usain Bolt, pereżempju. Kieku ġera kuljum biss għal raġunijiet ta' dan, jista' jitħabat biex iżomm il- motivazzjoni. Iżda bl-għarfien li l-Olimpjadi huma sitt xhur bogħod u l-viżjoni tiegħu hija li jirbaħ id-deheb, dak il-għan jaqbad nar ġewwa fih u jżommu jitħarreġ.

Huwa importanti li ssir distinzjoni bejn l-iffissar ta' miri fit-tul u fuq perjodu qasir. Ħafna nies, inkluż jien, għamlu l-iżball li jiffokaw biss fuq miri fit-tul mingħajr azzjonijiet ta 'kuljum jew miri għal żmien iqsar. Iżda dan ħafna drabi jwassal għal falliment fil-kisba tagħhom.

Olumide Ogunsanwo: Int trid tgħaqqad l-għanijiet u l-azzjonijiet. Ma jistax ikollok wieħed mingħajr l-ieħor. Mingħajr miri, qed issuq malajr lejn imkien. U mingħajr azzjonijiet ta 'kuljum, il-miri tiegħek mhux se jimmaterjalizzaw għaliex m'intix qed tieħu azzjonijiet konsistenti ta' kompost u ssegwi l-progress tiegħek. Aħna nwettqu aħjar meta nsegwu u nkejlu l-affarijiet.

Achani Samon Biaou: Eżattament. Ladarba tiffissa mira fit-tul, trid tkisserha f'passi li jistgħu jintlaħqu li tista' tieħu kuljum. Dan l-approċċ għandu żewġ benefiċċji. L-ewwel, inti ser tirrealizza li l-azzjonijiet ta 'kuljum meħtieġa huma ġeneralment iżgħar u inqas kbira meta mqabbla mal-viżjoni ġenerali. It-tieni, huwa kruċjali li jkollok mod kif tkejjel il-progress u l-isforzi tiegħek.

Olumide Ogunsanwo: Huwa għalhekk li huwa importanti li jitqiesu dawn il-prinċipji f'ordni speċifiku. It-twaqqif ta' miri u t-teħid tal-azzjonijiet meħtieġa ta' kuljum mingħajr twemmin personali, ħsieb indipendenti, kuraġġ u ambizzjoni jista' jkun ta' sfida. Jekk il-viżjoni tiegħek ma tkunx allinjata mal-valuri u x-xewqat tiegħek, tista 'ma tkunx sostenibbli.

Achani Samon Biaou: L-iffissar tal-għanijiet jgħinna nsolvu l-problemi b'mod effettiv. Ħa nagħtikom eżempju. Bħala konsulent tal-ġestjoni li vvjaġġa ta 'spiss, akkumulat punti fuq diversi karti ta' kreditu u programmi ta 'lealtà. Madankollu, ma kienx sakemm stabbilejt mira speċifika biex insir membru tal-Platinum għal ħajjitha f'linja tal-ajru waħda li rrealizzajt il-passi speċifiċi ta 'kuljum meħtieġa biex nikseb dan. I kkalkulajt kemm-il titjiriet kelli bżonn nieħu kull xahar u kkalkulajt iż-żmien li kien se jieħu biex nilħaq dak l-istatus. Minn hemm żviluppajt strateġija billi pprijoritizza proġetti u attivitajiet li mmassimizzaw l-ivvjaġġar tiegħi, bħat-twettiq ta' intervisti minflok it-taħriġ. Immirat ukoll reġjuni speċifiċi, bħall-Istati Uniti, għal titjiriet itwal. Billi nqassam dan l-għan li jidher skoraġġanti f'azzjonijiet żgħar maniġġabbli, ksibt l-istatus tal-Platinum tul il-ħajja fi żmien ħames snin.

Olumide Ogunsanwo: Wara li ħoloq il-viżjoni tiegħek, miri fit-tul u għal żmien qasir, u azzjonijiet ta 'kuljum, tista' tħossok megħlub mill-ammont ta 'flus li għandek bżonn tiffranka kull xahar. Jekk dan jikkawża biża 'u inkwiet, allura trid terġa' tivvaluta l-ambizzjoni u l-kuraġġ tiegħek. Verament ħakmu dawn il-kwalitajiet u qed tipprattikahom b'mod attiv? Jekk iva, m'għandu jkun hemm l-ebda problema għax għandek viżjoni ċara ta' dak li trid fil-ħajja, u tista' tiżviluppa l-kuraġġ meħtieġ biex tikseb dan.

Punt ieħor li għandek tikkonsidra huwa li l-ebda pjan mhu perfett. Pjan tal-bidu tajjeb biżżejjed huwa dak kollu li għandek bżonn. Oħloq pjan, esegwih, irrevedih, aġġustah, u rrepeti. Tistenniex il-pjan perfett għax ma jeżistix. L-iktar ħaġa importanti hija li tibda. Dejjem tista' tagħmel aġġustamenti aktar tard. Din mhix dwar preċiżjoni estrema iżda dwar eċċitament u eżekuzzjoni. Bħala xi ħadd bi sfond fix-xjenza u l-inġinerija, nifhem il-preġudizzju lejn il-preċiżjoni, iżda f'dan il-każ, l-eċċitament, il-momentum, l-eżekuzzjoni u l-flessibbiltà huma l-aktar importanti.

Achani Samon Biaou: Nixtieq naqsam xi prattiki li jistgħu jgħinu littfal jistabbilixxu miri. Pereżempju, għandi sitt godchildren, u meta nżur ilġenituri tagħhom għal perjodi estiżi, nimplimenta prattika ta 'kuljum ma' wieħed minnhom. Nibdew il-ġurnata billi nistabbilixxu miri għalina nfusna. Huwa jistaqsi dwar il-miri tiegħi, u jien nistaqsi dwar tiegħu. Bil-lejl, niddiskutu l-progress li għamilna, x'għenna niksbu l-miri tagħna, u l-ostakli li ffaċċjajna.

Il-prattika tal-iffissar tal-miri saret ritwali divertenti bejnietna u għenitni nistabbilixxi rabta eqreb mal-allatta tiegħi. Ma kienx jien biss nistaqsi dwar il-miri tiegħu; kien interessat ukoll li jkun jaf tiegħi. Kultant ifakkarni bil-

logħob biex nibqa' fit-triq it-tajba mal-miri tiegħi, u jieħu gost iżommni re-
sponsabbli wkoll. Wara li tlaqt, talab lil missieru biex ikompli l-prattika.

Olumide Ogunsanwo: Taħseb li huwa possibbli li ssir finanzjarjament
indipendenti mingħajr ma jiġu stabbiliti miri?

Achani Samon Biaou: Probabbilment le.

Olumide Ogunsanwo: Ikun oerhört diffiċli li ssir finanzjarjament in-
dipendenti mingħajr għanijiet. Anke jekk b'xi mod tispiċċa b'ħafna flus, tista'
faċilment titlef dan kollu. Issir FI u tibqa 'FI huma settijiet ta' ħiliet differenti.

Achani Samon Biaou: Inti tista 'żżomm dak il-ġid jekk int xortik tajba.
Għandi ħbieb li spiċċaw l-iskola mingħajr direzzjoni ċara u daħlu fi startup.
Huma ma kinux qed ifittxu impjieg b'mod attiv, u l-opportunità li jissieħbu
fl-istartjar waslet għalihom permezz tax-xogħol iebes ta 'xi ħadd ieħor. L-is-
tartjar eventwalment sar suċċess, u f'daqqa waħda kien hemm flus jiċċirkolaw
għal dawk kollha involuti. Wieħed mill-ħbieb tiegħi kellu x-xorti li jiżżewweġ
konjuġi sofistikat finanzjarjament. Madankollu, huwa importanti li wieħed
jinnota li dan ix-xenarju huwa rari. Oħrajn bla għadd kisbu l-ġid malajr, biss
biex tilfuh daqstant malajr.

Olumide Ogunsanwo: Huwa probabbilment aħjar li tiffoka fuq xenarji
medjani (realistiċi) aktar milli xenarji outlier. L-indipendenza finanzjarja
teħtieġ li tieħu mikro azzjonijiet differenti, tifhem kompromessi, timmaniġġ-
ja r-riskji, u tevita li taqa' vittma tal-FOMO. U anki jekk tfixkel xi ħaġa mhux
ħażina mingħajr ma tagħmel xogħol iebes, dawk il-flus probabbilment ma
jdumux ħafna għax ma żviluppajtx il-ħiliet biex timmaniġġjaha u tipprezzah.
Kif qal Jim Rohn, l-għan għandu jkun li ssir sinjuri mhux biss għall-flus, iżda
għall-persuna li ssir fil-proċess.

Achani Samon Biaou: Xi nies jistgħu jargumentaw li jekk taqla 'ħafna
flus, huwa aktar faċli li ssir finanzjarjament indipendenti mingħajr ma tistab-
bilixxi miri speċifiċi. Nitlob li differenti. Il-problema hi li meta jonqoslek
id-dixxiplina, hekk kif id-dħul tiegħek jogħla, hekk ukoll l-ispejjeż tiegħek.
Mingħajr ma tkun persuna tajba li tistabbilixxi l-għanijiet, huwa improbabbli
ħafna li tikseb l-indipendenza finanzjarja.

Li tieħu azzjoni b'mod konsistenti kuljum tista 'tkun b'saħħitha oerhört.
Dan esperjenzajt meta ddeċidejt li nitgħallem il-Mandarin. Ffissejt mira li
nitgħallem espressjoni waħda ġdida fil-lingwa kuljum, u qabel ma kont naf,
stajt ngħid pjuttost ftit affarijiet. Kull meta kont niltaqa' ma' persuna Ċiniża

fil- lift, kont nibda konversazzjoni u spiss naghmel hbieb godda. Dik hija l-qawwa tad-drawwiet—jistghu jwasslu ghal rizultati mhux mistennija. L-effett kumulattiv ta 'azzjonijiet ta' kuljum jista 'jwassal ghall-hakma, li mbaghad jippermettilek li tmur lil hinn mill-mira inizjali tieghek.

Olumide Ogunsanwo: Ma tistax tissottovaluta l-eccitament li gej mittraccar tal-progress tieghek lejn l-indipendenza finanzjarja. Hassejtni daqshekk energizzat hekk kif rajt kemm kont qed naghmel progress. Forsi jien daqsxejn mignun, imma fil-fatt kont qed insegwi kif il-valur nett tieghi kien qed jikber biex nilhaq il-mira FI tieghi fuq bazi ta' kuljum.

Achani Samon Biaou: [Tbissem] tal-ghageb. Semplicement nimmagina li qed issegwi tbissima f'wicci.

Olumide Ogunsanwo: Hassejtni inkredibbli.

Achani Samon Biaou: Xi drabi n-nies jahsbu li l-iffissar ta' miri ghall-indipendenza finanzjarja jfisser li trid tghix hajja mizerabbli. Jistghu jaqraw dan u jahsbu li kont qed tbati. Imma ha nghidlek, Olumide mhu imdejjaq xejn. Huwa fil-fatt fl-imhabba ma 'ottimizzazzjoni.

Olumide Ogunsanwo: Assolutament! Hadt gost hafna matul il-process, u zgur li ma kontx miserable. Kollox huwa dwar l-ottimizzazzjoni u l-gestjoni tal-infiq tieghek ibbazat fuq il-valuri tieghek, li se nitkellmu aktar dwarhom fil-Kapitolu 6C.

Achani Samon Biaou: Dak tajjeb li tisma! Issa, kont qed nistaqsi jekk tistax taqsam xi ftit suggerimenti, prattiki, rakkomandazzjonijiet tal-kotba, jew kwalunkwe parir iehor ghall-qarrejja taghna li huma interessati fl-indipendenza finanzjarja.

Olumide Ogunsanwo: Iva, ghandi zewg rakkomandazzjonijiet tal-kotba.

L-ewwel, " The Slight Edge [1]" minn Jeff Olson. Il-ktieb huwa aqwa u sabih. Titkellem dwar il-konverzjoni tal-miri kollha tieghek fil-hajja f'azzjonijiet ta 'kuljum. Il-miri tieghek jistghu jkunu miri finanzjarji, miri tas-sahha, miri tar-relazzjoni, miri tal-komunità, miri tal-karriera. Kien wiehed mill-kotba li biddilli hajti ghax kont naghmel miri, imma qatt ma fhimt l-importanza li niehu azzjonijiet konsistenti ta' kuljum. Li taghmel xi haga kuljum verament tbiddel il-mentalità tieghek u tghinek taghmel progress. Perezempju, jien u Samon ilna nahdmu fuq dan il-ktieb ghal madwar xahrejn

---

1.   http://www.amazon.com/Slight-Edge-Jeff-Olson/dp/1935944312

u nofs, u niżgura li naħdem fuqu kuljum. Jagħmel differenza kbira fuq l-ammont ta' progress li nista' nagħmel billi naħmel ftit kuljum.

Jidher ovvju li tibni drawwiet billi tieħu azzjonijiet kuljum iżda qatt ma għamilt hekk sakemm qrajt il-ktieb. Fil-fatt iltqajt magħha grazzi għal rakkomandazzjoni qawwija ħafna mill- Blog Gen Y Finance Guy [2].

It-tieni ktieb huwa " Atomic Drawings [3]" ta' James Clear. Huwa simili għal "The Slight Edge" u jenfasizza l-importanza li tieħu azzjonijiet ta 'kuljum, tkisser il-miri f'passi iżgħar, u tibdilhom f'drawwiet awtomatiċi. Ħa nagħtikom eżempju: immur il-gym kważi kuljum, u lanqas naħsibha darbtejn. Hija biss parti mir-rutina tiegħi ta' kuljum, bħal nħasel snieni. Sar vizzju li m'għandix għalfejn niddeċiedi li nagħmel b'mod attiv. Hija parti mill-iskeda tiegħi għal dejjem. Inħeġġeġ lin-nies jaqraw dawn il-kotba u jaħsbu dwar prattiċi ta' kuljum biex iwassluhom fejn iridu jkunu.

Achani Samon Biaou: Aspett kruċjali tat-twaqqif tal-għanijiet huwa l-abbiltà li tippern. Xi drabi, meta t-triq attwali tiegħek ma tkunx qed twassalk lejn ir-riżultati mixtieqa tiegħek jew meta ċ-ċirkostanzi jinbidlu, jista 'jkollok bżonn tagħmel bidla sinifikanti fil-karriera, l-għanijiet jew id-direzzjoni tal-ħajja tiegħek. Dan l-att li tbiddel id-direzzjoni biex tallinja mal-miri tiegħek jissejjaħ pivoting.

Olumide Ogunsanwo: Il-pern ifisser li tkun miftuħ biex tibdel id-direzzjoni tiegħek sabiex tilħaq il-miri tiegħek. Jista 'jkun bidla kbira jew aġġustament minuri; id-daqs tal-bidla ma jimpurtax. Dak li hu importanti huwa li tkun flessibbli biżżejjed biex tagħraf meta l-bidla tkun meħtieġa u tkun komdu li tagħmel dik il-bidla. Il-flessibbiltà hija għodda kruċjali fil-vjaġġ tiegħek lejn l-indipendenza finanzjarja. Jekk int riġidu wisq u reżistenti għall-bidla, tkun ta' sfida li tikseb l-indipendenza finanzjarja għax ma tistax tbassar kif se jseħħ il-futur.

Achani Samon Biaou: Ejja niddiskutu l-impatt prattiku tal-pern fuq il-vjaġġ tal-indipendenza finanzjarja tiegħek. Ħafna nies li marru l-iskola tan-negozju jispiċċaw ibiddlu l-karriera. Jistgħu anke jibdlu l-identità professjonali tagħhom. Pereżempju, kont inġinier tat-telekomunikazzjoni qabel ma attendejt l-iskola tan-negozju, iżda matul iż-żmien li jien hemmhekk, għamilt pern u dħalt fil-qasam tal-konsultazzjoni tal-ġestjoni. Din il-bidla

2.   https://www.genyfinanceguy.com/

3.   https://jamesclear.com/atomic-habits

kienet pern f'ħajti. Iċ-ċavetta hija li tiffissa miri u taħdem b'mod attiv biex jinstabu soluzzjonijiet biex jintlaħqu dawk l-għanijiet.

Olumide Ogunsanwo: Hekk kif tibda tifformula pjanijiet, huwa essenzjali li tifhem li l-pjanijiet li toħloq x'aktarx li jinbidlu. Dan huwa fejn jidħol fis-seħħ il-pern. Trid tkun komdu bl-ambigwità u l-bidla għax il-ħajja qed tevolvi kontinwament. Hekk kif l-affarijiet jinbidlu, jeħtieġ li tkun adattabbli biżżejjed biex timxi mal-fluss, peress li l-viżjoni tal-ogħla livell tiegħek tista 'tibqa' l-istess, iżda l-pjan ta 'kuljum jista' jinbidel. Carl Richards (minn behaviorgap.com) qal, "Tkunx impenjata għall-pjan, tkun impenjata għall-proċess tal-ippjanar." Jeff Bezos popolarizza l-frażi "Żviluppa preġudizzju għall-azzjoni". Brian Tracy, awtur tal-aqwa tal-iżvilupp personali, qal: "Is-suċċess jinsab fuq in-naħa l-bogħod tal-falliment."

Li ngħaqqdu dawn l-ideat flimkien ifisser li tieħu azzjoni filwaqt li tkun miftuħ għall-bidla, u ma jaqtax qalbek meta l-affarijiet ma jmorrux kif pjan. Ibqa' miexi 'l quddiem, ipprova approċċi differenti, għaqqad meta jkun meħtieġ, u dejjem żomm f'moħħok il-viżjoni u l-għanijiet fit-tul tiegħek. Jidher li taġġusta u timmodifika l-istrateġiji tiegħek filwaqt li tibqa' ffukata fuq l-istampa akbar.

Achani Samon Biaou: Dan huwa illuminanti. Fir-rigward tar-rakkomandazzjonijiet, hemm ftit kotba dwar it-twaqqif ta 'miri li naħseb li huma b'saħħithom. Dawn il-kotba kienu fil-kuntest tal-bidla fil-karriera, imma naħseb li huma applikabbli f'aspetti ohra tal-ħajja, bħas-saħħa, il-fitness, l-imħabba u r-relazzjonijiet. Ktieb wieħed jismu " Pivot [4]" minn Adam Markle. Il-ktieb ta' Adam Markle joffri pjan direzzjonali għal individwi li qed jagħmlu tranżizzjoni fil-karrieri u qed ifittxu li jilħqu l-potenzjal sħiħ tagħhom filwaqt li jittrattaw ansjetajiet dwar riskji u fallimenti. Dan il-ktieb iservi bħala gwida prattika għal individwi li qed jinnavigaw it-tranżizzjonijiet tal-karriera u jistinkaw biex jilħqu l-potenzjal sħiħ tagħhom, u jindirizzaw l-ansjetajiet dwar ir-riskji u l-fallimenti. Tipprovdi serje ta' eżerċizzji pass pass u tħeġġeġ biex tiffaċilita l-awto-riflessjoni u tgħin lill-qarrejja jidentifikaw u jegħlbu l-ostakli li jistgħu jfixklu l-progress tagħhom. Billi jistabbilixxu viżjoni ċara, jindirizzaw l-ostakli minn quddiem, u jieħdu azzjoni deċiżiva lejn l-għanijiet tagħhom, l-individwi jistgħu jwittu t-triq biex jiksbu l-potenzjal sħiħ tagħhom.

---

4.   https://www.amazon.com/Pivot-Science-Reinventing-Your-Career/dp/1476779473

Olumide Ogunsanwo: Samon, x'jiġri jekk qarrej FIREDOM isib il-kunċett li joħloq viżjoni wisq astratta u jiddubita l-utilità tiegħu? X'tgħid lil xi ħadd li jaħseb li l-issettjar tal-viżjoni huwa wisq "artab" u mhux prattiku?

Achani Samon Biaou: Viżjoni hija utli għaliex tipprovdi punt tat-tluq għal dak li tixtieq.

Olumide Ogunsanwo: Huwa dwar li jkollok xewqa taħraq u tieħu l-kontroll ta 'ħajtek. Ħadd ieħor ma jista' jissettjah għalik.

Achani Samon Biaou: Jekk xi ħadd iħoss li l-viżjoni tiegħu hija vaga wisq jew squishy, tista 'ma tkunx il-viżjoni t-tajba għadha. Huwa importanti li tirfina u tiċċara l-viżjoni tiegħek sakemm din tirresona miegħek u teċitak.

Olumide Ogunsanwo: Ħafna drabi l-għanijiet mhumiex linja dritta. Huwa vjaġġ ta 'meandering fejn inti ssib dak li jaħdem l-aħjar għalik. Ftakar, Samon ma kellux pjan kompletament finalizzat għad-destinazzjoni tiegħu meta beda Deutsche Telekom. Huwa għaraf l-opportunità fil-konsultazzjoni tal-maniġment u għamel pern biex isegwiha.

Achani Samon Biaou: Biex tagħti eżempju prattiku, ejja ngħidu li inti ffissat mira li tikseb l-indipendenza finanzjarja sa l-età ta' 35 meta kellek 30. Bħalissa qed taħdem bħala avukat u għalkemm il-qasam jogħġoblek u jħal-las tajjeb, mhux bilfors. passjoni tiegħek. Ġurnata waħda ħabib jippreżen-talek idea affaxxinanti għal softwer tal-apparat mediku fl-industrija tal-kura tas-saħħa. Inizjalment, m'intix ċert jekk din l-opportunità tikkonformax mal-ħiliet tiegħek bħala avukat. Madankollu, hekk kif titgħallem aktar dwar l-idea u l-potenzjal tagħha, issir eċċitati dwar il-possibbiltà. Inti tiddeċiedi li ssegwi l-opportunità u tagħmel pern tal-karriera mil-liġi għall-industrija tal-kura tas-saħħa. Din il-bidla tirrappreżenta bidla sinifikanti fit-triq tal-karri-era tiegħek.

Olumide Ogunsanwo: Li tieħu dak il-pern teħtieġ kuraġġ u ambizzjoni biex tifhem x'inhu tassew importanti għalik.

Achani Samon Biaou: Anke fl-agħar xenarju, jekk l-opportunità l-ġdida ma taħdimx, kont tgħallimt dan fi żmien sentejn. Biex itaffi r-riskju, tista' tin-negozja salarju mal-istartjar li huwa 80% ta' dak li kont qed tagħmel bħala avukat. Tista' wkoll taġġusta l-ispejjeż tiegħek sabiex tkun għadek tiffranka l-istess ammont filwaqt li tibni ekwità li tista' potenzjalment tikber f'miljuni jekk l-affarijiet imorru tajjeb.

Olumide Ogunsanwo: Jekk xi ħadd jisma 'dan il-kapitolu u inizjalment isib il-kunċetti ta' l-iffissar tal-viżjoni u l-iffissar ta 'miri wisq astratti jew mhux prattiċi, inħeġġiġhom biex jiftakar il-prinċipju tal-kurżità. Kun kurjuż biżżejjed biex tifhem għaliex qed nenfasizzaw dan. Jien u Samon ksibna indipendenza finanzjarja fit-tletinijiet tagħna, u għalhekk nemmnu li hija importanti. Warrab kwalunkwe dubji u kun miftuħ biex tipprova tistabbilixxi l-miri. M'hemm l-ebda ħsara li tipprovaha. Stabbilixxi viżjoni għal xi ħaġa u stabbilixxi miri ta 'kuljum biex tara x'jiġri.

Inħobb l-esperimenti, għalhekk inħeġġiġkom tara dan bħala esperiment. X'għandek x'titlef? Meta tiltaqa' ma' ideat li ma taqbilx magħhom, avviċinahom b'kurżità u esperimenta biex tara jekk jaħdmux għalik. Tiċħadx awtomatikament l-informazzjoni minn sorsi infurmati biss għax tisfida l-ego tiegħek jew kunċetti prekonċepiti.

Achani Samon Biaou: Agħraf in-natura komposta ta 'dawn l-azzjonijiet. Jekk kellek id-drawwa li tipprova esperimenti bħala tifel, x'aktarx li tkompli tesperimenta bħala adult. Jekk esperjenzajt pernijiet matul it-tfulija tiegħek, bħal tibdel l-iskejjel jew issegwi passatempi ġodda, x'aktarx li tkun komdu li tagħmel pivots bħala adult.

Lill-ġenituri, irrid nenfasizza li l-bidla m'għandhiex titqies bħala l-għadu iżda bħala opportunità biex tikkultiva r-reżiljenza f'uliedkom permezz ta' esperjenzi ta' sfida. Ħafna ġenituri jemmnu li jipprovdu ambjent stabbli huwa l-aħjar għal uliedhom u li jmorru jgħixu f'pajjiż differenti, pereżempju, iħawduhom u jiddiżorjentawhom.

Madankollu, din tista 'ma tkunx l-aħjar perspettiva. Id-dmir tiegħek bħala ġenitur huwa li tipprepara lil uliedek għar-reżiljenza billi tesponihom għal esperjenzi li jisfidhom. Dawn l-esperjenzi jibnu t-twemmin, l-awtonomija, il-kuraġġ, u l-kurżità fit-tfal tiegħek. Meta t-tfal jiffaċċjaw ambjenti ġodda, jiżviluppaw strateġiji biex ilaħħqu li jistgħu jibbenefikaw minnhom f'sitwazzjonijiet futuri. Pereżempju, jekk familja jkollha tirriloka f'pajjiż ġdid minħabba telf ta' impjieg u kwistjonijiet ta' viża, tifel li diġà esperjenzat bidliet bħal dawn ikunu mgħammra aħjar biex jadattaw għall-ambjent il-ġdid. Il-protezzjoni tat-tfal mill-bidla tista' ma tippreparahomx b'mod adegwat għall-bidliet inevitabbli li se jiltaqgħu magħhom fil-ħajja. Il-bidla tista' tkun forza pożittiva fl-iżvilupp tat-tifel/tifla tiegħek. Jista' jgħinhom jitgħallmu u jikbru b'modi ġodda.

Olumide Ogunsanwo: I love that. Huwa hekk sabiħ. Grazzi ta' dan, Samon.

Achani Samon Biaou: Meta kelli 26 sena, parrinu tani pariri kontrointuwittivi iżda ta' benefiċċju dwar l-iffissar tal-għanijiet tal-karriera. Kont għadni kemm bdejt f'Deutsche Telekom, u l-parrinu tiegħi staqsieni, "F'liema kumpanija se tingħaqad wara?"

Ħadt mistagħġeb bil-mistoqsija għax kont bdejt biss reċentement u emmint li kien kmieni wisq biex naħseb dwar il-mossa li jmiss. Huwa kompla jgħid: "L-aħħar li għandek tibda tipprepara l-pass li jmiss tiegħek huwa l-jum li tirċievi offerta lill-kumpanija attwali tiegħek." Il-punt usa' tal-parrinu tiegħi kien dwar l-importanza tat-twaqqif ta' miri. Huwa jemmen li li jkollok stampa ċara tal-passi potenzjali li jmiss tgħin biex tiddefinixxi l-għanijiet tal-karriera personali u l-inizjattivi għall-impjieg attwali. Dak iż- żmien, kont bla esperjenza u ma kontx nifhem għal kollox kif napplika l- parir tiegħu. Iżda minn dakinhar, għamiltha parti mill-kowċing tiegħi għal timijiet iżgħar, u mill-inqas tliet individwi applikawha b'suċċess.

Pereżempju, wieħed mill-menti tiegħi ingħaqad ma 'startup tat-teknoloġija tal-ikel, u ħeġġiġtu biex jiċċara l-għanijiet tiegħu għas-sentejn jew tlieta li ġejjin u lil hinn. Aspira li jsir COO f'kumpanija aktar matura fl-Ewropa jew fl-Istati Uniti. Wara l-parir tiegħi, huwa beda jippubblika b'mod aggressiv playbooks dwar kif topera startup tat-teknoloġija tal-ikel fi żmien xahar biss minn meta beda xogħlu. Huwa attenda konferenzi, għamel netwerk ma 'COOs u fundaturi, u internament favur bidla fit-titlu għal Kap tal-Operazzjonijiet. Sentejn wara, meta kien lest biex ikompli, huwa sempliċement waqqaf sejħa, u fi żmien ġimgħa, kellu żewġ offerti ta' xogħol.

Olumide Ogunsanwo: Eċċellenti. Ejja ngħaddu għall-iżvilupp personali. F'din it-taqsima, ser niddiskutu kif l-iżvilupp personali jista' jaċċellera l-indipendenza finanzjarja u nipprovdu xi rakkomandazzjonijiet. L-iżvilupp personali jirreferi għall-proċess li jtejjeb lilu nnifsu fiżikament u mentalment biex jikseb sodisfazzjon, kuntentizza u suċċess akbar fil-ħajja. Japplika mhux biss għall-finanzi personali iżda wkoll għas-saħħa, il-karriera, in-negozju u miri oħra tal-ħajja. Għalkemm dan il-ktieb jiffoka primarjament fuq l-indipendenza finanzjarja u l-finanzi personali, huwa essenzjali li tagħraf kif l-iżvilupp personali jista' potenzjalment jaċċellera l-miri tiegħek. Il-proċess ta 'awto-titjib huwa fundamentali u applikabbli għall-oqsma kollha tal-ħajja. Fil-parti preċedenti ta' dan il-kapitlu, iddiskutejna l-iffissar ta' miri. Ladarba tkun waqqaft il-miri tiegħek, il-pass naturali li jmiss huwa li taħdem biex it-tejjeb lilek innifsek biex tilħaqhom. Hija tranżizzjoni bla xkiel.

Achani Samon Biaou: Biex nibdew id-diskussjoni tagħna dwar l-iżvilupp personali, ejja nesploraw il-kunċett ta 'prattika deliberata. Il-prattika intenzjonata hija approċċ iffukat lejn it-tagħlim u t-titjib ta' ħila jew ħila. Tinvolvi t-tkissir tal-kompiti kumplessi f'komponenti iżgħar, l-identifikaz-zjoni ta 'oqsma li jeħtieġu titjib, u l-użu ta' tekniki ta 'taħriġ immirati biex jindirizzaw dawk l-oqsma. Il-prattika intenzjonata tikkonsisti fi tliet kompo-nenti ewlenin.

L-ewwel, huwa kruċjali li tesponi lilek innifsek għal eżempji ta 'prestaz-zjoni eċċellenti. L-esperjenza ta' prestazzjoni eċċezzjonali tissensibilizza moħħok u tagħtik xi ħaġa li taspira jew tistinka għaliha. Sussegwentement, għandek bżonn mekkaniżmu ta' feedback biex tevalwa l-prestazzjoni tiegħek stess. Normalment, xi ħadd li kiseb jew jagħraf l-eċċellenza jista' jipprovdi feedback siewi billi jindika oqsma speċifiċi fejn tista' tkun qed tonqos. Fl-aħħar nett, meta tidħol fi prattika intenzjonata, huwa importanti li tkun konxju tal-preġudizzji tiegħek stess u tistabbilixxi miri speċifiċi ta 'titjib. Ipprattika, osserva l-prestazzjoni tiegħek, u kompli taħdem fuqha sakemm tikkontrolla l-prattika.

Prattika intenzjonata tista' tiġi applikata wkoll biex issir aħjar fl-infiq ib-bażat fuq il-valuri (li qed tallinja mill-ġdid l-infiq ibbażat fuq il-valuri uniċi tiegħek u ngħaddu aktar fil-fond fil-kapitolu 6C). Ibda billi tifhem kif jidher l-infiq eżemplari bbażat fuq il-valuri u fittex espożizzjoni għal eżempji rile-vanti. Pereżempju, irnexxieli ngħix bi $800 fix-xahar f'Dubaj, filwaqt li Olu-mide ottimizza l-kera tiegħu f'Kalifornja billi kellu sħabu tal-kamra u jgħix qrib ix-xogħol. Dan juri n-natura ffukata tal-infiq veru bbażat fuq il-valuri.

Irrifletti fuq ħajtek stess u tagħti prijorità lil aspett biex ittejjeb. Oħloq strateġija personalizzata għalik innifsek aktar milli sempliċement tikkopja lil ħaddieħor. Pereżempju, jekk l-infiq ibbażat fuq il-valuri jfisser li tnaqqas l-is-pejjeż tat-trasport għal żero, waqqaf mira u fassal strateġija, bħall-għażla li tuża s-servizz tal-karozzi tal-linja b'xejn. L-ewwel jum jista' jkun ta' sfida hekk kif taġġusta biex tqum f'ħin speċifiku u tibda l-vjaġġ tiegħek bix-xarabank. Osserva lilek innifsek waqt li timxi lejn l-istazzjon tal-karozzi tal-linja u kif tirkeb il-karozza tal-linja. Hu nota ta 'dak li jiġri u l-emozzjonijiet li tesperjen-za. Identifika liema sentimenti pożittivi tħaddan u liema sentimenti negattivi tegħleb. Issettja mira biex ittenni u tagħmel aġġustamenti l-għada. Permezz ta' iterazzjoni u riflessjoni, tista' kontinwament ittejjeb il-prattiki tiegħek ta' nfiq ibbażat fuq il-valuri.

Olumide Ogunsanwo: Grazzi, Samon, talli qsamt dik l-għarfien siewi. Peress li tajt eżempju dwar l-iżvilupp personali u l-ispejjeż, ħalluni nagħti eżempju ta' kif l-awto-titjib jista' jżid id-dħul. Ejja ngħidu li għandek 35 sena u timmira li tikseb indipendenza finanzjarja sa l-età ta' 50 sena, b'valur nett fil-mira ta' $3M, li tibda mill-bidu.

Jekk int ġenwinament eċċitati dwar dak l-għan fit-tul, tista 'tipproċedi għall-pass li jmiss: tistabbilixxi miri immedjati għal żmien qasir. Ejja nassumu li għandek bżonn tiffranka $100,000 fis-sena sas-sena 3, iżda bħalissa qed tiffranka $3,000 biss. Ovvjament, hemm differenza bejn is-sitwazzjoni attwali tiegħek u r-riżultat mixtieq. Biex tnaqqas dik id-differenza, trid tiden-tifika azzjonijiet speċifiċi li tista' tieħu fuq bażi ta' kuljum, kull xahar u rego-lari biex ittejjeb is-sitwazzjoni finanzjarja tiegħek.

F'dan l-istadju, l-iżvilupp personali jsir kruċjali, hekk kif tibda tifformula modi kif ittejjeb il-ħiliet tiegħek, tkabbar in-negozju tiegħek jew taqla 'salarju ogħla. Strateġiji ta' żvilupp personali jistgħu jinvolvu l-ħolqien ta' grupp ta' moħħ ta' intraprendituri, fejn sħabi sidien tan-negozji jistgħu jikkollaboraw u jiskambjaw ideat. Jista' jfisser ukoll li tieħu vantaġġ minn pjattaformi ta' tagħlim bħal Coursera, edX, jew Udemy biex takkwista ħiliet ġodda għal prospetti ta' xogħol aħjar.

L-iżvilupp personali jservi diversi skopijiet, bħalma huma ż-żieda fil-potenzjal tal-qligħ, it-titjib tad-drawwiet tal-infiq ibbażati fuq il-valuri, jew it-tisħiħ tal-ħiliet soċjali biex trawwem relazzjonijiet u jibnu komunitajiet. Barra minn hekk, huwa importanti li tagħraf li l-iżvilupp personali jista' jagħmlek aktar pjaċevoli u jgħinek tespandi n-netwerk tiegħek, li jista' jkun imprezzabbli fil-kisba ta' miri personali u professjonali.

Achani Samon Biaou: Ikkunsidra n-netwerk tiegħek bħala parti mill-valutazzjoni ġenerali tiegħek. Tista' tiffissa mira biex tikkonnettja ma' 500 persuna fil-Google fis-sentejn li ġejjin. Aqsamha f'miri iżgħar, bħal tiltaqa' ma' ħames nies ġodda kull ġimgħa. Kontinwament tivvaluta l-progress tiegħek billi staqsi lilek innifsek kemm qed tagħmel konnessjonijiet u jekk xi relazzjonijiet qed jisparixxu. Irrifletti fuq dak li ma marx tajjeb fl-interaz-zjonijiet preċedenti u uża dak l-għarfien bħala pedament għal konnessjonijiet aħjar fil-futur. Żomm ittenra u rfina l-approċċ tiegħek.

Olumide Ogunsanwo: Enfasizzajna s-sinifikat tal-kurżità u l-ambiz-zjoni bħala prinċipji kruċjali. Jiġġieldu l-kompjaċenza u l-idea li wieħed ikun laħaq il-potenzjal sħiħ tagħhom fil-ħajja. Mingħajr kurżità, m'hemm l-ebda impenn biex tesplora u titgħallem aktar, u mingħajr ambizzjoni, m'hemm l-ebda motivazzjoni biex jiġu stabbiliti miri u tistinka għalihom.

Xi individwi jistgħu jemmnu li ladarba jkunu kisbu ċerti tragwardi, bħall-gradwazzjoni mill-università, m'għandhomx għalfejn ikomplu jtejbu lilhom infushom. Madankollu, l-iżvilupp personali huwa proċess kontinwu li jestendi tul il-ħajja kollha tiegħu. Dejjem hemm lok għal tkabbir u titjib f'diversi aspetti tal-ħajja. Jekk issib ruħek tgħid, "Stajt gradwat mill-univer-sità. Għaliex għandi niffoka fuq l-awto-titjib?" allura inti qed titlef il-punt. L-iżvilupp personali mhuwiex biss dwar l-edukazzjoni jew il-kisba ta 'lawrja. Dan jinkludi t-titjib tal-kapaċità umana u l-potenzjal tiegħek biex tikseb l-għanijiet tiegħek. Filwaqt li dan il-ktieb jinkludi kapitolu dwar l-iskola tan-negozju, l-iżvilupp personali jista' jieħu diversi forom u jippermettilek tilħaq il-livell li jmiss.

Derek Sivers darba ddikjara, "Kieku aktar informazzjoni kienet it-tweġi-ba, ilkoll inkunu biljunarji b'sitt-pack abs." L-iżvilupp personali jmur lil hinn mill-akkwist ta' informazzjoni ġdida; tinvolvi l-internalizzazzjoni u l-app-likazzjoni konsistenti ta' dak l-għarfien maż-żmien. Trid tintegraha wkoll fil-ħajja tiegħek ta' kuljum u tagħmilha parti abitwali mir-rutina tiegħek sabiex iseħħ tkabbir personali veru.

Qed taqra dan il-ktieb għax int kurjuż dwar l-indipendenza finanzjarja. U aqta xiex? Int diġà ħadt l-ewwel pass fuq vjaġġ ta' żvilupp personali! Dan il-ktieb huwa kollu dwar l-indipendenza finanzjarja, iżda huwa ħafna aktar minn hekk. Huwa dwar li tħaddan it-tkabbir personali f'kull aspett tal-ħaj-ja tiegħek. L-iżvilupp personali huwa bħal superpotenza. Huwa dwar il-livell kostanti u l-insegwiment li ma jispiċċa qatt li ssir verżjoni aħjar ta 'lilek innif-sek kuljum. Se tħoss sens ta' sodisfazzjon u żieda fl-istima personali hekk kif kontinwament ittejjeb lilek innifsek u taħdem b'mod attiv lejn miri li jallin-jaw mal-valuri u l-passjonijiet tiegħek.

Jien inħobb dan il-kunċett. Nalloka siegħa kuljum għall-iżvilupp person-ali f'oqsma li huma importanti għalija. Dan ipprattikajt anke qabel ma ksibt l-indipendenza finanzjarja, u se nkompli nagħmel dan għall-bqija ta' ħajti.

Achani Samon Biaou: Jiena nirrisona ħafna ma' dak li qasam Olumide. Hawn kif nimplimentah f'ħajti. Irrealizzajt li l-kuntentizza tiegħi tiddependi fuq li nħoss sens ta' kisba, filwaqt li l-kuntentizza ġejja minn staġnar jew inħossni mwaħħla. Wara li ksibt l-indipendenza finanzjarja, iddeċidejt li nisfida lili nnifsi perjodikament billi nitgħallem lingwi ġodda.

Ir-rutina tiegħi hija sempliċi: inqum, inniedi l-app tiegħi b'xejn għattagħlim tal-lingwi, u nibda l-ġurnata tiegħi biha. Niddedika madwar 15-il minuta biex inlesti unità waħda. L-isfida personali tiegħi hi li nżid lingwa jew tnejn ġodda kull sena sakemm nagħlaq il-50, skont l-impenji l-oħra tiegħi. Dan iservi bħala illustrazzjoni tal-iżvilupp personali. Jien passjonat dwar illingwi, għalhekk l-eċċitament li nitgħallem oħrajn ġodda jżommni motivat.

Olumide Ogunsanwo: Jiena grat immens li nkun ħaj f'din l-era fejn bosta pjattaformi ta' tagħlim onlajn joffru korsijiet b'xejn (eż., YouTube) jew għandhom komponenti b'xejn (bħal Coursera u Udemy). Il-flus u ddisponibbiltà m'għadhomx ostakoli; l-isfida vera issa tinsab fir-rieda tagħna li nitgħallmu. Din ir-rieda hija msaħħa mill-eċċitament, u huwa għalhekk li nenfasizzaw il-pass kruċjali tal-ħolqien u l-eċitazzjoni dwar viżjoni għal ħajtek.

Nies mis-sittinijiet u s-sebgħinijiet kienu joqtlu għall-opportunitajiet li għandna llum. Kull ma trid tagħmel hu li taqta' l-ħin, tikkultiva l-eċċitament, u tieħu azzjoni. Ikkunsidra l-istorja inkredibbli li għadha kif qasmet Samon. Huwa juża Duolingo b'xejn biex jitgħallem diversi lingwi. X'skuża għandek?

Achani Samon Biaou: Iva. Meta nivvjaġġa, nippreferi linji tal-ajru li jipprovdu films fil-lingwa oriġinali tagħhom, li jippermettuni nipprattika l-ħiliet lingwistiċi tiegħi. Illum il-ġurnata, ħafna drabi nagħżel li jtir mal-Emirates, anke jekk dan ifisser rotta itwal, għax joffru għażla diversa ta' films "etniċi". Pereżempju, il-vjaġġ tiegħi minn Kalifornja għall-UAE jieħu madwar 14-il siegħa, u mbagħad għandi 6 sigħat oħra jew aktar skont id-destinazzjoni finali tiegħi. Peress li nivvjaġġa ta' spiss, nuża l-ħin tat-titjira tiegħi billi nara films u nipprattika l-ħiliet lingwistiċi tiegħi. Dan jinvolvi li tara film bissottotitli, tkebbib mill-ġdid partijiet, u terġa' tarahom. Ġieli nqatta' sa erba' sigħat fuq film wieħed għax nieqaf ta' spiss biex nipprattika n-għid ta' sentenzi b'leħen għoli. U meta t-titjira ma tkunx iffullata wisq, anke nieqaf u nitkellem sentenzi b'leħen għoli.

Olumide Ogunsanwo: Unbelievable! Inħeġġeġ bil-qawwa lil kulħadd biex iħaddan l-ambizzjoni, jistabbilixxi viżjoni ċara, jistabbilixxi miri għal ħajjithom, u jimbarka fuq vjaġġ ta' żvilupp personali li ma jispiċċa qatt. Għandha s-setgħa li tittrasforma l-ħajja kollha tiegħek. Hawn huma xi rakkomandazzjonijiet li jikkultivaw mentalità ta 'żvilupp personali:

L-ewwel: " Pjan ta 'Sena ta' Suċċess [5]" minn Jim Rohn. Dan il-programm huwa tal-moħħ u jista 'jbiddel ħajtek. Huwa vjaġġ ta 'żvilupp personali ta' sena mimli eżerċizzji. Sfortunatament, il-verżjoni oriġinali m'għadhiex disponibbli, imma tista' tipprova l- verżjoni aġġornata [6], għalkemm ma nistax niggarantixxi l-kwalità tagħha peress li għamilt l-oriġinal.

It-tieni: " Kif sibt il-libertà f'dinja mhux ħielsa [7]" minn Harry Browne. Il-ktieb jidħol fil-kunċett tal-libertà, li jallinja mill-qrib mat-temi tal-indipendenza finanzjarja u l-libertà esplorati f'FIREDOM. Browne jesplora l-qafas mentali meħtieġ biex jidentifika u negħleb l-ostakli li jżommuna lura, u jipprovdi għarfien dwar kif nieħdu azzjoni u niksbu l-libertà vera. Qrajtha tliet darbiet u nħobbha aktar ma' kull qari.

Achani Samon Biaou: Grazzi talli qsamt dawk ir-rakkomandazzjonijiet. Nixtieq noffru hack li jista 'jibda l-vjaġġ ta' żvilupp personali tiegħek. Għandi stmerrija qawwija biex inħalli lil ħaddieħor, u din il-karatteristika għandha rwol sinifikanti f'ħajti. Meta nistabbilixxi mira għalija nnifsi, noħloq sens ta' urġenza jew kriżi li jġiegħli nibqa' impenjat. Strateġija waħda effettiva hija li nilħaq lil xi ħadd li naf li se jżommni responsabbli u jġiegħli nħoss sens ta' misthija jekk jonqos milli nilħaq l-għan tiegħi. Pereżempju, meta ddeċidejt li nitgħallem l-Għarbi, informajt lill-mexxejja anzjani fir-reġjun tal-Golf li kont qed nagħmel dan l-isforz u kelli l-intenzjoni li naqsam aġġornamenti regolari bl-Għarbi. Il-pressjoni li dan ipoġġi fuqi hija immensa, iżda sservi bħala motivatur qawwi biex insegwi. Tista 'tfassal il-hack tiegħek ibbażat fuq il-personalità tiegħek u dak li jolqot l-aħjar miegħek.

Olumide Ogunsanwo: Iva, l-istrateġija ta '"impenn pubbliku" jew "imsieħeb ta' kontabbiltà" tista 'ssaħħaħ il-motivazzjoni u l-perseveranza tiegħek fl-insegwiment tal-miri tiegħek. Billi tiddikjara pubblikament l-intenzjonijiet tiegħek jew titlob l-appoġġ ta' sieħeb ta' responsabbiltà ta' fiduċja, inti

---

5.   https://www.amazon.com/Rohn-Year-Success-Plan-Workbook/dp/B003OYMDKY

6.   https://store.jimrohn.com/the-new-jim-rohn-one-year-success-plan.html

7.   http://www.amazon.com/How-Found-Freedom-Unfree-World/dp/0965603679

toħloq netwerk ta' appoġġ b'saħħtu.

Matul is-snin, ġabar ġabra ta 'kwotazzjonijiet ta' ispirazzjoni. Hekk kif inġibu dan il-kapitlu fi tmiemu, b'imħabba kkumpilajthom hawn, bit-tama li jaqbdu xrara fik ukoll. Ippruvajt nipprovdi attribuzzjonijiet xierqa, għalkemm jista' jkun hemm każijiet fejn xi kwotazzjonijiet huma attribwiti ħażin. Nispera li ssibhom siewja. Narawkom fil-kapitlu li jmiss!

" *Biex ikollok aktar, trid issir aktar* " (Jim Rohn)

" *Tista' tqatta' ħajtek kif trid imma tista' tonfoqha darba biss* " (Lillian Dickson)

" *Jista' jkollok dak kollu li trid jekk tgħin biżżejjed nies oħra jiksbu dak li jridu* " (Zig Ziglar)

" *Tixtieqx li jkun aktar faċli, tixtieq li tkun aħjar* " (Jim Rohn)

" *Int int, il-persuna li se tgħix bil-konsegwenzi ta 'dak li tagħmel. Ħadd ieħor ma jista' jkun responsabbli, għax ħadd ieħor mhu se jesperjenza l-konsegwenzi tal-azzjonijiet tiegħek kif trid int. Jekk inti żbaljat, int se tbati għaliha. Jekk għandek raġun, issib il-ferħ. Trid tkun int li tiddeċiedi. "Min int biex tkun taf?" Huwa l-futur tiegħek f'riskju. Trid tkun taf.* " (Harry Browne)

" *M'iniex vittma, jiena superstiti* " (Elizabeth Edwards)

" *Is-suċċess mhuwiex xi ħaġa li ssegwi. Is-suċċess hija xi ħaġa li tattira mill-persuna li ssir* " (Jim Rohn)

" *Ibda bl-aħħar f'moħħok* " (Steve Covey)

" *Tinsiex tkun tal-biża* " (John Green)

" *Aħseb bħal champion* " (Zig Ziglar)

" *Il-problemi huma solubbli* " (David Deutsch minn "The Beginning of Infinity")

" *Ir-rebħ huwa sempliċi. Qmu kuljum u agħmel l-affarijiet li kulħadd jevita* " (Jim Rohn)

" *Oqgħod attent mis-swaba' ta' sieq li titfaxxa fuqhom għax jistgħu jkunu konnessi mal-ħmar li trid tbews għada* " (Mhux magħruf)

" *Is-suċċess jinsab fuq in-naħa l-oħra tal-falliment* " (Brian Tracy)

" *Żviluppa preġudizzju għall-azzjoni* " (Jeff Bezos)

" *L-akbar għadu ta 'pjan tajjeb, huwa l-ħolma ta' pjan perfett* " (Carl von Clausewitz)

" *Ħarba mill-kompetizzjoni permezz tal-awtentiċità* " (Naval Ravikant)

" *Kun l-innifsi stramb tiegħek bla apoloġija* " (Chris Sacca)

" *Meta l-Fatti Jinbidlu, I Change My Mind. X'Tagħmel, Sinjur?* " (John Maynard Keynes)

" *Inħoss li ġej żmien twil, fam. Minn dakinhar li ħsibt f'dak il-pjan għaqli. Ġurnata waħda kelli ħolma, ippruvajt niġriha. Imma jien ma kontx sejjer imkien, bniedem ġiri. Kont naf li forsi xi darba se nifhem. Ipprova nibdel għaxra għal mitt grand. Kulħadd huwa tifel li ħadd ma jimpurtah minnu. Inti biss trid iżżomm jgħajtu sakemm jisimgħuk* "(Tinie Tempah)

" *Bħalma tikkontrolla l-infiq huwa aktar diffiċli li tagħmel aktar ma tagħmel, il-kontroll tal-ego tiegħek huwa aktar diffiċli li tagħmel aktar ma ssir suċċess* " (Sam Dogen magħruf ukoll bħala Financial Samurai)

" *Iċċekkja l-fjuwil tiegħek, ġabek fejn ridt tmur* " (karattru ta' John Galt mill-ktieb ta' Ayn Rand "Atlas Shrugged")

" *Naħseb li huwa ħażin li nipproġetta l-valuri u l-aspettattivi tiegħi fil-ħaj-ja fuq nies oħra* " (Wayne Dyer)

" *Il-kodardi qatt ma bdew u d-dgħajjef mietu tul it-triq. Li tħallina* " (Phil kavallier)

" *Ilbieraħ kienet l-iskadenza għall-ilmenti kollha* " (Bryan Tracy)

" *L-awtodixxiplina qed tagħmel dak li għandek, meta għandek jekk thos-sokx tixtieq jew le* " (Bryan Tracy)

" *Il-lift għas-suċċess mhuwiex tajjeb imma t-taraġ dejjem miftuħ* " (Zig Ziglar)

" *Tkunx impenjata għall-pjan, tkun impenjata għall-proċess ta 'ppjanar* " (Carl Richards)

" *Ir-riżoluzzjoni qed twiegħed lilek innifsek li qatt m'int se tieqaf* " (Jim Rohn)

" *L-imħabba ġenwina għall-qari innifsu, meta tiġi kkultivata, hija super-potenza. Il-mezzi tat-tagħlim huma abbundanti—hija x-xewqa li titgħallem li hija skarsa* " (Naval Ravikant)

" *Jekk tkun iebsa għalik innifsek allura l-ħajja tkun faċli għalik, imma jekk tinsisti li tkun faċli għalik innifsek allura l-ħajja tkun iebsa għalik* " (Zig Ziglar)

" *Il-kuntentizza hija ssolvi l-problemi. Is-soluzzjoni tal-problemi twassal għall-ħolqien ta 'problemi ġodda* " (Mark Manson)

" *Int trid tgħallem lill-irġiel fl-iskola ta 'l-eżempju għax ma jitgħallmu fl-ebda oħra* " (Albert Schweitzer)

" *Jien ġejt għall-kejk mhux il-frak* " (Katie Stanton)

" *Li nifhem u naċċetta li jien il-problema jippermettili nkun s-soluzzjoni* "
(Mhux magħruf)

" *Hemm ħafna kompetizzjoni fl-ordinarju imma ftit straordinarju* "
(Robin Sharma)

" *Meta tasal fl-aħħar tal-ħabel tiegħek, għaqqad għoqda fiha u waħħal fuqha* " (Mhux magħruf)

" *M'hemm l-ebda skemi għani biss nies li jsiru sinjuri minnek* " (Naval Ravikant)

" *Dan il-mod każwali ta' kif tmexxi l-affarijiet ma appellatx għalija.* "
(John D Rockefeller)

" *L-ispirazzjoni titħassar, aġixxi fuqha immedjatament.* " (Naval Ravikant)

" *Iktar ma titgħallem, inqas tibża'. "Tgħallem" mhux fis-sens ta 'studju akkademiku, iżda fil-fehim prattiku tal-ħajja. Iktar ma tkun taf dwar kif taħdem id-dinja, inqas tibża' minnha. Int se tara li m'hemm xejn minn xiex tibża', ħlief l-injoranza* ." (Julian Barnes)

"*Uża l-vantaġġi taż-żgħażagħ meta jkollokhom, u l-vantaġġi tal-età ladarba jkollok dawk. Il-vantaġġi taż-żgħażagħ huma l-enerġija, il-ħin, l-ottimiżmu, u l-libertà. Il-vantaġġi tal-età huma l-għarfien, l-effiċjenza, il-flus, u l-poter. Bi sforz tista' takkwista xi wħud minn dawn tal-aħħar meta tkun żgħira u żżomm xi wħud mill-ewwel meta tkun xjuħ.*" (Paul Graham)

" *Mhux il-kritiku li jgħodd, mhux il-bniedem li jindika kif ir-raġel b'saħħtu jitfixkel, jew fejn min jagħmel l-għemejjel seta' wettaqhom aħjar. Il-mertu huwa tal-bniedem li fil-fatt qiegħed fl-arena, li wiċċu huwa mħassar bit-trab u l-għaraq u d-demm li jistinka bil-qalb; min jiżbalja, li jerġa' jieqaf għal darb'oħra, għax m'hemm l-ebda sforz mingħajr żball u nuqqasijiet* " (Theodore Roosevelt)

6: Stejjer ta' Karriera Tard u Prinċipji ta' Massimizzazzjoni tad-Dħul u Infiq Ibbażat fuq il-Valuri

Olumide Ogunsanwo: Merħba għal dan il-kapitlu eċċitanti, fejn aħna nidħlu fil-vjaġġ avventuruż li segwa l-esperjenza tagħna fl-iskola tan-negozju. Ingħaqad magħna hekk kif niżvelaw it-toroq li ħadna fil-karrieri tagħna fit-tfittxija tagħna għall-indipendenza finanzjarja.

Achani Samon Biaou: Investejna l-ħin u l-flus prezzjużi tagħna biex niksbu dawk il-lawrji tant mixtieqa fl-iskejjel tan-negozju. Issa kien iż-żmien li nerġgħu nidħlu fid-dinja professjonali u nissuperaw il-progress tagħna lejn l-indipendenza finanzjarja.

Olumide Ogunsanwo: Se niżvelaw ukoll żewġ prinċipji ewlenin: il-massimizzazzjoni tad-dħul, il-qligħ ta 'flus kemm jista' jkun, u l-infiq ibbażat fuq il-valuri, l-infiq ta 'kull dollaru li qala' iebes biex jallinja mal-valuri u l-viżjoni tiegħek. Dawn il-prinċipji huma kruċjali peress li kważi jirrappreżentaw il-qofol tal-isforzi tiegħek lejn il-kisba tal-indipendenza finanzjarja.

6A: L-istorja tal-Late Career ta' Olumide

Achani Samon Biaou: Olumide, ejja mmorru lura għat-tmiem tal-iskola tan-negozju tiegħek u l-bidu tal-karriera ġdida tiegħek. Liema karriera għażilt u kif ħadet sehem l-indipendenza finanzjarja f'dik id-deċiżjoni?

Olumide Ogunsanwo: Kif tiftakar mill-aħħar kapitlu, attendejt Oxford u MIT għal skola tan-negozju mill-2010 sal-2012. Qabel dan kont ħdimt bħala inġinier u ma kontx smajt b'konsultazzjoni tal-maniġment qabel. Ħafna mill-ħbieb tiegħi kienu inġiniera wkoll, u dik kienet id-dinja li kont naf. Imma mbagħad skoprejt dan il-qasam imsejjaħ konsultazzjoni tal-ġestjoni, ma 'kumpaniji bħal McKinsey, Bain, u BCG. Huma libsu ilbiesi fancy u pprovdew pariri lill-kumpaniji, u sibtha intriganti.

Lura fi tfuliti fin-Niġerja, ommi xtratilna kompjuter, u bdejt nesplora l-Internet qabel ma mort l-Amerika. Din l-espożizzjoni bikrija qanqlet l-interess tiegħi fil-kumpaniji tat-teknoloġija. Waqt l-iskola tan-negozju, ftajt il-mira tiegħi fuq karriera jew fil-konsultazzjoni tal-ġestjoni jew fit-teknoloġija, iżda kelli inklinazzjoni aktar qawwija lejn l-industrija tat-teknoloġija.

Qabel l-iskola tan-negozju, qlajt salarju annwali bejn $50,000 u $60,000, u wara l-iskola tan-negozju, kien mistenni li jkun bejn $110,000 u $130,000 ibbażat fuq is-salarji medjani ta 'studenti preċedenti tal-MIT Sloan. Essenzjalment kien ċans li nirdoppja d-dħul tiegħi. Għaddejt mill-proċess tal-applikazzjoni għall-impjieg fl-MIT u rċevejt offerti minn kumpaniji kbar tat-teknoloġija, li ħastnini eċċitati. Imma mbagħad McKinsey Lagos avviċinani. Ma kinitx xi ħaġa li kont ikkunsidrat inizjalment, peress li kont iffukat fuq McKinsey f'San Francisco, Boston, jew New York. Madankollu, sibtha interessanti meta bdejt inkellimhom. In-Niġerja dehret li kienet għaddejja minn svolta bis-sitwazzjoni politika, l-inflazzjoni, u r-rata tal-kambju kienu l-aktar taħt kontroll.

Wara li tlaqt min-Niġerja fl-2002 u issa qed fl-2012, ma kontx ċert jekk nimxi lura kienx dak li ridt. Madankollu, l-offerta attraenti minn McKinsey Lagos, b'salarju komparabbli mal-postijiet l-oħra u inqas taxxi u spejjeż tad-djar, flimkien mat-titjib tal-kundizzjonijiet makro, wassalni biex nieħu d-deċiżjoni li nirrinunzja l-offerti tat-teknoloġija u nirritorna fin-Niġerja.

Dak iż-żmien, ma kontx nifhem bis-sħiħ il-kunċett tal-indipendenza finanzjarja. Imma malajr tgħallimt li l-konsultazzjoni tal-ġestjoni kienet rwol ta 'qligħ biex tagħmel u tiffranka l-flus. Kienet formula sempliċi għalija: naqla' tajjeb fix-xogħol tiegħi biex naqla' bonuses u promozzjonijiet marbuta mal-prestazzjoni tiegħi, u niffranka kemm jista' jkun. Fil-konsultazzjoni tal-ġestjoni, hemm opportunitajiet biżżejjed biex tiffranka l-flus. Per eżempju, waħda mill-ħbieb tiegħi ma kellhiex appartament matul is-sentejn tagħha fil-qasam. Għalija, kelli appartament rħas għal $700-$800/xahar. I vvjaġġa wkoll ta 'spiss, akkumula punti li tgħallimt kif tutilizza.

Tgħallimt nikmassimizza l-benefiċċji pprovduti minn McKinsey. Huwa kruċjali li tifhem liema benefiċċji finanzjarji u mhux ta' benefiċċju toffri l-kumpanija tiegħek.

Achani Samon Biaou: Iddeċidejt li tirrifjuta l-offerti tat-teknoloġija u ssegwi konsultazzjoni ta 'ġestjoni f'Lagos. X'kien għaddej minn moħħok? Kont ikkunsidrat bħala dawra għal żmien qasir?

Olumide Ogunsanwo: Dak iż-żmien, ma kontx verament naf kif nistabbilixxi u nsegwi miri fit-tul, u ma kelli l-ebda pjan speċifiku dwar il-post jew il-karriera. Kont iffukat fuq li nagħmel l-aħjar mill-opportunità McKinsey u nieħu deċiżjonijiet ibbażati fuq kif żviluppaw l-affarijiet. Matul iż-żmien tiegħi f'McKinsey, kont aktar orjentat għal żmien qasir, bil-għan li nikseb l-ogħla reviżjonijiet tal-prestazzjoni filwaqt li naqqas l-ispejjeż tiegħi. Din il-mentalità ma kinitx immexxija mill-fehim tiegħi tal-indipendenza finanzjarja, li dak iż-żmien ma kontx internalizzajt għal kollox. Minflok, irriżulta mill-fatt li kont ilni qiegħda għal aktar minn tliet snin mill-2009. Bħala riżultat, l-effiċjenza u l-ottimizzazzjoni kienu tal-akbar importanza għalija.

L-esperjenza tiegħi f'Lagos kienet meraviljuża għaliex ottimizzajt l-infiq tiegħi biex nallinja mal-valuri ewlenin tiegħi u nsib it-tgawdija massima bl-inqas spiża possibbli, aktar milli nnaqqas l-ispejjeż għall-minimu assolut. Dan il-prinċipju, magħruf bħala nfiq ibbażat fuq il-valuri, se jiġi esplorat aktar fil-kapitolu 6C. Ftakar, l-għan mhuwiex li tnaqqas bl-addoċċ l-ispejjeż fit-triq tiegħek lejn l-indipendenza finanzjarja; huwa dwar l-armonizzazzjoni ta 'l-ispejjeż tiegħek ma' dak li verament importanti għar-ruħ tiegħek. Tnaqqis indiskriminat tal-ispejjeż x'aktarx iwassal għal dispjaċir u rebound potenzjali fix-xejriet ta' nfiq preċedenti tiegħek.

Achani Samon Biaou: Nara xi għarfien ewlieni hawn. Ħa nipprova niġ-
bor fil-qosor u tista' tgħidli jekk sibtx tajjeb. Jidher li l-ħsieb indipendenti u
l-infiq ibbażat fuq il-valuri huma fatturi importanti. Jekk int xi ħadd li għan-
du t-tendenza li ssegwi l-folla, tista' tispiċċa tonfoq flus f'affarijiet li ma tantx
iżidu l-valur ta' ħajtek.

Pereżempju, tista' tkun konvint li tingħaqad ma' ħbieb għal erba' sigħat
f'bar anki jekk ma tieħux pjaċir tixrob.

Olumide Ogunsanwo: Assolutament. U mhux biss dwar il-flus. L-infiq
ibbażat fuq il-valuri jestendi lil hinn mid-deċiżjonijiet finanzjarji; japplika
wkoll għal kif tagħżel li tinvesti l-ħin tiegħek. Kull mument iġorr spiża ta 'op-
portunità, u li tqatta' sigħat f'bar, pereżempju, tfisser li tissagrifika l-potenzjal
li tidħol f'attivitajiet oħra sinifikanti. Filwaqt li n-nefqa tal-ħin spiss tiġi injo-
rata minħabba n-natura intanġibbli tagħha, is-sinifikat tagħha jsir dejjem ak-
tar evidenti hekk kif tixjieħ. Xi wħud mill-aktar affarijiet siewja fil-ħajja dif-
fiċli biex jiġu kkwantifikati.

Achani Samon Biaou: Jidher li l-vjaġġ biex tgħix il-ħajja fuq termini
tiegħek jinvolvi li tifhem lilek innifsek u tallinja l-azzjonijiet tiegħek mal-
valuri veri tiegħek. Pereżempju, jekk kont tgawdi l-festi, għandek tirrifletti
dwar kemm tieħu sehem fiha u l-pjaċir attwali li ġġiblek. Jekk il-festing għan-
du importanza kbira għalik, imbagħad iffoka fuqha u ara dak li għandek
bżonn telimina minn ħajtek biex tassew tgawdiha. Il-prijoritizzazzjoni tal-in-
fiq tiegħek ibbażat fuq l-essenzjaliżmu tfisser li tidentifika l-unika ħaġa mill-
ħafna li ġġiblek l-aktar ferħ u tiddedika r-riżorsi tiegħek għal dan.

Olumide Ogunsanwo: Ħa nagħti eżempju prattiku. Fost id-diversi spe-
jjeż li niffaċċjaw, id-djar, l-ikel, u t-trasport għandhom tendenza li jkunu l-
aktar sinifikanti. Biex tagħmel għażliet kost-effettivi, aħseb dwar dak li vera-
ment jgħodd għalik. Int xi ħadd li jsib il-ferħ f'residenzi lussużi u spazjużi,
jew appartament iżgħar u aktar affordabbli jkun biżżejjed biex jissodisfa l-
bżonnijiet u l-aspirazzjonijiet tiegħek? L-attrazzjoni ta 'għamara high-end
għandha importanza ġenwina, jew tista' tħaddan alternattivi aktar favur il-
baġit mingħajr ma tikkomprometti l-kuntentizza tiegħek? Jekk tgħix f'post
ewlieni mhix prijorità ewlenija, esplora l-possibbiltajiet li toqgħod f'żona ak-
tar affordabbli. Ftakar, huwa importanti li tikkunsidra bir-reqqa l-għażliet
tiegħek u tibqa' miftuħa u flessibbli għal kompromessi li jallinjaw mal-miri
finanzjarji tiegħek.

L-istess prinċipju japplika għat-trasport. Jekk il-pussess ta 'karozza lus-suża mhix negozjabbli għalik, allura segwiha b'qalbha kollha. Madankollu, jekk ma tkunx fuq il-lista ta 'prijorità tiegħek, ikkunsidra alternattivi aktar af-fordabbli bħal Honda użata affidabbli. Dejjem żomm f'moħħok li kull dar-ba li tagħżel l-għażla l-aktar għalja, ħafna drabi tissarraf f'ħidma itwal biex taffordjaha. Billi tagħżel konxjament Honda użata fuq Tesla ġdida fjamanta, pereżempju, tista' ssib ruħek tikseb indipendenza finanzjarja ta' 35 minflok 45, u b'mod effettiv tgawdi 10 snin addizzjonali ta' ħelsien mill-esiġenzi tax-xogħol tiegħek.

Issa, ejja nitkellmu dwar in-naħa tad-dħul. Meta tevalwa l-opportunita-jiet tax-xogħol, ikkunsidra mhux biss is-salarju iżda wkoll il-kuntentizza u s-sodisfazzjon tiegħek. Jekk temmen li xogħol li jħallas inqas għandu probab-biltà ogħla li jġib sodisfazzjon, tajjeb li tmur f'dik id-direzzjoni. Madankol-lu, kun ipprepparat għall-possibbiltà li taħdem itwal biex tilħaq l-għanijiet fi-nanzjarji mixtieqa tiegħek. Ftakar li dak li jġiblek sodisfazzjon jista 'jiżvilup-pa maż-żmien, u d-deċiżjoni tiegħek li ssegwi impjieg li jħallas inqas tista' mhux dejjem tagħti r-riżultat mixtieq. Il-ħajja hija mimlija kompromessi, u trid tiddeċiedi jekk tipprijoritizzax il-kuntentizza jew timmassimizza d-dħul għal żmien qasir u fit-tul, billi tagħmel il-kompromessi meħtieġa kif xieraq. Aħna ma nistgħux nieħdu dawn id-deċiżjonijiet għalik; jeħtieġu riflessjoni personali profonda bbażata fuq il-valuri u l-aspirazzjonijiet tiegħek.

Pereżempju, jekk il-passjoni tiegħek tinsab fit-tkomplija ta' karriera bħala mużiċist, din tista' tinvolvi taħdem sa stadju aktar tard fil-ħajja, forsi anke sakemm ikollok 85. Madankollu, jekk iġġiblek ferħ u sodisfazzjon kbir, il-vjaġġ itwal jista' jkun worth it għalik. Bil-maqlub, jekk ikollok ħiliet analitiċi qawwija u ssib ruħek taħdem f'ditta ta' konsulenza iżda l-mużika hija l-passjoni tiegħek, tista' tispiċċa tħossok dejjem kuntent u mhux sodisfatt.

Achani Samon Biaou: X'parir tagħti lil xi ħadd li jrid ikun mużiċist iżda huwa mħasseb li d-deċiżjoni tkun irriversibbli?

Olumide Ogunsanwo: Fortunatament, ħafna deċiżjonijiet huma riversibbli. Madankollu, anki jekk tibdel deċiżjoni, xorta jkun hemm spejjeż tal-opportunità assoċjati mal-ħin li qattajt fuq id-deċiżjoni inizjali. Dak iż-żmien għadda, allura trid tħallih għaddej u ma tħallihx jinfluwenza l-ħila tiegħek li tieħu deċiżjoni. Taqax vittma tal-falzità tal-ispiża sink. Dak li ngħid lin-nies huwa li tkun kuraġġuż meta tieħu deċiżjonijiet u tinsa d-deċiżjonijiet preċedenti kollha li tkun ħadt.

Nagħti parir lill-persuna biex taħdem fuq il-mentalità tagħha, billi tiffo-
ka fuq l-awto-twemmin, l-awtodipendenza, il-kurżità u l-ħsieb indipendenti.
Imbagħad, oħloq għanijiet ambizzjużi fit-tul u għal żmien qasir li jqisu l-
kompromessi involuti fil-ġbir ta 'karriera bi dħul aktar baxx iżda sodisfaċenti
ħafna versus waħda bi dħul ogħla iżda inqas sodisfaċenti. Inħeġġiġhom ukoll
biex jaħsbu barra mill-kaxxa. Pereżempju, jista' jkun hemm modi kif ikollok
karriera b'paga għolja waqt li tkun qed issegwi l-mużika fil-ħin liberu
tagħhom jew li tieħu diversi impjiegi biex tkopri l-bżonnijiet tad-dħul. Il-
possibbiltajiet huma bla tmiem jekk għandek kurżità u soluzzjoni tal-proble-
mi min-naħa tiegħek.

Minflok ma nkunu kritiċi żżejjed lejna nfusna u nitkellmu dwar kif l-
affarijiet setgħu kienu differenti fil-passat, ipprattika l-awtomaħfra u tiffoka
fuq il-mument preżenti. Minflok, nemmen li niffoka fuq il-pożittività, l-ot-
timiżmu, il-prattika tal-ħsieb ibbażat fuq iż-żero, it-tagħlim mill-imgħoddi
iżda mhux l-għammar fuq il-passat, u nimxu 'l quddiem.

Achani Samon Biaou: Tista' tagħti eżempju ta' meta pprattikajt il-ħsieb
ibbażat fuq iż-żero f'McKinsey?

Olumide Ogunsanwo: Hekk kif resaq lejn salib it-toroq li nitlaq minn
McKinsey, kont it-tentazzjoni li nibqa' għal promozzjoni potenzjali wara li
investejt sentejn fid-ditta. Madankollu, għarafajt in-nassa li din il-linja ta'
ħsieb ħolqot u ħaddan il-kunċett ta' ħsieb ibbażat fuq iż-żero. Għamilt pass
lura u erġajt evalwajt l-għanijiet u l-passjonijiet tiegħi. Dejjem kelli passjoni
għat-teknoloġija, u anke ktibt it-teżi tiegħi dwar is-sistemi operattivi għall-is-
martphones. Barra minn hekk, irrifjutajt diversi offerti minn kumpaniji tat-
teknoloġija qabel ma McKinsey u jien konna qed nistennew biex nagħm-
lu proġetti tat-teknoloġija waqt li kont. Fl-aħħar mill-aħħar, iċ-ċavetta għal
ħsieb ibbażat fuq iż-żero hija li tibda mill-ġdid u tkun iggwidat mill-valuri u
l-passjonijiet ewlenin tiegħek, aktar milli azzjonijiet tal-passat jew pressjoni-
jiet esterni.

Bdejt nagħmel aktar ippjanar tal-ħajja u nesplora xi jkun ifisser li taħdem
fit-teknoloġija. Ħassejt li t-teknoloġija kienet il-post fejn inkun. Lħaqt ma'
nies fis-settur tat-teknoloġija permezz ta' websajts ta' l-alum ta' Oxford u
MIT u ħadt sehem f'konversazzjonijiet. Eventwalment, irċevejt offerta minn
Google, u fl-2014, għal darb'oħra erġajt għamilt addio lin-Niġerja biex

ningħaqad mal-ġgant tat-teknoloġija.

Achani Samon Biaou: Ejja ngħaddu fl-esperjenza tiegħek fil-Google. X'kont taħseb u x'kienu l-miri tiegħek biex tikseb l-indipendenza finanzjarja meta bdejt taħdem hemm?

Olumide Ogunsanwo: Dakinhar l-indipendenza finanzjarja saret reali! Ejja nissettjaw il-kalendarju dritt: Huwa l-2014, għandi 29 sena, u rċevejt offerta mingħand Google biex nibda f'Ottubru. Minflok bqajt f'McKinsey sad-data tal-bidu tal-Google tiegħi, iddeċidejt li nitlaq f'Awwissu 2014, li rriżulta li kienet deċiżjoni kbira. Tatni l-libertà li nesplora u nippjana ħajti matul Awwissu u Settembru. Ħadt il-ħin biex nirrifletti fuq ħajti u nifhem kif stajt ngħaddi fl-industrija tat-teknoloġija u nirritorna lejn l-Amerika. Kien matul dan il-perjodu li skoprejt mill-ġdid il-moviment tal-indipendenza fi-nanzjarja (FI).

Aktar kmieni fil-karriera tiegħi, kont qrajt xi blogs tal-finanzi personali biex nitgħallem dwar l-ottimizzazzjoni tal-ispejjeż. Madankollu, meta tfixkel l-indipendenza finanzjarja għat-tieni darba, inħobb. I mgħaddas ruħi f'ħafna riżorsi eċċellenti, l-aktar: Serje Stock (JL Collins) [1], Mad Fientist [2], Get Rich Slowly (JD Roth) [3], Mr. Money Moustache [4], Living a FI [5] u naturalment il-grupp ta 'indipendenza finanzjarja Reddit [6]. L-aktar sors influwenti kienet is-serje Stock miktuba minn JL Collins. Ftaħtli għajnejja fuq kemm jista' jkun sempliċi li tikseb l-indipendenza finanzjarja. Sirt ossessjonat, inqatta' minn ħames sa sitt sigħat kuljum għal xahrejn maħsud mid-dinja kkomplikata tal-kostruzzjoni tal-portafoll, il-ġestjoni tar-riskju, l-istrateġiji ta' investiment, ir-rati ta' rtirar sikuri, u l-firxa ta' kontijiet ta' investiment disponibbli, bħal kon-tijiet taxxabbli, 401Ks, IRAs, u HSAs. Kont naf li stajt nagħmel dan. Ħassejt moħħi jespandi. Ħassejtni qawwi. Kien glorjuż.

Anke qabel bdejt uffiċjalment fil-Google, kelli pjan ċar ta' azzjoni. Ffissajt mira ta' tfaddil: niffranka 50% tad-dħul gross tiegħi jew 90% tas-salarju tiegħi wara t-taxxa. Biex nibqa' fit-triq it-tajba, ħloqt baġit biex timmonitorja

1. https://jlcollinsnh.com/stock-series/

2. https://www.madfientist.com/

3. https://www.getrichslowly.org/the-get-rich-slowly-philosophy/

4. https://www.mrmoneymustache.com/

5. https://livingafi.com

6. https://www.reddit.com/r/financialindependence/

l-progress tiegħi. Żviluppajt ukoll strateġija ta' investiment iffukata fuq fondi ta' indiċi fuq bażi wiesgħa. Hekk kif ingħaqadt ma' Google, bdejt nożegwixxi bħal mostru.

Waqt l-orjentazzjoni, waħda mill-ewwel mistoqsijiet tiegħi kienet dwar kif timmassimizza l-partita 401k ta 'Google. Il-faċilitatur spjega li peress li kien diġà Ottubru, il-biċċa l-kbira tal-impjegati jsibuha diffiċli biex jiffrankaw is-$17,500 kollha meħtieġa biex jiksbu t-taqbila massima fi ftit xhur biss. Tbissem. Ma fehemx it-tip ta' persuna li kont. Ma kontx bħal ħafna nies.

Il-kisba tal-indipendenza finanzjarja saret waħda mill-aktar affarijiet importanti għalija, u sirt ossessjonat biha. Mill-2014 sal-2020, is-sena li ksibt l-indipendenza finanzjarja, kienet qisha arloġġ: Eżegwixxi, tgħallem, esperiment, aġġusta, imbagħad tesegwixxi ftit aktar. Strateġikament sibt l-aqwa appartamenti biex nottimizza l-ispejjeż billi ngħix ma' sħabi tal-kamra. Ma ddejjaqtx nieħu karozza peress li kont noqgħod qrib ix-xogħol; minflok, kont noqgħod fuq il-karozza tal-linja jew ir-rota tiegħi u nikri karozza biss meta kien meħtieġ fi tmiem il-ġimgħa. Sirt espert fl-użu tal-punti biex nissussidja l-ispejjeż tal-ivvjaġġar tiegħi. Kważi l-ikliet kollha tiegħi kienu gawdiet fil-Google, u b'hekk eliminat il-ħtieġa għal drawwa li tiswa l-ikel barra. Qabejt is-sħubija tal-ġinnasju u użajt il-faċilitajiet tal-ġinnasju fil-Google. Ġejt promoss diversi drabi. Kont ferħan u ħadt gost ħafna. **It-teħid ta' azzjonijiet ta' kuljum u n-traċċar tal-progress tal-valur nett tiegħi kienu partijiet essenzjali tal-pjan tiegħi** . Ilħaqt il-miri ta' tfaddil tiegħi b'mod konsistenti tul il-karriera tiegħi u sirt finanzjarjament indipendenti fl-età ta' 35 sena fl-2020.

Il-punt ta' svolta fil-vjaġġ tiegħi għall-indipendenza finanzjarja kienu dawk ix-xhur sbieħ ta' Awwissu u Settembru fl-2014 meta nħobb l-indipendenza finanzjarja, sirt ġenwinament eċċitati dwar il-futur tiegħi, u stabbilejt miri ċari biex nasal hemm. L-indipendenza finanzjarja hija ċ-ċavetta li tiftaħ il-ħila li tilħaq il-ħolm futur tiegħek aktar malajr, peress li dawk il-ħolm spiss jiġu bi spejjeż assoċjati. Fortunatament, kont diġà f'industrija—teknoloġija—li pprovdiet opportunitajiet biżżejjed għal għotjiet sostanzjali ta 'stokks u promozzjonijiet ibbażati fuq il-prestazzjoni.

In-nies spiss javviċinawni b'mistoqsijiet dwar il-finanzi personali bħal, "Kif nistma l-ammont li għandi bżonn għall-irtirar?" jew "Kemm għandi nkun niffrankar biex nilħaq l-għanijiet tiegħi?" jew "X'inhu l-aħjar investiment li tagħmel?" It-tweġibiet għal dawn il-mistoqsijiet huma faċilment disponibbli fuq l-internet. L-informazzjoni kollha meħtieġa biex tinkiseb l-indipendenza finanzjarja diġà tinsab hemmhekk. Hemm eluf, forsi anke miljuni, ta' kotba, blogs, korsijiet, podcasts, vidjows u artikli dwar il-finanzi personali. Diġà hemm abbundanza ta' informazzjoni disponibbli dwar kif għandek tagħmel stima ta' kemm għandek bżonn għall-irtirar, kif tiffranka l-flus, it-tipi differenti ta' investimenti li tista' tagħmel biex tilħaq il-miri tiegħek, eċċ.

Madankollu, ir-raġuni li n-nies jistgħu jitħabtu biex isibu din l-informazzjoni hija li għadhom ma żviluppawx biżżejjed eċċitament u motivazzjoni dwar il-vjaġġ finanzjarju tagħhom stess . Għalhekk, il-mistoqsija li l-individwi għandhom jagħmlu lilhom infushom hija kif jaqbdu dak l-interess u l-entużjażmu profondi dwar il-ħajja futura tagħhom, u kif il-finanzi jistgħu jservu bħala katalist fl-appoġġ tal-viżjoni unika tagħhom. Meta tkun ġenwinament eċċitati dwar xi ħaġa, il-velu jgħolli, u f'daqqa waħda l-informazzjoni tidher li tinsab kullimkien. Ir-riżorsi li għandek bżonn jiġu ffukati, u ssir aktar riċettivi għall-għerf u l-għarfien li jistgħu jiggwidawk lejn l-indipendenza finanzjarja. Il-kultivazzjoni ta' dan l-eċċitament huwa vjaġġ personali. Jista 'jinvolvi li taħseb għall-futur ideali tiegħek, li tistabbilixxi miri sinifikanti, li ssib skop fid-deċiżjonijiet finanzjarji tiegħek, jew li tfittex ispirazzjoni minn oħrajn li kisbu suċċess finanzjarju.

Hu l-ħin biex tesplora dak li tassew iqanqalek dwar il-vjaġġ finanzjarju tiegħek. Immaġina l-possibilitajiet li l-indipendenza finanzjarja tista' ġġib f'ħajtek u l-libertà li tista' toffri. Involvi ruħek f'konversazzjonijiet, ingħaqad ma' komunitajiet, u għaddas ruħek fl-istejjer u l-esperjenzi ta' dawk li diġà bdew din it-triq. Billi trawwem il-passjoni u l-motivazzjoni tiegħek, int se toħloq forza qawwija li tixpruna l-insegwiment tiegħek ta 'indipendenza finanzjarja. Ftakar, l-informazzjoni li qed tfittex diġà tinsab hemmhekk, tistenniek biex tħaddanha. Huwa billi tikkultiva l-eċċitament u l-motivazzjoni tiegħek li inti tiftaħ l-abbundanza ta 'għarfien u riżorsi meħtieġa biex tfassal l-istorja unika ta' suċċess finanzjarju tiegħek. Ħalli l-entużjażmu tiegħek jiggwidak hekk kif tesplora l-ġid ta' informazzjoni disponibbli u tibda l-vjaġġ trasformattiv tiegħek lejn futur ta' indipendenza finanzjarja.

Hawn il-verità: M'hemm l-ebda sigriet biex tinkiseb l-indipendenza finanzjarja. Jekk xtrajt dan il-ktieb bit-tama għal sigriet, ukoll, sorpriża!

M'hemmx waħda. Terġax lura l-ktieb [Tbissem]. Minflok, ibda taħseb għal ħajja futura eċċitanti u ibda tfittex l-informazzjoni li hemm hemmhekk. Il-kurva tat-tagħlim hija ma tispiċċa qatt. Għadni nħobb il-finanzi personali anke dawn is-snin kollha. Ftit sigħat ilu biss, qattajt siegħa u nofs nirriċerka karta ta' kreditu li qed nippjana li napplika għaliha. Immaġina kemm kelli eċċitati fl-2014 biex dak l-eċċitament jissaporti dawn is-snin kollha.

Dik hija l-essenza ta 'dan il-ktieb kollu. Aħna mhux qed noffru shortcuts, balal tal-fidda, zlazi sigrieti, formuli maġiċi, fażola maġika, ċwievet tad-deheb, jew strateġiji ta 'investiment maġiku super-speċjali. Dak l-affarijiet koll-ha huma bullshit. Dak li qed inħeġġuk tagħmel hu li taħseb ħajja li tixtieq u tgħaqqad il-qlubija biex tesegwixxi pjan ta' kuljum li jwassalk s'hemm.

Achani Samon Biaou: Ara naqra. Mumenti super kwotabbli. Grazzi ħafna talli qsamt il-vjaġġ tiegħek magħna. Tista' teħodna lura għal dak il-mument meta ħassejt dak l-eċitament għall-ewwel darba? X'kien li ġibtek daqshekk ferħana?

Olumide Ogunsanwo: Eċitatejt meta rrealizzajt li stajt nilħaq punt fil-ħajja fejn ma kellix bżonn aktar naħdem. Ikolli biżżejjed riżorsi finanzjarji biex insostnini għall-bqija ta' ħajti. Dak il-ħsieb xegħel xrara qawwija ġewwa fija. Kienet rivelazzjoni li qatt ma kont ikkontemplat b'tali ċarezza u sempliċità qabel. Minflok ma naraha bħala ħolma li ma tistax tintlaħaq, bdejt nivżaha bħala għan tanġibbli u li jista' jintlaħaq. Qatt ma kont iltqajt ma' ħadd li kien finanzjarjament indipendenti jew irtira kmieni. Qatt ma kont iltqajt ma' xi ħadd li ħassu komdu jitlaq minn xogħlu. Qatt. Il-kunċett kien kompletament barrani għalija.

Filwaqt li nirrifletti fuq l-esperjenzi tal-passat tiegħi, indunajt li kont għaddejt minn ċikli ta' tkabbir personali, nespandi l-ħarsa tad-dinja tiegħi u nisfida n-normi tas-soċjetà. Pereżempju, kont imbarkajt fuq vjaġġ ta' ħsieb indipendenti u skoprejt l-ateiżmu, u staqsejt it-twemmin reliġjuż li kien sod fija u skoprejt li l-affarijiet reliġjużi kollha kienu magħmula. Bl-istess mod, ħadt deċiżjoni konxja li nsir veġetarjana, evalwajt mill-ġdid l-għażliet tiegħi u allinjajthom mal-valuri tiegħi. Dawn it-trasformazzjonijiet tal-imgħoddi u l-bidliet sinifikanti li ġabu magħhom kienu daħħlu fija sens ta' eċċitament u twemmin fil-possibbiltà li nikseb dak li verament xtaqt. Kien faċli ħafna għal-ija li nagħmel eċċitati u l- insegwiment tal-indipendenza finanzjarja saret estensjoni naturali tal-vjaġġ tiegħi tul ħajti ta' ħsieb indipendenti u tkabbir personali.

Achani Samon Biaou: Nista 'nimmaġina li hemm ħafna individwi li jħossuhom mwaħħlin. Huma jirresonaw mal-idea tal-indipendenza finanzjarja u jridu jesperjenzaw l-eċċitament assoċjat magħha, iżda mhumiex ċerti dwar kif għandhom jipproċedu jew x'azzjonijiet għandhom jieħdu.

Olumide Ogunsanwo: Tajjeb, dħalt f'ħafna dettalji dwar l-iffissar tal-għanijiet fil-bidu tal-kapitolu 5C imma ejja nerġgħu ngħaddu f'eżempju ieħor hawn. Din il-parti hija speċifikament għal dawk li japprezzaw informazzjoni granulari. Hawn huma xi passi li tista' ssegwi:

Pass 1 (ħolqien tal-viżjoni): Ibda billi taħseb għall-ħajja futura tiegħek. Immaġina kif trid li tidher ħajtek f'numru speċifiku ta' snin. Ejja noħolqu eżempju. Ejja ngħidu li tixtieq taqsam il-ħin tiegħek b'mod ugwali bejn Pariġi u Londra, billi tgħix f'dar sabiħa bi tliet kmamar tas-sodda bi tlett itfal. Bħalissa għandek 40 sena u timmira li tikseb dan l-istil ta' ħajja sa meta tagħlaq il-55 sena.

Pass 2 (kalkolu tal-mira FI): Mur fuq l-Internet u daħħal dawn id-dettalji f'kalkolatur tal-irtirar. Il-kalkolatur tal-irtirar se jistaqsi dwar l-età tal-irtirar mixtieqa tiegħek (55), l-ispejjeż attwali tiegħek (għandek bżonn issegwi l-infiq attwali tiegħek biex tistma din il-linja bażi) u l-ispejjeż futuri tiegħek (tista' tagħmel stima billi tirriċerka l-ispiża tal-partijiet tal-viżjoni futura tiegħek, pereżempju, tista' tfittex biex issib li l-ispiża ta' appartament bi tliet kmamar tas-sodda f'Londra hija ta' €750,000). Ejja nassumu, il-kalkulatur tal-irtirar jindika li jkollok bżonn €2.8 miljun fi 15-il sena. Li ssir il-mira u d-data tal-FI tiegħek. Alternattivament, tista' tuża r-regola ġenerali ta' 3% -4% (25X-33X multiplu), diskussa fil-kapitolu 5C biex tittrijangula l-mira tal-FI tiegħek ibbażata fuq l-infiq futur tiegħek.

Pass 3 (Settjar tal-Għan): Oħloq miri speċifiċi biex tilħaq il-mira u d-data tal-FI tiegħek. Żviluppa pjan ta' dħul u tfaddil biex tilħaq il-mira tal-FI. Jekk tħoss li l-kisba ta' €2.8 miljun fi 15-il sena se tkun kważi impossibbli, tista' timmodifika n-numru u d-data fil-mira tiegħek qabel ma toħloq pjan. Il-modifika tad-data u n-numru fil-mira tiegħek tista' tinvolvi l-aġġustament ta' varjabbli bħal:

1) Nibdlu l-kalendarju (possibbilment testendiha minn 15 għal 30 sena).

2) Tibdel il-post preferut tiegħek (meta wieħed iqis belt bi prezz aktar baxx barra Pariġi)3) Taġġusta l-pjanijiet tad-djar tiegħek (tagħżel apparta-

ment iżgħar b'kamra tas-sodda minflok dar bi tliet kmamar tas-sodda).

Pass 4 (Azzjonijiet u eżekuzzjoni ta' kuljum): Agħmel pjanijiet għal żmien qasir u hu azzjonijiet ta' kuljum biex tilħaq l-għanijiet ta' indipendenza finanzjarja tiegħek fit-tul. Dan ifisser li tkisser il-miri tiegħek fit-tul f'passi iżgħar u li jistgħu jintlaħqu għal kull sena. Pereżempju, fl-ewwel sena, jista' jkollok bżonn taqla' €84,000 u tiffranka 50% ta' dak id-dħul. Dan jeħtieġ li ssib impjieg (jew li tibda negozju) li tħallas €84,000 u tidentifika modi kif tnaqqas l-ispejjeż biex tiffranka 50% tad-dħul tiegħek.

Il-flessibbiltà hija essenzjali. Li titwaħħal ma 'aspetti speċifiċi tal-pjan tiegħek, bħal li tgħix f'Pariġi jew li teħtieġ dar bi tliet kmamar tas-sodda, jista' jwassal biex ikollok taħdem għal għexieren ta 'snin itwal milli kieku kellek il-flessibbiltà li tagħżel stil ta' ħajja differenti.

Achani Samon Biaou: Inħobb l-eżempju li pprovdejt, u ħalluni nipprova niġbed xi prinċipji minnu. L-ewwel prinċipju huwa li l-eċċitament jibda bit-twaqqif ta 'viżjoni sinifikanti. L-eċċitament għandu jiġi minn ġewwa u jimmotivak bil-qawwa. Jekk il-viżjoni tiegħek hija tassew allinjata mal-valuri u x-xewqat ta 'ġewwa tiegħek, se tibqa' t-test taż-żmien. Madankollu, jekk tistabbilixxi viżjoni u miri sempliċement biex timita lil xi ħadd ieħor jew issegwi xejra, tista 'tħossok mhux sodisfatt ladarba dik il-persuna jew it-tendenza tgħib jew meta fil-fatt tilħaq l-għan.

Il-fehim lilek innifsek huwa l-ewwel pass. It-tieni ħaġa li smajt mill-esperjenza tiegħek hija l-importanza tal-flessibbiltà, li nixtieq inkwadra bħala essenzjali. Fil-qosor: Ibda billi tfittex viżjoni minn ġewwa; it-tieni, iħaddnu l-essenzjaliżmu biex tippjana l-finanzi tiegħek; u t-tielet, iżżomm id-dixxiplina tal-eżekuzzjoni. Ladarba jkollok miri ċari, isir qisu Usain Bolt taħriġ biex issir l-iktar runner mgħaġġel. M'hemm l-ebda maġija għaliha. Tiċċedix għal FOMO (Fear of Missing Out) għax għandek xi ħaġa akbar li int verament passjonat.

Olumide Ogunsanwo: M'hemm l-ebda raġuni biex ikollok FOMO meta tkun taf fejn sejjer. Ejja ngħidu li għandek tliet sħabi tal-kamra u l-porzjon tiegħek tal-kera huwa $2,000. Issa, tmur id-dar tal-ħabib tiegħek. Huwa post sabiħ, iżda l-kera tiegħu hija $6,000. Ħabib tiegħek jista 'jkollu pjan ta' rtirar fl-età ta '86, allura għaliex tixtieq tgħix f'appartament simili għali meta l-mira tiegħek hija li tirtira ta' 46?

Sakemm ma taqsamx l-istess ġenetika, valuri, sfond, u miri bħall-ħabib

tiegħek, għala tikkopja d-deċiżjonijiet tiegħu? Id-deċiżjonijiet tiegħu jagħm-
lu sens għall-miri tiegħu, mhux bilfors tiegħek. Kieku għedt lil ħabib tiegħek
li trid tirtira ta' 46, anke hu jkun sorpriż li qed timitah.

Biex nagħlaq it-taqsima tiegħi dwar il-karriera tal-iskola wara n-negozju,
ħalluni nwieġeb il-mistoqsija: "Kienet l-indipendenza finanzjarja worth it?"
Mhux biss kien worth it, imma hija wkoll waħda mill-aqwa affarijiet li qatt
għamilt f'ħajti. Jien grat ħafna għall-waqfa ta' xahrejn li kelli bejn l-impjiegi.
Ippermettili noħlom dwar il-futur tiegħi u noħloq pjan biex din il-ħolma tin-
bidel f'realtà. Ix-xogħol fil-Google kienet esperjenza aqwa. Kont parti minn
Google Bizops, fejn ħdimt fuq proġetti sinifikanti u kontinwament tgħallimt
affarijiet ġodda.

Jekk qed tikkunsidra li ssegwi l-indipendenza finanzjarja iżda għandek
tħassib dwar li tagħmel bidliet kbar fil-ħajja bħal tnaqqis fid-dar tiegħek jew
tbigħ il-karozza tiegħek, ħalluni nassigurak li fl-aħħar mill-aħħar worth it. Il-
kisba tal-indipendenza finanzjarja tagħtik il-libertà u l-flessibbiltà biex tgħix
il-ħajja fuq termini tiegħek, mingħajr il-piż tal-istress finanzjarju. Anke jekk
tħobb ix-xogħol attwali tiegħek, ikun aħjar li jkollok aktar għażliet u ma
tħossokx maqbud minn obbligi finanzjarji. Il-fatturi li jġiegħlek tħobb ix-
xogħol tiegħek, bħall-maniġer, it-tim, il-kultura u l-paga tiegħek, jistgħu jin-
bidlu fi kwalunkwe ħin. L-impjieg jew in-negozju li tħobb illum jista' jsir l-ak-
bar sors ta' niket tiegħek għada. Ipproteġi lilek innifsek billi tiħħeġġja l-imħa-
tra tiegħek billi toħloq pjan biex issir finanzjarjament indipendenti kemm
jista 'jkun malajr.

Ma tridx tkun f'pożizzjoni fejn trid taħdem biss għall-flus u kontin-
wament tisħaq dwar jekk il-kap jew il-maniġer tiegħek jogħġbokx. Filwaqt
li hemm riskji assoċjati mal-indipendenza finanzjarja, hemm ukoll riskji
marbuta max-xogħol u t-trajettorja attwali tiegħek. Fl-aħħar mill-aħħar, l-
għażla hija tiegħek.

Issa, ħalluni npoġġi dawn il-biċċiet differenti kollha flimkien. Kelli
viżjoni ta' ħajja ta' indipendenza u libertà fuq termini tiegħi stess. Ħloqt
għanijiet speċifiċi allinjati ma 'dik il-viżjoni. Waħda mill-għanijiet kienet li
ssir finanzjarjament indipendenti u li tgawdi stil ta' ħajja komdu li jinvolvi li
tgħix fi bliet differenti, tivvjaġġa, tonfoq flus kif mixtieq, u ssegwi proġetti
personali. Dawn il-miri kienu jinkludu wkoll stimi għal spejjeż bħall-akko-
modazzjoni, it-tfal, l-edukazzjoni, u spejjeż oħra relatati. Dan hu tant impor-

tanti li ser niddiskuti xi strateġiji u tattiċi ta' livell għoli li użajt biex nilħaq il-miri tiegħi.

Żviluppajt strateġija msejħa ESIPL (<u>E</u>arning, <u>Saving</u>, <u>I</u>nvesting, <u>P</u>rotecting and <u>Legacy</u>) li żviluppajt billi għaqqad oqfsa minn ESI Money [7]and Financial Mentor [8](Todd Tresidder).

<u>Qligħ</u> : L-istrateġija tal-qligħ tiegħi kienet sempliċi - Agħmel kemm jista' jkun flus billi twettaq tajjeb biex tikseb promozzjonijiet, bonusijiet u għotjiet tal-istokk mix-xogħol tiegħi. Għamilt ukoll xi riċerka dwar għażliet oħra li ma jiġġenerawx dħul mill-impjiegi, bħall-proprjetà immobbli u l-intraprenditorija, fl-aħħar iddeċidejt li niffoka fuq ix-xogħol tiegħi bħala s-sors primarju tad-dħul tiegħi. Din id-deċiżjoni kienet ibbażata fuq il-fatt li s-salarju annwali tiegħi mix-xogħol tiegħi diġà laħaq diversi mijiet ta 'eluf ta' dollari, u b'hekk għamilha għażla aktar qligħ meta mqabbla ma 'alternattivi oħra (se nidħlu aktar fil-fond fl-istrateġiji ta' massimizzazzjoni tad-dħul f'kapitlu 6C).

<u>Iffrankar</u> : Kif semmejt qabel, jien immirat li niffranka 50% tas-salarju gross tiegħi jew 90% tas-salarju tiegħi wara t-taxxa.

Achani Samon Biaou: Dik kienet mira pjuttost aggressiva.

Olumide Ogunsanwo: Iva, kien aggressiv iżda definittivament fattibbli. Kont iffukat bil-laser fuq l-għan tiegħi u l-viżjoni ħaj tal-futur tiegħi. Jien kont naf eżattament dak li ridt nikseb u ħassejt spinta qawwija biex nilħaq il-futur li kont qed naħseb. Ħaddejt il-prinċipju ta' nfiq ibbażat fuq il-valuri, u allinjajt bir-reqqa l-ispejjeż tiegħi ma' dak li verament ġabni ferħ u sodisfazzjon. L-ispejjeż tad-djar kellhom l-akbar impatt fuq ir-rata tat-tfaddil tiegħi. Il-kera tiegħi kienet $1,000-$1,500/xahar għall-karriera kollha tiegħi għax kelli sħabi tal-kamra. L-ispejjeż tat-trasport tiegħi u l-kontijiet tal-ikel tiegħi kienu minimi għax ħadt ix-xarabank tal-Google għax-xogħol u kilt il-biċċa l-kbira tal-ikliet tiegħi fil-kampus. Ħadt ħafna ħin mingħajr ma nċaħħad lili nnifsi. Billi jien immigrant, kelli l-vantaġġ li nikber f'pajjiż li qed jiżviluppa fejn in-nies kienu mdorrijin jagħtu prijorità lill-frugalità. Dan l-isfond għamilha aktar faċli għalija li nħaddan mentalità li jonfoq inqas filwaqt li xorta ngawdi ħajja sodisfaċenti.

Achani Samon Biaou: Grazzi talli qsamt dak l-għarfien. Nixtieq nidħol

---

7.   https://esimoney.com/

8.   https://www.financialmentor.com/

aktar fil-fond fi ftit affarijiet. Semmejt l-istrateġiji tad-dħul u l-ispejjeż tiegħek. Fuq in-naħa tad-dħul, int iffukat biss fuq ix-xogħol tiegħek, li kien jagħmel sens meta wieħed iqis ix-xogħol tiegħek li jħallas ħafna fit-teknoloġija u l-passjoni tiegħek għall-qasam. Madankollu, għal oħrajn, id-diversifikazzjoni tad-dħul tista' tkun approċċ aktar adattat.

Olumide Ogunsanwo: Bis-salarju għoli tiegħi fit-teknoloġija u l-imħabba tiegħi għall-qasam, kien jagħmel sens għalija li nipprijoritizza l-impjieg tiegħi bħala s-sors primarju tad-dħul tiegħi. Inħobb it-teknoloġija. Ħloqt podcast (Afrobility) fejn nirriċerka kumpaniji tat-teknoloġija u naqra dwaru bil-lejl u fi tmiem il-ġimgħa. Madankollu, jekk is-salarju tiegħi kien $48,000, inti bet ħmar tiegħek inkun qed nesplora modi oħra biex tagħmel il-flus. L-iffukar fuq xogħol jista' jkun loġiku għal xi wħud, iżda mhix strateġija waħda għal kulħadd. L-għażla tiegħek għandha tiddependi fuq fatturi bħall-età tiegħek, il-bażi tal-għarfien, in-netwerk, l-opportunitajiet, l-għanijiet, is-salarju, il-potenzjal għal promozzjonijiet, il-ħtieġa għall-awtonomija, u fatturi rilevanti oħra.

Achani Samon Biaou: Min-naħa tal-ispiża, semmejt kif qed timplimenta nfiq ibbażat fuq il-valuri. Tista' titkellem speċifikament dwar xi wħud mill-hacks li tuża biex tagħtiha ftit togħma?

Olumide Ogunsanwo: Żgur. Ikollna kapitlu 6C sħiħ iddedikat għal dan imma nista' nitkellem ftit dwaru issa fil-kuntest tal-istorja tiegħi. Għal ħafna nies, l-akbar spejjeż huma relatati mat-taxxi, l-akkomodazzjoni, u t-trasport. Sfortunatament, ma stajtx nottimizza ħafna t-taxxi tiegħi peress li kelli nkun fl-uffiċċju għal ħafna mill-karriera tiegħi. Dak kien l-aktar fiss. Ħafna nies jassumu li t-taxxi tagħhom huma ddeterminati biss mis-sitwazzjoni tax-xogħol tagħhom, iżda dan mhux dejjem il-każ. Fl-esperjenza tiegħi, il-ħlas ta' madwar 40% f'taxxi għall-biċċa l-kbira tal-karriera tiegħi għamilha diffiċli biex inżid ir-rata ta' tfaddil gross tiegħi 'l fuq minn 50%.

It-tieni punt huwa l-akkomodazzjoni. Ħafna oħrajn fil-firxa tas-salarju jew l-età tiegħi kienu jonfqu $3,000 sa $6,000 fix-xahar fuq kera jew ipoteka f'San Francisco. Jien ma kontx lest li nagħmel hekk. Żammejt il-kera ta' kull xahar tiegħi bejn $ 1,000 u $ 1,500 minn meta ggradwajt l-iskola tan-negozju ta' 27 sena sakemm sirt finanzjarjament indipendenti ta' 35. Jekk tqabbel l-infiq tiegħi ta' $1,000 sa $1,500 fuq kera ma' xi ħadd li jonfoq $3,000 sa $6,000, dak id-distakk fix-xahar ta' madwar $2,000. għal $ 4,500, komposti fuq 8 snin, jagħmel differenza sinifikanti. Dak biss jista' jkun il-fattur deter-minanti bejn il-kisba ta' indipendenza finanzjarja fit-30 sena tiegħi kontra l-50 sena tiegħi. Kelli sħabi fil-bidu tat-tletinijiet tiegħi, li forsi ma jappellawx lil kulħadd, imma kont kuntent ħafna b'dak il-kompromess peress li aċċeller-at is-sitwazzjoni finanzjarja tiegħi u tatni l-ħajja ta' libertà li għandi llum.

Rigward it-trasport, ma kellix bżonn karozza għax kont noqgħod f'ap-partament 15-il minuta 'l bogħod mix-xogħol. I jew ħadt il-karozza tal-linja Google jew mixi, li rriżulta fi spejjeż tat-trasport kważi żero. L-ispejjeż żdiedu bi ftit meta bdejt inqatta' l-biċċa l-kbira tal-weekends f'San Francisco, fejn kont nikri karozza. Anke dak iż-żmien, Google offriet roħs eċċellenti fuq il-karozzi tal-kiri, u s-soltu nħallas $10-$30/jum għal karozzi tal-kiri.

L-għażliet kollha tan-nefqa tiegħi kienu allinjati mal-valuri tiegħi.

Achani Samon Biaou: Int għamilt punt importanti fl-istorja tiegħek. Meta tikkunsidra l-għażliet tax-xogħol, huwa kruċjali li ma tħaresx lejn l-af-farijiet b'mod iżolat. Iċċekkja jekk il-benefiċċji tax-xogħol jallinjawx mal-is-trateġija tal-indipendenza finanzjarja tiegħek.

Olumide Ogunsanwo: Huwa kollu dwar il-ħsieb ibbażat fuq is-sistemi. Kollox huwa interkonness. Fil-fatt, għażilt l-appartament tiegħi għax ridt inkun qrib ix-xogħol, billi naf li l-ispejjeż tad-djar u tat-trasport huma marbu-ta b'mod qawwi. Bl-istess mod, it-taxxi huma influwenzati mill-post, u x-xogħol mill-bogħod jipprovdi aktar flessibilità f'dak ir-rigward. Ħares lejn l-affarijiet b'mod ħolistiku bħala sistema.

Achani Samon Biaou: Grazzi talli qsamt dan. Irrid nenfasizza żewġ għarfien li ksibt minn dak li għidt: ħsieb sistemiku u ppjanar ibbażat fuq il-valuri.

Ħsieb tas-sistemi: Meta tkun qed tfittex impjieg, ikkunsidra mhux biss is-salarju iżda wkoll kif l-impjieg jista' potenzjalment jgħinek tnaqqas l-is-pejjeż. Pereżempju, jekk qed tikkunsidra xogħol fi startup, aħseb dwar jekk tippreferix li tirċievi aktar ekwità jew flus kontanti abbażi tat-trajettorja tal-kumpanija. Barra minn hekk, ħares lejn vantaġġi li jallinjaw mal-valuri tiegħek lil hinn minn sempliċiment ikliet b'xejn, bħall-abbiltà li taħdem mill-bogħod. Dawn il-kunsiderazzjonijiet għandhom aktar sinifikat minn bene-fiċċji superfiċjali bħall-ikel b'xejn.

Olumide Ogunsanwo: Ix-xogħol mill-bogħod huwa ferm aktar siewi minn ikel b'xejn, li ħafna drabi huwa vantaġġ iżżejjed. Kieku kellek tħallas għall-ikliet tiegħek stess, tkun qed tonfoq madwar $15 għal kull ikla, darbte-jn kuljum, li jammontaw għal $30 kuljum. B'200 jum tax-xogħol f'sena, dak huwa kbir $6,000. Jekk sajjar l-ikliet tiegħek, ikun saħansitra orħos. Il-val-ur tal-ikel b'xejn offrut mill-kumpaniji fil-jiem tan-negozju huwa ta' madwar $6,000 fis-sena. Ix-xogħol mill-bogħod jista 'faċilment jiffranka għexieren ta' eluf ta 'dollari permezz ta' taxxi aktar baxxi u kera biss. Huwa ta 'sfida li tiġġustifika l-ikel b'xejn bħala vantaġġ sinifikanti sakemm ma tkunx outlier li tordna 3-5 ikliet kuljum jew tħallas prezzijiet eżorbitanti ta' $50 sa $70 għal kull ikla.

Achani Samon Biaou: Mill-perspettiva tal-ħsieb tas-sistemi, huwa im-portanti li tiffoka mhux biss fuq kemm iħallas impjieg, iżda wkoll fuq il-benefiċċji li jipprovdi. Bl-istess mod, meta tikkunsidra spejjeż lil hinn mill-bżonnijiet bażiċi tiegħek, għandhom ikunu investimenti li jistgħu potenzjal-ment jiġġeneraw aktar flus kontanti issa jew iżidu l-potenzjal ta' qligħ tiegħek fil-futur.

Olumide Ogunsanwo: Kont nieħu 5-15-il vjaġġ internazzjonali kull sena. Forsi tistaqsi kif irnexxieli niffranka tant flus waqt li nivvjaġġa. Tgħal-limt dwar sistemi ta' karti ta' kreditu u punti ta' vjaġġaturi frekwenti, li pper-mettewni mmassimizza l-valur tal-ispejjeż tiegħi. Għandna wkoll niddiskutu l-importanza li **nsegwu l-infiq tiegħek** . Meta tissorvelja mill-qrib l-ispejjeż tiegħek, x'aktarx li tonfoq inqas għax tara n-numri jista 'jwassal għal bidla fil-mentalità tiegħek. Pereżempju, jekk issegwi l-infiq tal-kafè tiegħek u tirreal-izza li nefaq $485 fi Starbucks ix-xahar li għadda, jista 'jġiegħlek tistaqsi jekk verament tgawdix il-kafè daqshekk. Issa, ejja lura lejn il-qafas ESIPL:

I nvesti: Esplorajt għażliet ta' investiment u stilejt fuq strateġija ta' in-vestiment fil-Borża li kienet konformi mas-sitwazzjoni personali tiegħi. Ejja neżaminaw l-għażliet ta' investiment ewlenin disponibbli biex jagħtuk is-set-għa li tieħu deċiżjonijiet infurmati biex tkabbar il-flus tiegħek li qala' iebes:

1) Stokks (ishma): Investi fi stokks pubbliċi li jirrappreżentaw sjieda f'kumpaniji. L-investiment fl-istokk joffri l-potenzjal għal qligħ sinifikanti iżda huwa akkumpanjat minn diversi riskji, inklużi riskji speċifiċi għall-kumpanija, makroekonomiċi, sistemiċi, politiċi, regolatorji u ta' dividendi.

2) Bonds (introjtu fiss): Investi f'bonds li huma self maħruġ minn gvernijiet u korporazzjonijiet biex jiġbru l-kapital. Il-bonds jipprovdu dħul stabbli u preservazzjoni tal-kapital iżda huma wkoll soġġetti għal diversi riskji bħall-varjazzjonijiet fir-rati tal-imgħax, l-inflazzjoni li tnaqqar is-setgħa tal-akkwist, l-isfidi tal-likwidità, u r-riskju tal-kreditu.

3) Proprjetà immobbli: Investi fi proprjetajiet fiżiċi bħal djar residenzjali, bini kummerċjali, jew art, bl-istennija li tiġġenera dħul permezz ta 'rendiment tal-kiri jew apprezzament tal-kapital. Madankollu, l-investimenti tal-proprjetà immobbli jiġu b'riskji bħall-volatilità tas-suq, il-likwidità, u l-ispejjeż tal-ġestjoni tal-proprjetà.

4) Flus kontanti (assi likwidi): Investi f'assi likwidi ħafna, inklużi kontijiet ta' tfaddil, ċertifikati ta' depożitu (CDs) li jipprovdu għażla sigura u ta' riskju baxx biex taqla 'imgħax fuq il-fondi tiegħek. Ir-rati tal-imgħax ivarjaw u huma influwenzati mill-politika tal-bank ċentrali, id-domanda/provvista tas-suq, l-inflazzjoni, il-kompetizzjoni bankarja u t-tip ta' kont. Filwaqt li jista 'joffri qligħ aktar baxx meta mqabbel ma' xi għażliet oħra ta 'investiment, jipprovdilek likwidità u sigurtà.

5) Ekwità privata (PE): Invest f'fond PE fejn l-investituri jiġbru l-kapital tagħhom biex jakkwistaw jew kumpanija sħiħa jew sehem f'kumpanija. L-investimenti tal-PE jistgħu jkunu kumplessi u mhux likwidi, għalhekk huma tipikament adattati għal individwi b'valur nett għoli komdi b'riskju ogħla għal qligħ potenzjali fit-tul.

6) Kapital ta' riskju (VC): Investi fi stadju bikri, kumpaniji ta' tkabbir għoli permezz ta' fondi miġbura ġestiti minn ditti ta' VC. Huwa ta 'riskju għoli bil-potenzjal għal dħul sostanzjali, iżda wkoll ikkaratterizzat minn nuqqas ta' likwidità, tariffi għoljin, u l-possibbiltà li jintilef l-investiment kollu.

7) Angel investing: Invest direttament f'negozji privati fl-istadju bikri. L-investiment anġlu huwa forma riskjuża ħafna ta 'investiment, iżda għandu wkoll il-potenzjal għal qligħ għoli ħafna. It-twettiq ta' riċerka komprensiva u d-diliġenza dovuta huwa kruċjali minħabba li l-individwi qed jinvestu l-kapital tagħhom stess direttament aktar milli permezz ta' maniġers professjonali ta' fondi VC.

8) Kripto-muniti: Invest f'kripto-muniti li huma assi diġitali deċentralizzati li jużaw il-kriptografija għas-sigurtà. L-investiment fil-kripto-muniti, bħal Bitcoin u Ethereum, iġorr volatilità u riskju sinifikanti. Il-kripto-muniti huma klassi ta' assi relattivament ġdida u li qed tevolvi malajr, għalhekk li tibqa' infurmata dwar l-iżviluppi regolatorji hija ta' benefiċċju.

9) Komoditajiet: Invest f'materja prima, bħaż-żejt, id-deheb u l-qamħ. Il-prezzijiet tal-komoditajiet jistgħu jvarjaw b'mod selvaġġ, għalhekk huma meqjusa bħala investiment ta 'riskju għoli.

10) Il-kambju (FX): Ixtri u biegħ il-muniti. Jista' jkun investiment riskjuż ħafna iżda għandu wkoll il-potenzjal li jiġġenera redditu għoli.

11) Oġġetti ta' kollezzjoni: Ixtri u biegħu oġġetti ta' kollezzjoni li jvarjaw minn muniti rari għal arti fina. Jistgħu jkunu investiment tajjeb jekk inti lest li tagħmel ir-riċerka tiegħek u tixtri oġġetti li x'aktarx japprezzaw fil-valur.

12) Self Peer-to-Peer (P2P): Self lil individwi jew negozji permezz ta' pjattaforma P2P. Jista 'joffri rati ta' imgħax ogħla minn kontijiet bankarji tradizzjonali iżda jiġi wkoll b'riskju akbar.

Tista' tinvesti b'mod attiv f'dawn l-għażliet billi tixtri u tbigħ assi kontinwament u strateġikament. Inkella, tista 'tinvesti b'mod passiv billi tixtri u żżomm investimenti għal żmien twil aktar milli tagħmel kummerċ frekwenti biex tipprova tegħleb is-suq. Investituri passivi tipikament jinvestu f'fondi reċiproċi, bħal fondi ta' indiċi jew Fondi ta' Skambju (ETFs), li jiġbru flimkien flus minn investituri multipli biex isegwu suq speċifiku u joħolqu portafoll diversifikat ta' titoli.

L-investiment primarjament fl-għażla (4) jista' ma joffrix qligħ sostanzjali biex tinkiseb indipendenza finanzjarja f'qafas ta' żmien raġonevoli minħabba dħul aktar baxx meta mqabbel mal-inflazzjoni. L-għażliet (5), (6), u (7) huma tipikament mhux likwidi u disponibbli għal individwi b'valur nett għoli ($1M+), filwaqt li l-għażliet (8), (9), (10), (11) huma kkunsidrati ħafna. spekulattivi u jistgħu jixbħu logħob tal-azzard aktar milli investiment. Għażla (12) hija relattivament mhux ippruvata fuq ċikli twal tas-suq.

Għalhekk, nemmen li (1), (2) u (3) ħafna drabi huma l-aktar għażliet ta' ġenerazzjoni ta' ġid aċċessibbli għall-maġġoranza, għalkemm din il-perspettiva tista' tirrifletti l-preġudizzju tiegħi stess. Speċifikament, l-investiment f'fondi ta' indiċi ta' stokks jew bonds u ETFs jista' jkun punt ta' tluq ideali. Dawn l-għażliet joffru diversifikazzjoni, affordabbiltà, u investimenti inizjali aktar baxxi, li jagħmluha aktar faċli biex tinbena l-fiduċja gradwalment.

M'hemm l-ebda mod tajjeb kif tinvesti flusek imma hemm mod għalik li jaqbel mal-bżonnijiet u l-miri individwali tiegħek. Sib triq li taħdem għalik billi tevalwa u tagħżel għażliet ta' investiment xierqa bbażati fuq il-miri finanzjarji tiegħek, it-tolleranza tar-riskju, l-orizzont taż-żmien, l-implikaz-zjonijiet tat-taxxa u l-istrateġiji ta' diversifikazzjoni. Tista 'tagħmel dan! L-informazzjoni kollha meħtieġa biex tinkiseb l-indipendenza finanzjarja diġà tinsab hemmhekk, kull ma trid tagħmel hu li tħeġġu dwar il-futur tiegħek u tibda tfittex.

P roteting: Biex nissalvagwardja l-progress finanzjarju tiegħi, kelli di-versi tipi ta' assigurazzjoni, inkluż assigurazzjoni tal-ħajja, assigurazzjoni tas-saħħa, assigurazzjoni tad-diżabilità, assigurazzjoni umbrella, u assigurazzjoni tal-kiri tal-karozzi. Ma ridtx avveniment wieħed mhux mistenni jneħħu snin ta 'xogħol iebes, għalhekk investejt ħin fir-riċerka u l-implimentazzjoni ta' di-versi mekkaniżmi protettivi. M'hemm xejn agħar milli tkun 80% lejn l-in-dipendenza finanzjarja u li titlef dan kollu f'avveniment barrani.

Il- legat: Hekk kif qort lejn l-indipendenza finanzjarja, dħalt fl-aspett kruċjali tal-ippjanar tal-proprjetà. Irriċerkajt u ħejjejt id-dokumenti kollha meħtieġa għall-ippjanar tal-patrimonju, inkluż trust, testment, prokura fi-nanzjarja, u direttiva medika avvanzata (magħrufa komunement bħala Test-ment Ħajja, Prokura Medika jew Prokura tal-Kura tas-Saħħa). Dawn id-dokumenti, filwaqt li huma speċifiċi għall-qafas legali Amerikan, iservu bħala pjan biex jissalvagwardja l-assi tiegħi u jiżgura pjan definit tajjeb fil-każ li ngħaddi. Huwa importanti li wieħed jinnota li r-rekwiżiti tal-ippjanar tal-proprjetà jistgħu jvarjaw skont il-ġurisdizzjoni tiegħek, għalhekk huwa essen-zjali li tfittex l-informazzjoni rilevanti u d-dokumentazzjoni speċifika għall-lokalità tiegħek.

Bdejt naħseb ukoll kif stajt nagħmel differenza u ngħin lil ħaddieħor. Wasslitni biex nibda fuq triq ġdida ta' konsultazzjoni dwar l-indipendenza finanzjarja, fejn nipprovdi gwida u appoġġ lill-individwi fil-vjaġġi tagħhom tal-finanzi personali. Nistinka biex nagħti s-setgħa lill-oħrajn u ngħinhom jinnavigaw il-kumplessitajiet tal-indipendenza finanzjarja b'kunfidenza u ċarezza.

Fil-qosor: L-informazzjoni kollha li għandek bżonn biex issir finanzjar-jament indipendenti hija diġà disponibbli. M'hemm l-ebda sigriet biex tkun finanzjarjament indipendenti. Nies li jgħidulek hekk qed iqarrqu bik. Ma fittixx shortcuts jew balal tal-fidda. Eċitatejt meta rrealizzajt li stajt nasal sa punt fejn ma jkollix għalfejn naħdem aktar. Ħloqt viżjoni ċara b'għanijiet fit-tul u b'mod konsistenti segwejt l-istrateġija ESIPL sakemm id-drawwiet saru sodi f'ċiklu ripetibbli. Dan wassal biex nikseb indipendenza finanzjarja fl-età ta' 35 sena fl-2020. Intenzjonalment inħallejt in-numru tal-mira tal-in-dipendenza finanzjarja tiegħi biex nevita li nagħmel diżservizz lill-qarrejja. In-numru tiegħi ma jimpurtax għalik għaliex in-numru tal-indipendenza fi-nanzjarja tiegħek stess se jkun uniku, differenti u mfassal għaċ-ċirkostanzi u l-aspirazzjonijiet individwali tiegħek. Hija skoperta li trid tiddefinixxi u ssegwi. Dak li verament importanti huwa li tallinja l-miri tiegħek mal-viżjoni tiegħek stess tal-indipendenza finanzjarja.

Achani Samon Biaou: Ara naqra, dak li qed tgħidilna hu li l-indipendenza finanzjarja mhijiex li ssir xi ħaġa imma hija li tgħix aktar f'armonija miegħek innifsek u mal-valuri tiegħek.

Olumide Ogunsanwo: Eżattament. Tgħix ħajja sinifikanti fejn int liberu u mhux marbut min-normi tas-soċjetà. Il-kisba ta' dan l-istil ta' ħajja għandha valur finanzjarju marbut miegħu.

Achani Samon Biaou: X'inhi d-differenza bejn li tkun għani u li ssir fi-nanzjarjament indipendenti?

Olumide Ogunsanwo: Din hija mistoqsija sempliċi, iżda għandha xi sfumaturi. Li tkun għani huwa kunċett suġġettiv mingħajr kriterji oġġettivi. Huwa aktar ta 'sentiment psikoloġiku bbażat fuq paraguni ma' oħrajn jew l-awto passat tiegħek. Xi individwi b'valur nett ta' $50M jistgħu ma jqisux lilhom infushom sinjuri, filwaqt li oħrajn b'$20M jistgħu jaraw lilhom in-fushom bħala sinjuri. Li tkun għani huwa l-aktar kunċett komparattiv u nieqes mill-utilità sakemm ma jkunx definit b'mod strett (eż., li tkun fl-ogħla 1% bil-valur nett jew l-ogħla 5% mill-qligħ).

Min-naħa l-oħra, l-indipendenza finanzjarja hija kunċett ferm aktar prat-tiku u utli għaliex għandha definizzjoni stretta. L-assi finanzjarji kurrenti tiegħek jipprovdu biżżejjed biex isostnu l-bqija ta 'ħajtek? Dan huwa dak li trid. N. Fuq l-indipendenza finanzjarja, hemm saffi addizzjonali li tista 'ssegwi u tkejjel. Pereżempju, tista' żżid il-mira ta' indipendenza finanzjarja tiegħek billi żżid buffer ta' sikurezza u timmira għal numru ogħla, ngħidu aħ-na 20% sa 50% ogħla mill-mira oriġinali tiegħek.

Il-mira għall-indipendenza finanzjarja hija vjaġġ intern biex tgħix il-ħajja skond it-termini tiegħek, filwaqt li l-mira li tkun għani hija aktar iffukata es-ternament, li twassal għal paragun, FOMO, u nuqqas ta 'kuntentizza poten-zjali.

Achani Samon Biaou: Meta jkollok mira li verament tirresona miegħek, dak kollu li tagħmel biex tilħaq dak l-għan iħossu li huwa skop u sodisfaċenti. Ma tħossx piż jew distrazzjoni għax hija xi ħaġa li tgħodd ħafna għalik.

Olumide Ogunsanwo: Issakkar f'viżjoni u għan ċar kristall huwa essenzjali fit-triq tiegħek lejn l-indipendenza finanzjarja. Jekk m'intix ċert dwar kif tistabilixxi miri jew tipprevedi l-ħajja ideali tiegħek, hemm diversi oqfsa disponibbli biex jiggwidak. Hu mument biex tirrifletti fil-fond fuq dak li verament qabad il-passjoni tiegħek bħala tifel, idħol fix-xewqat l-aktar profondi tiegħek, u esplora l-possibbiltajiet li jiżvolġu kieku kellek ħin bla limitu u l-biża' ta' falliment ma żżommokx lura. Dawn l-eżerċizzji introspettivi se jservu bħala boxxla biex tfassal it-triq unika tiegħek stess. Ftakar, hija ħajtek, u għandek is-setgħa li tfassalha. Toqgħodx lura milli tesplora riżorsi onlajn għal aktar ideat u tinvolvi lis-sieħba tiegħek, jekk applikabbli, fil-proċess tal-ippjanar. Il-pjanijiet mhumiex stabbiliti fil-ġebel u jistgħu jevolvu maż-żmien. Tista 'tiskopri li s-suppożizzjonijiet inizjali tiegħek, bħad-daqs tad-dar tiegħek, jeħtieġu aġġustament. La Samon u lanqas jien ma nistgħu noħolqu viżjoni konvinċenti u eċċitanti għalik. Huwa vjaġġ personali li inti biss tista 'timbarka fuqu.

L-indipendenza finanzjarja hija spettru, mhux stat binarju jew ta' 0 jew 1, li jagħtik is-setgħa li tieħu kontroll akbar ta' ħajtek u jġibek eqreb lejn il-ħolm tiegħek. Anke jekk issib ruħek li tidher 'il bogħod mill-miri finanzjarji tiegħek, huwa kruċjali li tibqa' motivata u tgawdi l-vjaġġ lejn il-viżjoni tiegħek. Ftakar, il-kuntentizza m'għandhiex għalfejn tiġi posposta sakemm tilħaq FI, peress li l-iffissar ta' miri sinifikanti u l-progress lejhom jista' jġib sodisfazzjon fil-mument preżenti. Minflok ma tiffissa fuq it-tul ta 'żmien li jista' jieħu biex tilħaq il-miri tiegħek, iffoka fuq li tħaddan u nduqu l-proċess biex tasal hemm. Iħaddnu l-preżent u sib il-ferħ f'kull pass 'il quddiem. Narawkom fil-kapitlu li jmiss!

6B: L-istorja tal-Karriera Tard ta' Samon

Olumide Ogunsanwo: Samon, ninsab tassew eċċitati li nisma' dwar il-karriera tiegħek wara l-iskola tan-negozju u kif sawwret il-perspettiva tiegħek dwar l-indipendenza finanzjarja.

Achani Samon Biaou: Il-motivazzjoni ewlenija tiegħi biex nattendi l-iskola tan-negozju kienet li ningħaqad ma' kumpaniji li għandhom influwenza sinifikanti fuq it-teħid ta' deċiżjonijiet fl-ogħla livelli. Madankollu, skoprejt li ħafna minn sħabi tal-klassi kellhom ambizzjonijiet akbar biex joħolqu u jibnu affarijiet aktar milli jaħdmu biss għal kumpaniji eżistenti. Din ir-realizzazzjoni saħħet il-kunfidenza tiegħi u biddel il-mentalità tiegħi lejn li nemmen li stajt inwettaq xi ħaġa. Bdejt nara l-konsultazzjoni tal-maniġment bħala pass biex nikseb ħiliet siewja, iżda l-għan aħħari tiegħi sar li noħloq xi ħaġa sinifikanti billi nibda l-kumpanija tiegħi stess.

Olumide Ogunsanwo: Wara l-iskola tan-negozju, kellek pjan usa' ta' indipendenza finanzjarja fejn eventwalment tħalli l-ħajja korporattiva?

Achani Samon Biaou: Kelli żewġ għanijiet f'moħħi. L-ewwel, ridt napplika l-ħiliet li tgħallimt fl-iskola tan-negozju f'kumpanija b'ritmu mgħaġġel. Jien nemmen li l-konsultazzjoni tippermettili naħdem fuq proġetti multipli u nikseb dak l-għan.

It-tieni, ridt inżid malajr max-xibka ta' sikurezza finanzjarja li diġà kelli mis-snin li kont naqla' salarju għoli ta' espatrijat waqt li nivvjaġġa mad-dinja. Immirat li nżid id-dħul tiegħi b'mod sinifikanti fuq sentejn sabiex ikolli mijiet ta 'eluf ta' dollari. Il-pjan tiegħi kien li nuża dak il-kuxxin finanzjarju biex insegwi l-iskop tiegħi, li kien li nibni skejjel.

Olumide Ogunsanwo: Antiċipajt li tikseb indipendenza finanzjarja fi żmien sentejn mill-konsultazzjoni fil-BCG, jew kont tistenna li tikseb biżżejjed stabbiltà finanzjarja biex tieħu waqfa/sabbatical fil-karriera u tesplora opportunitajiet differenti qabel ma terġa 'lura għax-xogħol aktar tard?

Achani Samon Biaou: Inizjalment, ħsibt li se nikseb l-indipendenza finanzjarja. Kelli mudell finanzjarju naive li jimmira valur nett ta' $500,000 bħala l-mira FI tiegħi. Il-pjan kien li ninvesti dak l-ammont u naqla' biżżejjed dħul (madwar 5%/sena) biex insostni lili nnifsi u nghix bħala baċċellerat waqt li nibni skejjel f'pajjiż żgħir fl-Afrika. Madankollu, ma kontx ikkunsid-rat bidliet potenzjali fil- ħajja, bħall- anzjanità, iż- żwieġ, jew it- tfal. I kkalko-lat il-mira tad-dħul ta 'kull xahar tiegħi li tkun ta' madwar $1,500 jew $2,000 wara t-taxxi, ħsibt li jkun biżżejjed għall-istil ta 'ħajja mixtieq tiegħi. Ippjana-jt li naħdem fil-BCG għal sentejn, naqla 'ftit mijiet ta' eluf ta 'dollari, u nilħaq valur nett ta' $500,000.

Olumide Ogunsanwo: Okay, x'ġara wara?

Achani Samon Biaou: Wara li bdejt fil-BCG, il-perspettiva tiegħi dwar l-għoli tal-ħajja u l-ibliet preferuti evolviet, li wasslet għal mira ta' indipen-denza finanzjarja ogħla. Skoprejt li stajt inżomm l-ispejjeż tiegħi taħt $1,000 f'Dubaj, u dan iwassal għal żidiet sinifikanti fl-iffrankar. Din iċ-ċirkustanza mhux prevista u r-rata ta' tfaddil ogħla tiegħi ppermettewni nikkalibra mill-ġdid il-mira ta' indipendenza finanzjarja tiegħi, billi tallinjaha mal-għoli an-tiċipat tal-ħajja fl-ibliet fejn naspira li ngħix fil-futur.

Li jkollok il-mentalità t-tajba kienet kruċjali. Avviċinat l-ispejjeż tiegħi b'mentalità li nirrazzjonalizza u niffranka l-flus, għalkemm għadni ma kontx konxju tal-metodu eżatt. Hekk kif kont nivvjaġġa matul il-ġimgħa u ksibt punti ta' lukanda, indunajt li lanqas kelli bżonn nikri appartament. Barra minn hekk, il-ħin imnaqqas tiegħi f'Dubaj irriżulta f'inqas infiq u festin bla bżonn, peress li bqajt iffukat fuq l-għanijiet finanzjarji tiegħi. Evalwa s-sit-wazzjoni unika tiegħek u tipprijoritizza l-ispejjeż meħtieġa filwaqt li taqta' bla ħniena dawk bla bżonn. Minflok ma ssegwi bl-addoċċ formula preskritta jew nipprova nirreplika l-approċċ speċifiku tiegħi, iċ-ċavetta tinsab fil-kulti-vazzjoni ta 'pjan personalizzat li jallinja mal-aspirazzjonijiet u l-valuri tiegħek stess.

Olumide Ogunsanwo: Dan jallinja perfettament mal-prinċipju tal-infiq ibbażat fuq il-valuri. Aħna nemmnu bis-sħiħ li l-indipendenza finanzjarja mhix dwar is-sagrifiċċju tal-kumdità kollha tiegħek jew it-tnaqqis ta 'kull spiża. Huwa dwar konxjament tallinja l-infiq tiegħek mal-valuri u l-aspiraz-zjonijiet tiegħek. M'għandekx tmur mal-fluss. M'għandekx tkun fuq pilota awtomatiku. Pjuttost milli ssegwi bla ħsieb in-normi tas-soċjetà jew taderixxi bl-addoċċ ma' stil ta' ħajja frugali, inħeġġuk tgħix ħajja li tirresona mal-awto veru tiegħek u mal-miri uniċi tiegħek. Dan jista 'jinvolvi żieda fl-infiq f'oqs-ma li verament jimpurtak għalik filwaqt li tagħmel tnaqqis konxju f'oħrajn.

Huwa kruċjali li tagħraf li l-indipendenza finanzjarja m'għandhiex tiġi segwita bl-ispiża tal-kuntentizza u l-benessri tiegħek. Ma rridux li tħossok megħlub minn approċċ drastiku u mhux sostenibbli li jneħħi l-ferħ minn ħajtek. Huwa kontroproduttiv li tadotta pjan li jħallik kuntent. Jekk m'intix kuntent, int sejra taqta' l-pjan kollu. L-unika ħaġa agħar milli ma jkollokx pjan huwa li jkollok pjan li ma jdumx.

Ibda billi tirrevedi l-ispejjeż tiegħek u tidentifika oqsma fejn jistgħu jsiru aġġustamenti. Fittex opportunitajiet biex tottimizza l-infiq tiegħek u tagħmel għażliet li jallinjaw mal-valuri u l-miri finanzjarji tiegħek fit-tul. Huwa proċess kontinwu, għalhekk issegwi l-progress tiegħek u ċċelebra t-tragwardi tul it-triq. Hekk kif tara l-impatt pożittiv tal-isforzi tiegħek, issib ruħek dejjem aktar motivat u entużjast dwar il-vjaġġ finanzjarju tiegħek. B'kull pass 'il quddiem, isir aktar faċli li żżomm il-momentum u tibqa' impenjata lejn it-triq tiegħek.

Achani Samon Biaou: Għal Olumide u jien, jibda bil-valuri. Il-valuri tagħna jiggwidaw id-deċiżjonijiet tagħna u jagħtuna l-ispinta biex nesploraw tattiċi ġodda li jallinjaw ma' dak li huwa importanti għalina. Pereżempju, napprezza li nivvjaġġa u nitgħallem dwar kulturi oħra. Nefaqt aktar fuq l-ivvjaġġar mill-konsulent medju matul iż-żmien tiegħi fil-BCG, iżda ħafna mill-ispejjeż kienu koperti mid-ditta u l-punti li qlajt mill-ivvjaġġar tax-xogħol. Kelli nħallas biss madwar $400/xahar. Għażilt li nipprijoritizza l-infiq tal-flus fuq l-ivvjaġġar minflok ma nħallas kera sħiħa għal flat. Dan ippermettili nesplora destinazzjonijiet ġodda kimportant kull ġimgħa u tgħaddas ruħi f'kulturi differenti.

Lura għall-istorja tiegħi tard fil-karriera. Madwar seba 'xhur fil-vjaġġ tiegħi fil-BCG, bil-pjan inġenju inizjali tiegħi għall-indipendenza finanzjarja biex nirtira f'pajjiż Afrikan irħis jew fit-Tajlandja, indunajt xi ftit affarijiet. L-ewwelnett, l-iffrankar tal-ispejjeż tal-mikroġestjoni b'mod attiv kien se jkun ta' sfida minħabba l-iskeda tax-xogħol impenjattiva tiegħi. U t-tieni, rajt il-potenzjal għal dħul ogħla jekk bqajt itwal fil-BCG u laħaq il-livell maniġerjali. Din ir-realizzazzjoni wasslitni biex naġġusta l-approċċ tiegħi. Minflok ma nimmira għall-indipendenza finanzjarja qabel ma nsir maniġer, rrikonoxxejt il-benefiċċji li nikseb sentejn esperjenza maniġerjali, li jistgħu jipprovdu aktar stabbiltà u jsaħħu l-kredibilità tiegħi meta nfittex fondi għall-proġett tal-iskola tiegħi. Ma nistax ngħid żgur jekk dawn id-deċiżjonijiet kinux razzjonalizzazzjonijiet jew influwenzati mis-sistema, iżda deher ċar li l-pjan il-ġdid kien jagħmel aktar sens.

Madankollu, il-ħajja għandha mod kif tarmi sfidi mhux mistennija lilna lkoll. Wara sensiela ta' testijiet mediċi, irċivejt l-aħbar xokkanti li kelli bżonn kirurġija kbira fil-moħħ biex tipprevjeni ħsara irriversibbli minn ċisti arakno-jde, minkejja li ma esperjenzajt l-ebda sintomi ta' wġigħ. Il-ħtieġa għal op-erazzjoni qamet f'daqqa u b'urġenza, bl-operazzjoni ġġorr riskji inerenti li potenzjalment jistgħu jtemmu ħajti mil-lum għal għada.

Olumide Ogunsanwo: [Xxokkjat] Int teħtieġ operazzjoni urġenti tal-moħħ. Ara naqra.

Achani Samon Biaou: Qaluli li f'xi mument, iċ-ċisti tista' tiċċaqlaq u timbotta fuq il-parti t'isfel tal-moħħ – il-parti tal-moħħ li tikkontrolla n-nifs u l-qalb. Kienet sitwazzjoni tal-biża', u r-realtà laqtitni meta kelli niffirma kar-ti li jirrikonoxxu r-riskji involuti, inkluża l-possibbiltà tal-mewt, eżatt qabel l-operazzjoni. L-esperjenza kollha ħassitha surreali, anke meta kont imdawwar b'pazjenti oħra fis-sala, kull wieħed jiġġieled il-battalji tiegħu.

F'dak il-mument, ħassejtni oerhört żgħir. Kienet qisha ħarsa lejn kif tħoss meta tkun qed tiffaċċja l-possibbiltà tal-mewt. L-ebda waħda mill-kisbiet tiegħi fit-tellieqa tal-firien ma kellha xi sinifikat fuq dik il-mejda tal-operat. Mill-biċċa l-kbira tal-indikaturi, kont adult żagħżugħ ta 'suċċess. Kont ivv-jaġġajt id-dinja, mort f'waħda mill-aqwa skejjel tan-negozju fid-dinja, u kont qed naħdem f'waħda mid-ditti ta' konsulenza tal-ogħla ġestjoni. Kont qed "nirbaħ" it-tellieqa tal-firien iżda fuq il-mejda tal-operat, xejn minn dan ma kellu xi sinifikat. Tlift il-maħbubin tiegħi u ma kontx naħseb dwar ix-xogħol jew il-klijenti. Din l-esperjenza saret bidla fit-tħejjija tiegħi għall-indipenden-za finanzjarja. Sirt determinat b'mod li diffiċli biex tispjega. Jekk għamilha mill-kirurġija, iddeċidejt li ngħix il-ħajja b'fokus estrem u fuq termini tiegħi stess. Ħassejtni ftit riżenti lejn l- affarijiet li kont qed niġri—Stanford, BCG, eċċ. Issa, kelli dak kollu, iżda jista 'jitneħħa minni fi instant. Nista' nkun mej-jet fi ftit sigħat. Hekk.

Olumide Ogunsanwo: [Għadu ixxukkjat] Kemm kellek dak iż-żmien?

Achani Samon Biaou: Kont fil-bidu tat-tletinijiet tiegħi.

Olumide Ogunsanwo: Kirurġija tal-moħħ fil-bidu tat-tletinijiet tiegħek. Dik hija tassew esperjenza trawmatika u li tiftaħ l-għajnejn. Niftakar li tgħid li meta kont fuq il-mejda tal-operat, ħassejt li l-bnedmin mhuma xejn. Ħassejt bħal annimal ieħor fuq il-mejda tal-operat u li ħajtek setgħet tit-neħħa fi kwalunkwe mument. Crazy!

Achani Samon Biaou: Żgur li nirrealizza li kelli bżonn inkun persuna differenti fuq in-naħa l-oħra tagħha. Il- biża' tas-saħħa ġabet tifsira aktar profonda għall-mistoqsija "X'jgħoddlek l-aktar u għaliex?"—dik li mistoqsija fl-essay tal-applikazzjoni tal-programm Stanford MBA. B'xorti tajba, l-operazzjoni marret tajjeb, mingħajr ebda kumplikazzjonijiet jew segwitu meħtieġa. Meta rġajt lura minn ħames xhur sabbatiku ta' vjaġġar, ġejt lura bħala persuna mibdula f'diversi modi.

L-ewwelnett, indunajt il-livell ta' intensità li stajt inġib fix-xogħol tiegħi, u sirt konvint li għandi napplikah b'mod deliberat u maħsub għall-isforzi li ngawdi l-aktar. Ma kelli l-ebda problema naħdem sas-2 jew it-3 ta' filgħodu għal jiem wara l-oħra biex inqassam problema, eċċ.

It-tieni nett, fhimt li li jkolli l-libertà f'ħajti ma kienx negozjabbli. Madankollu, ix-xogħol ta' konsulenza mhux dejjem ipprovda l-livell ta' libertà li xtaqt. Ħadt id-deċiżjoni li nibqa' fil-konsultazzjoni sakemm stajt inżomm kontroll fuq kif ħdimt.

It-tielet, sirt super-iffukat fuq l-ippjanar finanzjarju. L-ispreadsheets Excel saru l-gwida tiegħi hekk kif kont immirat li nsalva u ninvesti lejn il-libertà finanzjarja. Xtaqt nagħti lili nnifsi l-ħin biex nivvjaġġa u nipprattika skoperta kulturali mingħajr ma ninkwieta dwar il-flus. Xtaqt ukoll nikkontribwixxi għat-titjib tas-sistemi edukattivi mingħajr ma nkun dipendenti fuq salarju.

Olumide Ogunsanwo: X'ġara matul is-sabbatical tiegħek ta' 5 xhur?

Achani Samon Biaou: Ġraw tliet affarijiet importanti. L-ewwelnett, erġajt għamilt kuntatt mal-ħbieb u l-familja, li ġabli ferħ immens. Matul iż-żmien tiegħi fil-BCG, rarament kelli ċ-ċans li nara u jinteraġixxi ma 'nies li kont jimpurtani minnhom. It-tkeċċija mill-ġdid ta' dawk ir-relazzjonijiet fakkarni fl-importanza tal-komunità u kont ferħan li erġajt erġajt erġajt erġajt erġajt il-parti ta' "ferħ tajjeb" tiegħi nnifsi.

It-tieni, ivvjaġġajt lejn Kuba mas-sieħeb tiegħi u l-ħbieb. L-esplorazzjoni ta' kulturi differenti u l-esperjenza ta' destinazzjonijiet ġodda jġibni ħaj. Huwa mod kif inwessa' l-orizzonti tiegħi u nitgħallem dwar id-dinja b'mod profond. Waqt li kont f'Kuba, kont espost għal modi differenti ta' ħajja, billi osservajt nies li dehru kuntenti minkejja li għexu f'kundizzjonijiet li setgħu jitqiesu fqar. Kienet esperjenza importanti għalija li nikkuntrasta l-istil ta' ħajja tagħhom ma' dak li kont imdorri biha.

Fl-aħħarnett, skoprejt tip ġdid ta 'tagħlim li ma kienx immexxi mill-util-ità. Indoqq fil-qari ta' kotba li tfixkilt magħhom, insegwi interessi bħal daqq ta' strument mużikali jew nitgħallem lingwa ġdida biss għall-fini tal-iżvilupp personali.

Olumide Ogunsanwo: Dawn l-esperjenzi kif iffurmaw il-pjanijiet tiegħek għall-indipendenza finanzjarja? Inizjalment int ħsibt li titlaq mill-BCG wara madwar sentejn, iżda mbagħad seħħ l-inċident tal-kirurġija.

Achani Samon Biaou: L-approċċ tiegħi lejn l-indipendenza finanzjarja nbidel b'mod speċifiku. Minflok nippjana 'l quddiem, bdejt nippjana lura. Inkorporajt karatteristika "L-aħħar jum f'BCG" fl-ispreadsheet tiegħi ta' l-Excel, li tippermettili naħdem lura u niddetermina kemm bonus u dħul sekondarju mill-kirjiet għandi nimmira kull sena.

Deher ċar għalija li fhimt x'nista' nikseb minn BCG u x'nista' nikkontribwixxi għal BCG. Irrikonoxxejt li kien hemm ħajja eċċitanti tistennieni wara l-BCG, fejn stajt niffoka fuq affarijiet li ġenwinament ħadt gost, bħall-ivvjaġġar estensiv u l-indirizzar tal-problemi li jien passjonat għalihom. Dan kien b'kuntrast mal-mentalità preċedenti tiegħi, fejn kont inkun waqt il-pranzu naħseb dwar il-kumitat ta' tmexxija li jmiss, nagħti feedback lil membru tat-tim, jew nipprepara għall-valutazzjoni tiegħi stess li ġejja. Kelli żmien limitat biex saħansitra nipproċessa l-eżistenza tiegħi stess.

Olumide Ogunsanwo: Kapaċi nirrelata ma' dak is-sentiment minn żmieni f'McKinsey. Kont noħlom dwar ix-xogħol tal-klijenti u nagħmel bidliet fis-slides. Wara li telqu minn McKinsey, dawk l-inkubi bil-PowerPoint spiċċaw [Tbissem].

Achani Samon Biaou: L-esperjenza li għenitni nifhem kemm stajt nagħti. Dejjem f'moħħi issa. Qabel BCG, kont primarjament iffukat fuq dak li stajt nieħu mis-sistema. Ma kontx verament irrealizzajt kemm stajt nagħti. Matul iż-żmien tiegħi fi Stanford, ksibt kunfidenza, u fi żmien sitt xhur, sirt aktar kummerċjabbli bħala kandidat tal-MBA. Sakemm ingħaqadt mal-BCG, il-konsultazzjoni tal-maniġment ma kellhiex l-istess sinifikat għalija. Jien kont fejt il-mira tiegħi fuq miri personali akbar: il-kisba tal-indipendenza finanzjarja. Bil-kirurġija, sirt saħansitra aktar iffukat fuq dak li ridt nikkontribwixxi lid-dinja fuq termini tiegħi stess. Ħafna mill-klijenti tiegħi fil-BCG ħadmu mid-9 AM sal-5 PM u l-kumpaniji tagħhom għadhom ħarġu. Ġegħlitni nistaqsi x'nista' nikseb jekk napplikajt l-intensità u l-passjoni li ġibt fix-xogħol tiegħi f'oqsma li verament inħobb.

Xorta waħda, lura għall-istorja ewlenija, il-mudell finanzjarju nbidel fis-sens li issa kelli tracker li ddetermina kemm kelli bżonn nagħmel sabiex nitlaq mill-BCG sa skadenza speċifika, aktar milli nikkalkula kemm-il sena kien se nieħu biex tilħaq ċertu livell ta' dħul.

Olumide Ogunsanwo: L-indipendenza finanzjarja hija spettru ta 'optionality, mhux destinazzjoni binarja ta' kollox jew xejn. Anke jekk int biss 20% tat-triq s'hemm, għad hemm benefiċċji u tgawdija li ssib għaliex għandek aktar għażliet. Huwa kruċjali li tapprezza l-vjaġġ u tkun grat għall-progress li għamilt. Għaliex? Għax il-vjaġġ lejn l-indipendenza finanzjarja huwa l-vjaġġ ta' ħajtek. Tistennax sal-aħħar biex tiċċelebra, kun grat għar-rebħiet żgħar tul it-triq, u użahom bħala motivazzjoni biex tkompli miexja 'l quddiem.

Ikseb aktar għażliet hekk kif timxi 'l quddiem, li jżid iċ-ċansijiet tiegħek li ssegwi sforzi interessanti u li jkollok aktar kontroll fuq l-interazzjonijiet tiegħek ma' min iħaddem, klijenti u klijenti. Irrid nenfasizza dan il-punt għax spiss nara nies li ma jkunux kuntenti waqt li jkunu fit-triq għall-indipendenza finanzjarja. Għaliex ma tkunx kuntent? M'intix kuntent għax kważi qed tistenna l-permess biex tkun kuntent, imma m'għandekx għalfejn tistenna l-permess. Il-kuntentizza hija madwarek jekk toħloq iċ-ċirkostanzi t-tajba. Ridt inżid biss dak il-punt filosofiku.

Achani Samon Biaou: Beautifully qal. Nara l-indipendenza finanzjarja simili għal li tmur il-ġinnasju. Jekk tavviċina l-ġinnasju taħseb, "O Alla tiegħi, dan se jkun ta 'uġigħ," sempliċement għax trid titlef il-piż għal festa kbira, tkun ta' sfida li tgawdi tassew il-proċess. U ladarba titlef ftit liri, tista 'ssib ruħek terġa' lura għall-istil tal-ħajja l-antik tiegħek. L-indipendenza finanz-jarja trid tkun imsejsa fil-valuri tiegħek; inkella, mhux se jaħdem. Int trid tħaffer fil-fond fik innifsek u tara dak li verament iġiblek ferħ. M'għandekx kompromess fuq dan. Ladarba ssib l-iskop jew il-passjoni tiegħek, irranġa kull ħaġa oħra madwarha u elimina d-distrazzjonijiet l-oħra kollha, speċjal-ment dawk l-azzjonijiet li inti tidħol fihom biss għax kulħadd jagħmel dan.

Fil-BCG, kien hemm din it-tradizzjoni ta 'nies jixtru basktijiet TUMI għaljin u jkollhom l-inizjali tagħhom imnaqqxa fuqhom. Personalment, ma kelli l-ebda interess fil-basktijiet, u ma ħassejtx il-ħtieġa li nsegwi dik it-tendenza tal-moda.

Olumide Ogunsanwo: Għall-udjenza, il-boroż TUMI jiswew ħafna aktar minn basktijiet regolari. Borża regolari tista 'tiswa inqas minn $100, filwaqt li boroż TUMI jistgħu jkunu tlieta, erba', jew saħansitra aktar darbiet il-prezz.

Achani Samon Biaou: Il-biċċa l-kbira tan-nies fil-konsultazzjoni riedu jistrieħu u jirrilassaw fi tmiem il-ġimgħa, iżda għażilt li nonfoq flusi fuq l-ivvjaġġar u l-esperjenzi. Allokajt porzjon tal-baġit tiegħi, ekwivalenti għall-ispiża ta 'borża TUMI ta' livell ta 'dħul, għal affarijiet li verament għamluni kuntent. Meta tistabbilixxi pedament ta 'ferħ u tgħix ħajtek skond dan, tinnota żieda ġenerali fil-kuntentizza tiegħek. Barra minn hekk, hekk kif torganizza ħajtek b'dan il-mod, il-finanzi tiegħek naturalment jaqgħu f'posthom.

Olumide Ogunsanwo: Eżattament. Maż-żmien, dawk id-drawwiet isiru aktar faċli biex jinżammu għax isaħħu lil xulxin. Jeħtieġ li tkun lest li tkun xi ftit differenti. Jekk ikollok il-borża TUMI sempliċement għax kulħadd għandu waħda, allura mhux probabbli li tikseb l-indipendenza finanzjarja fit-30 sena tiegħek. Mhux minħabba l-prezz tal-borża, imma għax qed issegwi l-folla u ma tieħux deċiżjonijiet intenzjonati mmexxija mill-valuri. Tajjeb li tkun bħal kulħadd, imma ma tistax tistenna riżultati kbar.

Achani Samon Biaou: Nirritornaw għall-istorja ewlenija, l-ispreadsheet tal-Excel tal-ippjanar finanzjarju tiegħi saret aktar sofistikata, grazzi parzjalment għall-ħiliet tal-immudellar li żviluppajt matul iż-żmien tiegħi fil-BCG.

Olumide Ogunsanwo: [Rires] Dan huwa leġittimu umoristiku. Tgħallimt toħloq mudelli aħjar fil-BCG u mbagħad użajt dawk il-ħiliet biex tippjana l-istrateġija tal-ħruġ tiegħek minn BCG.

Achani Samon Biaou: Jiena naġġorna l-mudell tiegħi kull ġimgħa, billi ninkorpora bidliet fl-infiq tiegħi, inżid il-probabbiltajiet li niġi promoss fix-xahar kurrenti jew fix-xahar id-diehel, l-ippjanar tax-xenarju, u nagħmel biss geeking out. Xi drabi, anke nagħmel preżentazzjonijiet żgħar lili nnifsi, nippreżenta l-għarfien mill-mudelli ta 'nfiq tiegħi (jew in-nuqqas tagħhom) u t-trajettorja tal-bonuses futuri tiegħi.

Olumide Ogunsanwo: [Daħk]

Achani Samon Biaou: Kelli North Star ċara u dejjem fittixt modi kif nottimizza l-ambjent tiegħi. Ħa nagħtikom eżempju relatat mal-istatus tal-linja tal-ajru. Fil-ħajja tiegħi ta' wara l-indipendenza finanzjarja, ridt inżomm xi vantaġġi tal-ivvjaġġar għax nieħu gost nivvjaġġa. Fost il-linji tal-ajru kollha li stajt nuża għax-xogħol, waħda biss offriet vantaġġ ta' status tul il-ħajja. Il-biċċa l-kbira tal-konsulenti f'Dubaj tellgħu l-Emirates lejn l-Arabja Sawdija għal proġetti minħabba ż-żmien konvenjenti - setgħu jqattgħu tmiem il-ġimgħa sħiħa f'Dubaj u jtiru kmieni fl-ewwel jum tax-xogħol. Madankollu, għażilt li ntajjar Saudi Arabian Airlines għax kienet parti minn alleanza li kienet tinkludi lill-Air France, li kont naf li se ttir ta' spiss wara li ksibt l-indipendenza finanzjarja. Il-ħidma lejn l-istatus tal-Platinum tul il-ħajja fuq l-Air France kienet aktar siewja għalija mill-konvenjenza tat-titjir tal-Emirates. Jien kont nivvjaġġa minn Dubai għal Boston biex nintervista gradwati tal-MBA u apposta nagħżel rotta itwal b'waqfa f'Pariġi, intajjar Air France minflok titjira bla waqfien mal-Emirates. Ma kontx jimpurtani li naqla' punti fuq l-Emirates; Il-prijorità tiegħi kienet li nikseb status ta' Platinum tul il-ħajja mal-Air France. Ma rajtx it-tul itwal tal-vjaġġ jew waqfa bħala battikata għax ġenwinament ħadt gost nivvjaġġa, li nagħmel waqfiet biex nesplora l-belt, u nqatta' ħin mal-familja u l-ħbieb f'Pariġi.

Olumide Ogunsanwo: Samon, x'tgħid lil qarrej li jisma' l-istorja tiegħek u jgħid li l-Indipendenza Finanzjarja tinvolvi wisq xogħol? Jgħidu li m'għandhomx il-ħin jew l-enerġija biex jaħdmu fuq il-mentalità tagħhom jew joħolqu viżjonijiet u miri. Iridu triq eħfef u mgħaġġla għall-indipendenza finanzjarja, speċjalment jekk ikollhom impjieg bi ħlas baxx f'belt żgħira b'opportunitajiet limitati għal tkabbir finanzjarju. Kif jistgħu jiksbu indipendenza finanzjarja kemm jista' jkun malajr fl-istil ta' ħajja attwali tagħhom mingħajr ma jagħmlu bidliet drastiċi?

Achani Samon Biaou: [Tbissem] Dawn huma fil-fatt żewġ mistoqsijiet. L-ewwel mistoqsija hija, "Irrid inkun għażżien dwar l-indipendenza finanzjarja. Għidli eżattament x'għandi nagħmel biex nilħaq l-indipendenza finanzjarja kemm jista 'jkun malajr." It-tieni mistoqsija tirrigwarda l-isfida li trid FI waqt li taħdem impjieg bi ħlas baxx jew medju u li tgħix f'żona b'opportunitajiet limitati għal tkabbir finanzjarju.

L-ewwelnett, għall-persuna li tridna nagħtuha gwida pass pass għall-indipendenza finanzjarja mingħajr ma nagħmel xogħol, l-intuwizzjoni tiegħi tgħidli li huwa improbabbli ħafna li jiksbu indipendenza finanzjarja b'dik il-mentalità.

Olumide Ogunsanwo: [Daħk]

Achani Samon Biaou: U anki jekk jiksbu l-indipendenza finanzjarja, li ġenwinament nittama li jagħmlu, jistgħu ma jgawdux tassew minnha. L-in-dipendenza finanzjarja hija dwar is-sejba ta 'skop u l-użu tal-libertà finanzjar-ja biex issegwi dak l-iskop. L-essenza tal-indipendenza finanzjarja hija l-kun-tentizza dejjiema. Ħa nkun ċar, l-indipendenza finanzjarja mhix neċessarja-ment dwar il-ġid. Nies finanzjarjament indipendenti mhux bilfors huma sin-juri. Huwa dwar li tilħaq livell minimu ta' sigurtà finanzjarja li jippermettilek tiffoka fuq dak li verament jgħodd għalik mingħajr inkwiet finanzjarju debil-itanti. Il-libertà finanzjarja hija sempliċement faċilitatur, li tagħtik il-libertà li tiffoka fuq dak li jġiblek sodisfazzjon mingħajr ma tinkwieta kontinwament dwar il-flus.

Olumide Ogunsanwo: In-nies jeħtieġ li jibdew vjaġġ ta 'skoperta per-sonali. Dan il-vjaġġ jeħtieġ sforz min-naħa tagħhom. Jien u Samon ma nist-għux nifgħuk b'kuċċarina l-passi eżatti li ħadna għax dak li ħadem għalina jista' ma japplikax għas-sitwazzjoni unika tiegħek. Iktar kmieni fil-ktieb, tawkom parir biex ma tikkopja l-ħajja ta' ħaddieħor u minflok inħeġġuk tgħix tiegħek. Dan jinkludi li ma nikkuppjawx ħajjitna lanqas.

Int trid tieħu r-responsabbiltà u tieħu azzjoni biex ittejjeb ħajtek stess. Sempliċement li tixtri ktieb mhux biżżejjed. Trid tkun lest li tgħaddi minn bidla mentali u tibda vjaġġ ta' skoperta lilek innifsek biex tagħmel bidliet pożittivi f'ħajtek, irrispettivament minn dak li ngħidu jien u Samon. Int re-sponsabbli għal ħajtek stess, u huwa f'idejk li tagħmel il-bidliet meħtieġa biex toħloq futur aħjar. Ftakar il-prinċipji ta 'awto-twemmin u awto-dipendenza. Int trid issib id-dettalji li huma uniċi għas-sitwazzjoni tal-ħajja tiegħek stess.

Achani Samon Biaou: U ser inkun onest, waħda mir-raġunijiet li nist-għu nkunu daqshekk diretti miegħek hija għaliex li ngħixu ħajja awtentika hija importanti għat-tnejn li aħna. Ksibna indipendenza finanzjarja, għal-hekk m'aħniex imħassba dwar il-bejgħ ta' kotba daqs kemm aħna dwar li ngħidu l-verità tagħna.

Olumide Ogunsanwo: Hekk hu. Jien ma naqbadx jekk dan il-ktieb ibigħ kopja waħda jew mitt kopja għax jien diġà finanzjarjament indipenden-ti. Nista' nkun onest miegħek. M'għandix għalfejn naqbadlek.

Achani Samon Biaou: Qed naqsmu l-vjaġġ trasformattiv tagħna lejn l-FI għaliex ħaddejna b'qalbna l-istil tal-ħajja tal-FI, u x-xewqa tagħna hija li nqabbdu xrara ta' possibbiltà fi ħdanek. Irridu nkunu l-gwidi tiegħek, li noffru mhux biss validazzjoni iżda wkoll kumpanija u inkoraġġiment. Jekk qatt ħassejtek taħsibha biex tfittex l-indipendenza finanzjarja għax ma rajtx b'mod dirett, il-ktieb tagħna qiegħed hawn biex ifarfar dawk id-dubji. Permezz tal-istejjer u l-għarfien tagħna, aħna nimmiraw li nispirawk, billi nġagħluk tgħajjat, 'Jekk jistgħu jagħmlu dan, jien nista' wkoll!'

Olumide Ogunsanwo: Lill-immigranti, l-espatrijati, il-barranin u l-underdogs kollha hemmhekk: Jekk sirt finanzjarjament indipendenti, allura tista' tagħmel dan ukoll.

Achani Samon Biaou: Imbagħad trid tmur fuq il-vjaġġ tiegħek. Tibda bir-riflessjoni u l-interrogazzjoni. Ħares lura lejn it-tfulija tiegħek u identifika mumenti ewlenin li jiddefinixxuk. Esplora l-interessi tiegħek u esperimenta b'affarijiet differenti. Żviluppa sett ta' prinċipji bbażati fuq dak li tiskopri. Ħares lejn il-passat jew stejjer biex tikseb dawn il-prinċipji, u mbagħad tkun lest li tesperimenta u ttenni sakemm issib allinjament mal-valuri tiegħek.

Olumide Ogunsanwo: Oħloq viżjoni tal-ħajja li trid, waqqaf miri biex tasal hemm, u ibda tieħu azzjoni kuljum. Irrepeti u rrepeti sakemm tikseb l-indipendenza finanzjarja. Ħadd ieħor ma jista' jagħmel dan il-proċess għalik għax hija ħajtek, u int responsabbli għaliha.

Hekk kif tibda l-vjaġġ u tibni l-momentum, isir aktar faċli li tkompli miexja 'l quddiem. Trid tibda u tiżgura li jkollok il-kawżi t-tajba biex iżżomm il-momentum tiegħek. Maż-żmien, inti ser tiżviluppa l-vizzju li tieħu passi żgħar lejn il-mira tiegħek. Hekk kif timxi 'l quddiem u tilħaq ċertu punt, tista' tinsa li qiegħed fuq vjaġġ għax dan isir marbut mal-ħajja tiegħek ta' kuljum. M'għadx hemm distinzjoni ċara bejn il-vjaġġ u l-ħajja tiegħek. Sempliċement qed tgħix ħajtek waqt li timxi lejn il-mira tiegħek. Iżda biex tibda dan il-vjaġġ, trid tkun lest li tagħmel sforz żejjed u tagħmel dak l-ewwel pass 'il quddiem.

Meta kont fil-kulleġġ, tgħallimna dwar l-enerġija ta 'attivazzjoni. Biex isseħħ reazzjoni kimika, jeħtieġ li tegħleb ċertu ammont ta 'enerġija. Għandek bżonn xi ħaġa biex timbottak b'enerġija ta 'attivazzjoni biżżejjed bħala grillu biex tibda. Dak hu li qed nippruvaw nipprovdulek: momentum. Qed nikteb dan b'eċċitament u ferħ għax irrid nispirak u nħeġġeġ biex temmen fil-possibbiltà li tilħaq il-miri tiegħek. Nittama li nwassal l-importanza li jkollok fidi fik innifsek u li nġibek eċċitati dwar l-opportunitajiet li ġejjin. Fl-istorja tiegħi, ġejt ikkawżat minn telf ta 'impjiegi multipli u sitwazzjonijiet diffiċli. Madankollu, għandek is-setgħa li toħloq il-kawżi tiegħek għas-suċċess. Agħmel dan illum u tistenniex iċ-ċirkostanzi esterni biex jagħtu bidu għall-vjaġġ tiegħek għall-indipendenza finanzjarja.

Achani Samon Biaou: U dan iwassalna għat-tieni mistoqsija tiegħek. Kif jista' xi ħadd jikseb l-indipendenza finanzjarja meta jkollu impjieg b'salarju relattivament baxx jew moderat u jgħix f'żona b'mobilità limitata 'l fuq? Ser nissimplifikaha b'analoġija sportiva. Meta Usain Bolt skopra t-talent tiegħu għat-tmexxija u rebaħ kampjonati, kellu għażla. Huwa jista 'jkompli jiġri fuq korsa improvisata ħdejn daru jew jista' jmur x'imkien ieħor, bħal Miami, biex iħarreġ u jtejjeb il-ħiliet tiegħu.

Ir-raġuni li qed nuża din l-analoġija hija għaliex kollox niżel għall-valuri. Jekk inti tixtieq ħafna indipendenza finanzjarja u tirrealizza li l-impjieg attwali tiegħek f'belt żgħira mhux se jwasslek hemm, inti ser issib mod kif jew issegwi proġetti sekondarji flimkien ma 'xogħol tiegħek jew tesplora opportunitajiet f'postijiet oħra. Ma bqajtx fil-Benin nistenna li nikseb l-indipendenza finanzjarja. Minflok, mort l-Ewropa, imbagħad l-Amerika, u finalment il-Lvant Nofsani biex insegwi opportunitajiet aħjar u nilħaq il-miri finanzjarji tiegħi.

Tista' tirriloka f'post b'aktar opportunitajiet u tirritorna jekk tixtieq. Jekk qed tistaqsi lilek innifsek dawn il-mistoqsijiet, jista' jindika li ma esplorajtx bis-sħiħ il-possibbiltajiet lil hinn mill-post attwali tiegħek. It-tweġiba tinsab f'li jkollok kurżità bla waqfien għall-esperimentazzjoni.

Olumide Ogunsanwo: Nistgħu nkomplu niddiskutu dan għal sigħat, iżda x'aktarx għandna nerġgħu lura għall-istorja. Kont qed issemmi l-pjan ta' wara l-operazzjoni biex titlaq minn BCG.

Achani Samon Biaou: Meta attivajt il-mudell Excel tiegħi, ħloqt kull opportunità biex nivvjaġġa fi ħdan il-kumpanija. BCG kellu programm imsejjaħ Ambaxxatur fejn l-aqwa 10% tal-konsulenti setgħu jmorru f'pajjiż differenti. Il-konsulenti kellhom jagħżlu postijiet, u d-ditta kienet tipprova tqabbel waħda mill-preferenzi tagħhom. Ridt nqatta' sena fl-Afrika t'Isfel biex intejjeb l-għarfien tiegħi dwar l-investiment tal-proprjetà immobbli, speċjalment peress li diġà kelli proprjetajiet hemmhekk. Din l-esperjenza tgħinni niddeċiedi jekk nallokax aktar kapital għas-suq tal-Afrika t'Isfel. Barra minn hekk, l-Afrika t'Isfel kienet aktar affordabbli, u ppermettili niffranka aktar. Jien nieħu gost nesperimenta permezz tal-ivvjaġġar u nesperjenza kulturi u opportunitajiet differenti.

Olumide Ogunsanwo: Fuq nota relatata, darba kelli sewwieq Uber li kellu earbud ikkulurit jgħajjat fil-widna tax-xellug tiegħu. Inizjalment ħsibt li kien qed jisma' mużika rap, iżda rriżulta li fil-fatt kien qed juża korsijiet ta' tagħlim tal-Ingliż biex itejjeb il-ħiliet lingwistiċi tiegħu. Minkejja l-isfidi tiegħu, kien impenjat li jtejjeb lilu nnifsu u approfitta minn kull opportunità, inkluż is-sewqan tal-passiġġieri, biex jilħaq il-miri tiegħu. Din il-laqgħa għallmitni li irrispettivament mill- livell ta' impjieg jew ta' dħul, dejjem hemm opportunitajiet għat-tkabbir personali. Jeħtieġ pjan ċar, determinazzjoni, u sforz konsistenti biex tirnexxi. Immaġina fejn se jkun dak is-sewwieq Uber fi tliet snin.

Issa, lura lilek. Kif ħriġt bi pjan biex tissupplimenta s-salarju tiegħek tal-BCG b'investimenti fil-proprjetà immobbli? Diġà kellek impjieg bi ħlas għoli, allura x'qanqlek tieħu dik ir-rotta? U kif wettaqt il-pjan tiegħek?

Achani Samon Biaou: Immorru lura għat-tfuliti tiegħi, missieri kien intraprenditur involut fil-proprjetà immobbli, li tani fehim bikri dwar l-apprezzament tal-assi. Meta kont qed nixtri proprjetà fl-Afrika t'Isfel, il-kollegi tiegħi tal-BCG kienu xettiċi u ssuġġerew li nużaw robo-investitur minflok, u sostnew li l-investiment fil-proprjetà kien ta 'sfida. Iżda l-esperjenzi tat-tfulija tiegħi u l-isfond Joruba, magħrufa għall-kummerċ u l-intraprenditorija, sawru l-perspettiva tiegħi. L-idea tad-diżakkoppjar tad-dħul miż-żmien ħarġet miegħi. Ħassejtni limitat billi biegħ il-ħin tiegħi peress li hemm biss daqstant sigħat kuljum. Madankollu, jekk nista 'jiġġenera dħul minn xi ħaġa li tista' tiskala b'mod indipendenti, tkun sabiħa. Huwa għalhekk li ddeċidejt li nesplora proprjetà immobbli bħala opportunità ta 'investiment.

Waqt żjara fl-Afrika t'Isfel mat-tfajla tiegħi ta' dak iż-żmien, innutajt il-prezzijiet tal-proprjetà u bqajt ixxukkjat dwar kemm kienu affordabbli meta mqabbla ma' postijiet oħra bħal Franza. Qajmet il-kurżità tiegħi, u kkonvertijt il-prezzijiet f'dollari. Bil-fondi fil-kont bankarju tiegħi, indunajt li fil-fatt stajt nixtri appartament hemmhekk. Rajtha bħala opportunità biex nesperimenta. Ħafna nies spiss joqogħdu lura għax jiffokaw fuq l-affarijiet kollha li jistgħu jmorru ħażin. Imma jekk ma tieħux iċ-ċans u tesperimenta, qatt ma tiskopri l-affarijiet kollha li jistgħu jmorru tajjeb.

Olumide Ogunsanwo: Assolutament, analiżi żejda tista 'żżommna lura milli nieħdu azzjoni. Għandna t-tendenza li nibnu mudelli u xenarji kkumplikati li jsiru skużi biex ma nsegwux l-għanijiet tagħna. Huwa importanti li nibbilanċjaw l-analiżi mal-onestà dwar il-motivi u l-għanijiet tagħna fil-ħajja. Issa, ejja ngħaddu fl-istrateġija u t-tattiċi tiegħek ta' investiment fil-proprjetà immobbli.

Achani Samon Biaou: Inħobb niddiskuti dan il-vjaġġ għax jiġbor kemm passi maħsuba sew kif ukoll żbalji li għamilt. L-ewwel, ejja nikkunsidraw il-kuntest. Ħarist lejn l-investimenti fuq tliet orizzonti ta' żmien:

Żmien qasir: Iffoka fuq investimenti li jipprovdu dħul ta 'likwidità għolja biex ikopru l-ispejjeż tal-għajxien għas-sena d-dieħla. Id-dħul mill-proprjetà immobbli kien is-sors ewlieni minħabba l-istabbiltà tiegħu u l-likwidità prevedibbli.

Terminu medju: Fittex investimenti li jibbenefikaw mit-tkabbir matul il-ftit snin li ġejjin. I kkonċentrat fuq l-istokk tas-suq u xi kripto, b'fokus fuq ħażniet ta 'tkabbir iżda wkoll ikkunsidrat ħażniet ta' valur. L-istokks ġeneral-ment juru xejriet pożittivi fuq skeda ta' żmien ta' 2-5 snin.

Żmien twil: Hu mħatri ta' riskju ogħla bil-potenzjal għal likwidità sinifikanti f'7 sa 15-il sena. Investejt fi startups bħala investitur anġlu u xtrajt art f'pajjiżi b'muniti stabbli, fejn it-tkabbir għandu t-tendenza li jaċċellera madwar avvenimenti speċifiċi. L-għan ta' dawn l-imħatri fit-tul huwa li jinħallu wara avveniment sinifikanti, bħal IPO għal startups jew żvilupp żon-ali ġdid għall-art, tipikament wara għaxar snin. Wara li nħallas, kont ninvesti mill-ġdid f'kombinazzjoni ta 'assi għal żmien qasir (bħal proprjetà), assi ta' nofs it-terminu (bħal ħażniet), u xi assi fit-tul, u mbagħad irrepeti ċ-ċiklu.

Olumide Ogunsanwo: Taħseb li t-trobbija tiegħek u missierek li huwa intraprenditur bi proprjetà immobbli ppreġudikaw il-prospettiva tal-investi-ment tiegħek?

Achani Samon Biaou: Żgur kont preġudikata minħabba t-trobbija tiegħi, imma bqajt razzjonali dwar dan. Kieku ma kontx, kont ninvesti fi proprjetà immobbli tax-xiri għall-kiri f'pajjiżi bi dħul baxx, bħall-Benin jew Franza. Madankollu, l-investiment f'dawk il-postijiet ma jagħtix qligħ sinifikanti sakemm ma tieħu vantaġġ minn inċentivi fiskali kbar, anki jekk tgħix hemm. L-esplorazzjoni tal-proprjetà immobbli kienet il-preġudizzju tiegħi, imma żgurajt li kien jagħmel sens. L-Afrika t'Isfel kellha raġuni strateġika għalija peress li l-pjan inizjali tiegħi kien li "jirtira" hemmhekk wara li ksibt l-indipendenza finanzjarja. Minbarra l-qligħ tajjeb fuq proprjetà immobbli, jipprovdi wkoll hedge kontra ċaqliq tal-kambju barrani peress li ngħix u nonfoq fil-munita lokali. Dan influwenza ħafna l-istrateġija tiegħi. Li tkun qrib il-proprjetajiet tippermettili wkoll nissorvelja kwalunkwe tiswijiet jekk jinqalgħu xi kwistjonijiet. Kienet deċiżjoni bbażata fuq is-sistema.

Olumide Ogunsanwo: Huwa importanti li ma tassumix li sempliċement minħabba li l-ħbieb jew il-familja tiegħek segwew strateġija speċifika għall-ġenerazzjoni tad-dħul, hija awtomatikament l-aħjar għalik. Jekk missierek u ommok ħadmu xogħol korporattiv, dan ma jfissirx li għandek bżonn taħdem xogħol korporattiv. Jekk iz-ziju favorit tiegħek huwa intraprenditur, ma jfissirx li għandek bżonn tkun intraprenditur. Tkunx limitat mill-esperjenzi tagħhom. Esplora l-possibbiltajiet kollha u ħu deċiżjonijiet ibbażati fuq iċ-ċirkostanzi u l-aspirazzjonijiet tiegħek stess. Ilkoll għandna preġudizzji u preferenzi, iżda huwa kruċjali li navviċinaw id-deċiżjonijiet b'perspettiva usa' u naħdmu b'mod attiv biex negħlbuhom. Inkella, tista' titlef is-sejħa vera tiegħek sa ħafna aktar tard fil-ħajja. Huwa importanti li jiġi stabbilit qafas inizjali b'saħħtu għat-teħid tad-deċiżjonijiet, peress li xi strateġiji jistgħu jkunu diffiċli biex jitreġġgħu lura. Samon, tista' wkoll taqsam l-età u l-mentalità tiegħek meta bdejt tesplora l-investimenti tal-proprjetà immobbli?

Achani Samon Biaou: Bdejt ninvesti fil-proprjetà immobbli fil-bidu tat-tletinijiet tiegħi, ftit wara li ngħaqadt mal-BCG u meta l-mira tal-indipendenza finanzjarja tiegħi kienet għadha taħt il-$1 miljun. Madankollu, malajr indunajt li dan l-għan kien żgħir wisq u kellu bżonn jiżdied b'mod sinifikanti.

Bdejt bi strateġija ta' 3 orizzonti, u l-proprjetà immobbli dehret klassi ta' assi tajba għal żmien qasir għax antiċipajt li neħtieġ dħul mill-kiri f'sentejn meta tlaqt mill-BCG. Esplorajt diversi pajjiżi, u l-Afrika t'Isfel ippreżentat opportunità ta' arbitraġġ bħala pajjiż. Kellha popolazzjoni akbar li tikri aktar milli tixtri f'livelli soċjoekonomiċi aktar baxxi, u d-deprezzament tal-munita kien kemmxejn prevedibbli u maniġġabbli barra minn xokkijiet u kriżijiet globali. Il-pajjiż kellu Bank Ċentrali indipendenti u effettiv u kien rikk fir-riżorsi, għalhekk devalwazzjoni drastika tal-munita f'daqqa bħal fiż-Żimbabwe, l-Arġentina, jew il-Venezwela kienet improbabbli.

L-Afrikani t'Isfel għandhom it-tendenza li jagħtu prijorità li jgawdu l-ħajja issa u li jikru għal perjodi itwal, skont ir-riċerka kwalitattiva tiegħi. Dan fisser li stajt nikkmanda kirjiet ogħla għal ċerti segmenti tal-popolazzjoni u tipi ta 'proprjetà, li jirriżultaw f'rati ta' okkupazzjoni ogħla. Kelli perjodi ta'

vakanza qosra ħafna għall-proprjetajiet kollha tiegħi ħlief spazju wieħed ta'
lussu high-end li xtrajt bi żball.

Olumide Ogunsanwo: [Ara]

Achani Samon Biaou: Hawn punt kruċjali ieħor: Meta niġu għall-in-
vestiment fi proprjetajiet għall-kiri, huwa importanti li tiftakar li d-dar li
tagħżel li tikri m'għandhiex neċessarjament tkun id-dar li taħseb li tgħix fik
innifsek. Proprjetajiet ta 'lussu jew high-end ħafna drabi ma jagħtux il-qligħ
finanzjarju mixtieq, peress li d-dħul mill-kera ħafna drabi jonqos milli jiġġus-
tifika l-ispejjeż assoċjati. Minflok, ikkunsidra li tesplora toroq alternattivi.
Pereżempju, fl-Afrika t'Isfel, il-konverżjoni ta 'dar eżistenti ħdejn università
f'unitajiet żgħar ta' stil ta 'studjo tista' tiġġenera qligħ impressjonanti ta '20%,
sakemm tkun akkumpanjata minn ġestjoni operattiva metikoluża.

Olumide Ogunsanwo: Ritorni impressjonanti. X'tip ta' akkomodaz-
zjoni immirajt li tixtri?

Achani Samon Biaou: Il-klijent fil-mira tiegħi kien il-klassi ta 'baxx sa
medja, u jien iffukat fuq l-iżgħar unitajiet possibbli ta' kamra tas-sodda. Pro-
prjetajiet ta' livell għoli ma kinux jagħmlu sens biex jiġġeneraw likwidità, u
proprjetajiet ta' livell baxx kienu jeħtieġu livell ta' sforz fuq l-art li ma kontx
interessat fih. Fi ħdan il-klassi tan-nofs inferjuri, immirajt individwi li kienu
biss jibdew il-karrieri tagħhom jew li kienu mwaħħla f'vortiċi ta' mobilità
baxxa iżda li kienu għadhom impjegabbli. Huma setgħu jaffordjaw unità
b'kamra tas-sodda. Biex niddistingwi l-proprjetajiet tiegħi, xtrajt mingħand
żviluppaturi li kellhom kumditajiet attraenti fi ħdan il-proprjetà, bħal skola
Montessori, pool kbir, u faċilitajiet tal-ġinnasju fuq il-post. Fl-Afrika t'Isfel,
estates jew kumplessi b'tali kumditajiet huma mfittxija ħafna, li jinfluwenza
d-domanda għall-kiri.

Min-naħa tal-provvista, l-iżviluppaturi għamlu l-pedament. Kienu jafu
fejn se tkun il-linja tal-ferrovija li jmiss, fejn Deloitte kienet qed tibni l-
kwartieri ġenerali li jmiss tagħha, u fejn se tkun l-iskola li jmiss. I l-aktar im-
sieħeb ma 'żviluppaturi affidabbli f'termini ta' post, tlestija fil-ħin, irfinar ta
'kwalità, u kumditajiet. Proprjetajiet fl-Afrika t'Isfel huma żviluppati f'fażiji-
et, għalhekk għamilt ċert li ninvesti kmieni meta l-unitajiet kienu għadhom
qed jinbnew u x-xerrejja inċerti żammew il-prezzijiet aktar baxxi. Kien hemm
provvista limitata u domanda b'saħħitha. Unitajiet eqreb tal-kumditajiet
mikrija aktar malajr ladarba tlesta l-iżvilupp kollu.

Investiment fi proprjetajiet jinvolvi li jitqiesu ħafna fatturi. L-aħjar huwa li tibda bi proprjetajiet iżgħar u timmaniġġjahom b'mod attiv billi timplimenta sistemi biex issib kerrejja, timminimizza l-ammont ta 'xogħol, u ssegwi l-ispejjeż bl-użu ta' għodod bħal Excel. Huwa importanti wkoll li tibqa' infurmat dwar it-taxxi u ż-żidiet potenzjali fil-miżati.

Olumide Ogunsanwo: Allura, biex niġbru fil-qosor, l-istrateġija ta 'investiment tal-kiri tiegħek fl-Afrika t'Isfel iffokat fuq appartamenti ta' kamra tas-sodda waħda għal dawk li jibdew karriera bi dħul baxx għal medju. Int imsieħeb ma 'żviluppaturi li wettqu riċerka xierqa u kellhom l-iżviluppi t-tajbin. Inti analizzajt ir-rati tal-limitu, it-taxxi, l-inflazzjoni, u r-rati tal-kambju tal-munita. Napprezza l-prinċipji li qed tenfasizza hawn.

Achani Samon Biaou: Kieku ma kontx għaddejt minn dak kollu, ma kontx tgħallimt dawn l-għarfien siewi. Jien kont xtrajt proprjetà mingħajr ma nifhem għaliex ma kinitx qed tagħti riżultati u nkun skoraġġut minn investimenti futuri. Punt ieħor li nixtieq naqsam, li kienet raġuni ewlenija għaliex xtrajt proprjetà fl-Afrika t'Isfel, hija l-affordabbiltà. Tista 'tixtri dawk l-unitajiet ta' kamra tas-sodda għal $40,000 sa $70,000 biss.

Olumide Ogunsanwo: Appartament b'kamra tas-sodda għal dik il-firxa tal-prezzijiet. Dak huwa potenzjalment sabiħ jekk ir-ROI jaħdem.

Achani Samon Biaou: Li jġiegħlek tistaqsi l-mistoqsijiet it-tajba, tagħti attenzjoni, u titgħallem il-lezzjonijiet it-tajba. Meta l-flus tiegħek ikunu f'riskju, int aktar probabbli li tistaqsi l-mistoqsijiet it-tajba. Ukoll, meta jiġri xi ħaġa, iġbed il-lezzjonijiet it-tajba minnha. Li jkollok ġilda fil-logħba hija kruċjali. Fl-Afrika t'Isfel, bħalissa nista' nikseb redditu (nett tat-taxxa fuq id-dħul) bejn 7% u 8% mid-dħul mill-kera. Dan ifisser li l-prospetti qabel it-taxxa huma 10%+. Filwaqt li r-rata massima hija referenza utli għar-rendiment tal-proprjetà, id-dħul nett fil-but tiegħek għadu aktar baxx minħabba spejjeż bħat-taxxi u l-miżati tal-aġenti. Minbarra r-rendiment tal-kera, nibbenefika wkoll mit-tkabbir tal-kapital. Matul is-snin, tipikament nara tkabbir annwali ta '3% sa 7% fuq l-investiment tiegħi, u din ix-xejra tista' tkompli għal mill-inqas 7 snin qabel ma tonqos. Naturalment, li tkun taf il-ħin it-tajjeb għall-bejgħ huwa kruċjali. Meta tqis dawn il-fatturi kollha, l-investiment fil-proprjetà jista' jkun wieħed mill-investimenti l-aktar profittabbli u b'riskju baxx aċċessibbli għal ħafna.

Olumide Ogunsanwo: Tajjeb, Samon, issa li nifhmu l-bidu u t-tmiem tal-istrateġija tiegħek, ejja nitkellmu dwar in-nofs. Kif iddeterminajt in-numru ta' proprjetajiet li trid takkwista? Kif iddeċidejt kemm se tkun kbira?

Achani Samon Biaou: [Tbissem] Jien kuntent li tlabt. Naqbel li n-nofs huwa kruċjali. Inizjalment, kelli nesperimenta għax ma kelli l-ebda għarfien minn qabel dwar l-investiment fil-proprjetà.

Olumide Ogunsanwo: Il-prinċipju tal-kurżità u l-ambizzjoni jidħol fis-seħħ hawn. Kont kurjuż biżżejjed biex tesplora u ambizzjuż biżżejjed biex titgħallem dak li għandek bżonn biex tasal fejn ridt tasal.

Achani Samon Biaou: L-istrateġija tiegħi kienet li ninvesti 10% sa 20% tal-valur nett tiegħi fl-orizzonti ta 'żmien medju u fit-tul, bi 80% ffukat fuq proprjetà immobbli u xi depożiti ta' rendiment għoli. I rikonoxxuti d-dgħjufija tiegħi, li kienet li mingħajr strateġija ta 'investiment dixxiplinat, il-flus jew ikunu moħlija fuq spejjeż mhux produttivi jew joqgħod idle fil-kont kurrenti tiegħi. Biex inżomm id-dixxiplina, żgurajt li bqajt niskjera flusi. Jien waqqaft sistema fejn il-kont bankarju tiegħi qatt ma kellu aktar minn $1,000 tul il-karriera kollha tiegħi fil-BCG.

Olumide Ogunsanwo: Ta' min jinnota li ksibt dan kollu waqt li kienet taħdem fil-BCG, wieħed mill-aktar impjiegi impenjattivi fid-dinja. Tqajjem il-mistoqsija, liema skuża għandhom oħrajn biex ma jesplorawx opportunitajiet waqt li jkollhom impjieg? Samon ma għamel ebda skuża.

Achani Samon Biaou: Assolutament. Nies, jekk jogħġbok, ma jagħmlux skużi. Ix-xogħol fil-BCG kien 'il boghod minn xogħol ta' 9-5. Ħafna drabi bdejt naħdem fid-9:30 am u mort torqod għall-ħabta tas-2 am. Issa, lura għall-istorja, xi jfisser dan l-approċċ? Fisser li kelli pjan annwali għax-xiri ta 'proprjetajiet u impenjat għal depożiti mhux rimborsabbli u faċilitajiet ta' kreditu għal żmien qasir. Dan kien ifisser li ħallast għal proprjetajiet li kont diġà impenjat ruħi li nixtri. Żamm kalendarju ta 'l-iżviluppi ġodda interessanti kollha f'Johannesburg u Cape Town. Dan kien ifisser li malli s-salarju tiegħi jolqot il-kont tiegħi, l-għada kien jiġi trasferit x'imkien biex nixtri proprjetà jew ninvesti fl-istokks. Rajt biss l-ispiża ta 'kull xahar ta' $600 sa $800, li kopriet l-ispejjeż essenzjali tal-għajxien tiegħi. Ma kien hemm l-ebda flus kontanti inattivi biex jittantawni f'xiri bla bżonn. Dan l-approċċ irrifletta l-infiq u l-essenzjaliżmu bbażati fuq il-valuri tiegħi.

Olumide Ogunsanwo: Ma tistax tittrasferixxi l-flus lura fil-kont tiegħek?

Achani Samon Biaou: Le, marret direttament lill-iżviluppatur. Jien kont diġà ħallast depożiti mhux rimborsabbli għas-sena kollha, u jien biss għaqqad il-ħlasijiet. Kieku ma nkunx top up, kont nitlef il-proprjetà. Ladarba l-fondi kienu f'depożitu, ma stajtx infakkarhom sakemm ma kienx hemm problema legali. Il-fondi impenjati ma setgħux jiġu devjati, anke f'każ ta' emerġenza. Jien użajt karti tal-kreditu għall-emerġenzi.

Olumide Ogunsanwo: Ghandek. L-impenn minn qabel huwa kritiku.

Achani Samon Biaou: Eżattament. Ħa niċċara aktar. Ħadt kalendarju tal-iżviluppi ġodda interessanti kollha fl-Afrika t'Isfel u kkalkulajt il-qligħ potenzjali. Staqsejt lili nnifsi mistoqsijiet bħal, "Dan il-post huwa tassew promettenti? Hemm xi pjanijiet għal estensjoni tal-linja tal-ferrovija?" I stmat id-dħul totali annwali tiegħi fil-BCG, imbagħad informa lill-iżviluppaturi li jien se nixtri minn ħames sa għaxar proprjetajiet fis-sena. Kont naf kull proprjetà ta' rendiment għoli fl-Afrika t'Isfel u kelli pjan ċar ta' kemm ridt nixtri kull sena, kif ukoll meta u kemm kelli bżonn nittrasferixxi lill-iżviluppaturi. Xi nies jistaqsuni dwar avvenimenti mhux previsti, u l-mod kif nittrattahom kien sempliċi. B'salarju għoli, ksibt karta ta' kreditu li serviet bħala buffer bejn is-salarji.

Olumide Ogunsanwo: Dawk li jużaw avvenimenti mhux previsti bħala skuża qed jitilfu l-punt. Minflok ma nsolvu xenarji outlier, għandna nippjanaw għax-xenarji medjani l-aktar probabbli u jkollna assigurazzjoni jew protezzjoni għal sitwazzjonijiet outlier. Pereżempju, jekk tixtri SUV sempliċement għax kultant ikollok bżonn tittrasporta erba' ħbieb, minkejja li 99% tal-ħin tal-karozza tiegħek tkun vojta, allura x'aktarx li tkun qed tħallas żejda għat-trasport. Bl-istess mod, jekk tħallas għal dar bi tliet kmamar tas-sodda għax il-familja tiegħek iżżur darbtejn fis-sena jew għax m'intix ċert meta l-mistednin se jkollhom bżonn joqogħdu miegħek, anke jekk il-kmamar tas-sodda huma vojta 99% tal-ħin, allura inti probabilment ħlas żejjed għall-akkomodazzjoni. Dan huwa nasa komuni fil-vjaġġ lejn l-Indipendenza Finanzjarja: Ħlas għal assi mhux utilizzati biżżejjed minħabba soluzzjoni għal xenarji barrani. Sfortunatament, il-kmamar tas-sodda żejda tiegħek jistgħu jdewmu l-iskeda taż-żmien tal-mira tal-indipendenza finanzjarja tiegħek b'5-10 snin.

Achani Samon Biaou: Naqbel kompletament. Ħa nagħmel fil-qosor din it-taqsima tal-investiment bi ftit ideat ewlenin. L-ewwel, jeħtieġ li jkollok viżjoni ta' indipendenza finanzjarja f'moħħok. Fil-każ tiegħi, ridt immur l-Afrika t'Isfel għax ħadt gost ngħix hemmhekk. I kkalkulajt l-għoli tal-ħajja u kont għall-ivvjaġġar globali, flimkien maż-żieda ta 'buffer. Imbagħad, qalejt dawn il-miri finanzjarji f'miri għal żmien qasir, medju u fit-tul. Żviluppajt pjan biex niġġenera dħul rikorrenti għall-ispejjeż tal-għajxien, li kien jinvolvi x-xiri ta' appartamenti b'kamra tas-sodda, investiment fi stokks bil-ħsieb li nġib il-profitti f'2 snin +, u nagħmel investimenti anġli f'kumpaniji bil-ħsieb li niġbdu profitti f'5+. snin. Fl-aħħarnett, ħloqt mekkaniżmi ta' impenn biex niżguraw eżekuzzjoni dixxiplinata tal-pjan.

Olumide Ogunsanwo: Iva, meta nkunu komdi wisq, insiru kompjaċenti u ma nieħdu l-ebda azzjoni.

Achani Samon Biaou: Il-mekkaniżmu ta' impenn li ħsibt kien li nħallas id-depożitu bil-quddiem. Ejja ngħidu li ridt nixtri ħames proprjetajiet b'kull depożitu jiswa $5,000 f'sena. Ħallast il-$25,000 kollha għall-ħames proprjetajiet kollha f'Jannar, u dak id-depożitu ma kienx rimborsabbli. Ma kien hemm ebda mod għalija li lura. Esegwijt bla ħniena. Sadanittant, immaniġġjajt l-ispejjeż tal-għajxien tiegħi bbażati fuq infiq ibbażat fuq il-valuri, billi stabbilejt baġit ta '$ 600-800 fix-xahar f'Dubaj. Xi xhur kien jaqbeż dak, imma ma kellix bżonn nibbaġitja aktar minn $800 għax stajt nuża l-karta tal-kreditu tiegħi biex inkopri l-eċċess. Meta rċevejt is-salarju li jmiss tiegħi, kont inpatti d-dejn qabel ma jolqtu l-ħlasijiet tal-karta ta 'kreditu.

Imbagħad, għamilt riċerka rigoruża u aġġustajt il-mudell tiegħi kif xieraq. Inizjalment, xtrajt kemm proprjetajiet ta '2-kmamar tas-sodda u 1-kamra tas-sodda. Madankollu, malajr indunajt li l-unitajiet b'2 kmamar tas-sodda kellhom rati ta' postijiet battala ogħla minħabba li familji bit-tfal, li tipikament jikru tali proprjetajiet, għandhom it-tendenza li jiċċaqilqu inqas ta' spiss minn koppji żgħażagħ jew baċċellerat. Kien l-ewwel żball tiegħi, u tgħallimt li l-qligħ fuq unitajiet ta '2 kmamar tas-sodda ma kinux favorevoli anki b'okkupazzjoni sħiħa. Tlift eluf ta 'dollari, biegħ dawk il-proprjetajiet, u investejt mill-ġdid f'oħrajn aktar profittabbli.

Olumide Ogunsanwo: Iva, dan huwa eżattament dak li ddiskutejna—l-iffissar tal-għanijiet u l-pern. Inti stabbilixxiet mira, bdejt tesegwixxiha, u għamilt aġġustamenti bbażati fuq il-progress tiegħek. It-traċċar huwa essenzjali.

Ukoll, se jkun hemm żminijiet meta n-nies jiddubitaw l-għażliet tiegħek u jista 'jkun stressanti, iżda trid dejjem tiftakar "għaliex." Il-"għaliex" ta' Samon kienet ix-xewqa tiegħu għall-indipendenza finanzjarja. Huwa għalhekk li ġarrab l-istress li jsib l-imsieħba t-tajba, il-pajjiż it-tajjeb bħall-Afrika t'Isfel, u t-tip it-tajjeb ta 'appartamenti—unitajiet ta' kamra tas-sodda. Huwa kkunsidra kif jiġġenera d-dħul, ma' min għandu jissieħeb, u x'tip ta' kerrejja għandu jattira. Jista 'jidher skoraġġanti, imma jien imħatra li ma kienx daqshekk stressanti għal Samon għaliex kellu mira finali ċara u għamel aġġustamenti hekk kif int mexxa lejh.

Achani Samon Biaou: Ħaġa waħda li ma semmejtx qabel, li saħħet il-momentum tiegħi b'mod sinifikanti, kienet meta bdejt naqla 'l-ewwel $ 1,000 tiegħi ta' dħul passiv fix-xahar fi żmien ftit xhur. Imbagħad, kibret għal $2,000 u kompliet tiżdied. Kont għadni naħdem xogħli u nżomm ma' infiq ibbażat fuq il-valuri. Investijt mill-ġdid id-dħul mill-kera f'aktar appartamenti. Tatni sens ta' sigurtà, li naf li anke jekk tlift ix-xogħol tiegħi, stajt ngħix f'wieħed mill-appartamenti tiegħi u niġbor il-kera mingħand l-oħrajn. Kien sodisfaċenti. Barra minn hekk, minħabba li kelli fluss ta' dħul ġdid li ma kontx nonfoq, irfinajt il-mudell finanzjarju tiegħi. Illum, nista' nixtri ftit proprjetajiet ġodda kull sena biss mid-dħul mill-kiri li niġġenera. Fl-aħħar ftit snin, kont komdu f'Dubaj, Pariġi, jew San Francisco, filwaqt li proprjetajiet fl-Afrika t'Isfel prattikament xtraw lilhom infushom. M'għandix għalfejn ninvesti flus addizzjonali sakemm ma nagħżelx li nonfoq ħafna fuq affarijiet oħra issa li ninsab f'FIREDOM [Tbissem].

Olumide Ogunsanwo: Inkredibbli. X'storja. Kieku tista' tiġbor fil-qosor it-taqsimiet ewlenin għal nies li jifhmu li l-proprjetà immobbli hija mod kif tiġġenera dħul iżda tista 'tħossok tibża' jew inċert dwar x'għandek tagħmel, liema jkunu?

Achani Samon Biaou: L-ewwel, tikseb xi edukazzjoni bażika dwar il-post speċifiku u t-tip ta 'investiment. Tgħallem kif tagħmel flus mill-kirjiet tal-proprjetà immobbli, tifhem ir-rendiment u l-apprezzament tal-kapital, u tiffamiljarizza ruħek mal-ispejjeż tipiċi. Aqra kemm tista' ssib fuq l-internet. It-tieni, iffoka fuq l-istrateġija ġenerali tiegħek. X'inhuma l-miri tiegħek ta' indipendenza finanzjarja? Il-proprjetà immobbli tallinja ma' dawk l-għanijiet? Il-proprjetà immobbli tista' tkun għażla tajba, iżda hemm ħafna possibbiltajiet oħra li jistgħu jkunu aħjar għalik. Jekk tiddeċiedi dwar il-proprjetà immobbli, ibda twettaq riċerka mmirata. Liema pajjiżi għandek tqis? Liema tipi ta 'proprjetajiet? Toqgħodx għal informazzjoni ġenerika; tfittex għarfien speċjalizzat.

Olumide Ogunsanwo: Tillimitax lilek innifsek biex issib proprjetà immobbli fejn tgħix biss. Taħsibx li sempliċement għax tgħix f'Denver, Colorado, trid tkun proprjetarja ta' proprjetà hemmhekk. Dik hija forma ta 'FOMO indiretta. Tgħix f'Denver ma jfissirx li int mwaħħla hemm. Samon kien Dubai, jixtri proprjetà fl-Afrika t'Isfel. Ftakar, int bniedem b'potenzjal illimitat bħala ċittadin globali. Aħseb b'mod espansiv.

Achani Samon Biaou: Investejt ukoll fi proprjetà fir-Renju Unit u esplorajt opportunitajiet f'Atlanta. Huwa importanti li teduka lilek innifsek dwar dawn l-għażliet. Ibda bil-litteriżmu finanzjarju u l-iffissar tal-miri. Iwettaq diliġenza dovuta bir-reqqa bħala espert fil-qasam. Fittex parir minn individwi fin-netwerk tiegħek li għandhom għarfien dwar investimenti fil-proprjetà. Il-konsultazzjoni ma' erba' jew ħames persuni għandha tagħtik biżżejjed informazzjoni dwar strateġiji effettivi u żvantaġġi potenzjali. Ladarba tidentifika tip speċifiku ta 'ftehim, bħal flipping jew buy-hold-sell, iġbor punti ta' data inizjali biex tiggwida l-esperimentazzjoni tiegħek. Ipprova l-istrateġija tiegħek bi spiża minima, imma struttura l-esperiment tiegħek b'mod li jiżgura li tħoss l-impatt jekk ifalli.

Olumide Ogunsanwo: Iva, bi prezz baxx, iżda b'xi ġilda fil-logħba. L-investiment tiegħek kemm ta' dollari kif ukoll ta' ħin.

Achani Samon Biaou: Eżattament, dollari u ħin. Sfortunatament, iddinja hija mimlija bil-frodi. Madwar 90% ta' dak li ssib fuq YouTube jew Twitter huwa jew falz jew deliberatament mhux komplut għax kulħadd qed jipprova jiġbed l-attenzjoni tiegħek. Biex tifhem tassew, trid tikseb esperjenza prattika. Tistrieħx biss fuq oħrajn għall-għarfien tiegħek.

Olumide Ogunsanwo: [Rires] Għajjat lil YouTube u Twitter.

Achani Samon Biaou: [Tbissem] Assolutament. Kulħadd qed jgħid dak li jaħseb li se jiġbed l-attenzjoni tiegħek. Int trid toħroġ hemmhekk u tikseb esperjenza reali. Inkella, tispiċċa tinħaraq.

It-tielet, m'hemm l-ebda shortcuts. Xi nies jistgħu jistaqsu, "Agħtini biss tliet affarijiet x'nagħmel." Ukoll, it-tliet affarijiet li nissuġġerixxi huma bbażati fuq l-esperjenza tiegħi. Ħafna probabbli, se jkun hemm tliet affarijiet oħra li japplikaw speċifikament għalik. Tibżax tikseb l-esperjenzi tiegħek minflok ma dejjem tistenna biex titgħallem minn ħaddieħor.

Ir-raba ', jitgħallmu. Jekk tinvesti fl-Afrika t'Isfel u titlef il-flus mingħajr ma titgħallem l-ebda lezzjoni, allura verament tlift kollox. Anke jekk titlef il-flus, tgħallem minnha. Tiġbidx konklużjonijiet emozzjonali jew superfiċjali. Nassumi li kulħadd f'dan il-livell jippossjedi ftit ħsieb kritiku. Jekk il-proprjetà tiegħek ma tattirax kerrejja, taqbiżx għal konklużjonijiet bħal "Oh, l-Afrika t'Isfel hija skart sħiħ." Ipprova tifhem għaliex ma ksibtx inkwilini u jekk oħrajn għandhomx suċċess. Kif qed jattiraw kerrejja? Billi tagħmel hekk, int ser tikseb għarfien siewi dwar għaliex l-unità tiegħek mhix qed tattira kerrejja. Inti xorta tista 'tagħżel li tirtira l-investiment tiegħek, iżda għall-inqas inti ser tagħmel dan b'fehim sħiħ tal-"għaliex."

Il-ħames u fl-aħħar nett, toħloq mekkaniżmi ta' impenn. Ilkoll niffaċċjaw tentazzjonijiet. Minimizza x-xogħol li trid tagħmel billi tpoġġi lilek innifsek f'sitwazzjonijiet fejn lanqas ikollok għalfejn taħseb dwarha. Fil-każ tiegħi, impenjtejt li nixtri numru speċifiku ta 'proprjetajiet u ħallast depożitu kbir mhux rimborsabbli, li jagħmilha diffiċli li nbiddel fehmi.

Biex nikkonkludi, wara li lestejt l-iskola tan-negozju, bdejt fi vjaġġ lejn l-indipendenza finanzjarja. Fil-bidu, kelli mudell naive fejn immira li nikseb indipendenza finanzjarja fi żmien sentejn ta' konsultazzjoni u mbagħad nibni skejjel għal studenti bi dħul baxx. Jien nemmen li l-iskop tiegħi fil-ħajja kien li nsegwi sforzi aktar nobbli u sinifikanti lil hinn minn sempliċiment nagħmel flus. Madankollu, saħħti ġiegħlitni nevalwa mill-ġdid. Irrealizzajt li xejn mhu garantit, u ridt inkun finanzjarjament ħieles biex inkun nista' niffoka fuq affarijiet li verament jimpurtaw. Dak huwa meta ħloqt mudell Excel biex nikseb l-iktar ħruġ mgħaġġel mill-ħajja korporattiva. Esegwijt il-pjan tiegħi, ħataf l-opportunitajiet, u wara madwar ħames snin fil-BCG, ksibt l-indipendenza finanzjarja f'nofs it-tletinijiet tiegħi.

Olumide Ogunsanwo: Ħa ntenni xi ħaġa importanti għall-udjenza tagħna. Aħna mhux qed nissuġġerixxu li l-qarrejja għandhom jixtru appartamenti b'kamra tas-sodda fl-Afrika t'Isfel bħalma għamel Samon. It-teħid ewlieni huwa li jiġu stabbiliti viżjoni u pjan għall-indipendenza finanzjarja. Żviluppa pjan għal żmien qasir u fit-tul, u ibda tieħu azzjoni filwaqt li tadatta tul it-triq hekk kif tikseb informazzjoni ġdida. Fil-fatt, iddiskutejna jekk ninkludux id-dettalji tal-investiment tal-proprjetà immobbli ta 'Samon fil-ktieb biex jiġi evitat li n-nies jiffokaw żżejjed fuq it-tattiċi aktar milli l-viżjoni u l-istrateġija ġenerali aktar importanti.

Jekk qed taqra l-istejjer tagħna u taħseb li għandek tipprova tirreplika t-triq tagħna biex tikseb l-indipendenza finanzjarja f'nofs it-tletinijiet tiegħek, qed titlef il-punt. L-għan mhuwiex li tgħaġġel lejn l-indipendenza finanzjarja. L-għan huwa li tgħix il-ħajja fuq termini tiegħek. Nibqgħu nenfasizzaw dan għax lanqas jien ma kellix ħajti mfassal minn qabel. Kelli viżjoni u bqajt miftuħ għall-opportunitajiet. Pereżempju, kieku ma kellix dik il-konversazzjoni ma' Michael Sun, ma kontx napplikajt għall-MIT. Kieku ma kontx iffaċċjat sfidi fix-xogħol tiegħi, ma kontx immur Oxford. Kelli stilla tat-tramuntana, mhux mappa tal-ħajja ppjanata minn qabel. L-istilla tat-tramuntana kienet u għandha tgħix intenzjonalment u awtentikament.

Dak hu li għandek tieħu minn dan il-ktieb. Kif tista' tgħix il-ħajja li tassew tixtieq? X'azzjonijiet għandek bżonn tieħu? Liema valuri għandek tagħti prijorità? Aħna ser niddiskutu tattiċi speċifiċi biex niġġeneraw dħul u dħul għal kawża aktar tard. Iżda l-mentalità u l-iffissar tal-miri huma importanti ħafna. Trid temmen li l-FI hija possibbli għalik.

Kif semmejt qabel fil-ktieb, l-istennija tal-ħajja fil-pajjiżi li qed jiżviluppaw hija ta' madwar 50 sena, filwaqt li fil-pajjiżi żviluppati hija bejn 70 u 80 sena. Meta wieħed iqis dan il-perjodu ta' żmien limitat, jekk diġà għandek 20 jew 30 sena u tisma' dan il-ktieb, għandek ammont limitat ta' żmien biex toħloq ħajja sinifikanti u sodisfaċenti. Allura għaliex ma tkunx kuraġġuż u tipprova xi ħaġa differenti? X'inhu l-agħar li jista' jiġri? Huwa aħjar li tgħix ħajja bi skop milli sempliċement tmur mal-flus, peress li jista 'ma jwassalk fejn verament trid tkun.

Achani Samon Biaou: Għix ħajtek tassew. Aħseb fl-indipendenza finanzjarja bħala mod kif teħles mit-triq predeterminata li spiss timponi fuqna l-ħajja. It-triq konvenzjonali tgħidilna biex naħdmu sa 65 jew 70 u mbagħad nirtiraw. Xi nies jaħdmu sa 65 u jakkumulaw ġid sinifikanti, iżda xorta jħossuhom mitlufa għax qatt ma kellhom iċ-ċans li jesploraw l-identità vera tagħhom jew isegwu l-passjonijiet tagħhom.

L-indipendenza finanzjarja tippermettilek tikteb mill-ġdid dik l-iskrittura. M'għandekx għalfejn tistenna sa 70 biex tistaqsi lilek innifsek, "Min jien?" jew "Fejn irrid nqatta' l-vaganza tiegħi?" Minflok, aqleb l-iskript kmieni fis-snin attivi tiegħek. Ibda billi tifhem min int u dak li tassew iġiblek ferħ. Immaġina li tagħmel xi ħaġa li tħobb indefinittivament, irrispettivament mill-kumpens monetarju. Imbagħad, ara kif tista' tasal sa dak il-punt kemm jista' jkun malajr, mingħajr ma tinkwieta kontinwament dwar il-flus. Dik kienet l-istorja tal-karriera tiegħi tard wara l-iskola tan-negozju.

Olumide Ogunsanwo: Napprezza li taqsam l-istorja notevoli tiegħek. Hekk kif tibda t-triq lejn l-indipendenza finanzjarja, ser tesperjenza sens dejjem jikber ta' kumdità, eċċitament u ferħ. Il-fiduċja tiegħek se togħla hekk kif tara l-progress tiegħek. Imħuħ tagħna huma fili biex iġibilna ferħ meta nħossu progress lejn ix-xewqat tagħna. Madankollu, dan kollu jista' jiġri biss jekk tieħu dak l-ewwel pass kruċjali. Mingħajr ma tibda, qatt ma tista 'tilħaq dak il-punt ta' sodisfazzjon. Għalhekk, inħeġġiġkom biex tibda llum. Fil-fatt, ibda dritt issa. Warrab dan il-ktieb u ibda tfassal viżjoni konvinċenti u tieħu azzjonijiet ta 'kuljum lejn il-futur finanzjarju tiegħek. Narak fil-kapitlu li jmiss!

6C: Prinċipji ta' Massimizzazzjoni tad-Dħul u Infiq Ibbażat fuq il-Valuri

Olumide Ogunsanwo: Merħba għal dan il-kapitolu fejn nesploraw il-prinċipji tal-massimizzazzjoni tad-dħul u l-infiq ibbażat fuq il-valuri. Aħna ninqasmu fi tliet taqsimiet: niddefinixxu l-prinċipji, niddiskutu kif jaċċelleraw l-indipendenza finanzjarja, u nirrakkomandaw riżorsi għal aktar tagħlim. Ejja nibdew billi ngħaddu fil-massimizzazzjoni tad-dħul.

Achani Samon Biaou: Insib analoġiji utli biex nifhmu aħjar il-kunċetti. Probabilment int familjari mal-kumpaniji tal-bidu u kif jiġbru l-flus mill-investituri. Il-valutazzjoni ta' kumpanija tiddetermina l-valur tagħha. Issa, aħseb lilek innifsek bħala startup bi valutazzjoni speċifika. Il-massimizzazzjoni tad-dħul hija l-proċess li tiskopri l-valur veru tiegħek u li ssib kif titħallas għalih.

Olumide Ogunsanwo: Il-massimizzazzjoni tad-dħul tiegħek hija waħda mill-aktar fatturi influwenti, jekk mhux l-aktar influwenti, fil-vjaġġ lejn l-indipendenza finanzjarja. Filwaqt li huwa possibbli li tinkiseb indipendenza finanzjarja anke bi dħul aktar baxx, għandha tendenza li tkun aktar ta 'sfida. Allura għaliex ma tisfruttax l-akbar assi tiegħek—il-kapaċità umana tiegħek—biex tiġġenera dħul? Dak hu li qed nesploraw illum: il-massimizzazzjoni tad-dħul. Inħeġġeġ lill-qarrejja biex jesploraw l-għadd kbir ta' opportunitajiet ta' bini tal-ġid disponibbli għalihom. Ibda billi tevalwa l-għażliet li jallinjaw mal-gharfien, il-ħiliet, l-interessi, l-ambjent u r-relazzjonijiet tiegħek. Hawn huma xi toroq għall-ħolqien tal-ġid:

L-ewwelnett, hemm ix-xogħol jew il-karriera tradizzjonali. Tiskambja l-ħin u l-ħiliet tiegħek għal salarju minn kumpanija. L-impjieg jista' jipprovdi dħul stabbli, iżda jista' ma joffrix l-istess potenzjal għat-tkabbir bħall-intraprenditorija.

It-tieni nett, hemm l-intraprenditorija u l-impjieg indipendenti. Tista' tiżviluppa prodotti jew servizzi li jtejbu l-ħajja tal-klijenti, bħal kotba, korsijiet, blogs, podcasts, jew saħansitra tibda franchise. Għażla oħra hija li tiġi stabbilita prattika professjonali, bħal li ssir tabib, avukat, accountant, eċċ. Inkella, tista 'toffri servizzi bħal freelancing, taħriġ, konsultazzjoni, jew saħansitra tipparteċipa fl-ekonomija tal-gig. L-intraprenditorija tista' tkun mod ta' sodisfazzjon biex takkumula l-ġid, għalkemm iġġorr riskju ogħla ta' falliment.

Dawn l-ewwel żewġ għażliet jistgħu jiġu segwiti mingħajr kapital bil-quddiem. Barra minn hekk, it-tielet triq għall-bini tal-ġid tinvolvi investimenti, li jeħtieġu kapital inizjali. L-investimenti jistgħu jagħtu dħul stabbli maż-żmien, iżda jġorru wkoll ir-riskju ta 'telf finanzjarju. Fil-kapitolu 6A, ko-prejna tipi ta' investiment taħt il-qafas ESIPL, inklużi investimenti fis-suq pubbliku, proprjetà immobbli, kapital ta' riskju, ekwità privata, investiment ta' anġli, kripto-muniti, komoditajiet, kummerċ ta' kambju barrani, oġġetti tal-kollezzjoni, self peer-to-peer, u kontijiet ta' depożitu interess. Għalhekk se niffukaw aktar fuq toroq ta' xogħol u ta' intraprenditorija, billi nmissu fil-qosor l-investimenti fis-suq pubbliku u l-proprjetà immobbli peress li ħafna drabi huma l-aktar opportunitajiet ta' investiment promettenti għal ħafna.

Intenzjonalment esklujejt il-logħob tal-azzard, ir-rigali, l-għotjiet, il-qligħ mhux mistenni, il-ħlasijiet tal-assigurazzjoni, ir-rebħ tal-lotterija, u l-wirt bħala għażliet għall-bini tal-ġid minħabba li FIREDOM jiffoka fuq mo-di sistematiċi u sostenibbli ta' kif jibni l-ġid, aktar milli tiddependi fuq okko-rrenzi xxurtjati u rari.

Dawn l-għażliet mhumiex reċiprokament esklussivi, u mogħdijiet mul-tipli jistgħu jiġu segwiti fl-istess ħin. Barra minn hekk, l-eżempji msemmija hawn jirrappreżentaw biss frazzjoni tal-għażliet disponibbli. Iċ-ċavetta għall-ħolqien tal-ġid tinsab fl-offerta ta 'xi ħaġa ta' valur li oħrajn jixtiequ jew jeħtieġu. B'riżultat ta' dan, qatt ma jista' jkun hemm lista eżawrjenti ta' għażli-et ta' ġenerazzjoni tal-ġid, peress li l-ħtiġijiet tal-bniedem jevolvu kontinwa-ment, li jiftħu opportunitajiet ġodda għall-ħolqien tal-ġid kuljum.

Achani Samon Biaou: Assolutament. Napprezza kif inti ħadthom stab-biliti. Huwa faċli biex tinftiehem u tanġibbli, speċjalment għal dawk li qed jibdew jew għandhom bżonn ikunu kreattivi f'dan il-proċess.

Nixtieq inżid dimensjoni oħra: l-aspett tal-valutazzjoni. Fi kwalunkwe punt fil-karriera tiegħek, inti għandek tkun tista 'toqgħod bilqiegħda u tis-taqsi lilek innifsek: Kemm jiswa ħajti ta' kapital intellettwali, enerġija u karat-tru? Hija mistoqsija ta' sfida biex twieġeb. Dak huwa fejn jidħol il-pass li jmiss—il-kalkolu ta 'metodoloġiji ta' valutazzjoni, simili għal dak li semma Olumide. Ħa naqsam l-eżempju tiegħi stess: Meta kont qed naħdem fid-Deutsche Telekom bħala konsulent tekniku, kelli grad ta' master fix-xjenza tal-kompjuter u l-inġinerija elettrika. Kelli l-vantaġġ ta' flessibilità ġeografika u opportunitajiet ta' vjaġġar minħabba passaport bla tbatija. Għalhekk, stajt nevalwa kemm nista' niswa f'kull waħda mill-kategoriji li semmejt, Olumide. Fil-każ tiegħi, kelli impjieg fl-ewwel kategorija.

Olumide Ogunsanwo: Iva, huwa importanti li tikkunsidra s-salarju li tistenna bil-ħiliet tiegħek.

Achani Samon Biaou: Hekk hu. Huwa importanti li tanalizza l-kapaċi-tajiet tiegħek stess u tesplora kif tista' timmassimizza l-ħiliet tiegħek biex tik-seb dħul ogħla. Hu mument biex taħseb dwar id-dħul massimu li tista 'tik-seb f'kull waħda mill-kategoriji Olumide imsemmija. Ħa nagħtikom eżem-pju mill-esperjenza tiegħi stess. Kelli l-opportunità li nżur ħafna pajjiżi u nitkellem diversi lingwi, u kelli lawrja minn università Ewropea ta' fama. Staqsejt il-valur veru tiegħi u rrealizzajt li stajt insegwi l-istess xogħol f'pajjiż hieles mit-taxxa li allinjat mal-imħabba tiegħi għall-ivvjaġġar. I stmat id-dif-ferenza potenzjali li tagħmel.

Olumide Ogunsanwo: Inti analizzajt iċ-ċirkostanzi tiegħek u identifika-jt lievi li tista' tiġbed biex timmassimizza d-dħul tiegħek.

Achani Samon Biaou: Eżattament. Huwa dwar l-analiżi tal-kapaċitajiet attwali tiegħek u tikkunsidra liema assi intellettwali addizzjonali tista 'takkwista biex tikkmanda opportunitajiet ogħla. Dan huwa dak li jien in-sejhilha li ssir għarfien dwar id-dħul, li ħafna nies jinjoraw. Pereżempju, xi nies jistaqsuni kif nagħmel aktar flus, imma meta nissuġġerixxi li nesplora pa-jjiżi ħfief jew hielsa mit-taxxa, jistennewni li nipprovdi lista. Jekk qed titlob għal lista, jista 'jkollok jonqosha l-ispinta biex taħdem. L-informazzjoni hija disponibbli online—hu l-inizjattiva biex issibha lilek innifsek.

Xi nies imorru lil hinn mit-tfittxija tal-pajjiż mingħajr taxxa u jiffokaw fuq bliet speċifiċi. Qraw dwar l-għoli tal-ħajja u malajr iwarrbu l-idea għax tidher għolja wisq ibbażata fuq riċerka superfiċjali. Madankollu, l-għoli tal-ħajja huwa suġġettiv u jista 'jiġi ġestit kważi kullimkien. Pereżempju, minke-jja li Dubai kienet magħrufa għall-għoli tal-ħajja tagħha, irnexxieli ngħix bi $800 fix-xahar.

Olumide Ogunsanwo: Hemm l-għoli tal-ħajja medja, u hemm l-għoli tal-ħajja speċifika tiegħek. Huwa mikrokożmu tal-kunċett usa 'f'dan il-ktieb. Hemm il-vjaġġ finanzjarju medju u hemm il-vjaġġ tiegħek lejn l-indipendenza finanzjarja, li jista 'jkun fl-għoxrin, tletin, erbgħin kontra tiegħek sebgħin u tmeninijiet. Tħallix il-kunċetti prekonċepiti tiegħek jillimitaw l-esplorazzjoni tiegħek tal-massimizzazzjoni tad-dħul u l-ġenerazzjoni tal-ġid. L-isfond u l-preġudizzji tiegħek jistgħu ma jallinjawx mal-aħjar opportunitajiet disponibbli għalik. Il-passat tiegħek ma jiddefinixxix il-potenzjal tiegħek.

Ejja ngħidu, ipotetikament, missierek kien sid ta' restorant. Int diġà ppreparat biex taħseb dwar il-pussess ta' ristoranti bħala mezz biex timmassimizza d-dħul, imma forsi fil-fatt għandek xi ħila intellettwali li tista' tkun adattata aħjar għall-investiment tal-kiri tal-proprjetà immobbli. Tista' fil-fatt tkun f'qagħda aħjar li tikseb impjieg korporattiv f'qasam speċifiku li fil-fatt tgawdi u li tista' tagħmel aktar flus. Jekk diġà qiegħed f'impjieg, tista' tassumi li l-impjiegi huma l-aħjar modi biex tagħmel il-flus. Forsi le. Forsi fil-fatt għandek xi ħiliet intrinsiċi, talenti u ċirkostanzi ta 'relazzjoni biex tibni negozju aqwa. Bl-istess mod, l-intraprendituri jistgħu jsostnu li l-bidu ta 'negozju huwa t-triq aħħarija għall-ġid, iżda dan jista' ma jkunx il-każ għal kulħadd.

M'hemm l-ebda mod aħjar biex tagħmel il-flus, iżda jista 'jkun hemm l-aħjar mod <u>biex</u> tagħmel il-flus ibbażat fuq l-għarfien, il-ħiliet, ir-relazzjonijiet, iċ-ċirkostanzi u l-ambjent attwali u potenzjali tiegħek. Investiga l-għażliet kollha tal-bini tal-ġid u żomm moħħ miftuħ biex tivvaluta, tesperimenta u taġġusta kontinwament.

Evita li tiċħad l-istrateġiji ta' ġenerazzjoni tal-ġid ta' ħaddieħor, speċjalment jekk ma tifhimx bis-sħiħ. Dik hija sempliċement riflessjoni tal-preġudizzji tiegħek stess. Xi ħadd investit fl-istokks jista 'jitnaqqas il-proprjetà immobbli minħabba li ma jridx jittratta l-isfidi tiegħu, filwaqt li intraprenditur jista' jwarrab l-idea li jaħdem għal xi ħadd ieħor. Ilkoll għandna l-preferenzi tagħna, iżda huwa importanti li nirrispettaw u napprezzaw l-għażliet li jagħmlu ħaddieħor ibbażati fuq iċ-ċirkostanzi tagħhom stess.

Għandi l-preġudizzji tiegħi stess. Primarjament nuża karriera korporattiva u investiment fl-istokks għad-dħul, imma m'għandi xejn ħlief rispett lejn l-intraprendituri, l-investituri tal-proprjetà immobbli u kull ħaddieħor li jsegwi strateġija differenti ta' akkumulazzjoni tal-ġid. Aħna lkoll aħwa li qed nippruvaw insemmu liema għażliet jagħmlu l-aktar sens għalina.

Achani Samon Biaou: Nixtieq inżid ftit punti ma' dan. L-ewwel, ma jsibux maqbuda fil-paraliżi analiżi. Jekk qed tirriċerka korsijiet u hemm firxa wiesgħa ta 'prezzijiet, ma tqattax wisq ħin tanalizza mingħajr ma tieħu deċiżjoni. It-teħid tar-riskji u t-tagħlim mill-fallimenti jistgħu jipprovdu għarfien siewi dwar ir-riskji ta' min jieħu. It-tieni, kun konxju tal-preġudizzji. Il-fundaturi tal-istartjar jistgħu jsostnu li huwa l-iktar mod mgħaġġel għall-għana, iżda r-realtà hija li ħafna mill-istartups ifallu. Min-naħa l-oħra, li ssir sieħeb f'ditta ta' konsulenza wara snin ta' infiq ibbażat fuq il-valuri jista' jwassal għal akkumulazzjoni sinifikanti ta' ġid.

Olumide Ogunsanwo: [Tbissem] U s-sieħeb ma kellux għalfejn iqatta' ljieli bla rqad jaħseb dwar il-klijenti, il-prodotti u l-prodott fis-suq tajjeb. Ilkoll għandna bżonn inkunu aktar proattivi biex infittxu opportunitajiet. Tkunx marbuta wisq mat-triq attwali tiegħek, speċjalment jekk tkun waħda li spiċċajt fuqha skont iċ-ċirkustanza. Minflok ma nħarsu 'l isfel lejn approċċi differenti tal-bini tal-ġid, ejja nrawmu l-kurżità u l-fehim dwar għaliex in-nies jagħżlu mogħdijiet alternattivi.

Achani Samon Biaou: Naqbel. Ħa nagħti eżempju biex nispjega dan. Lura f'Ġunju 2022, waqt li kont fiż-Żona tal-Bajja, ħadt rikba Uber u bdejt konverżazzjoni max-xufier. Kienet parti mit-tfittxija tiegħi biex nifhem esperjenzi differenti tal-ħajja. Waqt iċ-chat tagħna, skoprejt li s-sewwieq, li kellu mara u wild, ħadem ġimgħa standard ta' 40 siegħa. Huwa ffoka strateġikament fuq il-karozzini tal-ajruport, ippożizzjona lilu nnifsu qrib postijiet bħall-Googleplex, il-kampus Meta, jew l-ajruport waqt il-ħinijiet tal-ivvjaġġar bl-aqwa mod biex jimmassimizza l-qligħ tiegħu. Minkejja l-impjieg mhux konvenzjonali tiegħu, kien qed jagħmel $12,000 notevoli fix-xahar.

Olumide Ogunsanwo: Ara naqra, inkredibbli.

Achani Samon Biaou: Jmur biss biex juri li l-impjiegi mhux konvenzjonali u l-ħsejjes sekondarji, bħas-sewqan għal Uber, jistgħu jagħtu dħul għoli. Pereżempju, jekk diġà għandek impjieg fil-Google u tgawdi s-soċjalizzazzjoni, tista 'tikkunsidra ssuq għal Uber fil-ħin liberu tiegħek biex tiġġenera dħul addizzjonali. Tista 'saħansitra tiddokumenta l-esperjenzi tiegħek bħala sewwieq Uber permezz ta' blogging, podcasting, jew kitba, u b'hekk tkompli tagħti spinta lill-qligħ tiegħek.

Olumide Ogunsanwo: Dan il-kunċett jorbot lura mal-prinċipji usa' li ddiskutejna qabel. Billi trawwem il-kurżità u l-ambizzjoni biex tesplora lil

hinn mit-triq attwali tiegħek, tista' tiskopri metodi alternattivi biex timmas-
simizza d-dħul tiegħek. Tajjeb li tikkunsidra għażliet oħra aktar milli sem-
pliċement iżżomm ma 'xogħol tradizzjonali u tqatta' ħin liberu f'attivitaji-
et bħal tara Netflix u tiskrollja Instagram. Is-segwitu ta' flussi ta' dħul addiz-
zjonali għandu l-potenzjal li jħaffef il-vjaġġ tiegħek lejn l-indipendenza fi-
nanzjarja. It-teħid tar-riskji u l-esperimentazzjoni jitlob kuraġġ, iżda mhux
bilfors ifisser li tabbanduna r-rwol attwali tiegħek biex tesplora toroq oħra
biex tiġġenera dħul. Pereżempju, jekk għandek restorant, għaliex ma toħloqx
prodott kumplimentari bħal blog tar-ristoranti? Iċ-ċavetta hija li żżomm il-
kurżità u jkollok il-kuraġġ li tieħu azzjoni. Kull persuna trid tiddetermina l-
għażliet tal-ġenerazzjoni tal-ġid li se ssegwi biex tilħaq l-għanijiet finanzjarji
tagħha.

Achani Samon Biaou: Grazzi. Nixtieq inżid perspettiva oħra. Jekk m'in-
tix komdu tivvaluta lilek innifsek bħal negozju, għallinqas ikkunsidra li
taħseb lilek innifsek bħala investitur biex timmassimizza d-dħul tiegħek.
Hawn approċċ fi tliet stadji: L-ewwel, irriċerka u identifika opportunitajiet
ta' bini tal-ġid fl-ambjent tiegħek. It-tieni, ikkommetti l-ħin tiegħek, l-enerġi-
ja u l-flus inizjali żgħar, jekk meħtieġ, għal waħda minn dawk l-opportunitaji-
et. Anke investiment żgħir jista 'jmexxi l-attenzjoni tiegħek, it-tagħlim, u l-is-
forzi ta' ottimizzazzjoni. It-tielet, ladarba ssib prospett affidabbli, żidha mal-
portafoll tiegħek ta 'attivitajiet sekondarji li jiġġeneraw id-dħul, u mbagħad
ibda mill-ġdid għal possibbiltajiet ġodda ta' ġenerazzjoni ta 'ġid.

Pereżempju, meta wasalt Lagos, kont naf ftit li xejn dwar il-belt. Iżda
fi żmien ftit jiem, bdejt nevalwa diversi opportunitajiet li jiġġeneraw dħul.
Staqsejt mistoqsijiet bħal: Kemm tista' taqla' taħdem għal McKinsey? Xi
ngħidu dwar bank jew startup? X'jiġri jekk għandek karozza Uber u tikri
sewwieq? Xi ngħidu dwar l-investiment fil-kripto-muniti? Meta xi ħadd ir-
rakkomanda proprjetà immobbli f'Lagos, skrutinizza n-numri. Billi nieħu
mill-esperjenza tiegħi b'investimenti fl-Afrika t'Isfel, stajt nagħmel paraguni
u niddetermina malajr li x-xiri għall-kiri ta' proprjetà immobbli fin-Niġerja
ma kinitx l-aħjar għażla. Huwa importanti li tevita li tkun influwenzat minn
perspettiva waħda u tikkunsidra l-esperjenzi u l-għarfien tiegħek stess.

Eventwalment, skoprejt opportunità ta 'negozju ta' self li qabdet l-inter-
ess tiegħi. Offriet ritorni sikuri f'USD. Il-kumpanija tas-self kellha ġilda fil-
logħba, u għalhekk ma setgħux jaffordjaw li jkollhom wisq self ħażin fuq

il-pjattaforma tagħhom. Biex nittestja l-ilmijiet, allokajt ammont żgħir, $ 20,000, għall-opportunità. Dħalt fid-dettalji billi ltqajt mas-CEO, rrevejt l-ekonomija tal-unità, ivvalutajt il-klijenti attwali, u eżaminajt is-sitwazzjoni finanzjarja tagħhom u l-metodoloġiji tal-valutazzjoni tar-riskju. M'għandekx bżonn tkun venture capitalist biex tistaqsi dawn il-mistoqsijiet. Jekk xi ħaġa tidher wisq tajba biex tkun vera, bħal wegħda li tirdoppja flusek meta r-reddi-tu attwali tal-investiment ikun biss ta' 20%, huwa ċar li qed tittratta ma' ske-ma piramidali potenzjali.

Olumide Ogunsanwo: [Daħk]

Achani Samon Biaou: Jien qajjem dawk l-eżempji biex tagħmilha aktar faċli għan-nies li jagħmlu skużi. Li taħseb bħal investitur biex timmassimizza d-dħul tiegħek ma teħtieġx ħiliet avvanzati fil-matematika jew fil-finanzi. Jekk taf kif timmaniġġja s-salarju tiegħek biex tkopri l-kera tiegħek u għad fadal flus, allura tista' tifhem il-finanzi bażiċi. Iżda ċ-ċavetta hija li tmur lil hinn mit-teorija u fil-fatt ikollok ġilda fil-logħba. Il-ġilda fil-logħba se tqan-qlek biex tistaqsi l-mistoqsijiet it-tajba u tifhem in-negozju. Li ssir investitur tajjeb ma jseħħx mil-lum għal għada. Trid tgħaddi minn ċikli u forsi anke tes-perjenza falliment. Ma tistax tistenna li ssir investitur instantanju waqt li tid-dejjaq fil-kamra tal-għixien tiegħek b'Netflix fuq naħa u xi app każwali fuq in-naħa l-oħra.

Olumide Ogunsanwo: Kultant nisma' nies jużaw lingwaġġ li jisfratta lil-hom infushom bħala skuża biex tevita li tesplora opportunitajiet ta' bini tal-ġid. Pereżempju, xi ħadd jista 'jkun irid jinvesti fi proprjetajiet għall-kiri iżda jwarrab l-idea billi jgħid, "Ma nafx jekk nistax nibda issa. Forsi f'ħames jew għaxar snin." Jew jistgħu jaħsbu, "Din il-persuna li tirnexxi fl-investiment tal-kiri għandha tkun aktar intelliġenti u jkollha konnessjonijiet aħjar minni." In-ħeġġeġ lin-nies jaqraw il-kapitoli dwar it-twemmin fihom infushom u l-aw-todipendenza aktar kmieni fil-ktieb biex jegħlbu dawn l-iskużi.

Achani Samon Biaou: Ninsab kuntent li nibda. Bħala immigrant, huwa importanti li tagħraf il-qawwa u l-limitazzjonijiet tiegħek. Is-setgħa tagħna tinsab li ma jkollniex għalfejn naderixxu ma' ċertu status. Aħna ma nġorrux il-bagalji kulturali tal-pajjiż li qed immigraw fih, u għandna nużaw dan għall-vantaġġ tagħna. Meta nimxu lejn pajjiżi oħra, għandna niddeċiedu liema drawwiet irridu nadottaw jew inwarrbu. Per eżempju, f'post bħal Dubai, fejn hemm ħafna lussu, it-tentazzjoni li tixtri Lamborghini biss biex tidħol fiha.

Iżda dan qed jaqa 'fin-nasba li tixtri xi ħaġa għall-fini ta' appartenenza.

Olumide Ogunsanwo: Iva, l-akbar ostaklu fil-vjaġġ tiegħek lejn l-indipendenza finanzjarja huwa l-FOMO, u dan huwa eżempju ewlieni tiegħu. Jista' jkun li lanqas biss tħobb il-karozzi lussużi, iżda tixtri waħda għax ħaddieħor għanduha. Imma x'jiġri jekk l-għanijiet u l-valuri tagħhom huma differenti minn tiegħek? Int qed tibda triq li ma taqbilx mal-valuri veri tiegħek, u tista' twassal għal nuqqas ta' sodisfazzjon.

Achani Samon Biaou: Meta tirriloka f'pajjiż b'livell għoli ta' ġid per capita, huwa essenzjali li tagħti prijorità lill-għanijiet u l-aspirazzjonijiet tiegħek stess aktar milli sempliċement issegwi d-drawwiet lokali. Pereżempju, fl-UAE, tista' ma ssibx xufiera tal-kabina jew wejters Emirati. Jekk tasal hemm u tkeċċi opportunitajiet bħal taħdem bħala xufier tat-taxi minħabba l-istatus perċepit, tista 'tkun qed tinjora toroq potenzjali għat-tkabbir finanzjarju. Bl-istess mod, fl-Amerika, il-karti ta 'kreditu huma mħeġġa ħafna, iżda dan ma jfissirx awtomatikament li huwa l-aħjar drawwa finanzjarja li tadotta. Filwaqt li jista' jkun hemm każijiet validi bħall-użu ta' karti ta' kreditu b'mod responsabbli biex taqla' punti jew tinvesti fin-negozji, huwa kruċjali li tivvaluta kull sitwazzjoni abbażi taċ-ċirkostanzi individwali u l-miri finanzjarji tiegħek.

Olumide Ogunsanwo: [Daħk] X'jiġri jekk nuża l-karta tal-kreditu tiegħi biex nixtri TV ta' mitt pulzier li ma niflaħx?

Achani Samon Biaou: [Rires] Bħala barrani, espatrijat jew immigrant, il-kultivazzjoni ta' mentalità b'saħħitha u ffukata hija kruċjali. Iltqajt ma' ħbieb Afrikani li jgħixu fl-Ewropa li jesprimu tħassib dwar li jmorru jgħixu f'pajjiżi tal-Golf u jekk in-nisa humiex imġiegħla jilbsu xalpa tar-ras jew hijab. Bi tweġiba, inħeġġeġ approċċ doppju. L-ewwelnett, uża ħsieb kritiku u aqra 'l hinn mill-informazzjoni ppreżentata mill-midja mainstream jew issmigħ meta tieħu deċiżjoni sinifikanti bħal din. Iwettaq riċerka bir-reqqa, anke żżur il-post inkwistjoni, biex tagħmel differenza bejn kunċetti żbaljati u realtajiet attwali. It-tieni, iħaddan ħsieb indipendenti u evalwa l-kwistjonijiet ibbażati fuq il-valuri tiegħek. Filwaqt li l-kunċett ta 'l-ilbies sfurzat ta' xalpa tar-ras jista 'jkun qarrieqi, huwa importanti li wieħed jinnota li mhux kulħadd huwa obbligat li jilbesha. Sempliċi tfittxija fuq l-internet jew browsing permezz ta' pjattaformi tal-midja soċjali se jiżvelaw individwi li jesprimu b'mod liberu l-għażliet tagħhom, inklużi mudelli li jilbsu bikinis fuq il-bajjiet. Madankollu, bħala Afrikan, huwa essenzjali li tindirizza t-tħassib relatat mar-razziżmu, li jista' jkollu impatt aktar sinifikanti fuq l-esperjenzi tiegħek. Ma rridx innaqqas l-importanza ta' kwistjonijiet oħra, iżda bħala Afrikan li jistaqsi dwar ix-xalpa tar-ras, il-fehim u l-ġlieda kontra r-razziżmu għandhom ikunu wkoll konsiderazzjoni ewlenija.

Olumide Ogunsanwo: Ħafna drabi, meta n-nies jistaqsu mistoqsijiet bħal dawn, ikunu qed ifittxu skużi. Darba smajt lil xi ħadd jgħid li riedu jinvestu fi proprjetà immobbli iżda l-akbar ostaklu tagħhom kien li kellhom bżonn jistabbilixxu LLC l-ewwel. Oħrajn jgħidu li mhumiex interessati li jinvestu fil-Borża għax is-suq jista' jikkraxxja fi kwalunkwe ħin. Minflok ma nagħti dawn l-iskużi, huwa aħjar li niffoka fuq it-tweġiba għall-mistoqsijiet fundamentali tal-ewwel ordni: X'inhuma l-għanijiet finanzjarji tiegħi? Kemm trid tagħmel flus biex tilħaq il-miri finanzjarji tiegħi? Il-proprjetà immobbli se tgħinni nilħaq l-għanijiet tad-dħul tiegħi? F'liema tip ta' proprjetà immobbli għandi ninvesti u għaliex?

Fil-Kapitolu 5, enfasizzajna r-rwol kruċjali tal-iżvilupp personali u l-bini tal-ħiliet biex nisfruttaw dħul akbar. Billi tespandi l-għarfien u l-kapaċitajiet tiegħek, tista 'tgħolli l-potenzjal ta' qligħ tiegħek u tiżgura kumpens ogħla. Issir aktar biex taqla 'aktar. Iħaddnu l-mentalità ta' student tul il-ħajja u ddedika ruħek biex takkwista għarfien u ħiliet ġodda kuljum. Pereżempju, nipprijoritizza oqsma speċifiċi ta 'żvilupp personali għal siegħa ta' tagħlim matul il-ġimgħa, li jvarjaw minn relazzjonijiet u ġestjoni tal-prodott is-Sibt sas-saħħa u l-bejgħ il-Ħadd, intelliġenza artifiċjali nhar ta 'Tnejn, cloud computing u karozzi awtonomi nhar ta' Tlieta, blockchain, Web3 , u kripto l-Erbgħa, iċ-Ċina / India Tech nhar ta 'Ħamis, u finalment Africa Tech nhar ta' Ġimgħa.

Se nikkonkludi billi naqsam xi rakkomandazzjonijiet. L-ewwel, " Millionaire Fastlane [1]" u " Unscripted [2]" minn MJ DeMarco. Jiena fan kbir u rreferejtlu diversi drabi f'dan il-ktieb. Dawn huma probabbilment l-aqwa kotba li qrajt dwar l-intraprenditorija. Jesploraw bir-reqqa l-vantaġġi u r-riskji assoċjati ma' karriera konvenzjonali meta mqabbla mat-triq tal-intraprenditorija. Barra minn hekk, jipprovdu oqfsa u ideat siewja għall-bidu u t-tkabbir ta 'negozju, jattiraw klijenti, u ħafna aktar. Dawn il-kotba li jespandu l-moħħ huma inkredibbli.

---

1.   https://www.themillionairefastlane.com/

2.   https://www.amazon.com/UNSCRIPTED-Life-Liberty-Pursuit-Entrepreneurship/dp/
0984358161

Nimxu 'l quddiem, nissuġġerixxi li tiċċekkja " Kif Issir Sinjur [3]" minn Naval Ravikant, li hija disponibbli bħala podcast ta' 3 sigħat u 35 minuta jew post tal-blog. Joffri distillazzjoni mill-isbaħ tal-mentalità meħtieġa biex jiġi kkultivat il-ġid. L-għarfien Naval huwa tassew notevoli.

Fl-aħħar nett, nirrakkomanda li taqra " Dħul Passiv, Irtirar Aggressiv [4]". Dan il-ktieb jesplora diversi metodi ta' kif jinbena l-ġid u joffri eżempji dettaljati. Jesplora negozji żgħar bħal impriżi mħaddma bil-muniti, laundromats, ħasil tal-karozzi, u attivitajiet intraprenditorjali oħra. Il-ktieb iwessa' l-perspettiva tiegħek dwar opportunitajiet differenti ta' 'teħid ta' flus lil hinn mill-ċirku attwali tiegħek.

Sussegwentement, ejja niddiskutu l-infiq ibbażat fuq il-valuri, li aħna ngħaqadna mal-massimizzazzjoni tad-dħul għaliex jimxu id f'id u huma żewġ naħat tal-istess munita tal-ħolqien tal-ġid. Dan jinvolvi li tallinja l-ispejjeż tiegħek mal-valuri profondament miżmuma tiegħek u li tagħmel għażliet konxji li jirriflettu dak li verament jgħodd għalik. Biex tħaddan l-infiq ibbażat fuq il-valuri, ħu l-ħin għall-introspezzjoni biex tidentifika u tipprijoritizza l-valuri tiegħek. Ladarba tkun identifikajthom, istinka biex tonfoq f'konformità mal-valuri tiegħek, billi tifhem li l-perfezzjoni mhix meħtieġa. Anke jekk tikseb 80% jew 90% allinjament, qed tagħmel progress sinifikanti. Tkunx iebsa wisq għalik innifsek jekk tiddevja okkażjonalment u ftakar li kull ġurnata ġdida tippreżenta opportunità biex tirranġa l-infiq tiegħek u tagħmel għażliet li jallinjaw mal-valuri tiegħek.

Achani Samon Biaou: Grazzi. Inħossni tassew mal-idea li nqies l-infiq bħala opportunità biex titgħallem aktar milli jsawwat lilu nnifsu. Ħafna nies, inkluż jien, jgħaddu minn ċikli fejn nonfqu u wara jiddispjaċihom, biex jirrepetu l-istess mudell mingħajr ma nitgħallmu minnu. Billi nbiddlu l-perspettiva tagħna u naraw l-infiq bħala ċans biex nitgħallmu, aħna aktar probabbli li ninternalizzaw lezzjonijiet siewja minn dawk is-sitwazzjonijiet.

Nara l-infiq ibbażat fuq il-valuri bħala li jittrasforma l-infiq tiegħek f'investimenti. Meta jkollok il-mentalità li tfittex qligħ fuq dak kollu li tixtri, tibda tfittex spejjeż li joffru xi forma ta' qligħ, kemm jekk ikun monetarju jew relatat mar-relazzjonijiet jew is-saħħa tiegħek. Tevita li taħli l-flus fuq affari-

3.   https://nav.al/rich

4.   https://www.amazon.com/Passive-Income-Aggressive-Retirement-Independence/dp/
1706203020

jiet li ma jipprovdu ebda valur reali. Pereżempju, x'redditu tikseb mix-xiri tal-ġelat? Forsi m'hemm l-ebda ritorn sinifikanti għaliex l-ikel idealment għandu jikkontribwixxi għas-saħħa tiegħek.

Olumide Ogunsanwo: Ritorn negattiv. Id-dentist tiegħek ikun kuntent li jimla l-kavitajiet tiegħek bi tpattija għall-flus.

Achani Samon Biaou: Iktar ma tiddubita r-redditu fuq l-ispejjeż, aktar taqleb mill-infiq għall-investiment. Jgħinek tiżviluppa l-kompetenza tal-infiq ibbażat fuq il-valuri aktar malajr.

Olumide Ogunsanwo: Fl-insegwiment tagħna ta 'FI, ħafna drabi aħna niffukaw fuq qligħ monetarju, iżda m'għandniex ninjoraw is-sinifikat ta' żmienna. Iż-żmien huwa l-aktar assi prezzjuż tagħna. Huwa kruċjali li nikkunsidraw kif nallokaw il-ħin u l-enerġija tagħna, billi nallinjawhom mal-valuri u l-miri tagħna. Avviċinaha minn perspettiva bbażata fuq il-valuri? Qed niddedikaw lilna nfusna għal dak li verament jgħoddna? Qed nużaw il-ħin tagħna biex nagħmlu progress u ngħixu skont il-valuri tagħna? Billi nipprijoritizzaw l-impenji tagħna u nnaqqsu l-ħin imqatta' fuq distrazzjonijiet, nistgħu nibqgħu fit-triq it-tajba. Filwaqt li hawnhekk mhux se nidħlu fil-fond fil-ġestjoni tal-ħin ibbażata fuq il-valuri, hija oerhört importanti. Il-ħin u l-flus huma ż-żewġ riżorsi li għandna, u kif jgħid il-qawl magħruf, 'Urini kif xi ħadd jonfoq flusu u l-ħin tiegħu, u nista' ngħidlek kollox dwar dik il-persuna.

Achani Samon Biaou: I love that. Minbarra l-flus u l-ħin, l-emozzjonijiet huma aspett kruċjali ieħor li għandek tikkonsidra fl-infiq ibbażat fuq il-valuri. Hija dwar tistaqsi lilek innifsek jekk l-infiq tiegħek jallinjax mal-valuri tiegħek. Ejja niffukaw fuq l-emozzjonijiet għal mument. Xi drabi għandna t-tendenza li nsawtu lilna nfusna fuq affarijiet trivjali jew sitwazzjonijiet li ma nistgħux nibdlu. Tassew ta' min inqattgħu siegħa mill-ħin u l-enerġija tagħna ninkwetaw dwar xi ħaġa li għamilna ħażin? M'għandniex minflok niffukaw fuq it-tagħlim minnha, inħarrġu lilna nfusna biex inħallu, u nikkonċentraw fuq kif nitjiebu fil-futur?

Olumide Ogunsanwo: Inħobb dak it-tfassil. Ifisser li nistgħu ngħollu d-diskussjoni lil hinn mill-infiq ibbażat fuq il-valuri għal prijoritizzazzjoni bbażata fuq il-valuri. U taħt dan, għandna enerġija, ħin u flus. Hekk kif innavigaw minn dawn l-aspetti, nibdew nibnu l-muskolu biex nieħdu deċiżjonijiet aħjar. Tfakkarni f'nies li qed jippruvaw jadottaw dieta aktar sana. Xi drabi, meta nara l-vidjows tagħhom, huma tant negattivi u diffiċli għalihom infushom. Minflok isawtu lilhom infushom, jista 'jkun aktar pro-duttiv li wieħed jifhem għaliex għamlu ċerti għażliet u kif kienu qed iħossu f'dak il-mument. Esplora l-awtomaħfra, l-awtokompassjoni u l-imħabba per-sonali, u pprova tagħmel aħjar id-darba li jmiss. L-istess japplika għall-finanzi personali. Ejja nieħdu żewġ reazzjonijiet differenti wara infiq żejjed fi klabb:

Reazzjoni b'saħħitha: "Ilbieraħ nefaq $200 ma' sħabi fil-klabb. Kellna ftit drinks. Kien pjaċevoli, imma rrealizzajt li ma tantx nieħu gost in-klabbs. Ib-bażat fuq l-għanijiet u l-baġit tiegħi, għandi nillimita l-infiq tiegħi għal $20 id-darba li jmiss."

Reazzjoni ħżiena għas-saħħa: "Jien persuna daqshekk terribbli. Għaliex għamilt dan? Jien daqshekk stupid. Qatt ma nagħmel dan mill-ġdid."

Billi nadottaw mentalità u rispons pożittivi, nistgħu nersqu lejn il-ħajja aħjar il-ħin li jmiss u nħossuna aktar pożittivi dwarna nfusna u dwar il-valur tagħna nfusna.

Achani Samon Biaou: Eżattament. Aħna koprejna l-prijoritizzazzjoni bbażata fuq il-valuri u l-prinċipji ewlenin tagħha, b'fokus fuq il-flus, il-ħin u l-emozzjonijiet. L-għan huwa li nħarrġu moħħna biex b'mod konsistenti nagħ-tu prijorità abbażi tal-valuri tagħna. Issa, ejja niddiskutu għaliex l-infiq ib-bażat fuq il-valuri huwa kruċjali.

Olumide Ogunsanwo: Nipprevedi l-ħajja li verament irridu, nistabbil-ixxu l-mira tal-FI tagħna, u nistabbilixxu miri ta 'kuljum huma passi ewlenin diskussi aktar kmieni f'dan il-ktieb. L-infiq ibbażat fuq il-valuri jservi bħala għodda siewja biex tallinja d-deċiżjonijiet finanzjarji tagħna mal-valuri ewlenin tagħna, u fl-aħħar mill-aħħar imexxina lejn il-mira tagħna tal-FI. Fil-waqt li xi individwi jagħtu prijorità lill-infiq ibbażat fuq il-valuri minħabba sfidi fiż-żieda tad-dħul, inħeġġeġ li nesploraw iż-żewġ strateġiji fl-istess ħin.

L-infiq ibbażat fuq il-valuri huwa prattika sfumata, ħafna drabi kemm iżżejjed kif ukoll sottovalutat. Xi individwi jiffokaw wisq fuq it-tnaqqis tal-ispejjeż mingħajr ma jqisu l-valuri tagħhom, filwaqt li oħrajn jinjoraw l-im-patt ta 'spejjeż iżgħar rikorrenti, li jimminaw l-isforzi tagħhom ta' massimiz-zazzjoni tad-dħul. Pereżempju, jistgħu bla ma jkunu jafu jonfqu $400 fix-xa-har fuq kafè li ma tantx igawdu jew jallokaw $200 fix-xahar għat-televiżjoni bil-kejbil meta jaraw biss ftit stazzjonijiet.

Achani Samon Biaou: Ħa nispjega l-importanza tal-infiq ibbażat fuq il-valuri għall-indipendenza finanzjarja b'xi numri. L-infiq ibbażat fuq il-valuri jista 'jkun id-differenza bejn l-infiq ta' $7,000 kontra $800 fix-xahar f'Dubaj. Jekk jonfoq $7,000 fuq partying, dan jaffettwa b'mod negattiv saħħti minħabba partying u xorb eċċessiv. Se jħallini wkoll inħossni mhux sodisfatt għax ma nkunx nista' nivvjaġġa daqshekk, u l-ivvjaġġar iġibli l-kuntentizza. Ovvjament, l-infiq ibbażat fuq il-valuri mhux dejjem irid ikun daqshekk estrem, imma ridt nuri li li tagħmel tnaqqis drastiku mhux bilfors ifisser li tissagrifika l-kuntentizza.

Il-kisba ta 'xi ħaġa tagħtina għagla ta' dopamina u enerġija. Dan il-momentum huwa benefiċċju moħbi għaliex ladarba nibdew naraw ir-riżultati, insiru aktar ferħanin u aktar motivati biex niksbu saħansitra aktar, li jwassal għal ferħ akbar.

Olumide Ogunsanwo: Napprezza l-eżempju konkret li qsamt. Huwa komuni li tisma 'dawk li jaqilgħu ħafna jwarrbu l-infiq ibbażat fuq il-valuri bħala bullshit komplut. Jistgħu jsostnu li "jkollhom" jonfqu $200ka sena. Madankollu, meta nikkunsidraw id-dħul medjan tad-dar fl-Istati Uniti, li jvarja minn $ 50k sa $ 78k, u l-fatt li ħafna nies jallinjaw l-infiq tagħhom ma 'dik il-firxa, isir sorprendenti għaliex xi ħadd jinsisti li jonfoq $ 200k.

L-użu tal-frażi "għandha" tpoġġina f'mentalità restrittiva. Inħeġġeġ linnies ikunu flessibbli, kurjużi, u jaħsbu barra mill-kaxxa. Il-libertà finanzjarja tiegħek hija f'riskju meta l-infiq tiegħek jonqos milli jallinja mal-valuri tiegħek. Mhuwiex kwistjoni ta 'għażla bejn infiq $ 100k jew $ 60k fis-sena; huwa dwar il-konsegwenzi ta 'nfiq eċċessiv, li jista' jdewwem l-irtirar tiegħek bi snin. L-infiq inkrementali ta' $40k jista' jissarraf f'għexieren ta' snin ta' xogħol addizzjonali. Inħeġġeġ lil kulħadd biex jagħmel il-matematika u jirrifletti profondament fuq dawn l-implikazzjonijiet.

Achani Samon Biaou: Amen. It-tensjoni bejn gratifikazzjoni immedjata u gratifikazzjoni mdewma tinsab fil-qalba tal-għażliet tagħna. Hawnhekk hawn mistoqsija għall-udjenza: Tista' tfakkar xi kisba sinifikanti li kellha l-għeruq fit-tfittxija ta' sodisfazzjon immedjat? Personalment, ma nistax niftakar li wettaq xi ħaġa ta 'valur veru b'enfasi fuq sodisfazzjon immedjat. Il-bini tal-muskolu tal-gratifikazzjoni mdewma huwa importanti. Għandna niffokaw fuq li ngawdu affarijiet li jieħdu ż-żmien biex inwettqu iżda li jkollhom aktar tifsira minn pjaċiri li jgħaddu. Is-soċjetà tibbumbardjana b'tentazzjonijiet, u nispiċċaw infittxu l-kuntentizza billi nakkumulaw oġġetti ta' sodisfazzjon immedjat. Madankollu, il-kuntentizza ġenwina tibqa' elużiva, u tħallina maqbuda f'ċiklu insatijabbli ta' xewqa kbira. Dan l-insegwiment bla waqfien fl-aħħar mill-aħħar iwassal għal żieda fl-infiq, u jipperpetwa l-ġiri għal sodisfazzjon li jgħaddi.

Minflok, ejja nħarrġu moħħna biex insibu l-kuntentizza fil-gratifikaz-zjoni mdewma. M'għandniex bżonn niddejjaq f'xiri impulsiv jew diverti-ment immedjat; anzi, għandna nħaddnu l-essenza tal-essenzjaliżmu. Dak li verament iġiblek pjaċir? Tinsa l-aspettattivi tas-soċjetà u l-influwenzi es-terni. Jekk tidħol fil-fond fil-qalba tiegħek, issib ftit affarijiet li ġenwinament iġibulek ferħ ġenwin. Ladarba tidentifikahom u tinvesti l-ħin, l-enerġija u l-flus tiegħek fihom.

Olumide Ogunsanwo: Iktar ma tiffoka fuq infiq ibbażat fuq il-valuri es-senzjali, aktar ikollok ħin biex tgawdi l-affarijiet li tħobb għal inqas flus għax inevitabbilment issib modi kif tottimizza l-ispejjeż tagħha. Pereżempju, jekk jimpurtak biss mil-logħob tal-baskitbol, tista' ssib biljetti skontati onlajn. Im-ma jekk tonfoq flus fuq 17-il forma differenti ta' divertiment, ikollok inqas ħin biex tirriċerka skontijiet għal kull wieħed.

Ejja ngħaddu aktar fil-fond fl-infiq ibbażat fuq il-valuri billi nqassmu l-kategoriji ta' nfiq sinifikanti f'żewġ gruppi: it-Tliet Kbar u dak li se nsejjaħ ix-Shadow Three. **It-Tliet Kbar jinkludu l-akkomodazzjoni, it-trasport, u l-ikel** , li tipikament huma l-oqsma ta' nefqa primarji għal ħafna nies. Madankollu, huwa ugwalment kruċjali li jitfa' dawl fuq ix- **Shadow Three, li jinkludi taxxi, tfal, u divorzju/avvenimenti katastrofiċi.** Dawn l-oqsma spiss injorati jista' jkollhom impatt sostanzjali fuq il-benessri finanzjarju tiegħek. Fit-taqsimiet li ġejjin, aħna se nesploraw dawn is-sitt oqsma biex nifhmu l-implikazzjonijiet tagħhom u nagħtuk is-setgħa li tieħu deċiżjonijiet infurmati. Ejja nibdew!

1. Djar: Samon, ejja niddiskutu kif nistgħu ottimizzaw l-ispejjeż tad-djar.

Achani Samon Biaou: Hawn kif għandek tavviċinaha: aħseb dwar kif l-akkomodazzjoni tiegħek tikkontribwixxi għall-kuntentizza ġenerali tiegħek. Ikkunsidra ftit affarijiet. X'daqs ta' akkomodazzjoni jallinja mal-valuri u l-miri finanzjarji tiegħek? Int miftuħ biex taqsam l-ispazju tiegħek ma' ħadd-dieħor jew tippreferi tgħix waħdek? Li tkun qrib il-post tax-xogħol tiegħek jimpurtak għalik? Jekk għandek it-tfal, kemm huwa importanti li tkun f'dis-trett skolastiku tajjeb u jkollok arrière? Ipprijoritizza u agħżel bil-għaqal, filwaqt li żżomm f'moħħok li ma jistax ikollok dan kollu mingħajr infiq żejjed. Ħallini naqsam eżempju sempliċi. Meta kont Dubai, inizjalment sibt post stil Airbnb ħdejn il-post tax-xogħol tiegħi. Iktar tard, bdejt nuża punti tal-lukanda għall-waqfien iżda xorta kont żgur li bqajt qrib ix-xogħol.

Olumide Ogunsanwo: Il-post għandu rwol kritiku fid-djar. Mhux biss taffettwa l-prezz iżda wkoll fatturi bħat-taxxi u l-għażliet tax-xogħol. Samon, ħallejt barra fatt importanti, għażilt li tmur BCG Dubai vs BCG London jew BCG San Francisco. Inħeġġeġ lin-nies biex jagħmlu għażliet sistematiċi fejn jidħlu l-post, l-għażla tax-xogħol, u x-xogħol mill-bogħod.

Achani Samon Biaou: Naqbel mal-importanza tal-ħsieb tas-sistemi. In-nies spiss jgħidu, "Ma tifhimx ir-realtà tagħna. Irridu nipprijoritizzaw li nkunu f'distrett skolastiku speċifiku għat-tfal tagħna." Filwaqt li dawn ir-restrizzjonijiet huma validi, huwa kruċjali li tivvaluta mill-ġdid u tipprijoritizza dak li verament importanti meta timmira għall-indipendenza finanzjarja. Jekk l-iżgurar li t-tfal tiegħek ikunu fl-aħjar distrett skolastiku possibbli hija l-ogħla prijorità, allura jista 'jkun jeħtieġ li l-prijoritizzazzjoni ta' aspetti inqas importanti tal-finanzi tiegħek.

Olumide Ogunsanwo: Itħarreġ moħħok biex tipprijoritizza.

Achani Samon Biaou: Xi wħud jistgħu jħossu li l-prijoritizzazzjoni tfisser li jitilfu. Iżda kif Olumide ssemma qabel, il-prijoritizzazzjoni tgħinek tiffoka u tikseb aktar minn dak li tagħżel.

Olumide Ogunsanwo: Iddiskutejna l-prinċipju tal-kurżità f'kapitolu preċedenti. Inħeġġeġ lin-nies biex jikkunsidraw li jottimizzaw l-ispejjeż tad-djar f'livelli differenti. X'tip ta' akkomodazzjoni jagħmel sens għalik? X'potenzjal ta' qsim jeżisti? Tista 'saħansitra teħodha aktar u tikkunsidra li tixtri dar u tikriha lil ħaddieħor (house hacking) biex tgħix kważi b'xejn. Għażliet naraw, imma trid tkun lest li tagħmel l-affarijiet b'mod differenti.

L-ewwel livell, Iftaħ moħħok, kun flessibbli, u aħseb b'mod indipendenti dwar għażliet ta 'akkomodazzjoni differenti. Djar, kumplessi ta 'appartamenti, u karrijiet huma kollha possibilitajiet. Tgħidx, "Trabbejt f'dar, għalhekk ikolli ngħix f'waħda." Iż-żieda ta' restrizzjonijiet għall-ekwazzjoni tagħmilha aktar diffiċli biex jinstabu soluzzjonijiet. Mhux qed nissuġġerixxi li trid tgħix fi karru, imma għaliex le? Jekk tippermettilek tikseb indipendenza finanzjarja, hija għażla vijabbli. Kulħadd għandu għażliet differenti x'jagħmel. Personalment ma kontx għext fi karru, imma kieku kelli 21 sena u noqgħod f'żona fejn id-djar tal-karrijiet jiswew $2,000/sena meta mqabbla ma' kirjiet ta' appartamenti ta' $40,000/sena, ma neskludihx.

It-tieni livell, Wara li tiddetermina t-tip ta 'akkomodazzjoni, huwa importanti li tikkunsidra l-qsim tal-potenzjal. Tista' taħseb, "Għandi 26 sena u ma rridx ħbieb tal-kamra, allura ngħix f'appartament b'kamra tas-sodda waħda." Inħeġġiġkom taħseb b'mod aktar wiesa'. Aktar kmieni f'dan il-kapitlu, semmejt l-oqsma ta' spejjeż Shadow Three: taxxi, numru ta' tfal, u divorzju. L-ispiża moħbija materja skura sottostanti dawn l-oqsma dell kollha hija FOMO u tlaħħaq mal-Joneses. Id-differenza bejn li tgħix waħedha f'appartament ta' kamra tas-sodda f'San Francisco għal $4,000-$5,000 versus li taqsamha ma' żewġ persuni għal $2,000-$3,000 tista' tiddetermina jekk tiksebx indipendenza finanzjarja ta' 38 jew 58.

Achani Samon Biaou: Grazzi Olumide għall-imbuttarna biex nħaffru aktar fil-fond hawn. It-tielet livell huwa dwar ix-xiri versus il-kiri u żona b'ħafna nuqqas ta 'ftehim. Hemm kunċett li bħala raġel ta '30 sena, għandek tixtri dar. Ukoll, bħala investitur tal-proprjetà, ħalluni ngħidlek li d-dar li tgħix fiha m'għandhiex neċessarjament tkun id-dar li tixtri biex tibni l-ġid. F'postijiet bħal San Francisco, tista 'tikri dar għal $8,000 fix-xahar li tiswa $4 miljun sa $5 miljun jekk kellek tixtriha. Jekk tieħu ipoteka fuq dik id-dar, tispiċċa tħallas aktar minn $20,000/xahar. Issa, aħseb dwarha. B'dawk $4 miljun, tista 'tixtri 20 appartament fil-Ġeorġja u tuża d-dħul mill-kiri biex tkopri l-kera tiegħek f'San Francisco. Personalment, nippreferi nikri hawn percss li toffri aktar flessibilità. Bil-kiri, tista' tiċċaqlaq b'avviż ta' ftit xhur biss, filwaqt li ipoteka teħtieġ aktar ħin u sforz biex issib kerrej jew tbigħ.

Olumide Ogunsanwo: Il-maġġoranza tan-nies għandhom janalizzaw bir-reqqa d-deċiżjoni tagħhom qabel jixtru dar. It-teħid ta' dik id-deċiżjoni unika li tixtri dar meta l-kiri setgħet kienet għażla aħjar tista' torpedow il-ħolma tiegħek ta' indipendenza finanzjarja. M'għandekx sempliċement temmen l-idea li l-kiri huwa "tarmi flusek" jew taċċetta aneddoti mill-familja jew kollegi. Ommok, għalkemm b'intenzjoni tajba, tista' ma tkunx esperta tal-proprjetà immobbli. Il-kap tiegħek ukoll seta' kien xortik tajba meta għamel flus billi biegħ id-dar tiegħu, jew seta' għamel aktar flus billi investa fl-istokk tassuq Minflok, uża kalkolaturi online tal-kera vs ix-xiri biex tivvaluta b'mod oġġettiv is-sitwazzjoni tiegħek. Daħħal il-parametri meħtieġa u ħalli l-kalkolatur jiggwidak lejn l-aħjar għażla M'għandekx tagħmel suppożizzjonijiet

mingħajr evalwazzjoni xierqa Inti tista 'tkun sorpriż li tiskopri li l-kiri hija
għażla aktar favorevoli f'ħafna partijiet tad-dinja.

Ejja nieħdu eżempju speċifiku. Ejja ngħidu li int raġel wieħed fl-aħħar
ta' għoxrin sena li tgħix fi New Jersey. Għandek diversi għażliet: studio, ap-
partament b'kamra tas-sodda waħda, appartament b'żewġ kmamar tas-sodda
b'kamra żejda għall-mistednin, jew appartament bi tliet kmamar tas-sodda
bi kmamar żejda għal ġinnasju jew mistednin. Din id-deċiżjoni ta' akko-
modazzjoni waħda – li tagħżel fost dawn l-erba' għażliet – tista' tħalli impatt
sinifikanti fuq il-futur finanzjarju tiegħek u żżommok fil-jasar tal-karriera
għal għexieren ta' snin. Ħu l-ħin biex tanalizza b'mod metikoluż din id-
deċiżjoni. Barra minn hekk, kun konxju li ċerti kulturi jiffavorixxu bil-qawwa
s-sjieda tad-dar, għalhekk huwa importanti li tegħleb kwalunkwe preġudizzju
meta twettaq l-analiżi komparattiva tiegħek. Temminx bl-addoċċ dak kollu li
taqra, inkluż dan il-ktieb, sakemm ma tkunx tista' tivvalidah b'mod indipen-
denti permezz ta' ħsieb kritiku. Filwaqt li Samon kiseb l-indipendenza fi-
nanzjarja primarjament permezz ta' investimenti fil-proprjetà immobbli u l-
kiri, huwa kruċjali għalik li tivverifika l-informazzjoni għalik innifsek.

2. Trasport: Hemm għażliet differenti, li jvarjaw minn mixi u ċikliżmu
għal karozzi tal-linja u karozzi, anke ġettijiet privati. Meta tikkunsidra t-
trasport, huwa kruċjali li taħseb dwar kif tidħol fil-ħsieb ibbażat fuq is-sis-
tema tax-xogħol u l-akkomodazzjoni tiegħek. Ejja nkunu ċari, jekk qed tgħix
mill-bogħod fil-Portugall, l-ispejjeż tat-trasport tiegħek ikunu minimi peress
li m'għandekx bżonn tivvjaġġa lejn uffiċċju.

Issa, ipotetikament, ejja ngħidu li ssib ruħek f'sitwazzjoni fejn m'intix
remot u jkollok bżonn tivvjaġġa għal uffiċċju kuljum. Minflok awtomatika-
ment tixtri karozza, ikkunsidra alternattivi oħra. Il-mixi u r-rota, pereżempju,
joffru benefiċċji sinifikanti għas-saħħa. Filwaqt li dan il-ktieb mhuwiex speċi-
fikament dwar is-saħħa, huwa importanti li wieħed jinnota li l-mixi u ċ-ċik-
liżmu huma modi tajbin biex iżżomm il-ġisem tiegħek fil-forma. Mhux qed
nitkellem biss dwar l-emissjonijiet tal-monossidu tal-karbonju; Qed nirreferi
għall-attività fiżika li tikkontribwixxi għall-benessri ġenerali tiegħek. Natu-
ralment, kull ċirkostanza hija differenti, għalhekk inħeġġiġkom taħseb b'mod
kreattiv u tesplora għażliet mhux konvenzjonali. M'għandekx sempliċement
tixtri karozza, speċjalment meta wieħed iqis id-differenza fl-ispiża għolja bejn
il-mixi, is-sewqan u r-rota. Karozza, anke diċenti użata, tista' tiswa madwar

$10,000, filwaqt li tista' ssib roti sbieħ għal $300-$700.

Achani Samon Biaou: Ta' min isemmi li lanqas biss missew l-ispejjeż tat-tiswija, tal-gass u tal-assigurazzjoni assoċjati mal-pussess ta' karozza. Xi nies jargumentaw li għandhom bżonn karozza minħabba l-familja tagħhom. Mhux qed inwarrab l-importanza ta' karozza, imma nħeġġiġkom tirrifletti fil-fond fuqha. Jekk ir-raġuni ewlenija li tixtri karozza hija li tieħu lit-tifel tiegħek biex jipprattika darba fil-ġimgħa nhar ta' Sibt, jista' jkun li qed tonfoq żżejjed.

Olumide Ogunsanwo: Filwaqt li l-Uber ride għall-prattika tat-tifel tiegħek jista 'jiswa madwar $14, qed tonfoq $15,000 fuq karozza. Huwa kruċjali li taħseb b'mod kritiku u tikkunsidra l-għadd kbir ta 'għażliet disponibbli. Kif semmejna qabel, hemm mixi, ċikliżmu, ridesharing, u ħalli nżid li l-firxa tal-prezzijiet li semmejt għar-roti kienet tirreferi għal oħrajn ġodda. Madankollu, tista 'ssib bikes użati affidabbli għal $ 200- $ 400. Mhijiex sempliċiment għażla bejn karozza u rota, jew karozza u xarabank, jew karozza u mixi. Hija deċiżjoni li tista' tħalli impatt fuq il-kalendarju tal-irtirar tiegħek b'diversi snin jekk tagħżel il-karozza, jew twassal għal saħħa aħjar u ħafna aktar snin ta' għajxien attiv jekk tipprijoritizza l-mixi jew ir-rota.

3. Ikel: L-ewwel u qabel kollox, l-iktar għażla kosteffettiva hija li tipprepara l-ikliet tiegħek id-dar. It-tisjir tal-ikliet tiegħek jegħleb l-ispejjeż tal-ikel barra. Tista 'tikkontrolla l-ingredjenti u tagħżel għażliet ta' ikel aktar b'saħħithom u inqas għaljin. It-tieni, tista 'sajjar bl-ingrossa u tiffranka l-fdal għal aktar tard. It-tieni nett, meta niġu għall-ikel li tikkonsma, agħmel għażliet maħsubin. Xi ikel huma intrinsikament aktar b'saħħithom minn oħrajn. Billi tiddedika ħin għat-tisjir fid-dar, mhux biss ikollok tgawdi l-kumditajiet ta 'l-ispazju tiegħek, iżda wkoll ikollok l-opportunità li tfassal ikliet nutrittivi u favur il-baġit. Fortunatament, ħaxix u frott bnin bħall-brokkoli, il-kale, u l-berries għandhom tendenza li jkunu aktar affordabbli meta mqabbla ma 'kura pproċessata bħal kandju jew soda. Frott u ħaxix huma għoljin f'nutrijenti u baxxi fil-kaloriji. Ikel ipproċessat, min-naħa l-oħra, ħafna drabi jkun għoli fix-xaħmijiet ħżiena għas-saħħa, zokkor u melħ. Tibżax tesperimenta. In-nies għandhom jivvalutaw il-bilanċ preferut tagħhom bejn it-tisjir fid-dar u l-ikel barra, l-importanza ta 'ikel tajjeb għas-saħħa, u l-ammont ta' ħin li jridu jqattgħu fit-tisjir.

Achani Samon Biaou: Ejja nerġgħu nerġgħu nibdlu l-ispejjeż f'investimenti. Il-kwalità ta 'l-ikel fir-ristoranti, anke dawk ta' livell għoli, tista 'tkun inferjuri b'mod sinifikanti għal dak li tista' issajjar id-dar.

Olumide Ogunsanwo: Assolutament. Huma jixtru l-ingredjenti bl-ingrossa u jippreparaw l-ikel mingħajr il-kura u l-attenzjoni li tagħti meta tsajjar għalik innifsek.

Achani Samon Biaou: L-ikel huwa s-sors ewlieni ta 'fjuwil għal ġismek, u l-kwalità tiegħu tista' tħalli impatt sinifikanti fuq is-saħħa tiegħek. Aħseb fl-għażliet tal-ikel tiegħek bħala investimenti fil-benessri tiegħek. Ir-riċerka wriet b'mod konsistenti li l-konsum ta 'ammonti eċċessivi ta' laħam aħmar huwa assoċjat ma 'riskji ogħla ta' mard kardjovaskulari u kanċer. Huwa importanti li tistaqsi lilek innifsek: Irrid inżid iċ-ċansijiet tiegħi li ngawdi l-indipendenza finanzjarja sa fis-snin sebgħin tiegħi? Din ir-riflessjoni tista' twassalk biex tadotta drawwiet ta' ikel aktar tajbin għas-saħħa. Inkella, tista' tagħti prijorità lil aspetti oħra u taċċetta ħajja iqsar. Personalment, l-ikel huwa t-tieni l-ogħla spiża fil-baġit tiegħi, u jenfasizza s-sinifikat li npoġġi biex nagħmel għażliet konxji u orjentati lejn is-saħħa. Il-proteina kollha tal-annimali tiegħi hija importata direttament mill-Afrika tal-Punent fejn għandi fiduċja ogħla li hija organika u b'saħħitha.

Olumide Ogunsanwo: Meta sħabek awtomatikament jissuġġerixxu li tmur f'ristorant kull darba li trid hang out, għaliex ma tipproponix li tmur il-park jew il-bajja minflok? Hemm ħafna alternattivi. Tħoss li ħafna nies jonqsu milli joħorġu jieklu, iżda m'għandux għalfejn ikun hekk. Aħseb b'mod kreattiv. Jista 'jkollok bżonn biss li taġġusta l-proporzjon ta' ħin li tqatta 'tiekol id-dar versus toħroġ, li diġà jista' jkollu impatt sinifikanti. Tħallix lill-FOMO jikkontrollak. Jekk il-ħbieb tiegħek kollha se jmorru f'ristorant fejn l-ikla medja tiswa $120, tista 'tgħidilhom, "Guys, niltaqa' magħkom għax-xorb wara." B'dan il-mod, tista' tonfoq biss $20 jew $30. Qed naqsam dawn il-pariri speċifiċi għax inħoss li ħafna nies jissottovalutaw l-impatt. Jekk ta' spiss tiekol barra u tonfoq $120 kull darba, dan jammonta għal spiża medja fix-xahar ta' $500, li hija ekwivalenti għall-kera. Huwa kruċjali li tkun konxju.

Achani Samon Biaou: Meta wieħed jitkellem dwar l-ikel, ejja ma ninjorawx l-impatt tax-xorb fuq il-baġits tagħna. Ħafna drabi jistgħu jkunu aktar prezzjużi mill-ikel innifsu. Kont nikkunsma ammont ġust ta' alkoħol, għalkemm qatt ma qisni lili nnifsi bħala alkoħoliku. Madankollu, hekk kif ħaddan l-infiq ibbażat fuq il-valuri, l-attenzjoni tiegħi nbidlet biex nipprijoritizza sahħti. Irrealizzajt li l-alkoħol mhux biss kien qed ibattal il-finanzi tiegħi iżda wkoll jaffettwa b'mod negattiv il-benessri tiegħi. Konsegwentement, ħadt deċiżjoni konxja li naqqas b'mod sinifikanti l-konsum tiegħi ta 'alkoħol. Illum il-ġurnata, nirriżervah għal okkażjonijiet rari, bħal għeluq is-snin jew avvenimenti speċjali, u anke dakinhar, nixrob bil-moderazzjoni. Naqsam dan l-eżempju personali biex nenfasizza kif bidliet bħal dawn jistgħu jġibu trasformazzjonijiet pożittivi fil-ħajja tiegħek. Għalkemm għadni nieħu pjaċir noħroġ mal-ħbieb fil-bars, l-għażla tiegħi li nastjeni milli nixrob ma tfixkilx l-esperjenzi soċjali tiegħi.

Olumide Ogunsanwo: Waqaft nixrob meta kelli 17 jew 18-il sena, kif tgħallimt fil-kapitolu tiegħi tal-ewwel grad. Madankollu, għadni nżur bars u klabbs għall-mużika, l-esperjenza u n-nies. L-alkoħol ma nagħtikx. L-alkoħol mhuwiex ħabib tiegħek u se jkabbruk. Ikkunsidra t-tip ta' ikel li tikkonsma, billi tenfasizza l-kwalità aktar milli tiffoka biss fuq il-prezz. Hu l-opportunità biex ittejjeb il-ħiliet tat-tisjir tiegħek, li jallinja mal-prinċipju tal-iżvilupp personali. Evita li taqa 'fin-nasba tal-FOMO u t-tentazzjoni li tlaħħaq ma' oħrajn fl-ikel soċjali, peress li ħafna drabi twassal għal infiq żejjed bla bżonn.

Li tikkonkludi d-diskussjoni dwar it-Tliet Kbar. Issa, ejja ngħaddu għal Shadow Three: taxxi, tfal, u divorzju/avvenimenti katastrofiċi.

4. Taxxi: Tipi differenti ta 'taxxi, inklużi taxxi federali, statali, tal-belt, tad-dħul u tal-bejgħ, jista' jkollhom impatt sinifikanti fuq il-finanzi tiegħek. Huwa vitali li ma tiġix sottovalutata l-importanza tal-ottimizzazzjoni tat-taxxa. Fil-fatt, għal ħafna individwi, it-taxxi jista' jkollhom impatt finanzjarju akbar mill-ispejjeż tad-djar. Esplora postijiet madwar id-dinja b'taxxi aktar baxxi fuq id-dħul jew saħansitra għażliet ħielsa mit-taxxa, u ikkunsidra wkoll ir-rati tat-taxxa fuq il-proprjetà. Analizza dawn ix-xenarji u evalwa bir-reqqa l-kompromessi li tgħix fi bliet differenti biex timmassimizza l-vantaġġi tat-taxxa tiegħek. Ibqa 'fuq l-obbligi tat-taxxa tiegħek, kejjel l-impatt tagħhom, u aċċerta li qed tagħmel l-aħjar użu mit-tnaqqis u l-krediti disponibbli. Mhux qed nissuġġerixxi li tirriloka biss għall-fini ta' taxxi aktar baxxi, iżda pjuttost li tenfasizza l-konsiderazzjoni tal-implikazzjonijiet tat-taxxa meta tagħżel fejn tgħix. Pereżempju, li tgħix f'post bħal Dubaj b'taxxa tad-dħul aktar baxxa jista 'jkun ta' min jiġi esplorat. Jekk ir-residenza fil-Kanada tallinja mal-valuri tiegħek, aqbad, imma kun konxju li l-kombinazzjoni ta 'taxxi fuq id-dħul u l-bejgħ tista' tieħu porzjon sinifikanti, li jvarja minn 20% sa 60%, tal-qligħ totali tiegħek.

Achani Samon Biaou: Inħobb dawn l-għarfien. In-nies ħafna drabi jassumu li huma marbuta mal-belt jew il-pajjiż attwali tagħhom, u jwassalhom biex jipperċepixxu t-taxxi bħala inevitabbli.

Olumide Ogunsanwo: Il-pandemija tal-COVID-19 bidlet kollox, u tat aktar flessibbiltà lin-nies biex jgħixu fi bliet bi strutturi tat-taxxa ferm differenti.

Achani Samon Biaou: Hawnhekk fil-Kalifornja, it-taxxi tiegħi huma tliet darbiet il-kera tiegħi.

Olumide Ogunsanwo: Yikes. U dan lanqas biss jitqies it-taxxa fuq il-proprjetà u t-taxxa fuq il-bejgħ, li jistgħu jżidu l-piż b'mod sinifikanti. Ta' min isemmi t-taxxa fuq il-proprjetà, speċjalment għal dawk li qed jikkontemplaw jixtru dar. Hija parti minn valutazzjoni tal-ispejjeż ibbażata fuq is-sistema.

Achani Samon Biaou: Meta tkun qed tħallas ipoteka b'5% jew 6% u żżid it-taxxa fuq il-proprjetà (li tista' tkun eżorbitanti f'Kalifornja), l-effett kumulattiv huwa li l-pussess ta' dar jista' ma jallinjax mal-għanijiet ta' indipendenza finanzjarja. Issir kwistjoni ta' vanità, li hija l-għadu tal-indipendenza finanzjarja.

Olumide Ogunsanwo: Vanity huwa mod edukat kif tgħid FOMO. Xi nies jagħtu prijorità lill-ikkuppjar tal-ħbieb tagħhom fuq il-kisba tal-indipendenza finanzjarja.

Achani Samon Biaou: It-taxxi huma oerhört importanti, u nista' nitkellem mill-esperjenza personali. Ma kontx inkun kapaċi nsegwi t-triq tiegħi u nilħaq l-indipendenza finanzjarja fi stadju daqshekk bikri kieku kont qed ngħix stil ta' ħajja intaxxat ħafna. Matul il-karriera tiegħi ta' 20 sena, qattajt inqas minn sentejn inħallas it-taxxi.

Olumide Ogunsanwo: Dak inkredibbli.

Achani Samon Biaou: Għal dawk li jaħsbu, "Imma kif se jiġu ffinanzjati t-toroq u s-servizzi pubbliċi jekk ma nħallsux it-taxxi?" Jekk ma tifhimx il-politika fiskali u l-infiq tal-gvern, ħalluni nassigurak li tħallas għall-affarijiet b'xi mod jew ieħor.

Olumide Ogunsanwo: It-taxxi tiegħek illum huma minħabba d-deċiżjonijiet tiegħek tal-bieraħ. It-taxxa tad-dħul tiegħek ġejja mix-xogħol li għażilt, taxxa fuq il-proprjetà mid-dar li xtrajt, u taxxa fuq il-bejgħ milloġġetti li xtrajt. Int ħadt dawk id-deċiżjonijiet, u int li tista' tbiddelhom. Evita li testernalizza t-tort u tilmenta dwar taxxi għoljin. Ftakar fid-diskussjonijiet tagħna dwar l-awtonomija, l-awto-kunfidenza, u l-isserraħ fuqek innifsek biex tieħu deċiżjonijiet li jwasslu għal indipendenza finanzjarja akbar. Taħlix ħin tilmenta li l-gvern tal-Istati Uniti jeħtieġ li jbaxxi t-taxxi federali. Dik mhix il-problema tiegħek. Tiddejjaqx issib modi biex tagħmel lobby lil New Jersey biex tnaqqas it-taxxi tal-belt. Ukoll, mhux il-problema tiegħek. Minflok, staqsi lilek innifsek, "Irrid ngħix hawn?" Jekk ma tridx tħallas it-taxxi, imbagħad ikkunsidra li tiċċaqlaq xi mkien ieħor.

Achani Samon Biaou: F'ċerti pajjiżi, ix-xiri ta' proprjetajiet għal skopijiet ta' kiri jista' jiġi b'inċentivi fiskali addizzjonali, li jmorru lil hinn mit-tnaqqis standard tal-ispejjeż tal-imgħax fuq l-ipoteki. Tixbah lil iffrankar u tgawdi minn rata ta' taxxa aktar baxxa matul is-snin tax-xogħol tiegħek. Hekk kif tagħmel tranżizzjoni għall-irtirar, id-dħul mill-kiri minn dawn il-proprjetajiet isir assi siewi hekk kif tiżblokka l-valur akkumulat tal-investimenti tiegħek.

Olumide Ogunsanwo: Ftakar il-prinċipju tagħna ta 'kurżità. Fittex l-internet għal "kif tnaqqas it-taxxi f'[post speċifiku tiegħek]." Ir-responsabbiltà tistrieħ fuq spallejk, u tagħtik is-setgħa li tesplora modi kif tottimizza s-sitwazzjoni speċifika tat-taxxa tiegħek. Filwaqt li l-għarfien ta 'Samon huwa importanti, l-għan usa' huwa li tqanqal il-kurżità tiegħek, tqanqal l-eċċitament tiegħek, u twettaq riċerka mfassla għaċ-ċirkostanzi uniċi tiegħek. Titlifx fl-ispeċifiċitajiet ippreżentati hawn. Mhux biss dwar id-dettalji; huwa dwar li tqajjem ix-xewqa tiegħek li tfittex, timplimenta, tieħu azzjoni, u tadatta tul it-triq.

Achani Samon Biaou: Ukoll, agħti attenzjoni lill-pjanijiet sponsorjati minn min iħaddem li jikkontribwixxu perċentwal tad-dħul tiegħek għall-pensjoni jew tfaddil mingħajr taxxa. Ikkalkula dawn il-benefiċċji meta tkun qed tinnegozja l-kuntratt tax-xogħol tiegħek.

Olumide Ogunsanwo: Dan jallinja mal-ħsieb ibbażat fuq is-sistema għall-massimizzazzjoni tad-dħul, hux? Tiffokax biss fuq salarji mhux maħduma (eż., Kumpanija A toffri $40k, Kumpanija B toffri $50k). Minflok, kabbar il-perspettiva tiegħek biex tikkunsidra l-kumpens totali u l-vantaġġi flimkien. Kumpanija A tista 'tipprovdi pakkett ta' kumpens totali ta '$ 78k meta tqis 401K, xogħol mill-bogħod, taxxi aktar baxxi, u aktar. Aħseb lil hinn biss minn salarju bażi; janalizza l-kumpens totali u l-impatt tiegħu fuq l-ispejjeż, l-akkomodazzjoni, it-trasport u t-taxxi, filwaqt li tikkunsidra kontijiet vantaġġati mit-taxxa bħal 401K, IRA u HSA

Achani Samon Biaou: Jekk taħdem mid-dar u tuża d-dar tiegħek bħala uffiċċju biex timmaniġġja l-proprjetajiet tiegħek, tista' tkun tista' titlob jew tnaqqas porzjon mill-kera tiegħek. Personalment, meta ttir lejn l-Afrika t'Isfel biex nattendi l-proprjetajiet tiegħi, niffirma kirjiet ġodda, jew nittratta diversi kompiti, dawk l-ispejjeż jistgħu jkunu deduċibbli sa ċertu punt. Ikkunsidra l-benefiċċji kollha li toffri s-sistema. Hemm bosta modi kif tnaqqas il-piż tat-taxxa tiegħek.

Olumide Ogunsanwo: Issa, ejja nittrattaw l-ispiża shadow li jmiss, spejjeż relatati mat-tfal.

5. Tfal: Huwa kruċjali li tevalwa bir-reqqa n-numru ta' tfal li qed tippjana li jkollok u tifhem l-impatt li se jkollu fuq il-vjaġġ tiegħek lejn l-indipendenza finanzjarja. It-trobbija tat-tfal ġġib magħha spejjeż li ħafna drabi huma diffiċli biex jiġu stmati, u jistgħu saħansitra jaqbżu t-taxxi u l-ispejjeż tad-djar, skont il-livell ta' appoġġ tal-ġenituri pprovdut.

Ejja ngħidu li inti mqatta bejn żewġ jew tlett itfal. Filwaqt li d-differenza tista 'tidher insinifikanti għall-ewwel, jista' jkollha influwenza profonda fuq it-triq tiegħek għall-irtirar. Jien mhux hawn biex niddettalek in-numru ideali ta' tfal, għax tibqa' għażla personali. Pjuttost, irrid nenfasizza l-kompromessi involuti—irtirar ta '42 b'żewġt itfal kontra l-irtirar ta' 49 bi tlieta. Ikkunsidra s-snin addizzjonali ta' xogħol meħtieġa minħabba li jkollok aktar tfal.

Inti tista 'xorta temmen bis-sħiħ li jkollok it-tfal huwa worth it, u dik hija perspettiva sabiħa. Iżda huwa essenzjali li tieħu deċiżjoni infurmata u tikkunsidra dawn il-fatturi qabel ma tibda familja. Ladarba jkollok it-tfal, dawn isiru r-rigali għeżież ta' ħajtek, li jistħoqqilhom l-imħabba u l-kura kollha tiegħek.

Achani Samon Biaou: Ħa nagħti tliet perspettivi dwar dan. L-ewwel, iż-żmien li jkollok it-tfal jaffettwa l-vjaġġ tiegħek lejn l-indipendenza finanzjarja skont meta jkollokhom. Jekk għandek tifel f'età żgħira, jista' jkun ta' sfida li tiffoka fuq l-istudji tiegħek. Madankollu, jekk ikollok tifel f'età aktar tard, dan jista' jillimita l-opportunitajiet professjonali u jagħmlek aktar sedentarju. Nies bit-tfal huma inqas probabbli li jagħmlu bidliet u jiċċaqilqu. Li jkollok tifel aktar tard fil-ħajja jista' joffri aktar flessibilità.

It-tieni, anke f'dak li għandu x'jaqsam mat-trobbija tat-tfal, jekk tkun kmieni fil-karriera tiegħek, jista' jkollok inqas mezzi finanzjarji biex tipprovdi t-trobbija mixtieqa. Jekk il-flus għandhom rwol sinifikanti fit-trobbija tat-tfal tiegħek, jista 'jkun aħjar li tikkunsidra li jkollok it-tfal aktar tard meta jkollok ir-riżorsi meħtieġa.

It-tielet, meta taħseb li jkollok it-tfal, ikkontempla wkoll l-impatt li jista' jkollha fuq it-trajettorja tal-karriera tiegħek. Xi industriji jeħtieġu xogħol intens għall-promozzjonijiet, li jistgħu jkunu ta' sfida biex jibbilanċjaw mat-trobbija xierqa tat-tfal. Ħafna drabi dawn huma suġġetti mhux mitkellma minħabba l-korrettezza politika.

Olumide Ogunsanwo: Irridu nitkellmu dwarha. Huwa importanti ħafna.

Achani Samon Biaou: Ejja ngħidu li qed f'impjieg ta' stress għoli, li jimmira li timxi minn kariga ta' assoċjat għal pożizzjoni ta' direttur. F'dan l-istadju, li jkollok tfal iżid il-livelli ta 'stress, u jaffettwa s-saħħa tiegħek. Tnaqqas ukoll il-ħila tiegħek li tikkonnettja mat-tifel/tifla tiegħek peress li jista' jkollok bżonn tistrieħ fuq servizzi ta' kura tat-tfal imħallsa. Hemm bosta fatturi li għandek tikkonsidra.

Olumide Ogunsanwo: U ejja ma ninsewx, Samon, li hemm bidliet intanġibbli wkoll. Il-perċezzjoni tal-maniġer tiegħek tista 'tkun, "Oh, qed ikollok tifel, allura inti taħdem inqas u tkun inqas iffukat." Tista' taħseb li huwa ħażin li l-maniġer tiegħek jaħseb hekk, imma hekk hija l-ħajja.

Achani Samon Biaou: Jekk ma jimpurtakx b'mod partikolari meta u kif ikollok it-tfal, jista 'jagħmel sens li tipposponiha sakemm tkun aktar stabbilita fil-karriera professjonali tiegħek. Dan l-approċċ jibbenefika kemm għall-indipendenza finanzjarja kif ukoll għall-abbiltà li tqatta' ħin mat-tfal tiegħek. Barra minn hekk, ħafna kumpaniji issa joffru għażliet bħall-iffriżar tal-bajd u l-ħin tat-twaħħil tat-trabi.

Olumide Ogunsanwo: Li jkollok tfal jista 'jkollu impatt kbir fuq id-drawwiet ta' nfiq tiegħek, speċjalment f'oqsma bħall-akkomodazzjoni, it-trasport u l-ikel. Inti tista 'tixtieq tgħix eqreb tal-iskola tagħhom, li jista' jfisser kera ogħla jew pagamenti ta 'ipoteki. Jista 'jkollok bżonn tixtri karozza biex issuqhom, li tista' żżid mal-ispejjeż tal-gass u tal-manutenzjoni tiegħek. Jista 'jkollok ukoll taġġusta l-baġit tal-ikel tiegħek biex takkomoda l-preferenzi u l-ħtiġijiet nutrittivi tagħhom. Aħna m'aħniex hawn biex niġġudikaw l-għażliet tal-istil tal-ħajja tiegħek jew ngħidulek kemm għandu jkollok tfal. Irridu biss ngħinuk tifhem kif id-daqs tal-familja tiegħek jaffettwa l-miri finanzjarji tiegħek u kif tista' tippjana kif xieraq.

6. Divorzju u avvenimenti katastrofiċi: L-aħħar dell ta 'l-oqsma ta' spejjeż Shadow Three huwa divorzju u avvenimenti katastrofiċi. F'xi pajjiżi, id-divorzju jista' jwassal għal telf xokkanti sa 50% tal-assi tiegħek, li jista' jkollu impatt devastanti fuq il-vjaġġ tiegħek lejn l-indipendenza finanzjarja. Tista' titlef l-indipendenza finanzjarja tiegħek anki wara li tilħaq FI billi titlef nofs l-assi tiegħek. Mhux biss il-konsegwenzi finanzjarji; in-noll emozzjonali jista' jkun immens. Li titlef is-sieħba tiegħek, il-persuna li tħobb, wara li qattgħu snin flimkien tista' tkun emozzjonalment ta' dwejjaq filwaqt li tipperikola l-futur finanzjarju tiegħek. Inħeġġeġ lil kulħadd biex jinvesti l-ħin biex isib is-sieħeb it-tajjeb. Ikkunsidra jekk taqsamx l-istess valuri u kompatibilità. Ħu l-ħin biex tifhem l-implikazzjonijiet tad-divorzju fil-post speċifiku tiegħek. Mhux qed nissuġġerixxu li tevita ż-żwieġ jew ir-relazzjonijiet imma pjuttost tifhem l-effetti tad-divorzju meta tieħu deċiżjonijiet.

Achani Samon Biaou: Issa, ejja nagħtu attenzjoni għal avvenimenti katastrofiċi, partikolarment dawk relatati mas-saħħa. Ħafna minna għandhom it-tendenza li jemmnu li aħna invinċibbli sakemm l-istrajkijiet mhux mistennija. Madankollu, huwa kruċjali li nirrikonoxxu li ħadd minna mhu eżentat minn kwistjonijiet ta' saħħa. Huwa għalhekk li huwa essenzjali li tippjana u tipprepara b'mod proattiv. L-iżvilupp ta 'strateġija robusta ta' assigurazzjoni tas-saħħa għandu jkun fil-quċċata tal-lista tiegħek. Ikkunsidra l-kopertura speċifika li teħtieġ u kun żgur li tapplika għall-pajjiżi li tafrekwenta. Il-prevenzjoni hija wkoll essenzjali. Screenings regolari u miżuri proattivi jistgħu jtejbu b'mod sinifikanti l-ħila tiegħek li tindirizza kwistjonijiet tas-saħħa b'mod effettiv. Barra minn hekk, tinjorax l-importanza li tassigura l-assi kritiċi tiegħek. Li tħalli oġġetti importanti mhux assigurati jista' jwassal għal piżijiet finanzjarji sinifikanti. Ftakar, l-investiment fi primjum żgħir tal-assigurazzjoni llum jista' jiffranka spejjeż sostanzjali fit-tul.

Olumide Ogunsanwo: Inħeġġeġ bil-qawwa lil kulħadd biex jagħti prijorità lill-protezzjoni tiegħu f'sitwazzjonijiet li jinvolvu divorzju u avvenimenti katastrofiċi oħra. Hemm diversi għodod disponibbli, inkluż assigurazzjoni tal-proprjetà u assigurazzjoni tas-saħħa. Hekk kif tinnaviga dawn iċ-ċirkostanzi, huwa kruċjali li ssib modi kif tissalvagwardja lilek innifsek.

Ikkunsidra għażliet bħal ftehimiet prenuptial għaż-żwieġ, pjanijiet ta 'assigurazzjoni tas-saħħa, u kopertura ta' assigurazzjoni ta 'dar jew proprjetà. Assigurazzjoni adegwata hija vitali, peress li n-nuqqas tagħha jista 'jwassal għal sitwazzjonijiet ta' sfida bħal nar fid-dar. Filwaqt li mhux se nipprovdu rakkomandazzjonijiet speċifiċi għal kull katastrofi possibbli, irridu nenfasizzaw l-impatt negattiv potenzjali tagħhom fuq il-vjaġġ finanzjarju tiegħek. Ħu passi proattivi biex tipproteġi lilek innifsek!"

Dak ikopri l-oqsma ta' nfiq tagħna Big Three u Shadow Three. Biex tqassar l-infiq ibbażat fuq il-valuri: Identifika u pprijoritizza l-valuri tiegħek. Allinja l-infiq tiegħek kif xieraq u kun kawt li ċedi għal FOMO. **FOMO hija l-problema u l-infiq ibbażat fuq il-valuri huwa l-antidotu** . Issa, ejja ngħaddu għar-rakkomandazzjonijiet u r-referenzi.

Achani Samon Biaou: Nirrakkomanda " Your Money or Your Life [5]", minn Vicki Robin. Għalkemm ma tiffokax speċifikament fuq l-indipendenza finanzjarja, toffri gwida siewja dwar l-ippjanar finanzjarju għall-irtirar. Jkopri suġġetti bħall-ħarba tan-nases tad-dejn, il-kultivazzjoni ta' drawwiet ta' tfaddil konxju u s-simplifikazzjoni ta' ħajtek billi telimina affarijiet bla bżonn.

Olumide Ogunsanwo: Interessanti li ssemmi li mhux direttament dwar l-indipendenza finanzjarja. Xi wħud iqisu l-verżjoni tal-ktieb tal-1992 bħala l-oriġini tal-moviment tal-indipendenza finanzjarja, anki qabel ma nħoloq it-terminu FI/RE (Indipendenza Finanzjarja / Irtira Kmieni). Dan jista 'jispjega għaliex ma tagħmilx il-konnessjoni. Huwa ktieb oerhört importanti li wassal lin-nies jirrealizzaw li jistgħu jħallu l-ħajja korporattiva fit-tletinijiet tagħhom. Issa, għandi tliet rakkomandazzjonijiet:

" Irtirar kmieni estrem [6]" minn Jacob Fisker. Ir-raġel huwa ġenju. Dan il-ktieb huwa qari brillanti u rakkomandat ħafna. Fisker, wieħed mill-vuċijiet bikrija fl-ispazju tal-finanzi personali u l-indipendenza finanzjarja, jaqsam il-prinċipji tiegħu u l-approċċ ibbażat fuq is-sistema biex jottimizza l-infiq u l-ispejjeż.

" Miljunarju bieb ta' ħdejn [7]" minn Thomas Stanley. Dan il-ktieb joffri

---

5.   https://yourmoneyoryourlife.com/

6.   https://www.amazon.com/Early-Retirement-Extreme-philosophical-independence-ebook/dp/ B0046LU7H0

7.   https://www.amazon.com/Millionaire-Next-Door-Surprising-Americas-ebook/dp/ B0BX7G7PZN

għarfien dwar il-ħajja tal-miljunarji Amerikani. Permezz tar-riċerka tagħhom, l-awturi skoprew li l-miljunarji huma dixxiplinati u frugali, u jevitaw stili ta 'ħajja stravaganti. Huma jidħlu fil-mentalità, ix-xejriet tal-infiq, u l-infiq ibbażat fuq il-valuri ta 'dawn l-individwi. Il-ktieb jinkludi profili dettaljati ta' mijiet ta' miljunarji.

" Stop Acting Rich [8]" minn Thomas Stanley. Dan il-ktieb jispjega li s-salarju waħdu ma jiddeterminax il-valur nett; jiddependi fuq id-drawwiet tal-infiq. Tenfasizza s-sejba sorprendenti li professjonijiet bħat-tagħlim, minkejja salarji aktar baxxi, għandhom it-tendenza li jkollhom valur nett ogħla minħabba tendenzi FOMO aktar baxxi. Min-naħa l-oħra, l-avukati, minkejja salarji ogħla, ħafna drabi jkollhom valur nett aktar baxx milli mistenni peress li jċedu għall-FOMO u jonfqu fuq oġġetti ta 'lussu biex ilaħħqu ma' sħabhom.

Achani Samon Biaou: Hekk kif nikkonkludu, irrid intenni li l-FOMO huwa l-għadu tiegħek.

Olumide Ogunsanwo: Iħaddnu l-kombinazzjoni qawwija ta 'nfiq ibbażat fuq il-valuri u massimizzazzjoni tad-dħul biex tmexxi l-vjaġġ tiegħek lejn l-indipendenza finanzjarja. Evalwa l-preġudizzji tiegħek u ssib bilanċ armonjuż bejn it-tnejn, billi tqis l-opportunitajiet, iċ-ċirkostanzi, l-għarfien, il-konnessjonijiet u l-ambjent uniċi tiegħek. Fil-kapitolu finali li ġej, se nidħlu fil-ħajja FIREDOM u nipprovdu għarfien siewi dwar kif ngħixu wara li ksibna l-indipendenza finanzjarja. Ibqa' sintonizzat!

---

8.   https://www.amazon.com/Stop-Acting-Rich-Living-Millionaire/dp/0470482559

7: Stejjer FIREDOM, Indipendenza Finanzjarja, Libertà u l-bqija ta' Ħajtek

Olumide Ogunsanwo: Għamilna! L-aħħar kapitlu tagħna. X'vjaġġ! Se nagħtu kollox billi niddiskutu kif evolviet ħajjitna wara li sirna finanzjarjament indipendenti.

Achani Samon Biaou: Tħobbha! Għalkemm ilna niddiskutu t-triq għall-indipendenza finanzjarja, huwa daqstant ieħor importanti li nikkontemplaw x'jiġri wara li nkisbuha.

Olumide Ogunsanwo: Ninsab eċċitati li jkolli din id-diskussjoni.

Achani Samon Biaou: Ibbażat fuq l-esperjenza personali tiegħi u naf l-esperjenza ta 'Olumide, nista' ngħid b'fiduċja li nħossni sabiħ li nsir finanzjarjament indipendenti.

Olumide Ogunsanwo: Jekk sibt il-kapitoli preċedenti involuti, allura tkun saħansitra aktar ferħana dwar dan il-kapitolu. B'differenza mill-kapitoli preċedenti fejn konna nħaffru memorji mill-passat, din l-istorja hija friska f'moħħna. Dan il-kapitlu jiddiskuti l-ħajja attwali tagħna u dak li qed nagħmlu llum.

Achani Samon Biaou: [Kant] Libertà. Libertà. Libertà

Olumide Ogunsanwo: [Rires] Qed tkanta bl-Ingliż. Dan huwa saħansitra aħjar. Mhux bil-Franċiż. Sabiħ.

Achani Samon Biaou: [Rires] Ma nistax nistenna biex tibda fuq dan il-kapitlu.

Olumide Ogunsanwo: Samon, għaliex ma tkeċċiniex? X'ġara wara li ksibt l-indipendenza finanzjarja?

Achani Samon Biaou: Ħa nibda b'xi kuntest. Il-bidu tal-indipendenza finanzjarja għalija kien fl-2018, fl-età ta' 35 sena. Kont għadni kif ġejt lura Dubai mill-BCG Ambassador Programme, fejn qattajt sena fl-Afrika t'Isfel. Kien f'dan il-punt li l-investimenti tiegħi bdew jiġġeneraw dħul passiv fix-xahar ogħla min-numru tal-mira tal-indipendenza finanzjarja tiegħi. Din il-libertà finanzjarja ġdida ppermettietni nieħu kontroll akbar fuq il-ħajja tax-xogħol tiegħi u nsegwi l-interessi tiegħi fuq termini tiegħi stess. Ħassejtni wkoll aktar komdu niddiskuti suġġetti li qabel kienu tabù. Dak iż-żmien kont qiegħed għall-promozzjoni għal Prinċipal, l-ekwivalenti ta' McKinsey Associate Partner. Irċevejt il-promozzjoni tmien xhur wara u bdejt il-proċess ta 'tranżizzjoni barra mill-BCG.

Olumide Ogunsanwo: Meta ssir finanzjarjament indipendenti, xorta jagħmel sens li taħdem ftit itwal għal żewġ raġunijiet.

L-ewwelnett, huwa dejjem għaqli li jkun hemm buffer fis-seħħ. Bħala inġinier, napprezza l-valur tal-buffers, u l-istess prinċipju japplika għall-ippjanar finanzjarju. Ma tridx tkun preċiż wisq fl-istima tax-xewqat u l-bżonnijiet futuri tiegħek. Billi taħdem ftit itwal, tista 'toħloq buffer finanzjarju biex tagħti kont ta' kwalunkwe tibdil futur fl-interessi jew il-ħtiġijiet.

It-tieni, jieħu ż-żmien biex tesplora u titgħallem dwar liema għażliet huma disponibbli u x'tixtieq tagħmel. Filwaqt li xi nies setgħu sabu s-sejħa tagħhom minn kmieni, ħafna nies għandhom bżonn iż-żmien biex jiskopru l-interessi veri tagħhom. Li tieqaf mix-xogħol tiegħek biex tara Netflix il-ġurnata kollha mhix l-aħjar approċċ biex issib sodisfazzjon.

Madankollu, huwa kruċjali li ssib bilanċ u ma taqax fin-nasba ta' "one more year syndrome" (OMY), fejn tkompli taħdem għal snin wara li tikseb l-indipendenza finanzjarja. Sakemm ovvjament, l-għan tiegħek hu li tkompli taħdem għax tgawdiha. Bħal kull ħaġa fil-ħajja, hija dwar li tiżen il-kompromessi u ssib il-bilanċ it-tajjeb.

Achani Samon Biaou: Naqbel. Bqajt fil-BCG għal madwar 1.5 snin wara li kont diġà finanzjarjament indipendenti. Kont pjuttost differenti minn oħrajn u lgħabt bir-regoli tiegħi stess. Dak kien mument definittiv ghalija.

Olumide Ogunsanwo: Ejja nesploraw ftit dak il-mument. Liema kliem kont tuża biex tiddeskrivi kif ħassejt meta wasalt fil-mument tal-indipendenza finanzjarja?

Achani Samon Biaou: Ħassejtni mkabbar.

Olumide Ogunsanwo: [Stonat] Ara naqra!

Achani Samon Biaou: Ħassejt li kont gradwat mit-tellieqa tal-firien. Jien kont għadni parti mill-magna korporattiva imma ma kontx dipendenti fuqha. Kont kont qed nitkellem ma' żewġ Diretturi Maniġerjali tad-ditta li kont fdajhom għal parir dwar jekk kellix inkompli naħdem hemmhekk jew le. Il-fatt li jien stess kont qed nagħmel dawn il-konversazzjonijiet kien in-dikazzjoni li mmaturajt. Dawn il-konversazzjonijiet jistgħu jkunu ta' thed-dida għall-karriera għax jekk qed tikkunsidra li titlaq, Direttur Maniġerjali jista' ma jiġġieledx għalik jew ikompli jinvesti fik. Iżda, kont fil-paċi u ma kontx jimpurtani mill-opinjonijiet tagħhom.

Olumide Ogunsanwo: Ħassejtek mkabbra u fil-paċi wara li laħqet l-in-dipendenza Finanzjarja li tinftiehem għax hija tragward ewlieni. Fil-kuntest tal-FI/RE, hemm żewġ stadji importanti: il-kisba tal-indipendenza finanz-jarja (FI) u l-irtirar kmieni (RE) li qed titbiegħed mix-xogħol li għandek tagħmel għal attivitajiet personali oħra. Dan il-ktieb jiffoka primarjament fuq FI, li huwa l-punt fejn wieħed akkumula biżżejjed assi biex ikopri l-ispe-jjeż tiegħu għall-bqija ta 'ħajtu. Int ilħaqt FI li huwa t-tragward inkredibbli li konna nippruvaw inġibu lin-nies eċċitati dwaru. Xi kliem ieħor li trid tuża biex tiddeskrivi kif ħassejtek?

Achani Samon Biaou: Sensazzjoni ta' - bil-Franċiż tissejjaħ apesanteur (pesanteur hija gravità, apesanteur hija assenza ta' gravità)

Olumide Ogunsanwo: [Jitbissem] tal-għaġeb!

Achani Samon Biaou: I kien f'wiċċ l-ilma. Ħassejt dan is-sens li hemm dinja sħiħa hemmhekk u fl-aħħar kont liberu li nesploraha fuq termini tiegħi stess. Ħassejtni bla rbit, imma fl-istess ħin, kont qed naħseb x'għandi nagħmel. Hija taħlita ta 'libertà, ansjetà u tipprova tagħmel sens ta' dan kollu.

Olumide Ogunsanwo: Anke hekk kif nismagħha, inħossni eċċitati għa-lik li tipprova tiżviżwaha. Nista' nimmaġina li oriġinarjament kont ippjanajt li toqgħod fil-BCG għal sentejn, iżda spiċċajt toqgħod għal kważi sitt snin. Eventwalment, int ksibt l-indipendenza finanzjarja, u nista' nipprevedi l-bi-bien ta' opportunitajiet li nfetħu għalik u s-setgħa li trid ħassejt biex issegwi-hom.

Achani Samon Biaou: Ħassejtni wkoll xi ftit kburi u validat. Ħassejtni bħala atleta Olimpiku. Waqt il-preparamenti, xi wħud esprimew dubju u qalu affarijiet bħal "Insiha, x'qed taħseb?" Madankollu, bqajt ħassieb indipen-denti, ossessjonat bil-kisba tal-għan tiegħi, u fl-aħħar irnexxieli.

Din il-kisba kienet l-ewwel li kelli għal kollox, waqqaft l-objettiv għalija nnifsi u ma segwejtx in-normi tas-soċjetà. B'kuntrast, kisbiet oħra f'ħajti ħaf-na drabi kienu influwenzati mill-aspettattivi tas-soċjetà u servew bħala mezz għal għan. Pereżempju, bdejt nidħol fi skola tan-negozju mill-aqwa għat-tkabbir personali u biex nikseb impjieg bi ħlas għoli b'setgħa ta' teħid ta' deċiżjonijiet. Bl-istess mod, fix-xogħol ta 'konsulenza tiegħi, ħdimt sigħat twal u ksibt suċċess, iżda ma kontx inħobb l-iljieli tard - kien biss parti mix-xogħol.

Fir-rigward tal-indipendenza finanzjarja, kont inħobb kull pass tal-proċess. Kont qed insegwi l-indipendenza finanzjarja primarjament għax ridt li fl-aħħar inkun jien ilkoll u jien biss. Meta sirt finanzjarjament indipendenti, ħassejt sens ta' kisba, apesanteur, u sjieda.

Bil-kunfidenza li tnissel mill-esperjenza tiegħi fil-BCG u l-iskola tan-negozju, iddeċidejt li nimxi f'Pariġi u nesplora startup kmieni fl-2020 hekk kif kont qed nispiċċa minn BCG. Kont iffirmajt kirja s-sena ta' qabel għax li nsib post f'Pariġi jista' jkun ta' sfida. Għalkemm kont għadni naħdem fuq proġett għal BCG fl-Għarabja Sawdija, bdejt nagħmel transizzjoni għall-ħajja ġdida tiegħi f'Pariġi, fejn kont diġà ksibt appartament. Imbagħad il-COVID-19 laqat, u sibt ruħi mwaħħla f'Pariġi. Il-vjaġġ ta' intraprenditorija tiegħi twaqqaf qabel saħansitra beda, peress li konna permessi biss li nitilqu mill-appartament għax-xiri jew mixjiet qosra. Madwar dak iż-żmien, kuntatt anzjan mill-UAE laħaqni għall-għajnuna. Din kienet waħda mill-ewwel opportunitajiet li kelli biex neżerċita l-libertà li ksibt billi ksibt l-indipendenza finanzjarja.

Olumide Ogunsanwo: Hija sitwazzjoni unika. Kellek il-mument tal-indipendenza finanzjarja fl-2018, iżda komplejt taħdem għal BCG fl-2020. Wara li tlaqt mill-BCG, kuntatt preċedenti li kien jafk ibbażat fuq l-esperjenza tax-xogħol preċedenti tiegħek offrielek opportunità biex tagħmel proġett. Tista 'tagħmel dan ibbażat fuq it-termini tiegħek stess u l-ambitu tiegħu bil-mod kif ridt u tqatta' aktar ħin fuq l-eżekuzzjoni. Setgħet kienet opportunità kbira skond il-klijenti.

Achani Samon Biaou: Ħadt gost naħdem man-nies, u qiest li din kienet l-ewwel opportunità ġenwina tiegħi biex noħloq impatt u nsawwar xi ħaġa mingħajr il-limitazzjonijiet tal-konsultazzjoni.

Olumide Ogunsanwo: Kellek dik l-aġenzija, ma kontx kostrett mill-magna BCG, li hija brillanti u sabiħa f'ċerti modi, iżda mhux daqshekk tajba f'modi oħra.

Achani Samon Biaou: Eżattament. Matul iż-żmien tiegħi fil-BCG, kelli tim ta 'analisti u assoċjati li kienu responsabbli biex iwettqu analiżi u joħolqu slides. Madankollu, wara li tlaqt mill-BCG u ħadt proġett ġdid, sibt ruħi nieħu firxa aktar diversa ta' responsabbiltajiet, minn analista sa direttur maniġerjali. Dan kien jinkludi kompiti bħall-kitba ta' slides, it-teħid ta' deċiżjonijiet, u l-eżekuzzjoni tal-proġett. Li jkollok sjieda sħiħa tad-direz-zjoni tal-proġett kienet esperjenza unika u pjaċevoli. Ħabbejt dik l-esperjen-za. Kien madwar dan iż-żmien li ddeċidejt ukoll li nesplora l-passjoni tiegħi għall-ivvjaġġar ta' nofs it-terminu (li ngħix f'postijiet differenti għal xhur dak iż-żmien), li qabel kienet diffiċli minħabba restrizzjonijiet tax-xogħol

Tgħallimt ftit affarijiet minn dan il-vjaġġ. L-ewwel, l-indipendenza fi-nanzjarja hija worth it, għaxar darbiet aktar.

Olumide Ogunsanwo: Ma stajtx naqbel aktar. FI hija aqwa.

Achani Samon Biaou: It-tieni, trid tiżgura ruħek li tipprepara għaliha. Kelli ħafna mumenti meta n-nies ippruvaw jirreklutawni. L-ewwel, fl-aħħar xhur tiegħi fil-BCG, offrewli triq rapida għal sħubija f'wieħed mill-uffiċċji l-ġodda tagħna. Imbagħad, ex klijenti u terzi wkoll avviċinawni. Dik hija s-sbuħija tal-konsultazzjoni: int kummerċjabbli ħafna. In-nies offrewli aktar flus, u parti minni staqsiet jekk stajtx nagħmel dan għal sena u nsir saħansitra aktar indipendenti. Dawn it-tentazzjonijiet huma kif tevalwa jekk ix-xewqa tiegħek għall-indipendenza finanzjarja hijiex tassew qawwija. Jekk hu, ma tmurx lura għall-karriera l-qadima tiegħek jew impjiegi simili sempliċement għax joffrulek il-flus.

Olumide Ogunsanwo: Dan huwa punt tajjeb. Ejjew noqogħdu fuqha għal ftit. Aktar kmieni f'dan il-ktieb, aħna taw parir li huwa importanti li jkollok viżjoni ċara u konvinċenti ta' fejn trid tkun fil-vjaġġ tiegħek lejn l-indipendenza finanzjarja. Meta tħobb dik il-viżjoni futura ta' lilek innifsek u jkollok konnessjoni emozzjonali qawwija mal-viżjoni tiegħek, x'aktarx li tibqa' impenjat għaliha. Mingħajr dik il-konnessjoni, tista' tkun it-tentaz-zjoni li tieħu offerta ta' xogħol ġdida sempliċement għax tidher aħjar minn dik attwali tiegħek. Importanti li tieħu l-ħin biex tara dak li verament trid fil-ħajja. Jekk tiddeċiedi li taqleb għal impjieg jew karriera ġdida wara li tikseb l-indipendenza finanzjarja jallinja l-miri tiegħek, m'hemm xejn ħażin f'dan. Madankollu, huwa kruċjali li tidħol f'awto-riflessjoni u tikseb għarfien per-sonali biex tieħu d-deċiżjonijiet it-tajba għall-futur tiegħek.

Achani Samon Biaou: Ma stajtx naqbel aktar. Jekk qed tistaqsi jekk l-in-dipendenza finanzjarja hijiex tajba għalik, hemm test rapidu li tista' tagħmel.

Mhux bilfors trid tkun taf eżattament x'tagħmel wara, imma għandek tkun taf li ma tridx tkompli tagħmel dak li qed tagħmel issa. L-indipendenza finanzjarja ta' min issegwi jekk temmen li se tgawdi l-proċess u l-vjaġġ lejh aktar milli r-riżultat innifsu.

Olumide Ogunsanwo: It-tħaddin tal-vulnerabbiltà u l-esplorazzjoni huwa kruċjali meta tkun qed tfittex l-indipendenza finanzjarja. Jekk tipprijoritizza livell għoli ta 'ċertezza, struttura korporattiva tista' toffri dan u żżommok hemm sakemm tkun xjuħ. Min-naħa l-oħra, l-indipendenza finanzjarja tinvolvi kurżità u mentalità esploratorja li tista 'tiftaħlek ħajja ġdida eċċitanti.

Achani Samon Biaou: L-iktar ħaġa importanti dwar il-kisba tal-indipendenza finanzjarja hija l-libertà li ġġib magħha. Mhijiex li ssib xogħol aħjar. Lanqas biss hija li tinstab viżjoni konvinċenti għalkemm dan huwa pass importanti. Anzi, huwa dwar li jkollok il-libertà li tfittex dak kollu li trid tfittex u li tagħmel dak kollu li trid, kull meta trid. Trid tgawdi dak l-istat tal-moħħ u tħoss mħabba għaliha. Meta jkollok indipendenza finanzjarja, għandek il-ħila li tesplora l-interessi u l-passjonijiet tiegħek, jew tagħżel li ma tesplora xejn. Għandek il-libertà li tieħu d-deċiżjonijiet tiegħek stess u tagħmel dak li verament trid tagħmel. Għalija, il-kisba tal-indipendenza finanzjarja fissret li nidderieġi mill-ġdid l-intensità li kelli għax-xogħol tiegħi fil-BCG lejn xi ħaġa tal-għażla tiegħi stess.

L-għan tiegħi kien li nagħti lili nnifsi l-ħin u l-ispazju biex nesplora u nidderieġi l-enerġija tiegħi lejn oqsma oħra. Ma ridtx ngħix ħajja ta' Netflix fejn kont kontinwament imwaħħal mad-divertiment. Ridt li jkolli l-abbiltà li nagħżel dak li ridt nagħmel, u li nkompli nesplora affarijiet ġodda.

Olumide Ogunsanwo: Beautiful. Inżid ftit punti. Ħafna oqsma importanti tal-ħajja huma diffiċli biex jiġu solvuti bis-sħiħ. Pereżempju, fir-relazzjonijiet, hemm konversazzjonijiet kontinwi mas-sieħeb romantiku, il-familja, u l-komunità tiegħek, u inti kontinwament tistinka biex ittejjebhom. Dawn l-għanijiet qatt ma jissolvew jew jintlaħqu kompletament, iżda huma proċess kontinwu ta' tkabbir u titjib. L-istess jgħodd għas-saħħa - dejjem hemm xi ħaġa ġdida x'titgħallem dwar l-aħjar mod kif tiekol, teżerċita, timmaniġġja l-istress, u tieħu ħsieb is-saħħa mentali. Madankollu, l-indipendenza finanzjarja hija unika peress li hija waħda mill-ftit affarijiet kbar fil-ħajja li kważi jistgħu jiġu solvuti bis-sħiħ. Jekk issir finanzjarjament indipendenti, jista' jkollok il-libertà li tiffoka fuq oqsma oħra tal-ħajja, bħar-relazzjonijiet u s-saħħa, li jeħtieġu sforz kontinwu. L-indipendenza finanzjarja hija faċilitatur li jagħtik aktar ħin, enerġija u flus biex tinvesti f'oqsma importanti oħra tal-ħajja li huma vjaġġi ta' titjib li ma jispiċċaw qatt.

Irrispettivament mix-xogħol tiegħek, kemm jekk inti pittur, bankier tal-investiment, konsulent tal-ġestjoni, jew ħaddiem tat-teknoloġija, x'aktarx ikollok interessi u passjonijiet oħra barra mix-xogħol. Forsi inti tgawdi tgħum, tilgħab il-volleyball, skating, jew tivvjaġġa. Jista 'jkun diffiċli li ssib il-ħin u l-enerġija biex issegwi dawn l-interessi jekk tqatta' l-ħin kollu tiegħek fuq ix-xogħol jew fin-negozju tiegħek tipprova tagħmel il-flus. L-indipendenza finanzjarja tista' tagħtik il-libertà li tqatta' aktar ħin fuq l-affarijiet li tħobb jew taħseb li tħobb.

Bħala bnedmin, aħna multidimensjonali u għandna interessi multipli. Immaġina li kieku tista' tqatta' aktar ħin issegwi l-passjonijiet tiegħek, kemm jekk tibda negozju, tivvjaġġa mad-dinja, jew xi ħaġa oħra. FIREDOM hija l-libertà li tagħżel dak li trid tagħmel bil-ħin u l-enerġija tiegħek. Huwa għalhekk li nħobb l-indipendenza finanzjarja, għaliex ktibna dan il-ktieb u semmewh FIREDOM (Indipendenza Finanzjarja + Irtira Kmieni + Libertà).

Achani Samon Biaou: Jekk kont għadek taħdem ma' Google, hemm diversi raġunijiet għaliex forsi ma ktibtx ktieb. Possibbiltà waħda hija li forsi ma kellekx il-ħin biex tiktebha. Barra minn hekk, jista' jkun li kellek tmur ma' xi ħadd fid-dipartiment legali biex tikseb l-approvazzjoni. [Rires] Qed niċċajta hawn.

Olumide Ogunsanwo: [Rires] Huwa umoristiku li tressaq dan, imma fil-fatt kelli bżonn l-approvazzjoni biex nibda Afrobility fl-2020. Mhux qed niċċajta.

Achani Samon Biaou: Napprezza jekk in-nies jistgħu jiffokaw fuq l-elementi ewlenin tal-istorja. Biex niċċara, hawn sommarju ta' kif ħassejtni: L-ewwelnett, ħassejtni mkabbar. It-tieni, esperjenzajt sens aktar profond ta' kisba meta mqabbel mal-kisba ta' MBA minn skejjel tan-negozju prestiġjużi, fejn kont qed infittex validazzjoni sa ċertu punt.

Olumide Ogunsanwo: Ċertament. Il-kisba ta' indipendenza finanzjarja sa l-età ta' 35 hija kisba eċċezzjonalment ta' sfida, saħansitra aktar milli tiġi aċċettata fi Stanford GSB (Graduate School of Business). Dan huwa partikolarment minnu peress li inti twelidt u trabbejt fil-Benin. Meta nikkunsidra n-numru ta' nies li trabbew fil-Benin fl-istess żmien bħalek u rnexxielhom jiks-bu l-indipendenza finanzjarja sa l-età ta' 35 sena, inkun sorpriż jekk jaqbeż iż-0.01%. Hija kisba inkredibbli.

Achani Samon Biaou: Ħafna mill-ħbieb tiegħi kienu qed jgħidu: "X'in-hu dan il-kunċett li qed titkellem dwaru? Xi tfisser li mhux se tkompli taħ-dem?"

Olumide Ogunsanwo: Is-sieħbi qal lil sieħbi li kont qed nikteb ktieb dwar l-indipendenza finanzjarja. Għaliha, il-kollega wieġeb, "Naf dwar l-in-dipendenza finanzjarja, dan ifisser li jien impjegabbli u nista' faċilment insib kull xogħol li rrid." [Daħk]

Achani Samon Biaou: [Rires] Huwa inkorporat profondament fil-psy-che tagħna. Għedt lil xi nies dwar l-indipendenza finanzjarja u dawn wieġbu: "Tajjeb, allura x'xogħol se tagħmel issa?"

Olumide Ogunsanwo: [Daħk isteriku]

Achani Samon Biaou: Suppost trid tagħmel xogħol. Int kważi qatt ma suppost tmur tagħmel l-affarijiet tiegħek. Fil-qosor tal-esperjenza riċenti tiegħi, ħassejt sens ta' maturità u kburija bil-kisba tiegħi. B'differenza mill-passat, jien ma kontx nagħmel dan biex timpressjona lil ħaddieħor. Ħassejt li kont mort lura għas-sentimenti ta' libertà li kelli ta' tifel. Ftakar, fl-istorja ta' tfuliti, semmejt li waħda mill-aktar memorji bikrija tiegħi kienet li nħoss sens ta' libertà. Hekk kif kiber, ħassejt li din il-libertà tneħħiet gradwalment hekk kif ippruvajt nikkonforma mal-aspettattivi tas-soċjetà u l-indipendenza finanzjarja kienet l-għodda li kelli biex nikseb il-libertà tiegħi. Barra minn hekk, esperjenzajt sens ta 'weightlessness jew "apesanteur", li hija kelma Franċiża għal nuqqas ta' gravità. Tħoss li qed f'wiċċ l-ilma fl-ispazju ta 'barra u kollox huwa espansiv. Tista 'tmur f'kull direzzjoni, hija ħelsien iżda wkoll konfuża. Dawk kienu s-sentimenti li kelli.

Jien mort Pariġi u ddeċidejt li nesplora l-intraprenditorija, iżda mbagħad il-COVID-19 laqat u kollox intefa. Madankollu, ġejt ippreżentat b'opportu-nità mhux mistennija biex insawwar id-direzzjoni ta 'istituzzjoni fl-UAE li allinjat max -xewqa tiegħi li nagħmel impatt. Inkun qed inmexxi l-proġett u nissorvelja l-implimentazzjoni tiegħu, li kien differenti mir-rwol preċedenti tiegħi fil-BCG fejn kont inmexxi proġett u mbagħad ngħaddi r-rakkoman-dazzjonijiet u l-implimentazzjoni kollha lill-kumpanija.

Olumide Ogunsanwo: Iva, inti tgħaddi r-riżultati kollha tal-proġett lill-klijenti u tawguralhom l-aħjar xortih. [Daħk]

Achani Samon Biaou: Xi drabi, anke jekk int passjonat dwar idea, jista 'jkollok dubji dwar is-suċċess potenzjali tagħha, billi tkun taf li ftit aspetti biss minnha x'aktarx jiġu implimentati filwaqt li l-bqija se jintesew. Irrispettivament, dan kien l-ewwel esperiment tiegħi. It-tieni esperiment tiegħi kien jinvolvi l-ivvjaġġar. Dejjem ħadt pjaċir nitgħallem dwar kulturi ġodda, għalhekk jien u sieħbi bdejna vjaġġ għal sena, fejn qattajna diversi xhur f'kull belt li żorna. Filwaqt li wħud mill-kollegi tiegħi setgħu sabu dan l-ivvjaġġar estiż stramb, irnexxielna nesploraw sitt pajjiżi differenti, billi ngħaddu fil-kulturi u l-lingwi tagħhom.

It-tielet fokus tiegħi kien it-tagħlim tal-lingwi. Diġà fluwenti f'seba' lingwi, iddeċidejt li nitgħallem ftit aktar. Bħalissa, qed nistudja ċ-Ċiniż u nipperfezzjona l-ħiliet Għarbi tiegħi. Jien mhux qed nipprova nikseb impjieg fiċ-Ċina. Jien mhux qed nipprova nsir politiku f'ebda pajjiż Għarbi. Inħobb il-lingwi u nixtieq inkun kapaċi nesprimi lili nnifsi u naqra gazzetti minn madwar id-dinja mingħajr ma nistrieħ biss fuq il-mezzi tal-midja.

Madankollu, mhux kollox kien faċli li jbaħħru. Wara l-proġett tiegħi fl-UAE, ikkunsidrajt li nibda l-kumpanija tiegħi stess u rrealizzajt li l-insigurtà tal-passat kienu qed jerġgħu joħorġu. Bħala gradwat ta' Stanford, ħafna drabi jkun hemm pressjoni biex tinħoloq startup tal-unicorn, iżda l-indipendenza finanzjarja tiegħi ppermettietni nipprijoritizza t-twettiq tiegħi stess u nsegwi biss impriżi li verament jinteressawni. Minflok inħoss pressjoni, nistinka biex ningħata s-setgħa li ngħix il-ħajja fuq termini tiegħi.

Olumide Ogunsanwo: Iva. Il-motivazzjoni tiegħek għandha tiġi minn ġewwa.

Achani Samon Biaou: I tħabtu ma 'dan għal kważi sitt xhur. Matul dak iż-żmien, kont nirritorna lejn Silicon Valley għal ftit ġimgħat biex noħroġ mal-ħbieb u nipprova nipproċessa l-ħsibijiet tiegħi. Eventwalment, irrealizzajt li kont f'xifer li ngħaqqad lili nnifsi f'forma oħra (intraprenditorija akkost ta' kollox), li kienet tkun ħela tal-libertà li kont akkwistajt. Dak kien il-passat. Illum, qed niffoka fuq il-lingwi għax huma importanti għalija. B'FIRE-DOM, għandi l-abbiltà li nagħżel fejn noqgħod u ma' min indawwar lili nnifsi. Il-ħajja fl-Istati Uniti hija importanti għalija għaliex toffri abbundanza ta 'ideat u libertà li ma nsibux band'oħra fid-dinja. B'dan il-mod, nista' nqatta' l-ħin tiegħi b'modi li huma l-aktar importanti għalija.

Olumide Ogunsanwo: Naturalment, l-Amerikani jħobbu l-libertà. Hija parti mill-ethos tal-pajjiż.

Achani Samon Biaou: FREDOM u Libertà jallinjaw tajjeb ħafna mal-valuri tiegħi, iżda ma nippjanax li noqgħod fl-Amerika għall-bqija ta 'ħajti. Ir-rid nivvjaġġa u forsi nimxi x'imkien ieħor fil-futur. L-importanti għalija hi li għandi l-ħila nagħżel fejn noqgħod. Il-kisba tal-indipendenza finanzjarja tat-ni sens ta' maturità u responsabbiltà. Nisfida lili nnifsi biex nipprova affarijiet ġodda minn żmien għal żmien, bħal nikteb dan il-ktieb FIREDOM, naħdem fuq startups, u nieħu proġetti ġodda.

Wieħed mill-aħħar proġetti tiegħi jinvolvi t-tagħlim tax-xjenza tal-kompjuter lil studenti tal-iskola sekondarja fl-Afrika. Billi nintegraw il-lingwa Ingliża fil-kurrikulu, nittamaw li nagħtu lil dawn l-istudenti l-opportunità li jinteraġixxu ma' nies minn madwar id-dinja u potenzjalment jistudjaw f'pajjiżi li jitkellmu bl-Ingliż. Forsi jkunu jistgħu jsibu impjiegi fl-industrija tat-teknoloġija qabel imorru l-università jew jitgħallmu f'mudell ta' apprendistat. Hemm opportunitajiet bla tmiem disponibbli biex tesplora, iżda sfortunatament, ħafna nies ma għandhomx il-libertà jew l-interess li jsegwuhom.

Olumide Ogunsanwo: L-indipendenza finanzjarja tagħtik l-ispazju mentali, bandwidth, ħin u attenzjoni biex tiffoka fuq kull ħaġa li tqanqal l-interess tiegħek. Dik hija s-sbuħija ta' kollox. L-indipendenza finanzjarja tagħtik il-libertà li ssegwi dak kollu li trid. Forsi l-istorja ta' Samon ma tinteressakx għax m'intix passjonat dwar l-edukazzjoni jew il-lingwa. Dak okay. Il-punt hu li l-indipendenza finanzjarja tagħtik il-ħila li tagħmel dak kollu li trid, kemm jekk issegwi l-passjonijiet tiegħek jew tesplora opportunitajiet ġodda.

Achani Samon Biaou: Inħobb l-indipendenza finanzjarja għal diversi raġunijiet. L-ewwelnett, napprezza l-flessibbiltà ġeografika. Ma rridx inqatta' xitwa oħra nittratta s-silġ u l-battikata li ġġib magħha, għax ma jġibnix ferħ. It-tieni, nieħu pjaċir in-netwerking u nkun madwar nies li jistgħu jistimulawni intellettwalment. Huwa għalhekk li għażilt li ngħix f'San Francisco, fiż-Żona tal-Bajja. Fl-aħħar nett, inħobb il-libertà li nesplora u nagħmel.

Hawn ħarsa trasversali tal-indipendenza finanzjarja. Ħajjitna tista' tinqasam fi tliet fażijiet fejn tidħol il-libertà. Fil-bidu, aħna twieldu ħielsa. Iktar tard fil-ħajja, meta nirtiraw, nerġgħu niksbu l-libertà tagħna peress li ma nkunux aktar kostretti mix-xogħol. Madankollu, matul il-fażi tan-nofs tas-

snin tax-xogħol tagħna, ħafna drabi niffaċċjaw diversi obbligi u limitazzjoni-
jiet li jirrestringu l-libertà tagħna.

Din hija l-essenza ta 'FIREDOM - il-kapaċità li tikkompressa l-perjodu
tan-nofs ta' żmien u ngħixu l-ħajja fuq termini tagħna stess, insegwu l-
passjonijiet tagħna u timmassimizza l-kuntentizza u l-iskop fis-snin produt-
tivi tagħna. Fil-qosor, l-indipendenza finanzjarja tippermettilna naffordjaw
il-ħila li nagħmlu dak li aħna l-aktar passjonat dwaru u nikkontribwixxu l-
għerf tagħna lis-soċjetà b'modi sinifikanti.

Olumide Ogunsanwo: Il-kisba ta' indipendenza finanzjarja fit-għoxrin
u t-tletinijiet tiegħek tista' tkun oerhört eżiltanti. F'dan l-istadju ta' ħajtek, int
żgħir, mimli enerġija u ħerqan biex tesplora d-dinja. Għaliex ma tieħux pas-
si biex tikseb l-indipendenza finanzjarja aktar kmieni, sabiex tkun tista 'tgħix
ħajja aktar utli u pjaċevoli bbażata fuq id-definizzjoni tiegħek? Wara kollox,
mhuwiex dwar li tikkonforma mal-aspettattivi ta 'oħrajn, kemm jekk hija l-
familja tiegħek, imgħallem, jew maniġer. Huwa dwar li tgħix il-ħajja fuq ter-
mini tiegħek u tiddefinixxi t-triq tiegħek.

Dan huwa preċiżament għaliex ħloqna dan il-ktieb – biex jgħinek tieħu
kontroll tal-futur finanzjarju tiegħek u toħloq ħajja li tħobb. Il-messaġġ tagħ-
na lilek huwa li toħroġ eċċitati dwar il-ħajja u tibda tagħmel pjanijiet biex
tieħu azzjoni lejn il-ħajja li verament tixtieq. Tistennax sakemm ikollok 80
biex tibda tgħix il-ħajja li trid – ibda hu passi lejn l-indipendenza finanzjarja
issa sabiex tkun tista' tgħix l-aħjar ħajja tiegħek.

Achani Samon Biaou: Għandi żewġ eżempji li juru kif nies oħra jap-
prezzaw FIREDOM. L-ewwel eżempju huwa l-kunċett ta '20% ħin tal-
proġett personali, li kumpaniji bħal Google joffru lill-impjegati tagħhom. Es-
senzjalment, qed jagħtu lill-impjegati tagħhom lura 20% tal-ħin tagħhom
biex jaħdmu fuq proġetti li huma passjonati dwarhom. Jekk il-kumpanija
taħseb li l-proġett għandu potenzjal, iridu li jsir fi ħdan il-kumpanija sabiex
ikunu jistgħu jitolbu ftit mill-output. Dan huwa biss eżempju wieħed ta'
kif il-kumpaniji jirrikonoxxu l-valur li jagħtu lin-nies il-libertà li jsegwu l-
passjonijiet tagħhom.

It-tieni eżempju huwa l-idea tad-dħul bażiku universali (UBI), li ġiet
diskussa minn ħafna nies. UBI tipproponi li l-għoti ta' ċertu livell ta' dħul
lin-nies sabiex ma jkollhomx għalfejn joqogħdu jinkwetaw dwar bżonnijiet
bażiċi bħall-ikel u l-kenn jista' jkollu impatt pożittiv fuq l-umanità, peress li

jeħles lin-nies biex isegwu dak kollu li jridu. Dan juri li l-ark tal-umanità qed jimbuttana lejn aktar libertà biex insawru ħajjitna, aktar milli nħallu lil xi ħadd ieħor jifformaha għalina (eż. il-gvern b'UBI, jew kumpaniji b'20% ħin personali).

Fl-aħħar mill-aħħar, il-proposta ta 'valur ta' dan il-ktieb hija kif taċċellera t-triq tiegħek lejn FIREDOM. It-triq tagħna kienet tinvolvi li ngħaddu mit-tellieqa tal-firien sa ċertu punt, imma nagħmlu dan b'intenzjoni. Aħna ottimizzajna l-ispejjeż tagħna u mmassimizzajna d-dħul tagħna billi nsegwu ċerti binarji, bħal servizzi professjonali. Tista 'tagħmel l-istess u tirrepurpose (aktar milli tirtira) kmieni mit-tellieqa tal-firien, u tagħti n-nar tiegħek liddinja.

Olumide Ogunsanwo: L-istorja tiegħek FIREDOM kienet sabiħa. Se nipprova niġbor fil-qosor il-lezzjonijiet mill-istorja tiegħek. Nittamaw li hekk kif qrajt l-istorja tagħna, inti ħsibt xi prinċipji utli li tgħallimna tul it-triq. Dawn jinkludu l-importanza tat-twemmin personali, ħsieb indipendenti u kritiku, li tevita li tikkopja lil ħaddieħor, li tieħu riskji aggressivi meta jkun meħtieġ, li ma tibżax mill-aspetti negattivi potenzjali, u li tiżviluppa dawn id-drawwiet. Barra minn hekk, huwa kruċjali li tkun eċċitati dwar il-futur u tesegwixxi bla ħniena pjan biex tikseb l-indipendenza finanzjarja.

Ladarba tkun wettaqt dawn l-affarijiet, ħajja glorjuża u maġika ta 'FIREDOM (FI + RE + Libertà) tistenniek fuq in-naħa l-oħra, fejn tista' tgħix il-ħajja fuq termini tiegħek.

Achani Samon Biaou: Olumide, imissek issa. Ninsab eċċitati li nġib il-ħsibijiet tiegħek dwar il-ħajja minn FIREDOM. Tista' tgħid xi ftit lill-udjenza dwar il-kuntest tiegħek u fejn kont qiegħed meta bdejt ħajtek FIRE DOM?

Olumide Ogunsanwo: Sirt finanzjarjament indipendenti meta kelli 35 sena fl-2020. Ħassejtni inkredibbli. Ħassejtni tal-għaġeb! Kont ferħan. Probabbilment kienet waħda mill-iktar jiem ferħana ta' ħajti. Għal snin sħaħ, kont stabbilejt mira u ħdimt lejha fuq it-termini tiegħi stess, u fl-aħħar, kont ilħaqha. Kien simili għall-mument meta rċevejt l-ittra tad-dħul tiegħi minn Oxford meta żfen madwar kamra tiegħi b'eċċitament. Kont naf li ħajti qatt ma kienet se terġa' tkun l-istess.

Ħassejtni kburi għax kont naf li l-kisba tal-indipendenza finanzjarja ma kinitx xi ħaġa faċli. Ftakart fis-sajf tal-2014 meta kont inħobb l-idea ta' FI u indunajt li kien possibbli. Il-quddiem sal-2020, u għamilt dan iseħħ. Kien sensazzjoni inkredibbli ta 'kuntentizza estrema, u ħassejt li għamilt xi ħaġa notevoli. Kont sodisfatt bija nnifsi u bit-triq li kont ħadt.

Achani Samon Biaou: Jien nirrelata kompletament ma 'dak is-sentiment, u sempliċement nisma'k titkellem dwaru ġġibni ferħ. Fil-fatt, kien hemm parir li tajt fil-kapitlu ta' qabel li tassew ħassejtni. Semmejt li anke wara li tkun kisbet l-indipendenza finanzjarja, jista' jkun ta' ġid li tkompli taħdem għal xi żmien qabel tieħu xi deċiżjonijiet kbar. Jien kurjuż biex nisma' aktar dwar l-esperjenza personali tiegħek b'dan. Tista' titkellem dwar dak li għamilt?

Olumide Ogunsanwo: Hawn x'għamilt u x'nagħmel differenti kieku kelli nerġa' nagħmel. Fil-bidu tal-2020, bdejt il-podcast Afrobility ma' Bankole għax inħobb l-industrija tat-teknoloġija, tanalizza n-negozji, u ħsibt li jkun pjaċevoli li nikkollabora fi proġett miegħu. Għalkemm ma kontx ilħaqt fi FI dak iż-żmien, il-bidu tal-podcast biddilt l-identità tiegħi u għamilni aktar komdu nesplora opportunitajiet intraprenditorjali barra mir-rwol korporattiv tiegħi. Bdejt naħseb dwari nnifsi bħala Googler u podcaster.

Ma ħallejtx ix-xogħol tiegħi fil-Google għax ħadt gost naħdem hemm u kollox kien sejjer tajjeb. Madankollu, sal-2021, il-podcast Afrobility kien qed jikseb popolarità malajr u kont bdejt ukoll il-Fond Adamantium. Bħala riżultat, l-identità tiegħi reġgħet bdiet tinbidel, u bdejt nara lili nnifsi bħala Googler, Podcaster, u Investitur.

Sal-2021, il-podcast u l-fond kienu qed jikbru, u kien qed isir aktar diffiċli biex nibbilanċja r-rwol korporattiv tiegħi mal-proġetti personali tiegħi. Għalhekk, ħadt sabbatika ta' tliet xhur fl-2021 Q4 biex nittestja kif tkun il-ħajja kieku niffoka biss fuq il-fond u l-podcast. Kien pjaċevoli u aqwa. Ma tliftx xi ftit ir-rwol tiegħi għalhekk meta ġejt lura fl-2022, kelli pjan ċar biex noħroġ u eventwalment tlaqt minn Google fl-aħħar tal-2022.

Kieku nerġa' nagħmel dan, nibda nesplora aktar opportunitajiet intraprenditorjali u proġetti personali aktar kmieni. Kelli xorti li bdejt insegwi impriżi oħra madwar l-istess żmien li ksibt l-indipendenza finanzjarja. Inħobb nirreġistra Afrobility u nappoġġja startups Afrikani permezz tal-Fond Adamantium.

Il-parir tiegħi liż-żgħażagħ huwa li jibdew jesperimentaw b'ġemgħat sekondarji u negozji sekondarji fil-bidu ta' 20 sena, flimkien ma' xogħolhom.

Ħafna nies iqattgħu erba 'sigħat kuljum jaraw it-TV, li jistgħu jintefqu aħjar biex isegwu proġett ta' passjoni jew opportunità intraprenditorjali. Dan mhux biss jgħinek issir finanzjarjament indipendenti aktar malajr, iżda wkoll iżomm moħħok iffukat fuq xi ħaġa eċċitanti. Anke jekk int tajjeb fil-finanzi personali u għandek impjieg stabbli, qatt mhu kmieni jew tard wisq biex tibda tesplora interessi oħra. Fil-fatt, li tibda kmieni hija saħansitra aħjar għax tippermettilek tgawdi u tqatta' ħin fuq l-affarijiet li tħobb għal aktar żmien. M'għandekx tfittex shortcuts u tikseb skemi sinjuri, kun lest li tpoġġi fix-xogħol.

Tistennax sakemm issir finanzjarjament indipendenti jew irtirat biex issegwi l-passjonijiet tiegħek; ibda issa u gawdi l-vjaġġ. Id-dewmien tal-ħruġ tiegħek minn impjieg korporattiv wara li tkun kisbet l-indipendenza finanzjarja hija deċiżjoni għaqlija biex toħloq buffer finanzjarju. L-istima tal-bżonnijiet u l-ispejjeż futuri tiegħek mhijiex xjenza eżatta, għalhekk li jkollok buffer jagħtik aktar għażliet u flessibilità biex issegwi proġetti ġodda u potenzjalment aktar għaljin li ma kontx ikkunsidrajt waqt l-ippjanar għall-indipendenza finanzjarja.

Li titlaq mix-xogħol tiegħek huwa aħjar meta jkollok proġetti oħra biex tiffoka l-ħin u l-enerġija tiegħek fuqhom. Fil-każ tiegħi, kien iż-żmien perfett biex nitlaq minn Google għax diġà kelli l-Podcast Adamantium Fund u Afrobility biex naħdem fuqhom. Madankollu, kieku tlaqt mingħajr l-ebda pjan dwar x'għandi nagħmel wara, jista 'jkolli esperjenza "blu tal-irtirar." Dan huwa sensazzjoni ta' dwejjaq jew vojt li jista' jseħħ meta f'daqqa waħda tgħaddi minn xogħol full-time għal ħafna ħin liberu biex tara t-televixin għal tmien sigħat kuljum [Riħs]. Biex tevita dan, huwa importanti li jkollok attivitajiet jew proġetti oħra biex iżżommok impenjat u stimulat. Fil-każ tiegħi, ma esperjenzajtx irtirar blues għax kelli telefonati ma' erba' fundaturi għal Adamantium Fund u pprepararajt għall-episodju li jmiss ta' Afrobility l-għada li tlaqt minn Google. Żfenet ukoll madwar kamra tiegħi bejn is-sejħiet tiegħi. Kien tal-biża.

Fl-aħħarnett, ikkunsidra li tieħu rtirar sabbatiku jew mini għal ftit xhur qabel ma tieqaf biex tittestja x'tħoss li ma taħdimx. Għamilt dan jien stess u ħadt tliet xhur off qabel ma tlaqt ix-xogħol tiegħi fil-Google. Dan ippermettili nara jekk kontx nieħu gost naħdem fuq il-fond tiegħi, il-podcast, u proġetti personali oħra full-time, u tani wkoll l-opportunità li naħseb dwar kif ridt nistruttura l-ġranet tiegħi u nqatta' l-ħin tiegħi. Kienet esperjenza siewja li għenitni nipprepara għat-tranżizzjoni u nagħmel l-aħjar mill-ħin tiegħi ladarba tlaqt ix-xogħol tiegħi.

Achani Samon Biaou: Dan huwa tant insightful. Meta nħares lura lejn it-trajettorja tiegħi stess, indunajt li ma dħaltx fit-tranżizzjoni tiegħi għall-ħajja li ridt daqsek int. Meta mort Pariġi b'idea vaga li noħloq startup fl-ispazju EdTech, ma għamiltx biżżejjed preparazzjoni minn qabel. Ma kontx niffoka biżżejjed biex nipprova l-ħajja li xtaqt ikolli, u dan għamel it-tranżizzjoni aktar diffiċli milli kellha tkun. Huwa għalhekk li nixtieq nenfasizza lill-udjenza kemm huwa importanti li tmexxi l-pjanijiet tiegħek. Sibt xortik tajba li l-pandemija tal-COVID-19 ġiegħlitni nagħmel xi introspezzjoni. Inkella, it-tranżizzjoni kienet tkun ferm aktar diffiċli. Jekk għandek 21 sena, esplora l-interessi u l-passatempi tiegħek. Ibda tagħmel l-affarijiet u ara jekk verament jiġbduk. Sakemm tilħaq l-indipendenza finanzjarja, ħu sabbatical ieħor għal ftit xhur biex tqatta' ħin fuq attivitajiet li trid tagħmel wara li titlaq mill-ħajja korporattiva jew kummerċjali tiegħek. Ara kif iġiegħlek tħossok u ttenni sakemm issib dak li jaħdem l-aħjar għalik.

Olumide Ogunsanwo: Iva. Inħeġġeġ lil kulħadd biex jesperimenta bi proġetti personali u skossi sekondarji għax jista' jgħinhom jitgħallmu ħiliet ġodda, jiżviluppaw interessi ġodda, jiltaqgħu ma' nies ġodda, u jsibu l-passjoni u l-iskop tagħhom fil-ħajja. Billi tiddedika ħin għal passatempi u proġetti barra mill-ħajja professjonali tiegħek, tista' tikseb għarfien u esperjenza f'oqsma ġodda li jagħmluk persuna aktar interessanti biex titkellem magħha. Minflok ma tiffoka biss fuq l-eżistenza korporattiva tiegħek, ser ikollok firxa diversa ta 'suġġetti biex tiddiskuti u taqsam ma' oħrajn.

Jekk aħna onesti magħna nfusna, ħafna minna fil-fatt għandna ħafna ħin fuq idejna, iżda ħafna drabi jonqsu milli nużawh b'mod effiċjenti. Meta kelli 20 sena, kont nilgħab logħob tal-kompjuter u programmi televiżivi għal ftit sigħat fil-biċċa l-kbira tal-ġranet, sabiex inkun nista' nirrelata mal-attrazzjoni tal-involviment f'attivitajiet ta' divertiment. Madankollu, meta nħares lura, nirrealizza li kien hemm tant affarijiet oħra li stajt nesplora u nesperimenta magħhom, imma qatt ma tajthom ħsieb.

Filwaqt li dawn il-proġetti personali eventwalment jistgħu jinbidlu f'negozji li jiġġeneraw id-dħul, l-għan ewlieni li jiġu esplorati mhuwiex għall-flus, iżda biex tikseb fehim aħjar lilek innifsek billi tesperimenta biex issib dak li tixtieq tqatta' ħin u enerġija fuqu waqt li tkun għadek żgħir. . Sakemm tilħaq it-tletinijiet u l-erbgħin sena, ser ikollok snin ta' esperimentazzjoni u tkun tista' tipprova kull ħaġa li tinteressak, kemm jekk toħloq vidjows fuq YouTube, podcasting, kitba, blogging, tilgħab il-poker, jew kull ħaġa oħra li tixtieq qalbek. Eventwalment issib dawk l-attivitajiet jew proġetti li trid tid-dedika aktar mill-ħin u l-enerġija tiegħek għalihom.

Wara li tesperimenta b'dawn il-proġetti għal snin, tista 'saħansitra tiskopri modi kif tibdelhom. Dan jagħmilha aktar faċli li tinkiseb indipendenza fi-nanzjarja saħansitra aktar malajr, u joħloq effett sinerġistiku. Hekk kif tersaq eqreb lejn l-indipendenza finanzjarja, tista 'tieħu sabbatical biex tittestja x'tħoss li tqatta' aktar ħin fuq il-proġetti favoriti tiegħek.

Fl-aħħar mill-aħħar, l-esperimentazzjoni bi proġetti personali differenti jista' jwassal għal ħajja aktar sodisfaċenti. Meta bdejt il-podcast Afrobility, ħassejtni ferm aktar ferħan. Tistenniex l-indipendenza finanzjarja biex tip-prova affarijiet ġodda u tgħix ħajtek. Ipprova affarijiet ġodda issa!

Achani Samon Biaou: Naqbel kompletament miegħek. Ħa nżid saff ieħor ma' dan. Hemm diversi benefiċċji biex tibda l-esperimentazzjoni fl-għoxrin sena tiegħek. L-ewwelnett, huwa l-perjodu fil-ħajja tiegħek fejn l-es-perimentazzjoni għandha l-inqas spiża. L-għoli tal-ħajja tiegħek huwa baxx, u d-dħul tiegħek huwa baxx ukoll. It-tieni nett, huwa żmien fejn l-ispiża soċ-jali jew kulturali tal-esperimentazzjoni hija baxxa. Jekk tonqos fil-podcast tiegħek, tista' faċilment toħloq ieħor. It-tielet, peress li għad m'għandekx familja jew tfal, jista' jkollok aktar ħin issa milli jkollok aktar tard.

Issa li ddiskutejna l-prinċipji u l-proċess tal-kisba tal-indipendenza fi-nanzjarja, nixtieq inkun naf kif inbidlet ħajtek minn mindu saret finanzjar-jament indipendenti. Speċifikament, tista 'tipprovdi eżempji konkreti ta' kif ir-rutina jew l-iskeda ta 'kuljum tiegħek inbidlet? Pereżempju, issib ruħek tqum aktar tard jew taħdem inqas sigħat? X'inhuma xi differenzi tanġibbli li ndunajt fil-ħajja tiegħek ta' kuljum?

Olumide Ogunsanwo: Bidla gradwali seħħet permezz ta 'tragwardi dif-ferenti f'ħajti. L-ewwel tragward kien il-kisba ta 'indipendenza finanzjarja ta' 35, iżda f'dak il-punt, xejn ma nbidel ħafna. Komplejt naħdem ix-xogħol pri-marju tiegħi fil-Google filwaqt li nespandi l-podcast.

Madankollu, bejn 35 u 37, ħafna affarijiet inbidlu. Ħassejtni iktar komdu għax kont finanzjarjament indipendenti, u stajt naħdem fuq it-termini tiegħi. Il-bidla sinifikanti seħħet meta bdejt naħseb biex inħalli l-impjieg tiegħi. Il-podcast u l-fond kienu qed jikbru, u kienet tranżizzjoni naturali hekk kif l-identità tiegħi evolviet biex tnaqqas l-enfasi fuq Google u l-ħajja korporattiva tiegħi. L-identità tiegħi nbidlet bil-mod bil-mod li ġej:

Googler (2014-2020) -> Googler & Podcaster (2020-2021) -> Podcaster, Investitur u Googler (2021-2022) -> Investitur u Podcaster (2022-Illum)

Kont ippjanajt it-tranżizzjoni tiegħi 'l bogħod minn Google b'attenzjoni kbira, għalhekk marret bla xkiel. Wara li tlaqt minn Google, strutturajt il-ħin tiegħi ftit differenti, iżda b'mod ġenerali, ħajti kienet simili. Id-differenza kienet li ħassejtni aktar komdu u kelli aktar aġenzija biex nesperimenta bi proġetti personali. Lejn l-aħħar taż-żmien tiegħi fil-Google, meta kont inqis lili nnifsi bħala Podcaster, Investitur u Googler, ma kellix il-bandwidth biex insegwi xi ħaġa oħra. Iżda wara li tlaqt minn Google, kelli aktar ħin biex niffoka fuq il-proġetti personali tiegħi, inkluż li nikteb dan il-ktieb FIREDOM.

Biex inwieġeb il-mistoqsija tiegħek dwar kif inbidlet l-iskeda tiegħi, b'mod aktar dirett, għamilt bidliet fl-iskeda u fl-istil tal-ħajja tiegħi matul il-vjaġġ tiegħi, għalhekk ħajti ma nbidlitx ħafna wara li tlaqt minn Google. Ma stennejtx li nitlaq minn Google biex noħloq il-ħajja li ridt. Il-ħajja hija qasira wisq biex tistenna biex tikseb dak li trid.

Fl-età ta' 35 sena, sirt remot għal kollox, u dan ippermettili mmur fil-belt sabiħa ta' Miami. Kien f'dan iż-żmien li bdejt il-podcast Afrobility. Sena wara, meta kelli 36 sena, bdejt il-fond Adamantium. Imbagħad f'37, ħallejt ix-xogħol korporattiv tiegħi fil-Google. Nippreferi bidliet gradwali permezz tal-esperimentazzjoni aktar milli bidliet f'daqqa u drammatiċi.

Nirritorna għall-ħajja korporattiva għal ħafna flus? Le. Ma nistax nimmaġina naħdem għal xi ħadd ieħor u ngħidilhom x'għandek tagħmel. Il-ħsieb huwa repulsiv. Għalkemm sirt finanzjarjament indipendenti biss sentejn u nofs ilu (fl-2020), u tlaqt lil Google biss is-sena l-oħra (fl-2022), diġà drajt daqshekk għall-istil ta' ħajja tiegħi issa. Insibha diffiċli li nimmaġina li ma tkunx finanzjarjament indipendenti. Jien inħobb ħajti!

Achani Samon Biaou: [Tbissem] Daqshekk għarfien illum. Nixtieq nistaqsi x'tgħallimt dwarek innifsek permezz tat-tfittxija tiegħek għall-indipendenza finanzjarja. Għamilt diversi esperimenti u ninsab kurjuż jekk tħoss li qed tersaq eqreb biex tifhem lilek innifsek u l-miri tiegħek, jew jekk l-esperimenti tiegħek fetħu bibien ġodda. Tista' taqsam kif qed tikber u tiffjorixxi f'dan il-kapitlu ġdid ta' indipendenza finanzjarja?

Olumide Ogunsanwo: Meta kelli 32 sena u madwar nofs triq lejn l-indipendenza finanzjarja, ħadt il-ħin biex nivviżwalizza l-futur tiegħi u rrealizzajt li l-indipendenza ġeografika kienet kruċjali għall-kuntentizza ġenerali tiegħi. Fil-bidu, kont nemmen li l-indipendenza ġeografika tista' tinkiseb biss b'indipendenza finanzjarja, peress li ħsibt li jkolli bżonn nitlaq mid-dinja korporattiva biex ngħix fejn irrid. Billi rrikonoxxejt il-valur tal-indipendenza ġeografika minn kmieni, stajt nibda naħdem għaliha, anki qabel ma ksibt indipendenza finanzjarja shiħa. Dan ippermettili naħsad ħafna mill-benefiċċji tal-indipendenza ġeografika waqt li għadni fil-vjaġġ tiegħi lejn il-libertà finanzjarja.

Eventwalment, bit-tifqigħa tal-COVID-19, sirt remot għal kollox u rrealizzajt il-benefiċċji tal-indipendenza ġeografika. Anke jekk għadni ma kontx finanzjarjament indipendenti għal kollox, li kont naħdem mill-bogħod minn kullimkien tatni 50 sa 70% tal-benefiċċji tal-indipendenza finanzjarja. Grazzi COVID-19.

Nirrakkomanda ħafna li jekk għandek l-opportunità li taħdem mill-bogħod u tkun ġeografikament indipendenti, teħodha kemm jista' jkun malajr. Għandu ħafna vantaġġi li forsi ma kkunsidrajtx, anke jekk għadek m'intix finanzjarjament indipendenti.

Ħa nagħti eżempju b'eżempju speċifiku: minkejja li qatt ma għamilt dan, indunajt li stajt immur il-Gwatemala għal erba' ġimgħat u ħdimt għal Google minn hemm. Jien ukoll stajt immur Spanja għal xahar u għamilt l-istess. Dawn kienu affarijiet li qatt ma ħsibt li kienu possibbli fil-bidu tat-tletinijiet tiegħi, iżda b'indipendenza ġeografika u xogħol mill-bogħod, saret realtà. Inħeġġeġ lil kulħadd biex isib modi kif jesperjenza xi wħud mill-benefiċċji tal-indipendenza finanzjarja qabel ma jiksebha. L-indipendenza ġeografika u x-xogħol mill-bogħod huma biss ftit eżempji. Tistennax. Esperimenta u ara x'jaħdem għalik!

Fl-aħħar nett, tgħallimt li li nkun ġeografikament indipendenti wassalni għal vjaġġ ta' skoperta nnifsi li għadu għaddej sal-lum. Għalkemm ilni finanzjarjament indipendenti għal diversi snin, it-tluq minn Google ma rriżultax f'bidliet drastiċi fl-istil tal-ħajja għax kont diġà kont qed nagħmel bidliet inkrementali għal snin sħaħ.

Achani Samon Biaou: Nara. Iltqajt ma' xi prinċipji ġodda jew sibt fehim

241

aħjar ta' dawk eżistenti dwar il-ħajja minn meta ksibt l-indipendenza finanz-jarja?

Olumide Ogunsanwo: Nemmen li kulħadd għandu jistinka biex isir fi-nanzjarjament indipendenti kemm jista 'jkun malajr. Jiftaħ possibbiltajiet bla tarf, li jippermettulek tagħmel affarijiet li xi darba setgħu dehru impossibbli. Ħajti hija tant pjaċevoli. Għandi l-libertà nagħmel kull ħaġa li rrid. Jien stajt nixtri biljett illum (l-Erbgħa) biex nivvjaġġa lejn Spanja u nkun lura sat-Tli-eta. Il-possibbiltajiet huma bla tmiem. Dejjem ħsibt li stil ta' ħajja finanzjar-jament indipendenti jkun aqwa, iżda qabeż l-aspettattivi tiegħi.

Jien ġenwinament nawgura dan għal kulħadd, u huwa għalhekk li jien passjonat ħafna li nqajjem kuxjenza u jimmotiva lil ħaddieħor biex ifittex l-indipendenza finanzjarja. L-għan tiegħi huwa li nispira lin-nies biex isiru kurjużi u eċċitati dwar il-libertà finanzjarja u jieħdu l-passi meħtieġa biex jiksbuha. L-indipendenza finanzjarja mhix biss dwar il-ġbir ta 'miljuni ta' dol-lari fil-bank; huwa dwar li tgħix ħajja li tallinja mal-valuri u l-aspirazzjoniji-et tiegħek. Ifisser li jkollok biżżejjed riżorsi biex issegwi l-passjonijiet tiegħek mingħajr ma tinkwieta dwar il-kontijiet jew id-djun. Ifisser li jkollok il-libertà li tagħżel it-triq tiegħek mingħajr ma tkun marbuta ma 'impjieg jew post. Tatni l-libertà li nivvjaġġa, nakkwista ħiliet ġodda, nibda proġetti eċċitanti, u nqatta' ħin ta' kwalità mal-familja u l-ħbieb tiegħi. Ipprovdili wkoll l-oppor-tunità li naqsam l-istorja tiegħi u ngħin lill-oħrajn biex jiksbu l-libertà finanz-jarja tagħhom stess.

Trabbi f'Lagos, in-Niġerja, f'familja modesta. I għelibt ħafna sfidi, inkluż li jkolli dejn fl-iskola tan-negozju fl-età ta' 27. Madankollu, ippersever-ajt u ksibt l-indipendenza finanzjarja ta' 35 sena billi għixt ħajja bbażata fuq il-valuri. Ħabbejt il-vjaġġ, u jien grat għal-libertà li ġabitli l-indipendenza fi-nanzjarja. Nixtieq li kulħadd jesperjenza l-istess.

Inti għandek il-ħila li tikseb dan ukoll. FOMO huwa l-akbar ostaklu ta' materja skura li jista' jfarrak il-ħolm tiegħek. Ix-xewqa ta' dak li għandu ħad-dieħor iddevjak mix-xewqat veri tiegħek, u tfixkel l-iskoperta personali u l-esplorazzjoni. Jista' jwassal għal infiq żejjed hekk kif tipprova tlaħħaq ma' xi ħadd li ċ-ċirkostanzi finanzjarji u l-miri tiegħu forsi ma tifhimx bis-sħiħ. Pereżempju, ħabib tiegħek jista 'jkun qed jixtri BMW, iżda jista' jkun jew miljunarju jew jegħrqu fid-dejn. Hija sfida li timita l-istrateġija tal-infiq ta' xi ħadd ieħor mingħajr ma tifhem il-valuri, id-dħul, l-ispejjeż u l-aspirazzjonijiet tagħhom. L-infiq tal-FOMO huwa intrinsikament problematiku minħabba li jiddependi fuq informazzjoni mhux kompluta.

Achani Samon Biaou: L-idea tad-dejn ġiet igglorifikata fl-Istati Uniti, u wassal lin-nies biex jemmnu li jistgħu u għandhom jużaw id-dejn biex jixtru affarijiet li mhux bilfors iridu jew jeħtieġu iżda li huma vvalutati mis-soċjetà jew mill-ġirien tagħhom. Qisu tixtri siġra dekorattiva kbira meta lanqas tiċċelebra l-Milied. Tista 'tmexxina minn ġimgħa tipika, sabiex in-nies ikunu jistgħu jivviżwalizzaw kif tidher il-ħajja għal xi ħadd li huwa finanzjarjament indipendenti?

Olumide Ogunsanwo: Interessanti. M'inix ċert jekk inwieġeb il-mistoqsija tkunx xierqa peress li tista' tippreġudika lill-qarrejja. Minflok, ħalluni naqsam il-filosofija tiegħi dwar il-ġestjoni tal-ħin personali tiegħi. Nemmen li l-ħin tiegħi huwa tiegħi, u għandi l-libertà li nagħmel dak kollu li nagħżel bih. Ħafna individwi finanzjarjament indipendenti ma jqattgħux il-ġurnata kollha tagħhom fuq attivitajiet ta 'divertiment. Dan għaliex il-bnedmin għandhom bżonn sens ta' skop, sodisfazzjon, u ferħ, li d-divertiment waħdu ma jistax jipprovdi. Pereżempju, nista' nagħżel li nara 12-il film ta' Star Wars għada, iżda kuntrarjament għal dak li jemmen, il-ġurnata tiegħi mhix mimlija attivitajiet ta' divertiment u ma nqatta' l-maġġoranza tal-ħin nara programmi jew fuq il-bajja [Tbissem].

Wara li qrajt ħafna kotba dwar il-kuntentizza, l-awto-sodisfazzjon, u s-sodisfazzjon tal-ħajja matul dawn l-aħħar ftit snin, indunajt li l-ingredjenti għal ħajja kuntenta jinkludu komunità, ħbieb, saħħa tajba, awtonomija u tkabbir personali kontinwu. Il-ġurnata tiegħi ddur madwar dawn l-affarijiet. Minkejja t-tendenzi introverti tiegħi, nagħmel sforz biex ninteraġixxi ma 'oħrajn. Kull xahar jew hekk, norganizza avvenimenti biex inġib in-nies flimkien. Rajt lil Samon il-ġimgħa li għaddiet (fl-2023-Jannar) għax organizzajt avveniment f'San Francisco. Nirrekordja l-podcast Afrobility mal-ħabib tiegħi Bankole biex nitgħallem aktar dwar u nikkontribwixxi għall-ekosistema African Tech. Nappoġġja lill-fundaturi biex jgħinu jkabbru l-kumpaniji tagħhom u joħolqu prodotti għall-klijenti bħala parti mill-fond Adamantium.

Il-ġurnata tiegħi tikkonsisti f'kombinazzjoni ta 'proġetti personali mmirati biex jiksbu l-elementi ta' hawn fuq li huma aktar probabbli li jagħmluni kuntent. Għandi l-lussu tal-ħin biex insegwi affarijiet li huma importanti u sinifikanti għalija. Ninsab kuntent ħafna bl-iskeda tiegħi ta' kuljum għax hija pjaċevoli u ta' kuljum hija avventura.

Dak hu s-sommarju tal-ħajja tiegħi FIREDOM. X'nista' aktar ngħid? Hija aqwa u nħobbha!

Dan huwa l-aħħar kapitlu, ejja nipprovdu sommarju għall-qarrejja tagħna. Samon, hemm xi aspett tal-istorja tiegħek - mit-tfulija tiegħek, l-iskola tan-negozju, l-edukazzjoni, il-karriera, u l-vjaġġ lejn l-indipendenza finanzjarja - li tixtieq tenfasizza għall-udjenza tagħna?

Achani Samon Biaou: Iva. Iddiskutejna l-prinċipji li jżidu l-probabbiltà tiegħek li tikseb l-indipendenza finanzjarja. Olumide u jien mhux kollha esperjenzajna dawn il-prinċipji fl-istess ħin. Dawn il-prinċipji huma dak li nies li kisbu l-indipendenza finanzjarja tgħallmu, inkorporaw, u applikaw f'xi punt f'ħajjithom.

Hemm ħafna fatturi li għandek tikkonsidra, li jibdew mit-tfulija. Għalija, l-espożizzjoni għall-impjieg tal-kontabilità ta' missieri u li jkolli nimmaniġġja l-finanzi tiegħi stess f'belt differenti għallimni n-twemmin u l-awtodipendenza. Din l-esperjenza nnormalizzat il-ħila li naħseb għalija nnifsi, nistrieħ fuqi nnifsi, u nemmen li stajt inwettaq l-affarijiet. Dak kien l-ewwel mument ewlieni.

Is-snin universitarji tiegħi komplew issolidifikaw l-awtodipendenza tiegħi u t-twemmin li jien kont qed nipprattika waqt li kont ngħix 'il bogħod mill-ġenituri tiegħi f'Cotonou. Li tkun fi Franza, eluf ta' mili 'l bogħod mill-ġenituri tiegħi, żied l-importanza ta' l-awtonomija u t-twemmin innifsu. Matul dan iż-żmien, ibbilanċjt il-kurżità tiegħi u t-tagħlim dwar oħrajn maż-żamma ta 'ħsieb indipendenti. Kont ċar dwar l-identità tiegħi u kont lesta li nkun kreattiv dwar is-soluzzjonijiet filwaqt li nieħu r-responsabbiltà u r-responsabbiltà kollha.

Fil-bidu tal-karriera tiegħi, kelli x-xorti li nikseb impjieg li kien allinjat mal-passjoni tiegħi għall-ivvjaġġar, li qanqlet l-esplorazzjoni tiegħi ta 'kulturi oħra u kabbar il-kuraġġ tiegħi. L-ambizzjoni tiegħi saret ogħla kemm professjonalment kif ukoll finanzjarjament minħabba l-interazzjonijiet tiegħi ma 'nies mill-aqwa ditti tas-servizzi professjonali u minħabba li kont qed naqla' salarju għoli bħala analista ta' livell ta' dħul. Kieku ħadt impjieg differenti f'Pariġi, pereżempju, l-ambizzjoni tiegħi setgħet ma kinitx daqshekk għolja, u forsi ma kontx segwa l-iskola tan-negozju.

Olumide Ogunsanwo: Iva. Ukoll, ibbażat fuq l-espożizzjoni tiegħek.

Achani Samon Biaou: Eżattament. Sakemm wasalt dak il-punt, kont diġà vvjaġġajt lejn kważi 20 pajjiż filwaqt li naqla' minn tlieta sa ħames darbiet dak li stajt nagħmel fil-Ġermanja. Għalhekk, ma kontx iffukat fuq żidiet inkrementali fis-salarji jew li nżur ftit pajjiżi oħra kull sena. Madankollu, li tkun esposta għal nies fil-konsultazzjoni tal-ġestjoni, l-ekwità privata, u l-hedge funds għenitni nistabbilixxi ambizzjonijiet għoljin għalija nnifsi.

Olumide Ogunsanwo: Huwa għalhekk li għandek tesponi lilek innifsek għal ideat, kunċetti u nies ġodda. Inkella, il-livell ta' ambizzjoni tiegħek ikun limitat mill-medja ta' dak li diġà hemm fl-ambjent attwali tiegħek.

Achani Samon Biaou: Ħafna mill-ħbieb tiegħi fi Franza ma rrealizzawx il-benefiċċji li jsegwu MBA jew il-ħajja ta 'espatrijat sa wara li għamilt dan. Mill-ħbieb tiegħi, ħamsa komplew jagħmlu MBAs eżekuttivi fl-INSEAD u qaluli, "Int ispiratni biex nikseb MBA." Ħafna oħrajn issa qed jistaqsu dwar opportunitajiet ta' xogħol fl-UAE jew fl-Istati Uniti. Fil-qosor, l-espożizzjoni għandha rwol kritiku fit-tiswir tal-ambizzjonijiet tiegħek. Anki jekk ma kellekx ħafna opportunitajiet fl-ambjent attwali tiegħek, ipprova ddawwar lilek innifsek b'ċirku akbar li jgħinek tistabbilixxi miri ogħla. Fortunatament, kont espost għal ħafna, u l-ambizzjoni tiegħi kienet għolja. Applikajt biss għall-aqwa 10 skejjel tal-MBA.

Olumide Ogunsanwo: Iva ovvjament. Int diġà kont f'Deutsche Telekom.

Achani Samon Biaou: Eżattament. Meta ddeċidejt li nsegwi MBA, ma kienx biss għal żieda fis-salarju. Diġà kont qed naqla 'ħafna bħala espatrijat, u nagħmel qrib $10,000 fix-xahar. Wara l-MBA, kont se ngħolliha sa $12,000 fix-xahar fil-BCG. Iż-żieda fis-salarju ma kinitx l-akbar motivatur għalija. Ġejt l-ambizzjoni tiegħi fl-iskola tan-negozju u waqqaft miri ġodda. Xtaqt immur lil hinn mit-teknoloġija jew mill-konsultazzjoni biex nibda xi ħaġa b'impatt li għandha l-potenzjal li tbiddel id-dinja. Lura meta kont naħdem fid-Deutsche Telekom, ma kellix il-maturità biex nistabbilixxi u nsegwi miri ambizzjużi bħal dawn. Imma wara li rajt id-dinja, sibt edukazzjoni, u bni netwerk, kont naf li għandi noħlom kbir.

Għall-ewwel, ħsibt dwar l-iskala tal-impatt li stajt nagħmel, iżda eventwalment, bdejt naħseb dwar l-impatt globali. Kien mument sabiħ għalija li nittraxxendu f'xi ħaġa akbar. Kont naf li għandi nistabbilixxi lili nnifsi l-għan tal-indipendenza finanzjarja filwaqt li nsegwi l-ambizzjonijiet akbar tiegħi.

Olumide Ogunsanwo: X'rwol kellha l-kirurġija tal-moħħ mhux mistennija fl-istorja tiegħek?

Achani Samon Biaou: Għalkemm kien mument sfortunat u tal-biża ', l-operazzjoni tal-moħħ ipprovdietni b'ħafna ċarezza. Waqt li kont fuq il- mejda tal- operazzjoni, indunajt li stajt immut jew noħroġ b'mod funzjonali. Meta tiffaċċja avvenimenti bħal dawn, il-ħsieb tiegħek isir aktar ċar. L-uniċi affarijiet li kienu f'moħħi f'dak il-mument kienu l-impatt li xtaqt ikolli fuq id-dinja u l-familja tiegħi. Il-valur taż-żmien sar ħafna aktar prezzjuż.

Olumide Ogunsanwo: Dan ġara f'nofs it-tletinijiet tiegħek, meta kont ħsibt li għad fadlek minn 50 sa 60 sena x'tgħix. Huwa tant tal-biża 'saħansitra taħseb dwarha.

Achani Samon Biaou: Tista 'timmaġina? Waqt li kont fuq il-mejda tal-operazzjoni, moħħi tant kien ċar li lanqas biss kont naħseb dwar ix-xogħol tiegħi fil-BCG jew il-preżentazzjonijiet tal-klijenti tiegħi. Minflok, kelli żewġ mistoqsijiet f'moħħi: Kif nista' nsib iktar ferħ f'affarijiet sempliċi bħal li nżur il-ġenituri tiegħi, inqatta' ħin mal-ħbieb, u nidħaq? Kif nista' niffoka fuq l-għanijiet il-kbar tiegħi mingħajr ma nkun distratt mill-istorbju tad-dinja?

Meta qomt mill-operazzjoni, kollox deher ċar. Il-konsulenza kienet biss mezz għall-għan. Ridt nesperimenta fuq il-punti ta 'uġigħ li ħassejt ħafna, u l-libertà finanzjarja kienet il-faċilitatur biex jinkiseb dan. Għalkemm kelli f'moħħi l-libertà finanzjarja qabel, ma kinitx daqshekk determinata kif saret wara l-operazzjoni. Issa, il-mudell Excel tiegħi kellu jinbidel minn "kemm nista' nagħmel flus? " għal "kemm ftit nista' nqatta' ħin biex nagħmel il-flus li għandi bżonn?"

Olumide Ogunsanwo: Ottimizzazzjoni għall-ħin, li hija munita aktar siewja mill-flus.

Achani Samon Biaou: I fili mill-ġdid il-mudell finanzjarju, u żied għażla dropdown li ppermettietni nimxi l-aħħar jum tiegħi fil-BCG 'il quddiem u lura. Dan għenni niddetermina parametri bħal kemm għandi niffranka u kemm kellu jkun kbir il-bonus tiegħi, u ggwidani lejn il-missjoni tiegħi li nikseb l-indipendenza finanzjarja. L-applikazzjoni għall-programm prestiġjuż tal-Ambaxxatur tal-BCG ma kinitx biss opportunità kbira iżda wkoll ċans biex kważi nirdoppja l-qligħ tiegħi, u b'hekk naċċellera t-triq tiegħi lejn l-indipendenza finanzjarja. Il-mument tal-kirurġija tal-moħħ kien katalist għal ħafna mis-suċċess tiegħi. Għall-qarrejja tagħna, ma nistax nenfasizza biżżejjed l-importanza li ssib FTE li jfixkel li jgħinek tikseb ċarezza, u jekk meħtieġ, tfassalha lilek innifsek. Ladarba tkun fiż-żona, żommha u tesegwixxi. It-tentazzjonijiet u d-distrazzjonijiet se joqogħdu fuqek.

Fl-aħħar nett, jekk għandek it-tfal, esponihom għal esperjenzi li jibnu t-twemmin u l-awtonomija. Poġġihom l-ewwel u tirrealizza li l-ħin 'il bogħod minnek jaċċellera t-tkabbir tagħhom. Agħtihom opportunitajiet biex jitgħallmu u jagħmlu żbalji malajr. Ħudhom f'pajjiżi oħra u urihom kif taħdem id-dinja.

Olumide Ogunsanwo: Allura jistgħu jitgħallmu kif ikollhom suċċess f'ambjenti ġodda?

Achani Samon Biaou: Eżattament. Kun kurjuż. Matul il-vjaġġ reċenti tiegħi f'Dublin, l-Irlanda, kelli konverżazzjoni mas-sewwieq tiegħi tal-Uber dwar kif in-nies jirnexxu f'Dublin. Iddiskutejna l-ambjent ta' taxxa għolja u l-impjiegi teknoloġiċi ta' qligħ li huma disponibbli. Importanti li titkellem ma' kemm jista' jkun nies, imma mhux sempliċement tikkopja dak li qed jagħmlu. Pjuttost, irrelata l-esperjenzi tagħhom lura mal-qawwiet u l-ħiliet tiegħek.

Fl-istadji bikrija tal-karriera tiegħek, toqgħodx għal impjiegi komdi. Kun estremament ambizzjuż u jimmira għoli. Staqsi lilek innifsek, "Kif nista' ngħaddi minn pożizzjoni ta' analista għal pożizzjoni ta' Direttur?" jew "X'hemm bżonn biex issir CEO?" jew saħansitra "X'hemm bżonn biex tibda kumpanija ta' dan id-daqs?"

Għolli l-ambizzjoni tiegħek, kun kuraġġuż, u ma tkunx sodisfatt li tirċievi biss promozzjoni jew bonus kull sitt xhur bħala premju għax-xogħol tajjeb tiegħek.

Olumide Ogunsanwo: Il-kumpaniji se jitimgħuk frak jekk tħallihom. Ħares lil hinn mill-grupp tal-pari tiegħek jekk l-influwenza tagħhom qed tnaqqas l-ambizzjoni tiegħek. Il-grupp ta' pari tiegħek jista' jkun l-akbar ħaġa li żżommok lura bħalissa. Billi naqraw l-istejjer tagħna, nittamaw li nispirawk biex taħseb lil hinn mil-limitazzjonijiet li tista' tħoss, u biex timmira għal xi ħaġa akbar. Tikkuntentax fejn int, sempliċement għax sħabek huma kuntenti b'ħajjithom. Ftakar, kulħadd għandu miri u aspirazzjonijiet differenti.

Imbotta l-konfini ta' dak li temmen li hu possibbli u toqgħodx għal ħajja ta' medjokrità. Li tħossok mhux sodisfatt jista' jimmotivak biex tikseb aktar. Huwa għalhekk li qed niktbu dan il-ktieb. M'għandniex bżonn il-flus, aħna diġà finanzjarjament indipendenti. Imma rridu ngħinu lill-oħrajn u nkomplu nikbru lilna nfusna. Nibqgħu kurjużi u impenjati għat-tkabbir personali, minkejja li ksibna indipendenza finanzjarja. Il-bnedmin iħossu livell ta' sodisfazzjon meta jkunu qed jikbru.

Achani Samon Biaou: sabiħ. Naqbel bis-sħiħ miegħek. L-impjieg tradizzjonali tiegħek minn 9 sa 5 huwa stabbilit biex iġġiegħlek taħdem sakemm ġismek ikun fraġli u tirtira f'70. Madankollu, b'indipendenza finanzjarja, tista 'tikkompressa dik il-kalendarju u toħroġ mit-tellieqa tal-firien f'inqas minn 10-20 sena. . B'dan il-mod, tista 'tgawdi l-aħjar snin tiegħek filwaqt li tkun finanzjarjament sigur. L-indipendenza finanzjarja hija ekwazzjoni sempliċi - taqla' ħafna flus b'mod razzjonali u tonfoqx iżżejjed. Il-flus li jkun fadal se jikkaġunaw u eventwalment jagħmluk indipendenti finanzjarjament. L-essenzjaliżmu huwa kritiku. Iffoka fuq dak li tqis essenzjali biex tnaqqas l-ispejjeż tiegħek filwaqt li żżid id-dħul tiegħek. Dan se jeħtieġ dixxiplina u eżekuzzjoni, iżda se jkun worth it fl-aħħar.

Illum, inħobb ħajti. Inħobb inkun kapaċi nagħmel l-affarijiet li nieħu gost, bħall-ivvjaġġar, it-tagħlim ta' lingwi ġodda, l-esplorazzjoni ta' proġetti ġodda, u t-tbagħbis.

Olumide Ogunsanwo: Għajjat lill-familja FIREDOM!

Achani Samon Biaou: Il-laqgħa ta 'Olumide kienet ta' importanza kbira għalija. Qsamna noti u qsamna stejjer dwar ħajjitna. Kienet tant sabiħa għax tajjeb li titkellem ma' nies li jespandu l-mentalità tiegħek. Inħobb din l-esperjenza li naħdem fuq dan il-ktieb miegħek. [Tbissem]

Olumide Ogunsanwo: Ħabbejt naħdem miegħek ukoll. [Tbissem] Konna underdogs u għamilna. Inkredibbli! Hawn l-istorja ta' ħajti s'issa.

Trabbejt f'Lagos, in-Niġerja u trabbejt b'ħafna libertà. Żviluppajt twemmin nnifsi u kunfidenza nnifsi li stajt nifhem l-affarijiet waħdi għax eċċellajt akkademikament. B'riżultat ta' dan, kelli x-xorti li kelli l-opportunità li niċċaqlaq l-Amerika għax konsistentement kelli l-ogħla gradi fl-iskola sekondarja tiegħi. Filwaqt li x-xorti kellha rwol fl-abbiltà tal-ġenituri tiegħi li jaffordjawha, kien evidenti li l-gradi tiegħi indikaw potenzjal għal xi ħaġa akbar.

Jien mort l-Amerika meta kelli 17-il sena u malajr tgħallimt nistrieħ fuqi nnifsi għax kont naf li ħadd ieħor ma kien se jieħu ħsiebi. Bħala immigrant, ma kelli l-ebda netwerk ta 'appoġġ, għalhekk kelli nkun awto-dipendenti. Għalkemm ix-xorti kellha rwol fis-suċċess tiegħi, ippruvajt dak kollu li stajt biex niddejjaq l-odds favuri. Billi tkun taf u temmen fik innifsek, taħdem ħafna fuq l-affarijiet it-tajbin, tesperimenta b'affarijiet ġodda, u ddawwar ruħek man-nies it-tajbin, iżżid iċ-ċansijiet tiegħek li tikseb xortik tajba. Tissottovalutax il-qawwa tax-xorti fil-ħajja, imma wkoll tistrieħ fuqha bħala l-uniku sors ta 'suċċess tiegħek. Minflok, iffoka fuq l-iżvilupp lilek innifsek u l-ħiliet tiegħek biex iżżid il-probabbiltà tiegħek ta 'suċċess u kun ippreparat għal opportunitajiet meta jinqalgħu.

Ħaġa li jmiss kien l-iżvilupp personali. Iffokajt fuq l-iżvilupp personali minn età żgħira għax kont naf li kien essenzjali li nżid il-potenzjal tal-qligħ tiegħi. Huwa għalhekk li studjajt l-Inġinerija Kimika u segwa lawrji avvanzati kemm f'Oxford kif ukoll fl-MIT. Inkompli nipprijoritizza l-iżvilupp personali tiegħi, billi nħalli l-ħin kuljum biex nitgħallem affarijiet ġodda. Minn Mejju 2023, l-oqsma ta' attenzjoni tiegħi ta' kuljum jinkludu: Relazzjonijiet u Ġestjoni tal-Prodotti nhar ta' Sibt, Saħħa u Bejgħ nhar ta' Ħadd, AI nhar ta' Tnejn, Cloud u Karozzi Awtonomi nhar ta' Tlieta, Blockchain, Web3, u Crypto nhar ta' Erbgħa, u China Tech & India Tech nhar ta' Ħamis, u Africa Tech nhar ta' Ġimgħa.

L-iżvilupp personali huwa kważi s-saff fundamentali tal-iżvilupp tal-kapital uman tiegħek. Huwa għalhekk li xtrajt dan il-ktieb. Dan il-ktieb huwa dwar l-indipendenza finanzjarja, iżda huwa saħansitra aktar dwar l-iżvilupp personali.

Kelli viżjoni ċara li nsir finanzjarjament indipendenti għax ma ridtx inkun fil-ħniena ta' min iħaddem. Li nitlef l-ewwel impjieg tiegħi f'21 kien punt ta' bidla. Jien kont naf mill-ewwel li l-ebda kumpanija ma tat xi ħaġa fuqi. Dan l-avveniment, li MJ DeMarco jsejjaħ "FTE" jew "fuck this event," kien sejħa ta' tqum għalija. Ġegħlitni nifhem li kelli bżonn nieħu l-kontroll ta' ħajti. Jekk qed taqra dan il-ktieb, trid toħloq ċirkustanza jew sitwazzjoni fejn tħossok iddisprat biżżejjed biex tifhem l-importanza tal-indipendenza finanzjarja. Trid orkestra l-avveniment FTE tiegħek stess, bħal dak li esperjenzajt meta kont iżgħar, biex tagħmilha ċara għalik li l-indipendenza finanzjarja hija kruċjali.

Achani Samon Biaou: Dak li għidt issa huwa saff ieħor ta 'għarfien għalija. Dak l-FTE huwa l-pont li jifred nies li jridu minn nies li jagħmlu.

FTE huwa avveniment li jilħaq il-qofol tiegħu f'realizzazzjoni li għandek bżonn tibdel ħajtek. L-FTE tiegħi ġara matul il-karriera ta' konsulenza tiegħi meta kelli operazzjoni. Irrealizzajt li minkejja l-kisbiet akkademiċi u pro-fessjonali tiegħi, kont għadni vulnerabbli u fraġli. Sirt nifhem li l-kisbiet tiegħi kienu fatturi esterni li ma jiddefinixxux bħala persuna. Sfortunata-ment, mhux kulħadd għandu x-xorti li jkollu FTE.

Olumide Ogunsanwo: MJ DeMarco jemmen li jekk m'intix ċert jekk es-perjenzajtx avveniment FTE, allura probabilment ma jkollokx. Meta tesper-jenza waħda, se jkun mument ċar u trasformattiv li se jbiddel it-trajettorja ta' ħajtek u jibdel il-valuri u l-miri tiegħek għall-futur. Fi kliem ieħor, avven-iment FTE huwa xi ħaġa li tħalli impatt sinifikanti fuq ħajtek, u m'hemmx dubju li esperjenzajtha.

Achani Samon Biaou: Ftit ħsibijiet għal gruppi ta' etajiet differenti:

Għal uliedek: Jekk trid tipprepara lit-tifel/tifla tiegħek għall-indipen-denza finanzjarja, ibda billi tpoġġihom inkarigati mill-finanzi tad-dar tiegħek illum. Ħallihom jimmaniġġjaw il-baġit tad-dar, anke jekk taħseb li huma żgħar wisq. Il-bnedmin huma infinitament kapaċi. I mmaniġġjat aktar minn baġit tad-dar meta kelli 7 snin; Kont qed nittratta l-P&L ta' intrapriża medja. Ittratta lit-tfal tiegħek bħal adulti u afdahom b'responsabbiltajiet. Jist-għu jirnexxu jew ifallu, iżda se jitgħallmu mill-esperjenza.

Għall-istudenti: Ħalli pajjiżek biex tqatta' sena titgħallem jew tistudja barra, tgħaddas ruħek fil-kultura lokali u titgħallem il-lingwa. Pereżempju, jekk int student li ma ggradwax fil-MIT, ħu sena ta' mistrieħ u studja fil-Korea jew l-Afrika t'Isfel. Din l-esperjenza se twessa' l-perspettiva tiegħek u tagħtik fehim aktar profond tad-dinja.

Għall-adulti: Ħu żmien sabbatiku biex tirrifletti u ssir taf lilek innifsek aħjar, jew ipprova attività ġdida li teħodkom barra miż-żona tal-kumdità tiegħek. Li toħroġ mir-rutina tiegħek tista' tgħinek tiskopri interessi u ħiliet ġodda.

Olumide Ogunsanwo: Ikkunsidra li tivvjaġġa lejn pajjiżi bħall-Gwa-temala jew l-Uganda biex tikseb fehim aħjar tal-ħajja u l-kulturi tan-nies. Tgħaddas ruħek f'kulturi differenti tista' tiftaħ perspettivi ġodda u tqajjem ideat ġodda.

Achani Samon Biaou: Fl-ambjent il-ġdid tiegħek, waqqaf mira li ma ti-tlobx għajnuna minn lura d-dar. Ipprattika l-awtodipendenza u ħu l-impjiegi lokali biex tlaħħaq jekk ikollok bżonn. Il-ħolqien ta' dik il-kriżi jġiblek xi passi tul it-triq. Inti se titgħallem affarijiet minnha. Meta tirritorna lejn pajjiżek, jekk tiddeċiedi li tmur lura, ħajtek tkun aħjar għaliha. Nissuġġerixxi li toħloq FTEs f'ħajtek biex tħaffef it-tkabbir personali billi tgħinek tiskopri l-awto vera tiegħek. Din hija ċ-ċavetta biex tinkiseb l-indipendenza finanzjarja.

Olumide Ogunsanwo: Wara li esperjenzajt l-FTE bit-telf ta 'impjieg f'21, wasalt għar-realizzazzjoni li ma kien hemm ħadd ieħor li nistrieħ fuqu ħlief lili nnifsi. Bħala riżultat, bdejt vjaġġ lejn l-indipendenza finanzjarja sabiex inbiddel ħajti. Minn dakinhar 'il quddiem, kienet kwistjoni li nwettaq il-pjan tiegħi. Kont naf x'għandi bżonn nagħmel u jien grat li ħadt azzjoni. Nixtieq l-istess għal kulħadd fid-dinja. Samon qal xi ħaġa tassew insightful meta qal li rridu li jkollok indipendenza finanzjarja sabiex tkun tista' tagħti n-nar tiegħek lid-dinja. Irrid li għal kulħadd. Huwa għalhekk li ktibna dan il-ktieb, bit-tama li l-istejjer tagħna jistgħu jispiraw u jiggwidaw lill-oħrajn biex jiksbu l-indipendenza finanzjarja u jgħixu l-aqwa ħajjithom.

Nittama li tkun ħadt xi prinċipji li tista' tapplika għal ħajtek: twemmin fik, awtodipendenza, kurżità, ħsieb indipendenti, ambizzjoni, kuraġġ, iffissar ta' miri, żvilupp personali u għajxien b'intenzjoni biex timmassimizza d-dħul tiegħek u tonfoq f'allinjament ma' il-valuri tiegħek. Dawn il-prinċipji li ddiskutejna huma universali, iżda l-applikazzjoni għal ħajtek tkun unika. Fittex il-mod tiegħek biex tagħmel il-prinċipji jaħdmu għalik.

Ipprova l-almu tiegħek. L-agħar tip ta' dispjaċir huwa li tkun taf li ma ppruvajtx tgħix l-aħjar ħajja tiegħek. Naf li ppruvajt l-almu tiegħi. Ippruvajt niżviluppa lili nnifsi u nitgħallem dak kollu li stajt ibbażat fuq iċ-ċirkostanzi ta' madwari. Huwa għalhekk li xtrajt dan il-ktieb għax taf li trid tipprova. Tista 'tgħix ħajja komda, imma trid tipprova tħares lil hinn mill-kumdità biex timbotta lilek innifsek. Inti kapaċi tagħmel ħafna affarijiet differenti tal-għaġeb jekk tipprova l-almu tiegħek. Ma tistax tikseb id-definizzjoni personali tiegħek tal-kobor u tgħix l-aħjar ħajja tiegħek billi tara t-TV il-ġurnata kollha. Huwa għalhekk li qed niktbu dan il-ktieb, mhux biss għall-indipendenza finanzjarja, iżda għax irridu li inti tgħix ħajja li tista 'tkun kburi biha.

Dan kien wieħed mill-kapitoli favoriti tiegħi li nirrekordja għax jiġbor flimkien diversi ħjut u jorbothom kollha flimkien għall-qarrejja. tal-għaġeb!

Achani Samon Biaou: Inħobbha. Sabiħ. Grazzi u ferħan li tkun fuq dan il-vjaġġ.

Olumide Ogunsanwo: X'vjaġġ inkredibbli konna fuq flimkien! Huwa difficli li wieħed jemmen li l-ktieb wasal fi tmiemu. Nittamaw li l-istejjer tagħna ispirawk biex tagħmel bidliet pożittivi f'ħajtek biex tikseb l-indipendenza finanzjarja.

Nixtieq nieħu din l-opportunità biex nesprimi l-gratitudni tiegħi lil żewġ persuni. L-ewwel u qabel kollox, grazzi kbira lil Samon. Ħabbejt naħdem ma' Samon. Kien ta' pjaċir assolut li nwettqu dan il-proġett flimkien. Il-ħolqien ta' ktieb mhuwiex biċċa xogħol faċli, iżda Samon kien sieħeb tal-biża' matul il-vjaġġ kollu. Jien grat għall-opportunità li naħdem flimkien miegħu.

Nixtieq ukoll nirringrazzja minn qalbi lilek, il-qarrejja ta' dan il-ktieb. Grazzi talli ħadt il-ħin biex tingħaqad magħna f'dan il-vjaġġ, hekk kif qsamna l-esperjenzi u l-għarfien tagħna dwar l-indipendenza finanzjarja. Int ingħaqadt magħna biex tfakkar fil-passat tagħna, u nirringrazzjak tal-ħin tiegħek. Nittamaw li ħloqna ktieb li huwa impenjattiv, interessanti u ta' għajnuna fl-insegwiment tiegħek stess tal-indipendenza finanzjarja. Grazzi tas-sapport tiegħek!

Ikkuntattjana fuq hello@myfiredom.com u ingħaqad man-newsletter tas-substack tagħna fuq firedom.substack.com [1]fejn se nkunu qed nippubblikaw biex inkomplu l-konversazzjoni dwar FI. Ninsab ħerqan li narak ilkoll xi darba tilħaq l-indipendenza finanzjarja u tgħix il-ħajja tal-ħolm tagħkom. Grazzi lilkom kollha talli qegħdin f'dan il-vjaġġ magħna!

Achani Samon Biaou: Naqbel kompletament ma' dak kollu li għidt, Olumide. Grazzi għall-esperjenza sabiħa. Kull darba li kellna reġistrazzjoni skedata, kont ħerqan għaliha b'antiċipazzjoni kbira għax kont naf li se tkun konverżazzjoni mill-aqwa. Sinċerament nittamaw li l-ktieb tagħna jkun ta' għajnuna għall-qarrejja kollha tagħna hekk kif jibdew il-vjaġġ tagħhom stess. Ħaġa oħra, kif għedt qabel, inħobb il-ferħ tajjeb...

Olumide Ogunsanwo: [Daħk isteriku] Inti għidt dan fl-ewwel kapitlu. Issa, qed tgħidha mill-ġdid f'kapitlu sebgħa.

Achani Samon Biaou: Inkun aktar ferħan jekk aktar nies jiksbu l-indipendenza finanzjarja. Ftakar li l-indipendenza finanzjarja ta' persuna oħra ma tirrestrinġix il-potenzjal tiegħek biex tiksebha.

Olumide Ogunsanwo: Miftiehem. Fil-fatt, int aktar probabbli li tem-

---

1. http://firedom.substack.com

men li l-indipendenza finanzjarja hija possibbli għalik jekk tara eżempji mudell.

Achani Samon Biaou: Il-filosofija personali tiegħi fil-ħajja hija li ngħin lill-oħrajn jagħmlu aħjar minn dak li wettaqt jien. Tista' tuża dak li għamilt bħala pedament biex toħloq xi ħaġa ġdida? Ninsab ferħana għal dawk minnkom li huma interessati f'dan is-suġġett biex jidħlu aktar fil-fond u jesploraw l-istejjer tagħna, jaqsmu pariri, u l-aktar importanti, il-prinċipji li tista 'tapplika biex tikseb l-indipendenza finanzjarja. Iġibni ferħ kbir li naf li kliemna ispirak, anke bl-iżgħar mod, u għenek tikseb l-indipendenza finanzjarja. U kif qal Olumide, jekk qatt trid tilħaq, tista' tibgħatilna email jew tkompli l-konversazzjoni FIREDOM billi tingħaqad man-newsletter substack tagħna. Il-Komunità tagħmel l-affarijiet aħjar għalhekk kompli tkabbar il-komunità ta' indipendenza finanzjarja tiegħek!

Olumide Ogunsanwo: X'vjaġġ aqwa! Grazzi Samon. Grazzi lil kulħadd! **Aħfer lilek innifsek u lil oħrajn li jweġġgħuk, emmen fik innifsek, kun l-awto awtentiku tiegħek, oħloq viżjoni futura konvinċenti ta' ħajtek, waqqaf miri ambizzjużi mmexxija mill-valuri u żviluppa lilek innifsek kuljum biex tilħaq il-miri tiegħek.** Mur lejn il-FIREDOM tiegħek u irbaħ!